COURS & ENTRAÎNEMENT

prépabac

T[le] GÉNÉRALE

NOUVEAU BAC

SVT

SPÉCIALITÉ

W0317151

- **Sébastien Castillo**
  Professeur agrégé de SVT
- **Jonathan Faivre**
  Professeur agrégé de SVT
- **Sabrina Gaillardou**
  Professeure agrégée de SVT
- **Anne Le Nost**
  Professeure certifiée de SVT
- **Hervé Mulard**
  Professeur agrégé de SVT
- **Delphine Roumier**
  Professeure agrégée de SVT
- **Bruno Vah**
  Professeur agrégé de SVT

Hatier

Le site de vos révisions

L'achat de ce Prépabac vous permet de bénéficier d'un **ACCÈS GRATUIT*** à toutes les ressources d'**annabac.com** : fiches, quiz, sujets corrigés... et à ses **parcours de révision** personnalisés.

Pour profiter de cette offre, rendez-vous sur **www.annabac.com** dans la rubrique « Je profite de mon avantage client ».

* Selon les conditions précisées sur le site.

Maquette de principe : Frédéric Jély
Mise en pages : IDT
Schémas : Corédoc
Iconographie : Sophie Suberbère/Hatier Illustration
Édition : Michel Zelvelder

ISBN 978-2-401-06464-5

AVANT-PROPOS

VOUS ÊTES EN TERMINALE générale, vous avez choisi la spécialité SVT et vous savez que la réussite dans cette matière demande un travail tout au long de l'année ? Alors ce Prépabac est pour vous !

Cet ouvrage va vous permettre en effet de mémoriser les connaissances essentielles sur chacun des thèmes du nouveau programme et d'acquérir progressivement des méthodes clés pour gagner en efficacité !

Cet objectif est rendu possible grâce à un ensemble de ressources très complet : des fiches de cours et de méthode – synthétiques et visuelles –, des schémas bilans, des exercices progressifs, enfin des sujets guidés, pour vous préparer à l'épreuve finale du bac.

Nous vous recommandons de les utiliser régulièrement, en fonction de vos besoins. Ainsi vous pourrez aborder l'épreuve écrite de SVT et le Grand Oral en toute sérénité, et acquérir les compétences nécessaires à la poursuite de vos études.

Les auteurs

Sébastien Castillo

Jonathan Faivre

Sabrina Gaillardou

Anne Le Nost

Hervé Mulard

Delphine Roumier

Bruno Vah

SOMMAIRE

La Terre, la vie et l'organisation du vivant

1 L'origine du génotype des individus

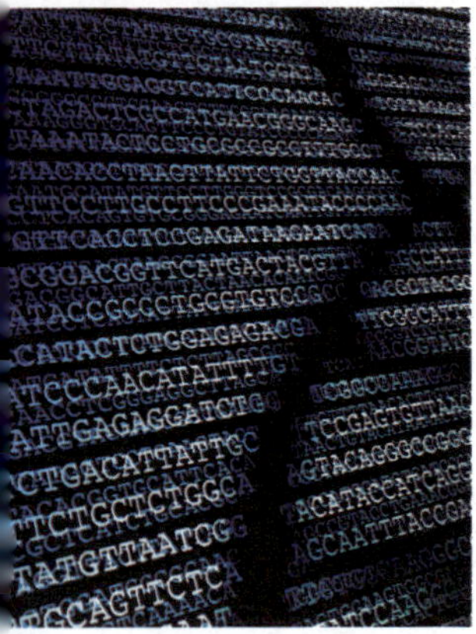

FICHES DE COURS

EXERCICES & SUJETS

2 L'évolution des génomes au sein des populations

FICHES DE COURS

EXERCICES & SUJETS

3 Retracer l'histoire de la Terre

FICHES DE COURS

EXERCICES & SUJETS

Enjeux contemporains de la planète

4 L'organisation fonctionnelle des plantes à fleurs

FICHES DE COURS

EXERCICES & SUJETS

SOMMAIRE

5 Reproduction de la plante : entre vie fixée et mobilité

6 La domestication des plantes

7 Comprendre les climats du passé

8 Agir sur le réchauffement climatique actuel

Corps humain et santé

9 Des réflexes aux mouvements volontaires

10 La cellule musculaire, une cellule spécialisée

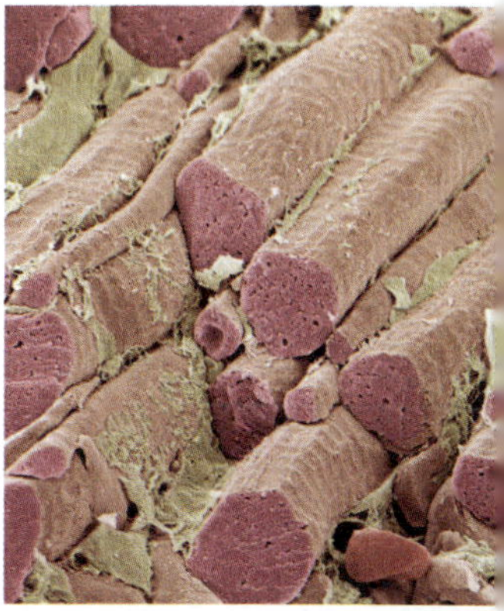

11 Le contrôle des flux de glucose, source essentielle d'énergie

12 Comportements et stress de l'organisme

Annexes

La Terre, la vie et l'organisation du vivant

1 L'origine du génotype des individus

Le séquençage du génome humain (composé de milliards de bases A, T, G et C) a permis de faire avancer considérablement nos connaissances en génétique.

1 Stabilité génétique et évolution clonale

En bref *La mitose permet d'obtenir des clones de cellules identiques. Parfois, des mutations entraînent l'apparition de sous-clones génétiquement différents.*

I Clones et stabilité génétique

■ Lors de la **multiplication cellulaire** ou mitose, les cellules d'un organisme se reproduisent à l'identique. On peut donc obtenir un groupe de cellules, issues d'une seule cellule ancestrale, génétiquement identiques, qu'on appelle un **clone**. Cette multiplication à l'identique est à l'origine de la **stabilité génétique**.

■ Les mitoses interviennent dans le renouvellement cellulaire, notamment pour les cellules à multiplication rapide comme les cellules de la peau.

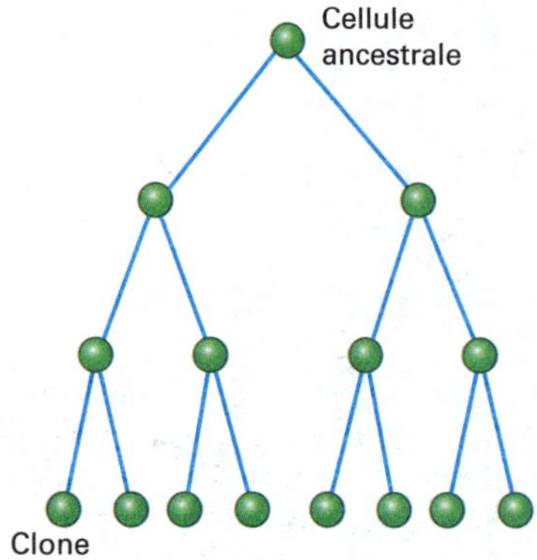

Doc 1 Clones d'une cellule ancestrale

■ Les clones peuvent être des cellules libres (bactéries, cellules immunitaires), des cellules associées en tissus (peau, intestin) ou des organismes entiers. Le clonage est utilisé en agriculture pour obtenir des végétaux aux caractéristiques identiques de génération en génération.

II Diversification génétique au sein d'un clone

■ Parfois, au sein des cellules issues d'un clone, des **mutations** peuvent survenir, puis se transmettre à la descendance de la cellule mutée. Ces mutations sont à l'origine de cellules génétiquement différentes de la cellule ancestrale, qui se multiplient à leur tour pour créer une lignée de sous-clones.

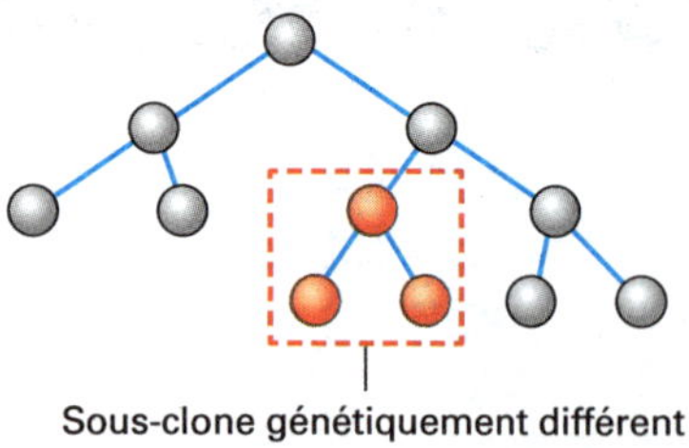

Doc 2 Mutation au sein d'un clone

■ L'accumulation de mutations au sein de la lignée d'un clone modifie ainsi l'information génétique et entraîne une **diversification génétique**.

Méthode

Expliquer l'origine des cellules cancéreuses

L'être humain est constitué de milliards de cellules qui se renouvellent régulièrement à l'identique par mitose.

Un cancer se développe à partir d'une cellule saine qui a été modifiée, la cellule devient alors cancéreuse et se multiplie pour former une tumeur.

À l'aide du document, expliquer l'origine des cellules cancéreuses formant une tumeur.

Doc Les perturbations du génome et la cancérisation

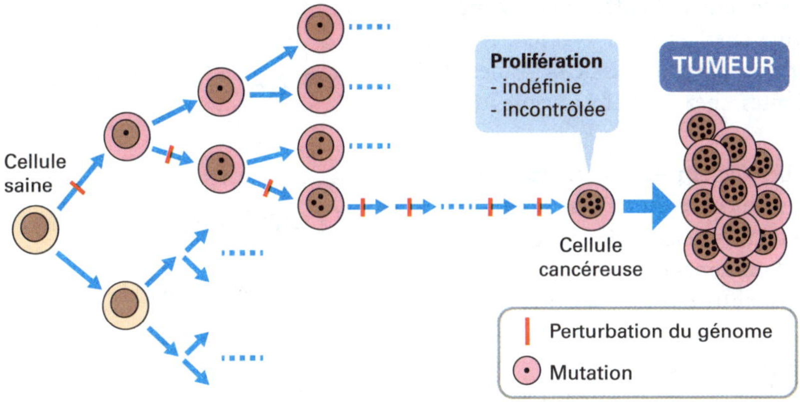

CONSEILS

Étape 1 Indiquer pour chaque embranchement le nombre de mutations présentes à la troisième génération.
Étape 2 Citer l'embranchement qui perturbe le génome.
Étape 3 Conclure sur l'origine des cellules cancéreuses de la tumeur.

SOLUTION

Étape 1 Pour les deux embranchements du haut, on observe une mutation qui persiste à la troisième génération, le troisième embranchement montre deux mutations, le quatrième trois mutations, les quatre derniers n'en présentent aucune.

Étape 2 Seules les mutations du quatrième embranchement perturbent durablement le génome (barres verticales).

Étape 3 Les mutations qui perturbent le génome sont responsables de l'apparition d'une cellule cancéreuse. Celle-ci va alors se multiplier et créer un sous-clone qui donnera alors une tumeur cancéreuse.

2 Le brassage génétique à chaque génération

En bref *Lors de la méiose, les allèles se répartissent dans les gamètes : c'est le brassage génétique. Ce brassage est à l'origine d'une diversité allélique, qui sera accentuée lors de la fécondation.*

I Homozygotes et hétérozygotes

- Une cellule diploïde contient deux exemplaires de chaque gène. Les deux versions de ces gènes ou **allèles** peuvent être présentes sous une même forme chez les **homozygotes** (A et A par exemple) ou sous deux formes différentes chez les **hétérozygotes** (A et O).
- Les allèles peuvent être **récessifs**, et ne s'exprimer qu'à l'état homozygote (quand les deux allèles sont présents), ou **dominants** et s'exprimer dès qu'un seul d'entre eux est présent.

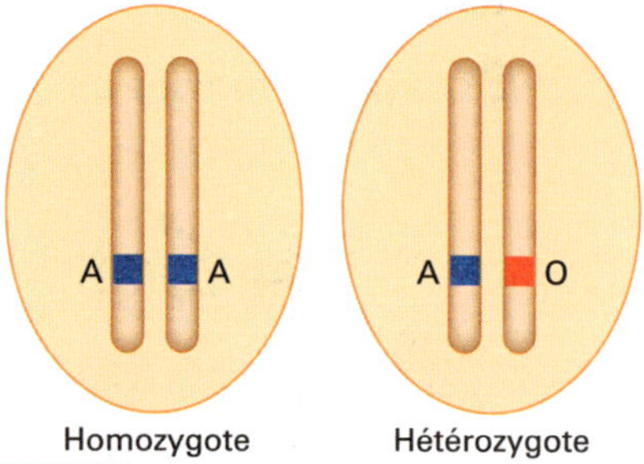

Doc Cellules homozygote et hétérozygote présentant les allèles A et O

II Les brassages lors de la méiose

- La méiose permet de passer d'une seule cellule diploïde à quatre cellules haploïdes après deux divisions cellulaires successives comportant chacune **quatre phases** (prophase, métaphase, anaphase et télophase) 1 et 2.
- Chaque cellule fille haploïde ne comporte qu'un seul allèle de chaque gène. Les allèles se répartissent de façon différente lors de la méiose : c'est ce que l'on appelle le **brassage génétique**.
- Il y a deux types de brassage génétique :
  - un **brassage interchromosomique**, qui correspond à une séparation aléatoire des chromosomes homologues lors de l'anaphase 1 de la méiose ;
  - un **brassage intrachromosomique ou *crossing-over***, qui correspond à un échange entre chromatides de chromosomes homologues lors de la prophase 1 de la méiose et qui est responsable d'échanges d'allèles des paires homologues.
- Les brassages génétiques permettent de produire des gamètes différents pour les gènes présents à l'état hétérozygote. Plus les gènes d'une cellule sont présents à l'état hétérozygote, plus le nombre de combinaisons de gamètes différents est grand. La fécondation fusionnera ensuite deux génomes indépendants, ce qui augmente encore la **diversité allélique**.

Méthode

Expliquer la transmission des groupes sanguins

Manon, élève de terminale, se pose des questions : son père est du groupe A– et sa mère du groupe B+. Elle est du groupe O– et son petit frère, Paul, du groupe AB+. Les groupes sanguins sont l'expression de deux gènes : le gène du système ABO et le gène du système Rhésus.

Expliquer, à l'aide du tableau, les groupes sanguins de Manon et de Paul, ainsi que celui de leurs parents.

Gènes	Système ABO	Système Rhésus
Allèles	A, B et O	+ et -
Allèle(s) dominant(s)	A et B	+
Allèle récessif	O	-

CONSEILS

Étape 1 Écrire le phénotype et le génotype de Manon et de Paul pour chacun des deux gènes et celui de leurs parents.
Étape 2 Préciser l'origine paternelle ou maternelle des allèles présents chez Manon et Paul.

SOLUTION

Étape 1 Manon est du groupe O– : elle possède donc l'allèle (O) du système ABO et l'allèle (–) du système Rhésus. Elle est homozygote [OO] pour le système ABO et homozygote [– –] pour le système Rhésus. C'est la seule solution, car les deux allèles sont récessifs et parviennent à s'exprimer.

Paul est du groupe AB+ : il possède donc les allèles (A) et (B) du système ABO et l'allèle (+) du système Rhésus. Il est [AB] pour le système ABO, mais peut être soit (+//–), soit (+//+) pour le système Rhésus.

Le père est [A] et sa fille est [O], donc il est (A//O). Comme il est de Rhésus négatif, il est homozygote pour ce caractère (+//+).

La mère est [B] et sa fille est [O], donc elle est (B//O). Comme elle est de Rhésus positif et que sa fille est de Rhésus négatif, elle est hétérozygote (+//–) pour ce caractère.

Étape 2 Manon a reçu un allèle (O) et un allèle (–) de chacun de ses deux parents, seule condition pour qu'elle soit homozygote pour les deux gènes.

Paul a reçu l'allèle (A) de son père et l'allèle (B) de sa mère. Pour le gène Rhésus, il a reçu l'allèle (+) de sa mère et l'allèle (–) de son père.

3 Les principes de base de la génétique

En bref *Pour étudier la transmission de caractères héréditaires, on réalise des croisements ou des arbres généalogiques. Le séquençage de l'ADN permet de connaître le génome d'un individu.*

I Principe des croisements

■ Gregor Mendel a élaboré les principes de la génétique sous la forme de trois lois. Lors d'un croisement, les hybrides de première génération présentent un phénotype homogène, les gamètes ne contiennent qu'un seul allèle (pureté des allèles) et les allèles se séparent de manière indépendante.

■ La transmission des caractères héréditaires est étudiée au moyen de croisements entre individus de lignée pure. Une lignée pure est un ensemble d'individus homozygotes pour tous les caractères étudiés. On appelle phénotype, noté entre crochets, le caractère observable que l'on étudie, et génotype, noté entre parenthèses, l'allèle présent chez un individu.

II Étude d'un arbre généalogique

Pour étudier la transmission des caractères dans l'espèce humaine, on réalise des arbres généalogiques. On indique ainsi la transmission d'un caractère particulier présent au sein d'une famille, ce qui permet, à partir du phénotype des individus, de reconstituer leur génotype à toutes les générations.

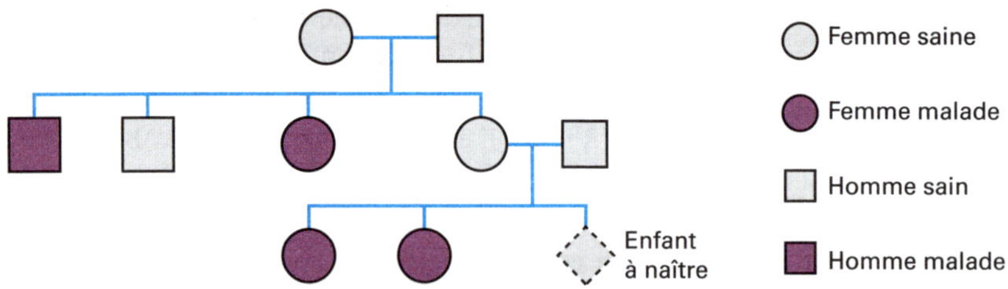

Doc **Arbre généalogique d'une famille atteinte par une maladie génétique**

III Séquençage de l'ADN

■ Le séquençage de l'ADN consiste à déterminer l'enchaînement des nucléotides de l'ADN d'un individu. On peut ainsi connaître les caractéristiques de cet individu et en déduire celles des autres membres de sa famille.

■ Chez l'Homme, un séquençage de l'ADN permet notamment d'identifier les gènes responsables de maladies génétiques ou de faire des tests de filiation.

Méthode

Effectuer le diagnostic prénatal d'une maladie génétique

Dans la famille L, les deux parents sains ont donné naissance à un enfant atteint d'une maladie génétique récessive. Lors d'une troisième grossesse, tous les membres de la famille sont testés afin de savoir si l'enfant à naître sera malade. On notera (m) l'allèle responsable de la maladie et (s) l'allèle sain.

Expliquer à l'aide des documents si l'enfant à naître sera malade.

Doc 1 Arbre généalogique de la famille L

Doc 2 Diagnostic prénatal par électrophorèse

On découpe l'ADN avec des enzymes de restriction afin d'obtenir des fragments d'ADN coloré pour le gène de la maladie, que l'on fait ensuite migrer dans un gel.

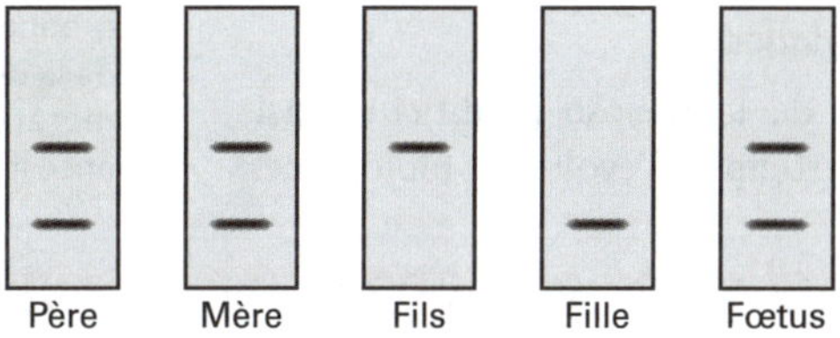

CONSEILS

Étape 1 Établir le génotype de chacun des deux parents, en comparant les bandes obtenues avec le phénotype des enfants malade et sain.

Étape 2 Établir le génotype de l'enfant à naître d'après son test prénatal, en le comparant aux autres membres de la famille.

SOLUTION

Étape 1 Les deux parents sont hétérozygotes pour le gène étudié, car ils possèdent chacun deux bandes différentes, donc deux allèles différents :
- une bande qui correspond à l'allèle (m), que l'on retrouve chez leur fille malade ;
- une bande qui correspond à l'allèle (s) que l'on retrouve chez leur fils sain.

Les deux parents sont donc [m//s].

Étape 2 D'après le diagnostic prénatal, le fœtus est hétérozygote [m//s], puisqu'il a les mêmes résultats que ses parents. Il ne sera donc pas malade.

4 Les accidents chromosomiques lors de la méiose

En bref *Les anomalies de la méiose, comme les* crossing-over *inégaux, sont à l'origine de l'évolution, mais aussi d'anomalies du caryotype, comme la trisomie 21.*

I Les anomalies de la méiose

- Lors des *crossing-over*, il arrive que les échanges de fragments de chromatides ne soient pas équivalents. On parle de *crossing-over* inégal.
- Les chromosomes affectés par un *crossing-over* inégal, en fin de méiose, présentent des combinaisons génétiques différentes. Dans le document 1, l'un des deux chromosomes possède deux copies du gène A, alors que l'autre chromosome n'aura plus de gène A. Ce gène supplémentaire peut ensuite muter et être à l'origine de **familles multigéniques**.
- Les anomalies de la méiose modifient ainsi le génome, ce qui participe à l'évolution biologique.

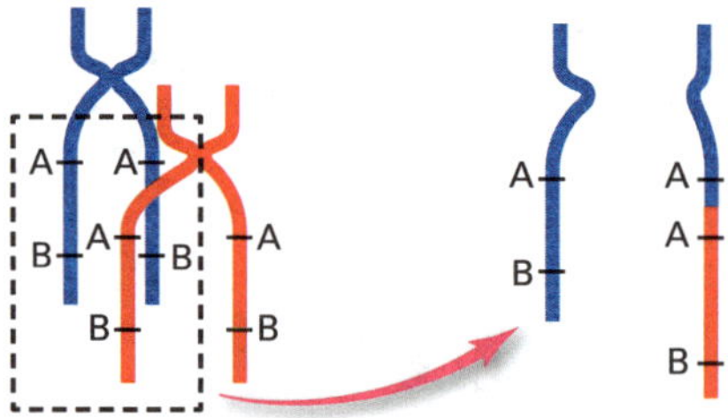

Doc 1 ***Crossing-over* inégal**

> **MOT CLÉ**
> **Famille multigénique** : groupe de gènes issus de la duplication et de mutations d'un gène ancestral unique.

II Les anomalies du caryotype chez l'homme

- Une mauvaise séparation des chromosomes lors de la méiose peut entraîner la formation d'un gamète avec des chromosomes en plus ou en moins.
- La plupart de ces anomalies ne sont pas viables, hormis quelques trisomies comme la trisomie 21 ou monosomie sexuelle.

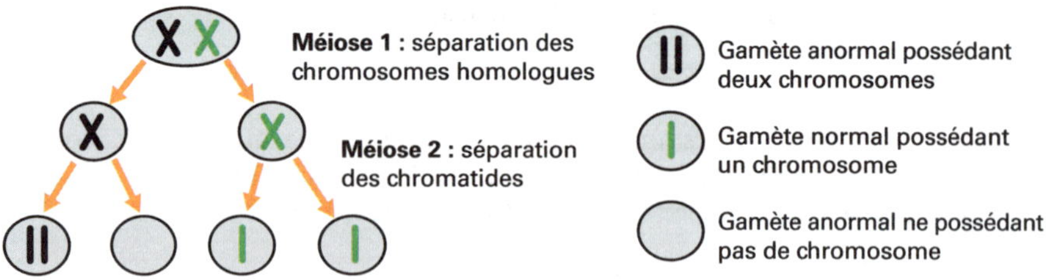

Doc 2 **Schéma d'une méiose anormale**

Méthode

Déterminer l'origine du syndrome de Klinefelter

Le syndrome de Klinefelter est une anomalie présente chez 1/500 à 1/1 000 nouveau-nés masculins. Il entraîne de nombreuses anomalies dans le développement de l'appareil génital, entraînant une stérilité. Pour poser le diagnostic, on réalise un caryotype.

Déterminer à l'aide du document et de vos connaissances l'origine du syndrome de Klinefelter.

Doc Caryotype d'une personne atteinte du syndrome de Klinefelter

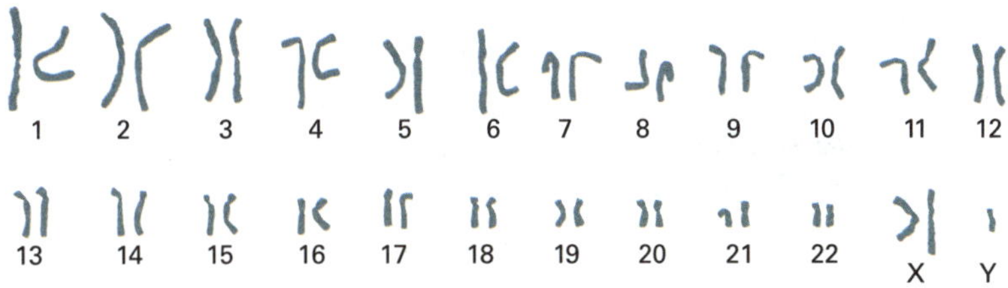

CONSEILS

Étape 1 Trouver l'anomalie affectant le caryotype de la personne malade.
Étape 2 Faire un schéma pour expliquer l'anomalie observée.

SOLUTION

Étape 1 On remarque que la 23e paire de chromosomes comporte trois chromosomes sexuels (XXY) au lieu de deux (XX ou XY). C'est cette anomalie qui est responsable du syndrome de Klinefelter.

Étape 2 Les chromosomes se sont mal répartis lors de la formation des gamètes. Le chromosome X est en double exemplaire au lieu d'un seul chez l'un des deux parents. On obtient donc une cellule-œuf avec 47 chromosomes, dont trois pour la 23e paire.

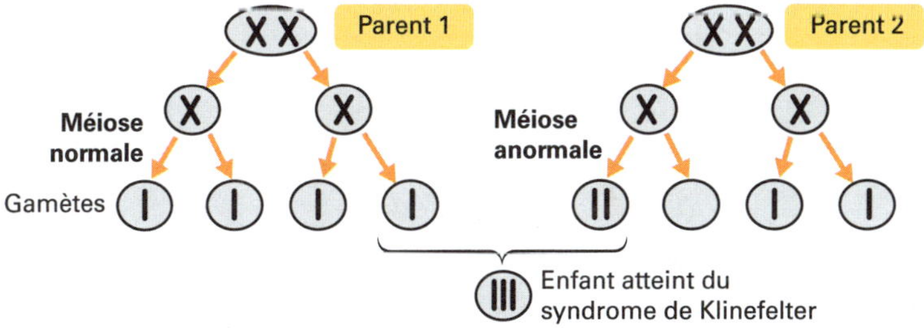

Doc Anomalie responsable du syndrome de Klinefelter

MÉMO VISUEL

Le brassage intrachromosomique

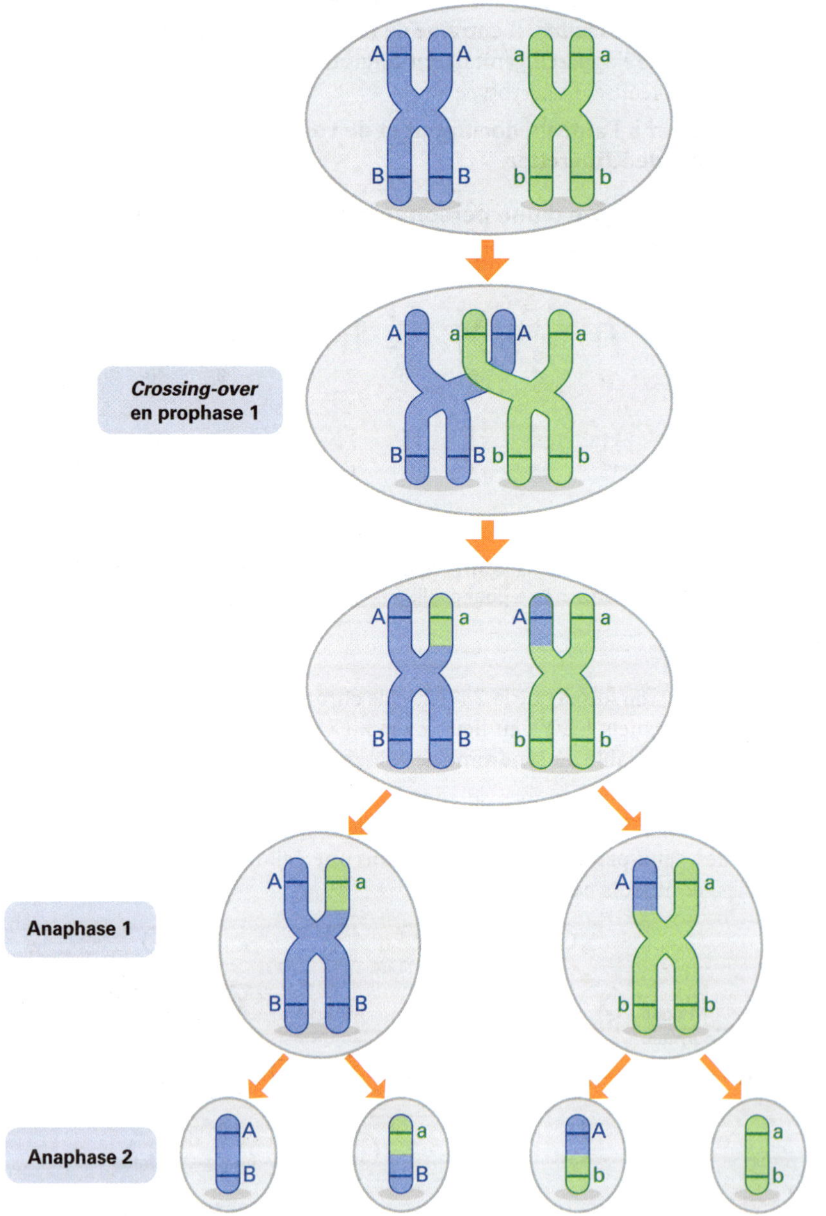

Le brassage interchromosomique

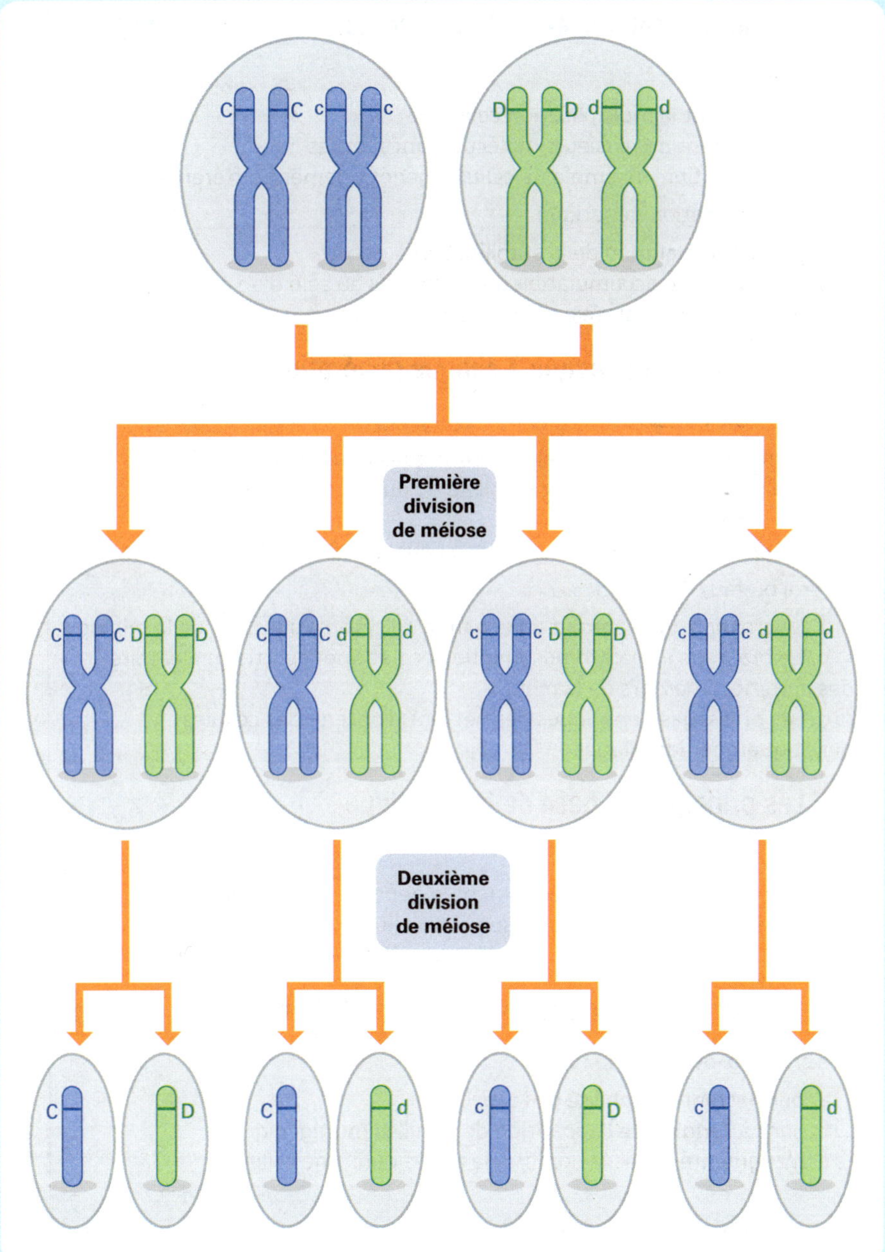

SE TESTER QUIZ

Vérifiez que vous avez bien compris les points clés des **fiches 1 à 4**.

1 Stabilité génétique et évolution clonale

→ FICHE 1

1. Les clones :

☐ **a.** permettent la multiplication cellulaire
☐ **b.** proviennent de plusieurs molécules ancestrales
☐ **c.** produisent un ensemble de cellules génétiquement différentes

2. La diversification génétique :

☐ **a.** permet le maintien de la stabilité d'une espèce
☐ **b.** est due à une accumulation de mutations au sein d'un clone
☐ **c.** peut apparaître au sein d'un sous-clone

2 Le brassage génétique à chaque génération

→ FICHE 2

1. Une cellule diploïde :

☐ **a.** contient toujours deux allèles identiques pour un même gène
☐ **b.** qui possède un allèle a et un allèle b pour un même gène est homozygote
☐ **c.** qui possède un allèle a et un allèle b pour un même gène est hétérozygote

2. Vrai ou faux ?

☐ **a.** Le *crossing-over* permet un échange de chromatides lors de la mitose
☐ **b.** Le brassage interchromosomique permet une répartition aléatoire des chromosomes lors de la méiose
☐ **c.** Les brassages génétiques permettent d'obtenir des cellules génétiquement identiques

3 Les principes de base de la génétique

→ FICHE 3

Le séquençage de l'ADN :

☐ **a.** permet de connaître précisément le génome d'un individu
☐ **b.** est source de mutations au sein des cellules
☐ **c.** est utilisé pour faire des tests de paternité

4 Les accidents chromosomiques lors de la méiose

→ FICHE 4

Les *crossing-over* inégaux :

☐ **a.** permettent la stabilité de l'espèce
☐ **b.** sont à l'origine de l'apparition de familles multigéniques
☐ **c.** n'augmentent pas le nombre de gènes dans une cellule

S'ENTRAÎNER

5 Comparer reproduction végétative et reproduction sexuée

→ FICHE 1

Depuis les années 1970, les fraises sont cultivées *in vitro* comme alternative à la culture traditionnelle pour obtenir des fruits présentant toujours les mêmes caractéristiques.

D'après les documents, indiquer quel mode de reproduction permet d'obtenir des plantes génétiquement identiques.

Doc 1 Multiplication végétative d'un plant de fraisier

Pour cultiver des fraises *in vitro*, on prélève les jeunes plantes produites naturellement par les stolons.

Doc 2 Reproduction sexuée du pommier

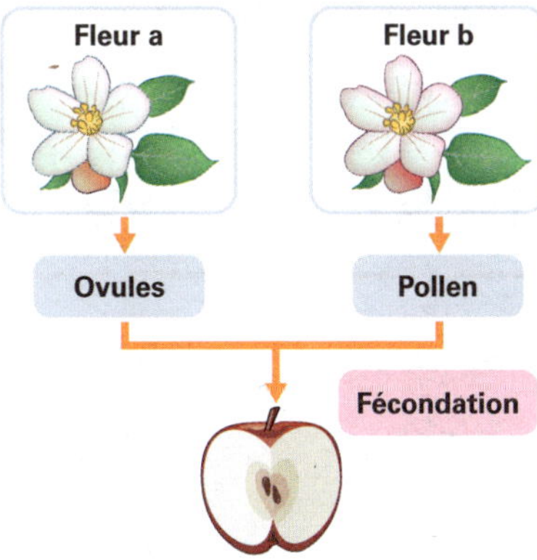

6 Localiser deux gènes de la drosophile

→ FICHE 2

On réalise des croisements portant sur deux caractères de la drosophile, la longueur des ailes et la couleur des yeux, afin de localiser ces deux gènes sur une même paire de chromosomes ou non.

À l'aide des documents, déterminer si les gènes codant la longueur des ailes et la couleur des yeux sont liés ou indépendants.

Doc 1 Premier croisement

Le premier croisement de drosophiles porte sur le caractère « longueur des ailes » : (ailes longues) et (ailes vestigiales) et « couleur des yeux » : (yeux rouges) et (yeux pourpres). Les parents sont homozygotes pour les deux gènes. On observe autant de mâles que de femelles parmi les descendants F1. Tous sont hétérozygotes et ont pour phénotype : ailes longues et yeux rouges.

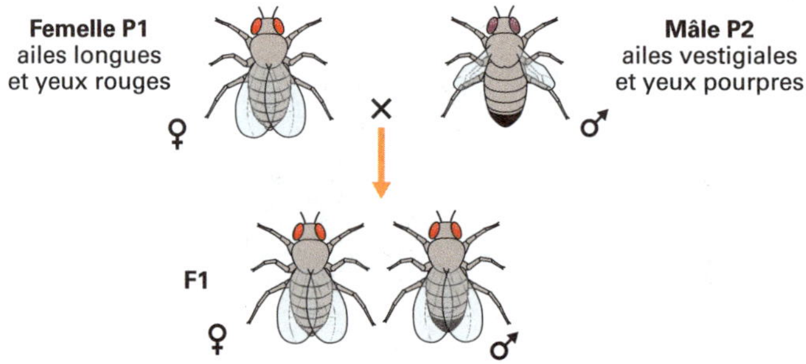

Doc 2 Deuxième croisement

On réalise un *test-cross* en croisant une femelle de F1 et un mâle P2 double récessif.

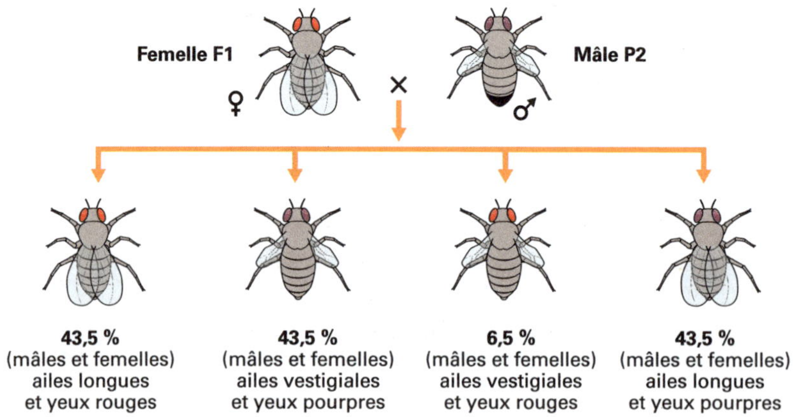

7 Comprendre les travaux de Mendel

→ FICHE 3

Au XIXe siècle, on pensait que les caractéristiques d'un individu provenaient d'un mélange des caractéristiques parentales. Gregor Mendel, un moine autrichien, élabora vers 1865 une théorie de l'hérédité, en étudiant différents croisements de pois. Ses conclusions, qui réfutaient la théorie de l'hérédité par mélange, tombèrent dans l'oubli, avant d'être redécouvertes au début du XXe siècle.

À l'aide des documents, expliquer comment Mendel a réfuté l'idée d'une hérédité par mélange.

Doc 1 L'hérédité par mélange

Selon le principe de l'hérédité par mélange, les enfants présentent des caractères intermédiaires à ceux de leurs deux parents. Par exemple, le caractère violet correspond au mélange des caractères bleu et rouge.

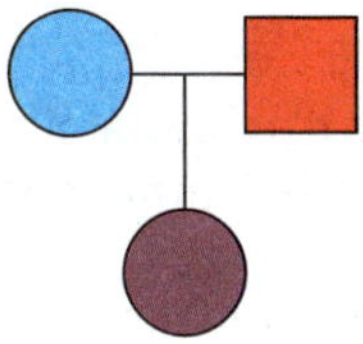

Doc 2 Expérience de croisement des fleurs de pois de Mendel

Pour élaborer sa théorie de l'hérédité, Mendel étudie l'uniformité des hybrides et la ségrégation des allèles. Il cultive des fleurs de pois et observe les résultats des croisements.

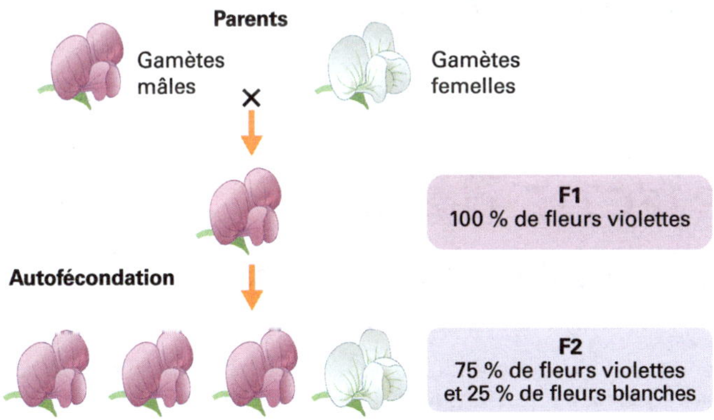

8 Caractériser une famille multigénique

→ FICHE 4

La lactico-déshydrogénase (LDH) est une enzyme permettant la production d'énergie dans les cellules. Elle est constituée par l'association de plusieurs chaînes polypeptidiques qui peuvent être identiques ou non. Chez l'Homme, trois types de chaînes s'associent (LDH-A, LDH-B et LDH-C) pour donner une protéine formée de plusieurs sous-unités.

À l'aide des documents, trouver des arguments pour démontrer que les gènes LDH appartiennent à une famille multigénique.

Doc 1 Localisation des gènes codant les chaînes LDH-A, LDH-B et LDH-C

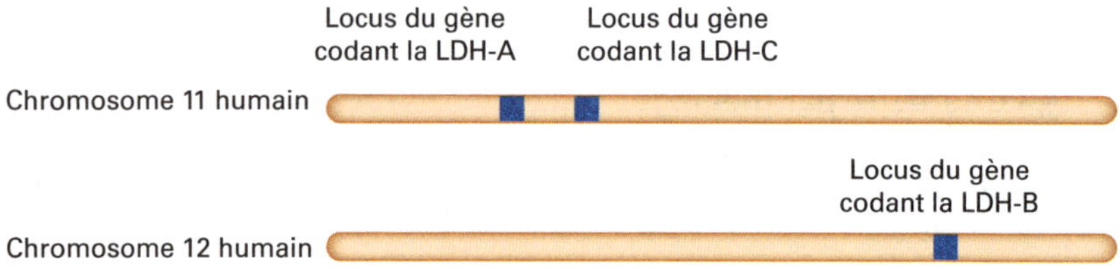

Doc 2 Séquences partielles d'acides aminés composant les chaînes LDH-A, LDH-B et LDH-C humaines

La chaîne LDH-A est prise comme référence. Les lettres désignent les acides aminés et non les nucléotides. Un tiret indique qu'il n'y a pas de différence avec la chaîne de référence.

	209 … 234
LDH-A	GVSLKTLHPDLGTDKDKEQWKEVHKQ
LDH-B	----QE-N-EM---N-S-N------M
LDH-C	--A----D-K----S---H--NI---

OBJECTIF BAC

9 Créer de nouvelles variétés de tomates

60 min

→ FICHE 2

Ce sujet permet de comprendre les brassages génétiques lors de la méiose chez les végétaux en étudiant le résultat du croisement de divers plants sur plusieurs générations.

LE SUJET

La commercialisation et la distribution de tomates nécessitent la création de variétés présentant des caractéristiques nouvelles. On cherche à obtenir de grosses tomates à maturation lente afin d'améliorer leur conservation et leur transport.

Expliquer comment on a réussi à obtenir des tomates répondant aux besoins de la commercialisation.

Doc Protocole d'obtention des tomates d'intérêt agronomique

- On dispose de deux types de lignée pure :

- des plants à petits fruits et maturation inhibée (les fruits ne mûrissent pas) ;
- des plants à gros fruits et maturation rapide.

On note (g) l'allèle qui permet obtenir des gros fruits, (g^+) l'allèle qui permet d'obtenir des petits fruits, (m^+) l'allèle qui permet une maturation inhibée et (m) l'allèle qui permet une maturation rapide.

- On réalise le premier croisement suivant :

P1 [petits fruits, maturation inhibée] × P2 [gros fruits, maturation rapide]

On obtient en F1 des plantes qui produisent de petits fruits à maturation lente.

- On réalise ensuite le deuxième croisement suivant :

F1 [petits fruits, maturation lente] × P2 [gros fruits, maturation rapide]

On obtient en F2 les résultats suivants :

- 241 plants [petits fruits, maturation lente] ;
- 258 plants [petits fruits, maturation rapide] ;
- 249 plants [gros fruits, maturation lente] ;
- 243 plants [gros fruits, maturation rapide].

- Le troisième croisement consiste à croiser entre eux les pieds de tomates à gros fruits et maturation lente issus du croisement précédent :

F2 [gros fruits, maturation lente] × F2 [gros fruits, maturation lente]

On obtient en F3 les résultats suivants :

- 25 % des plants ont des gros fruits et mûrissent rapidement ;
- 50 % des plants ont des gros fruits et mûrissent lentement ;
- 25 % des plants ont des gros fruits qui ne mûrissent pas.

- Enfin, on croise les pieds de tomates produisant les gros fruits qui ne mûrissent pas du croisement précédent) avec les tomates à gros fruits qui mûrissent rapidement (variété normale du tout premier croisement) :

F3 [gros fruits, maturation lente] × P2 [gros fruits, maturation rapide]

On obtient 100 % de plants présentant de grosses tomates qui mûrissent lentement.

Après avoir testé d'autres caractères de qualité, on décide de commercialiser ces plants.

▶▶▶ LA FEUILLE DE ROUTE

On souhaite obtenir des plants présentant un nouveau phénotype : de grosses tomates à maturation lente. Il faut donc expliquer comment, à l'aide des différents croisements, on va obtenir un nouveau phénotype. Pour cela, il faut d'abord détailler le phénotype et le génotype des différents plants de tomates.

Étape 1 Au brouillon, écrire les phénotypes des différents allèles

Écrire les phénotypes de P1, P2 et F1 et en déduire les relations de dominance et de récessivité des différents allèles pour le premier croisement.

Étape 2 Au brouillon, déterminer si les caractères sont liés ou non

- Écrire les génotypes des individus du deuxième croisement afin de déterminer si les gènes codant pour les caractères tailles des fruits et leur maturation sont liés ou indépendants.
- Réaliser un tableau de croisements pour l'hypothèse testée.
- Comparer les résultats obtenus lors de l'expérience avec les résultats théoriques pour valider l'hypothèse.
- Observer le pourcentage du phénotype recherché afin de savoir si on a résolu le problème.

Étape 3 Au brouillon, expliquer comment on peut obtenir des plants de tomates demandé

- Réaliser un tableau de croisements pour expliquer les résultats obtenus lors du troisième croisement.
- Détailler le génotype et le phénotype des individus du dernier croisement.

Étape 4 Rédiger la réponse au propre

- Il faut d'abord expliquer comment à l'aide des deux premiers croisements on a pu obtenir le phénotype souhaité. Pour cela, il faut mettre en relation les informations recueillies lors de l'étape 2.
- Puis il faut expliquer, à l'aide des croisements suivants, comment on peut obtenir 100 % d'individus qui présentent les mêmes caractéristiques, en utilisant les informations de l'étape 3.

CORRIGÉS

SE TESTER QUIZ

1 Stabilité génétique et évolution clonale

1. Réponse a. Les clones permettent la multiplication cellulaire.
Les réponses b et c sont incorrectes. Les clones proviennent de cellules ancestrales, pas de molécules. Ils donnent des cellules génétiquement identiques.

2. Réponses b et c. La diversification génétique est due à une accumulation de mutations au sein d'un clone. Elle peut apparaître au sein d'un sous-clone.
La réponse a est incorrecte. La diversification génétique ne stabilise pas une espèce, elle lui permet au contraire d'évoluer.

2 Le brassage génétique à chaque génération

1. Réponse c. Une cellule diploïde qui possède un allèle a et un allèle b pour un même gène est hétérozygote.
Les réponses a et b sont incorrectes. Une cellule diploïde peut être homozygote ou hétérozygote, et donc contenir des allèles différents. Elle est homozygote si elle contient deux allèles semblables d'un même gène.

2. Réponse b. Le brassage interchromosomique permet une répartition aléatoire des chromosomes lors de la méiose.
Les réponses a et c sont fausses. Le *crossing-over* permet un échange de chromatides au cours de la méiose et les brassages génétiques permettent d'obtenir des cellules génétiquement différentes.

3 Les principes de base de la génétique

Réponses a. et c. Le séquençage de l'ADN permet de connaître précisément le génome d'un individu et c'est l'outil utilisé pour faire des tests de paternité.
La réponse b est incorrecte. Une méthode d'analyse ne peut provoquer de mutations.

4 Les accidents chromosomiques lors de la méiose

Réponse b. Les *crossing-over* inégaux sont à l'origine de l'apparition de familles multigéniques.
Les réponses a et c sont incorrectes. Les *crossing-over* inégaux peuvent être à l'origine de modifications au sein d'une espèce. Ils peuvent modifier la répartition des gènes au sein des chromosomes.

S'ENTRAÎNER

5 Comparer reproduction végétative et reproduction sexuée

■ Dans le document 1, les plants issus des stolons sont génétiquement identiques à la plante d'origine, car ils ne sont issus que d'un seul individu : la multiplication végétative est du clonage.

■ Dans le document 2, la reproduction sexuée implique la fécondation de deux individus génétiquement différents (ils sont notamment de couleur différente). Les plants obtenus seront différents des plants d'origine.

■ Pour obtenir des fraises qui présentent toujours les mêmes caractéristiques, il faut donc recourir à la multiplication végétative, qui engendre des clones, c'est-à-dire des individus génétiquement identiques.

6 Localiser deux gènes de la drosophile

■ Au premier croisement, on obtient des mouches hétérozygotes de phénotype [ailes longues, yeux rouges], donc l'allèle qui permet d'avoir des ailes longues (a^+) est dominant sur l'allèle qui permet d'avoir des ailes vestigiales (a^-) et l'allèle qui permet d'avoir les yeux rouges (r^+) est dominant sur l'allèle qui permet d'avoir les yeux pourpres (r).

RAPPEL

Un *test-cross* est un croisement entre F1 et un individu double récessif. Lorsque les résultats sont équiprobables, les gènes sont indépendants ; s'il y a une majorité d'individus de type parentaux, ils sont liés.

■ On remarque que la répartition des phénotypes n'est pas équiprobable (on aurait 25 % de chaque si les gènes étaient indépendants). On fait donc l'hypothèse que les deux gènes sont liés ; on croise F1 (a^+, r^+//a, r) × P2 (a, r//a, r) et on établit le tableau de croisement suivant :

Gamètes de F1 \ Gamètes de P2	(a, r/)
(a, r/)	(a, r//a, r)
(a^+, r^+/)	(a^+, r^+//a, r)
(a, r^+/)	(a, r^+//a, r)
(a^+, r/)	(a^+, r//a, r)

On obtient une majorité de mouches ayant un phénotype parental (en noir dans le tableau) [ailes longues, yeux rouges] et [ailes vestigiales, yeux pourpres] et une minorité de mouches ayant un phénotype recombiné issu d'un *crossing-over* (en rouge dans le tableau) [ailes longues, yeux pourpres] et [ailes vestigiales, yeux rouges].

CONSEIL

Comparez les résultats théoriques et expérimentaux pour conclure.

■ On constate que les résultats des expériences sont conformes à ceux du tableau de croisement. Il y a bien une majorité de mouches de génotype parental : 43,5 % (a, r//a, r) + 43,5 % (a^+, r^+//a, r) et une minorité de mouches de génotype parental : 6,5 % (a, r^+//a, r) + 6,5 % (a^+, r//a, r). Les deux gènes codant pour la couleur des yeux et la longueur des ailes sont donc liés.

7 Comprendre les travaux de Mendel

■ Le document 1 montre le principe de l'hérédité par mélange, selon lequel le croisement d'individus de phénotypes différents produit des individus de phénotypes intermédiaires.

■ Le document 2 montre que le croisement de fleurs violettes avec des fleurs blanches permet d'obtenir dans un premier temps des fleurs violettes, puis dans les générations suivantes des fleurs blanches ou violettes. Il y a une homogénéité des hybrides de première génération (ce qui correspond à la première loi de Mendel).

RAPPEL

Première loi de Mendel : pureté des gamètes (homogénéité des hybrides de première génération).

■ Les observations de Mendel réfutent la théorie de l'hérédité par mélange. Si elle était est vraie, on devrait obtenir à l'issue du premier croisement des fleurs de couleurs nuancées allant du blanc au violet.

8 Caractériser une famille multigénique

■ D'après le document 1, on observe, pour un même individu, qu'il existe trois gènes codant trois LDH différentes (A, B et C) et qui remplissent la même fonction chez un individu : produire de l'énergie. Ces gènes sont placés sur deux chromosomes différents : deux sur le chromosome 11 et un sur le chromosome 12.

RAPPEL

Une famille multigénique est un ensemble de gènes présents chez un même individu, qui remplissent la même fonction et qui présentent des homologies de séquence.

■ Le document 2 montre que les séquences d'acides aminés des protéines codées par les gènes LDH-A, B et C ne présentent que peu de différences.

■ En conclusion, on peut dire que chez un même individu il y a plusieurs fois la copie d'un même gène. Les copies observées présentent des différences, mais peuvent toujours s'associer pour remplir la même fonction au sein du complexe LDH : on peut donc bien parler de famille multigénique.

OBJECTIF BAC

9 Créer de nouvelles variétés de tomates

Introduction

On cherche à commercialiser des tomates qui présentent toutes les mêmes caractéristiques : de gros fruits et une maturation lente. Pour cela, on dispose de plants à petits fruits et maturation inhibée et de plantes à gros fruits et maturation rapide. Les plants qui existent aujourd'hui ne présentent pas ces caractéristiques.
Comment obtenir, par croisement entre espèce existante des plants de tomates à gros fruits et maturation lente ?

Étude des phénotypes et de la liaison des gènes

Lors du premier croisement, on obtient des plants de tomates hybrides qui présentent tous les mêmes caractéristiques : les fruits sont petits, le caractère petit est dominant sur le caractère gros. Comme la maturation de ces fruits est lente mais pas inhibée, on suppose qu'il y a codominance des deux caractères pour former le caractère de maturation lente.
Les plants issus du premier croisement ne présentent pas les caractéristiques que l'on souhaite obtenir. Ils montrent cependant une nouvelle caractéristique, qui est recherchée pour la commercialisation : la maturation lente. Il faut donc réaliser un nouveau croisement.
Afin d'obtenir des plants présentant de gros fruits, on réalise un second croisement entre F1 ($m^+//m$, $g^+//g$) et P2 ($m//m$, $g//g$). Comme les proportions obtenues lors du deuxième croisement sont équivalentes, on suppose que les deux gènes sont indépendants. Ce qui permet d'établir le tableau suivant, présentant les gamètes produits par le croisement d'un individu F1 et d'un individu P2, et les phénotypes des cellules œufs produites :

P2 \ F1	($m^+/$, $g/$)	($m^+/$, $g^+/$)	($m/$, $g/$)	($m/$, $g^+/$)
($m/$, $g/$)	($m^+//m^+$, g/g)	($m^+//m^+$, $g//g^+$)	($m//m^+$, $g//g$)	($m//m$, $g//g^+$)
[m, g]	[m^+, g]	[m^+, g*]	[m, g]	[m, g*]

Comparaison des résultats de l'expérience avec les résultats théoriques :
- 241 plants [petits fruits, maturation lente] = 241/991 = 24,4 %
- 258 plants [petits fruits, maturation rapide] = 248/991 = 26 %
- 249 plants [gros fruits, maturation lente] = 249/991 = 25,1 %
- 243 plants [gros fruits, maturation rapide] = 243/991 = 24,5 %

On obtient donc environ 25 % de chaque phénotype en raison de la séparation des allèles lors d'un brassage interchromosomique d'après le tableau et l'hypothèse.
Mais les pieds de tomates recherchées ne représentent qu'un quart des graines produites par le croisement précédent, ce qui n'est pas suffisant. Il faut obtenir un croisement qui donne à coup sûr 100 % de pieds de tomates de ce type.

Comment obtenir 100 % des pieds de tomates désirés

Le troisième croisement (F2 × F2) est expliqué grâce au tableau de croisements suivant :

F2 \ F2	(m/, g/)	(m/, g^+/)
(m/, g/)	[m, g]	[m, g*]
(m/, g^+/)	[m, g*]	[m, g^+]

On obtient :

- 25 % de plants avec des gros fruits qui mûrissent rapidement ;
- 50 % de plants avec des gros fruits qui mûrissent lentement ;
- 25 % de plants avec des gros fruits qui ne mûrissent pas.

On obtient bien le phénotype désiré (en rouge) mais seulement à 50 %.

Pour obtenir 100 % de plants de phénotype [m, g*], on effectue le croisement F3 (m //m ; g^+//g^+) × (m//m ; g//g).

Il suffit donc de récolter les graines issues de ce croisement pour les commercialiser comme graines hybrides F1 qui donneront à 100 % des plants de tomates recherchés.

Conclusion

Grâce à l'ensemble des croisements réalisés, on a pu obtenir des plants de tomates qui présentent les caractéristiques souhaitées : des plants de tomates produisant des gros fruits à maturation lente, donc se conservant longtemps.

2 L'évolution des génomes au sein des populations

Le pizzly (ou grolar) résulte du croisement entre un grizzly et un ours polaire. Les deux espèces se sont rapprochées en raison de la fonte récente des glaces au Groenland.

5 La complexification des génomes

En bref *Des échanges de gènes ou des associations de génomes peuvent avoir lieu entre différents groupes d'êtres vivants. Ces associations et gènes échangés peuvent se transmettre de manière héréditaire.*

I Échanges de gènes entre êtres vivants

■ Certains gènes peuvent être échangés entre espèces par des mécanismes non reproductifs : ce sont les **transferts horizontaux** de gènes. Ces échanges sont assurés par des vecteurs (transporteurs) comme les virus ou, s'il s'agit de deux espèces bactériennes, par la formation de ponts entre cytoplasmes.

Exemple : les nématodes, vers microscopiques, sont capables de digérer les parois des cellules végétales grâce à des gènes hérités de bactéries du sol.

■ Ces transferts peuvent avoir des conséquences importantes sur l'**évolution des populations** et plus largement des écosystèmes. Ils sont par exemple à l'origine de transferts de gènes de résistances aux antibiotiques entre bactéries, ce qui engendre des problèmes de santé publique humaine.

II Association de génomes par endosymbiose

■ Les endosymbioses sont des associations durables entre êtres vivants d'espèces différentes. L'un des deux symbiotes se retrouve inclus à l'intérieur de l'autre. Ce type d'association peut finir par devenir héréditaire en se transmettant de génération en génération.

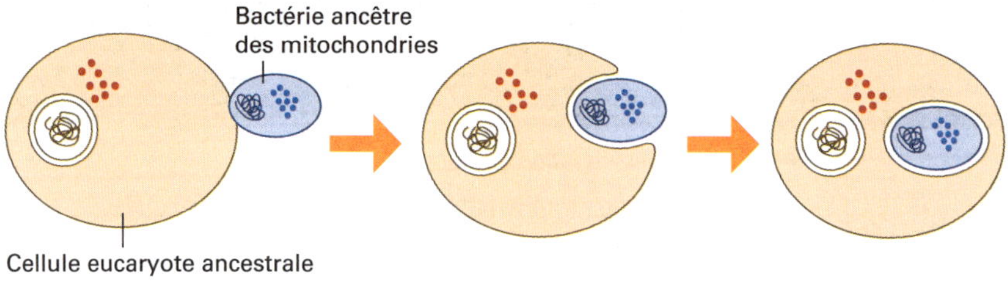

Doc Mécanisme de l'endosymbiose mitochondriale

La bactérie absorbée par la cellule eucaryote est intégrée au cytoplasme. Elle évoluera en mitochondrie, qui présentera les vestiges des deux membranes.

■ C'est le cas des organites de la cellule eucaryote (mitochondries, chloroplastes), qui proviennent probablement d'anciennes associations entre une cellule eucaryote et une cellule procaryote bactérienne. Cette théorie de l'« **endosymbiose** » repose sur la présence de matériel génétique propre à ces organites. La majeure partie de leur génome a été simplifiée et transférée vers le noyau de la cellule hôte.

Méthode

Comprendre l'origine des chloroplastes

Les chloroplastes sont les organites clés de la photosynthèse réalisée par les organismes végétaux.

À l'aide du document ci-dessous et de vos connaissances, émettre une hypothèse quant à l'origine des chloroplastes dans les cellules végétales.

Doc Chloroplaste d'une cellule végétale (a) et cyanobactérie (b)

Photographies en microscopie électronique à transmission. Le thylakoïde est une structure permettant de capter la lumière utile à la photosynthèse.

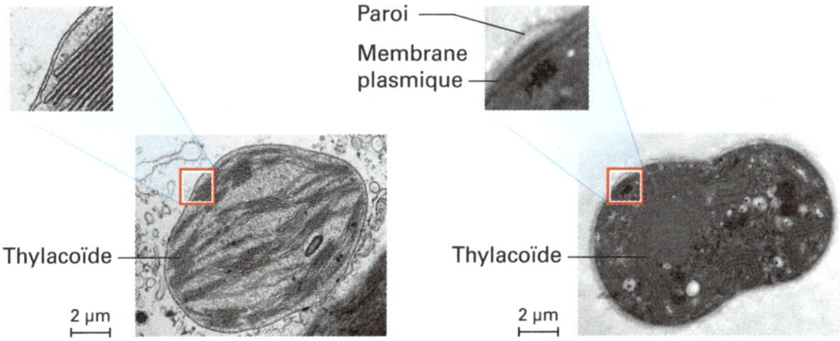

CONSEILS

Étape 1 Dénombrer les membranes plasmiques délimitant le chloroplaste et la cyanobactérie.
Étape 2 Identifier une structure commune aux chloroplastes et aux cyanobactéries.
Étape 3 Imaginer un scénario expliquant l'origine du chloroplaste des cellules eucaryotes.

SOLUTION

Étape 1 Le chloroplaste est délimité par deux membranes, tandis que la cyanobactérie n'en compte qu'une.

Étape 2 Le thylakoïde est une structure que l'on rencontre à la fois dans la cellule eucaryote végétale et chez les cyanobactéries.

Étape 3 Le chloroplaste et la cyanobactérie présentant des structures communes, il est probable qu'une cyanobactérie ait été phagocytée à l'origine par une cellule eucaryote. La seconde membrane présente autour du chloroplaste serait héritée de la membrane plasmique de la cellule eucaryote ayant phagocyté la cyanobactérie.

6 Une prévision mathématique des fréquences alléliques

En bref *Le modèle mathématique de Hardy-Weinberg prévoit une stabilité théorique de la fréquence des allèles au sein d'une population.*

I Modèle de Hardy-Weinberg et fréquences des allèles

■ Hardy et Weinberg ont formulé au XXe siècle un modèle de transmission des allèles au cours d'une génération pour une population « idéale ».

■ Ce modèle avance une stabilité des fréquences relatives des allèles d'un gène donné au cours des générations au sein de cette population idéale. Un tableau de croisements permet de prévoir les fréquences des génotypes à la génération suivante.

■ Considérons un gène à deux allèles (A et a). Pour une génération donnée, si p est la fréquence de l'allèle A et q la fréquence de l'allèle a, on a $p + q = 1$. Cela permet d'établir le tableau de croisement suivant.

Doc Fréquence des génotypes à la génération $n + 1$

Fréquence des allèles à la génération n	A (p)	a (q)
A (p)	AA (p^2)	Aa (pq)
a (q)	Aa (pq)	aa (q^2)

■ Démonstration de la stabilité des fréquences des allèles. Soit $f(\text{A})$ la fréquence de l'allèle A à la génération n, $f'(\text{A})$ sa fréquence à la génération $n + 1$, on a :

$$f'(\text{A}) = f'(\text{AA}) + \frac{1}{2} f'(\text{Aa}) = p^2 + \frac{1}{2} \times 2pq = p^2 + pq = p\,(p + q) = p = f(\text{A}).$$

La fréquence de l'allèle A à la génération $n + 1$ est bien la même qu'à la génération n.

II Conditions pour valider le modèle de Hardy-Weinberg

■ La population « idéale » étudiée dans le cadre du modèle de Hardy-Weinberg doit respecter un certain nombre de conditions (hypothèses) :
- une population formée d'individus diploïdes à reproduction sexuée ;
- une reproduction entre individus de même génération ;
- une rencontre entre individus (et donc des gamètes) liée au hasard ;
- une population d'effectif infini (pas de dérive génétique) ;
- une absence de mutation du gène considéré ;
- une absence de sélection (positive ou négative) du gène considéré ;
- une absence de migration des individus de la population.

■ Dans la plupart des populations réelles, au moins l'une de ces hypothèses ne peut être vérifiée et empêche donc de valider le modèle de Hardy-Weinberg.

Méthode

Calculer des fréquences alléliques dans une population idéale

Chez une espèce végétale diploïde à floraison annuelle, un gène codant la couleur des fleurs est représenté par deux allèles : l'allèle A est à l'origine d'une coloration rouge sang, l'allèle B d'une coloration rose.

Un échantillon d'individus de la population a été prélevé et la couleur des fleurs déterminée à partir de la concentration des pigments présents. On distingue ainsi trois types d'individus dont les phénotypes peuvent être annotés de la manière suivante : [rouge], [rose foncé] et [rose].

D'échantillon de 416 individus, on a trouvé 220 [rouge], 130 [rose] et 66 [rose foncé].

On considère que la population respecte le modèle de Hardy-Weinberg.

Calculer les fréquences de chaque allèle du gène codant la couleur des fleurs dans la population étudiée.

CONSEILS

Étape 1 Annoter les génotypes des individus correspondant aux trois phénotypes relevés dans la population végétale.
Étape 2 Donner la relation mathématique décrivant la fréquence de chaque allèle.
Étape 3 Calculer la fréquence de chaque génotype.
Étape 4 Calculer la fréquence de chaque allèle dans la population.

SOLUTION

Étape 1 Les organismes sont diploïdes.
Phénotype [rouge] : génotype (AA).
Phénotype [rose] : génotype (BB).
Phénotype [rose foncé] : génotype (AB).

Étape 2 La population respectant le modèle de Hardy-Weinberg, les fréquences des allèles sont stables au cours des générations. Donc, on a :

$$f(\text{A}) = f(\text{AA}) + \frac{1}{2}\ f(\text{AB}) \text{ et } f(\text{B}) = f(\text{BB}) + \frac{1}{2}\ f(\text{AB}).$$

Étape 3 Les fréquences des génotypes peuvent être calculées en divisant l'effectif de chaque phénotype par l'effectif total de la population :

$$f(\text{AA}) = \frac{220}{416}\ ; f(\text{BB}) = \frac{130}{416}\ ; f(\text{AB}) = \frac{66}{416}.$$

Étape 4 Les fréquences de chaque allèle sont donc les suivantes :

$$f(\text{A}) = \frac{220}{416} = \frac{1}{2} \times \frac{66}{416} = \frac{253}{416} = 0{,}6 \text{ et } f(\text{B}) = \frac{130}{416} = \frac{1}{2} \times \frac{66}{416} = \frac{98}{416} = 0{,}4.$$

7 Des mécanismes génétiques à l'origine de l'évolution

En bref *Les variations individuelles dans les populations sont le support de forces évolutives : sélection naturelle et dérive génétique. Ces mécanismes sont à l'origine de la diversité des espèces.*

I Des populations d'individus soumises à des forces évolutives

■ Les populations sont formées d'individus présentant une **variabilité intraspécifique**, en raison de la diversité des allèles (à cause notamment des mutations). Cette variabilité est le support de l'évolution : elle entraîne la variation des fréquences d'allèles représentés dans la population au cours du temps.

■ L'une des forces évolutives à l'origine de la modification des fréquences d'allèles dans les populations est la **sélection naturelle**. Dans un milieu donné, un allèle peut se montrer avantageux ou désavantageux pour l'individu qui le porte. Celui-ci pourra donc mieux (ou moins bien) survivre et se reproduire, transmettant (ou non) ses allèles à la génération suivante.

■ La plupart des allèles sont néanmoins neutres vis-à-vis de la survie et de la reproduction des individus. Par conséquent, les variations de fréquences des allèles dans une population sont majoritairement attribuées aux effets du hasard de rencontres des individus et donc des allèles (dans le cadre de la reproduction) : c'est la **dérive génétique**.

II Les espèces, ensembles d'individus isolés génétiquement

■ Une **espèce** peut être considérée comme une population d'individus isolés génétiquement d'autres populations. Cet isolement implique des **barrières génétiques** entre les individus.

> **RAPPEL**
> On considère que des individus d'une même espèce peuvent engendrer une descendance fertile.

■ Ces barrières sont généralement de nature géographique (distance, montagnes…), mais elles peuvent aussi être anatomiques, comportementales ou chromosomiques, empêchant l'accouplement (périodes de reproduction différentes, par exemple), voire la fécondation.

■ Ces barrières sont souvent **limitées dans le temps**, du fait de l'instabilité du milieu de vie (modification du paysage) et des individus (mutations, dérive et sélection). Par conséquent, la notion d'espèce est liée au temps (apparition de deux espèces distinctes à la suite de la séparation géographique d'une même population).

Méthode

Comprendre l'action de la sélection naturelle

Des populations de mésanges bleues (*Parus caeruleus*) ont été étudiées sur deux sites français (Liouc et Quissac) du Gard. Les chercheurs ont mesuré :
– l'abondance de chenilles se nourrissant de feuilles de chêne, et étant elles-mêmes la source de nourriture principale des mésanges ;
– le nombre d'œufs pondus par les mésanges bleues.

L'alimentation apporte l'énergie nécessaire à la ponte, dont la période est contrôlée par un gène à deux allèles : ponte précoce et ponte tardive.

À partir des données, montrer que le milieu de vie exerce une sélection des mésanges et proposer un scénario évolutif pour leurs populations.

Doc Abondance de chenilles et pourcentages d'œufs pondus

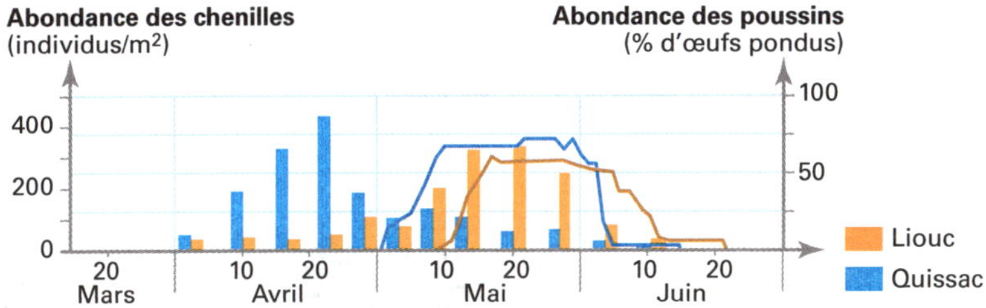

CONSEILS

Étape 1 Étudier la relation entre abondance des chenilles et ponte des mésanges.
Étape 2 Expliquer l'influence du milieu sur la date de ponte des mésanges et en déduire les allèles sélectionnés sur chaque site.
Étape 3 Émettre une hypothèse sur le devenir des populations de mésanges.

SOLUTION

Étape 1 À Liouc comme à Quissac, le maximum de pontes a lieu quelques jours à quelques semaines après le maximum d'abondance des chenilles. La ponte et l'abondance des chenilles sont plus précoces à Liouc qu'à Quissac.

Étape 2 La période de ponte des mésanges est liée à l'abondance des chenilles. L'allèle (ponte précoce) apporte un avantage aux mésanges de Liouc, car elles bénéficient d'une période d'abondance de nourriture. L'allèle est donc sélectionné à Liouc. L'allèle (ponte tardive) est avantageux à Quissac, car l'abondance des chenilles est plus tardive : il est sélectionné sur ce site.

Étape 3 Le milieu entraîne l'isolement génétique des populations d'oiseaux des deux sites. On peut donc supposer que, dans de nombreuses générations, elles ne seront plus capables de se reproduire et formeront deux espèces.

8 Autres mécanismes contribuant à la biodiversité

En bref *La diversification du monde vivant n'est pas seulement liée à des modifications génétiques. D'autres mécanismes participent au « phénotype étendu » des individus.*

I Des associations entre êtres vivants

- Certains organismes s'associent durablement, s'assurant ainsi une meilleure survie et une meilleure reproduction. Ces associations, non héréditaires, sont dites obligatoires (les organismes ne peuvent pas survivre séparément).
- Ces associations peuvent être à bénéfices réciproques pour les deux partenaires : on parle alors de symbiose mutualiste. Exemple : microbiote aidant la digestion de l'hôte, qui l'héberge en retour.
- Dans certains cas, l'un des partenaires se développe aux dépens de l'autre : on parle alors de parasitisme. Exemple : cynips (guêpe parasite) pondant ses œufs sur les feuilles de chêne et entraînant la formation d'une galle.

II L'utilisation d'éléments du milieu

Certains organismes réalisent des constructions (terriers, nids...) à partir d'éléments du milieu pour assurer leur protection. D'autres éléments peuvent être utilisés pour attirer des individus du sexe opposé.

Doc Le jardinier satiné

Le jardinier satiné construit un « berceau » de brindilles orné de ses plumes ou de petits objets bleus pour attirer une femelle.

III Une transmission des comportements

- Les chants d'oiseaux jouent un rôle dans la reconnaissance entre individus. La réalisation d'un nouveau chant est donc un facteur d'isolement de populations. L'utilisation d'outils chez les primates ou les pratiques culturelles dans les sociétés humaines peuvent avoir les mêmes conséquences.
- Ces comportements participent ainsi à la diversification du vivant sans modifier leur génome. Transmis de génération en génération par apprentissage, leur pratique peut être sélectionnée si elle apporte des bénéfices aux individus les réalisant.

Méthode

Étudier l'association d'êtres vivants à l'origine du lichen

Les lichens sont formés par l'association de deux êtres vivants distincts.

À partir des documents et de vos connaissances, montrer que le lichen est un organisme issu d'une symbiose mutualiste.

Doc 1 Coupe de lichen

Les sorédies sont les formes de dispersion reproductives du lichen, assurant une reproduction asexuée des deux partenaires (par mitoses).

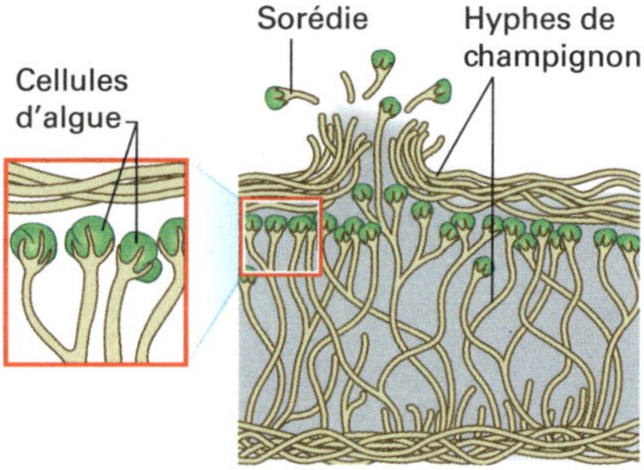

Doc 2 Nutrition des végétaux et des champignons

Les végétaux chlorophylliens captent l'énergie lumineuse par photosynthèse afin de produire de la matière organique à partir de matière minérale (CO_2 atmosphérique) et d'autres minéraux du sol.

Les champignons ne réalisent pas la photosynthèse, mais leurs réseaux d'hyphes prélèvent des sels minéraux dans le sol et extraient de la matière organique à partir de la digestion d'autres êtres vivants.

CONSEILS

Étape 1 Montrer que le lichen est une association durable d'êtres vivants.
Étape 2 Relever les différences dans la nutrition des végétaux et des champignons, en termes de matières minérale et organique.
Étape 3 En déduire les bénéfices de la symbiose pour les deux partenaires.

SOLUTION

Étape 1 Le lichen est formé de deux organismes : des algues unicellulaires incluses dans des hyphes de champignon. Cette association perdure grâce aux sorédies, forme reproductive dispersant les deux partenaires à la fois.

Étape 2 Les végétaux peuvent élaborer leur matière organique par photosynthèse à partir de matière minérale issue du milieu. Les champignons ne réalisent pas la photosynthèse et doivent donc prélever leur matière organique directement dans le milieu.

Étape 3 La symbiose permet des échanges bénéfiques entre les deux partenaires : les algues transfèrent les produits photosynthétiques au champignon, qui fournit la matière minérale et assure une protection.

MÉMO VISUEL

Une diversification du vivant

COMPLEXIFICATION GÉNÉTIQUE + **DIVERSIFICATION SANS MODIFICATIONS DU GÉNOME**

Transferts horizontaux entre espèces différentes

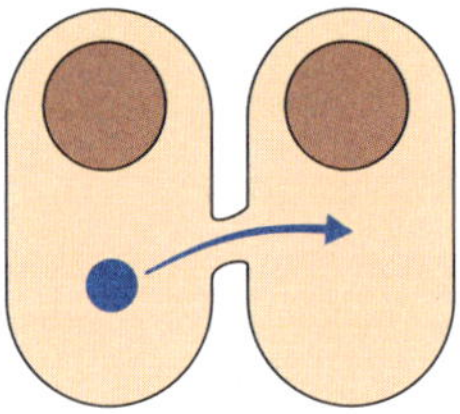

Endosymbioses héréditaires

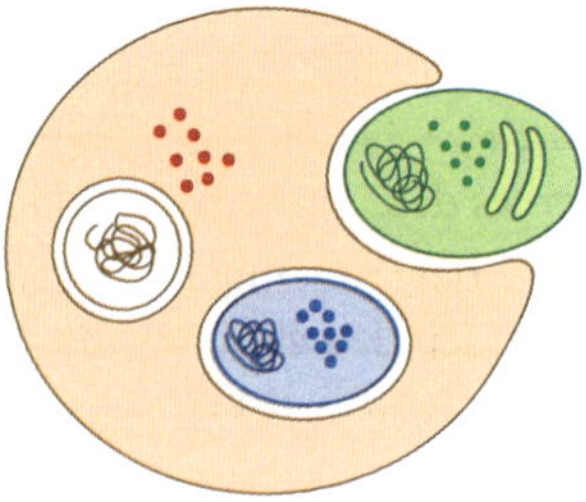

Associations du vivant
Symbiose, parasitisme

Constructions, parures

Comportements transmis

Mécanismes de l'évolution des espèces

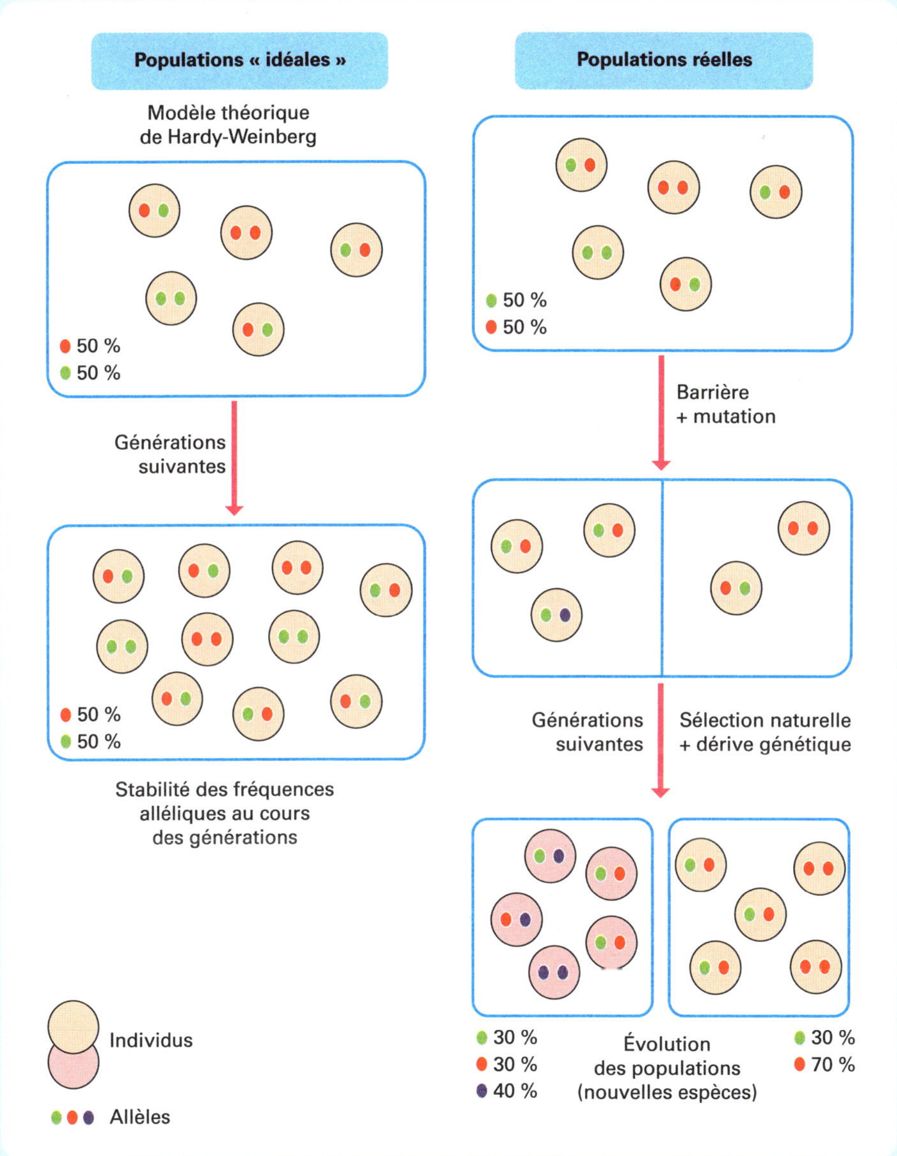

SE TESTER QUIZ

Vérifiez que vous avez bien compris les points clés des **fiches 5 à 8**.

1 La complexification des génomes

→ FICHE 5

1. Les transferts horizontaux :

☐ **a.** concernent des transferts de gènes de parents à descendants
☐ **b.** sont impliqués dans la résistance bactérienne aux antibiotiques
☐ **c.** concernent des transferts de gènes entre espèces différentes

2. Les endosymbioses :

☐ **a.** sont des associations non obligatoires entre deux organismes
☐ **b.** sont des associations transmises de manière héréditaire
☐ **c.** expliquent la présence d'organites dans les cellules eucaryotes

2 Une prévision mathématique des fréquences alléliques

→ FICHE 6

Le modèle de Hardy-Weinberg :

☐ **a.** prévoit des variations aléatoires des fréquences alléliques
☐ **b.** concerne des populations idéales
☐ **c.** considère que les populations ne sont soumises qu'aux mutations

3 Des mécanismes génétiques à l'origine de l'évolution

→ FICHE 7

1. Les populations sont soumises :

☐ **a.** à la sélection naturelle qui favorise les individus portant des allèles avantageux pour la survie et la reproduction
☐ **b.** à la dérive génétique liée à la rencontre aléatoire des individus
☐ **c.** aux mutations qui apparaissent sous la contrainte du milieu

2. Les espèces :

☐ **a.** ne sont pas modifiées au cours du temps
☐ **b.** sont des populations différentes morphologiquement
☐ **c.** sont des populations isolées génétiquement par des barrières

4 Autres mécanismes contribuant à la biodiversité

→ FICHE 8

Les mécanismes non génétiques de diversification du vivant :

☐ **a.** concernent des comportements transmis de génération en génération
☐ **b.** concernent des associations héréditaires entre êtres vivants
☐ **c.** concernent le « phénotype étendu » des individus

S'ENTRAÎNER

5 Comprendre l'origine de la tunique des ascidies

→ FICHE 5

Les ascidies sont des animaux aquatiques au mode de vie fixé, ressemblant à des éponges. Elles sont recouvertes d'une « tunique » constituée d'un glucide complexe, la cellulose, qui est aussi le principal constituant des parois des cellules végétales.

À partir des documents, montrer que la cellulose des ascidies a été héritée d'un transfert horizontal impliquant des bactéries.

Doc 1 Synthèse de la cellulose

La cellulose est un polymère de glucose, c'est-à-dire un enchaînement de molécules de glucose. La cellulose synthase est une enzyme qui ajoute une molécule de glucose à une chaîne préexistante de cellulose.

Le gène codant cette enzyme est présent chez les végétaux, mais aussi chez certaines bactéries.

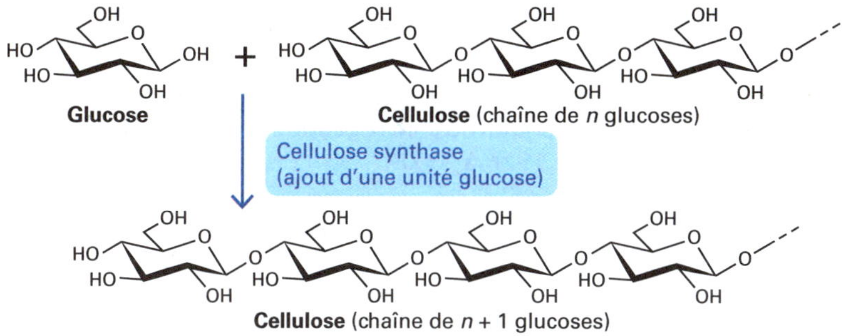

Doc 2 Concentration de glucose incorporée à la chaîne de cellulose chez deux espèces bactériennes

Pour comprendre l'origine de la cellulose synthase présente chez les ascidies, on a transféré le gène de l'ascidie codant cette enzyme chez deux espèces de bactéries soupçonnées d'être impliquées dans un transfert horizontal : *Agrobacterium tumefaciens* et *Escherichia coli*.

Une synthèse de cellulose par ces bactéries témoigne d'une ressemblance génétique entre le gène bactérien et celui de l'ascidie.

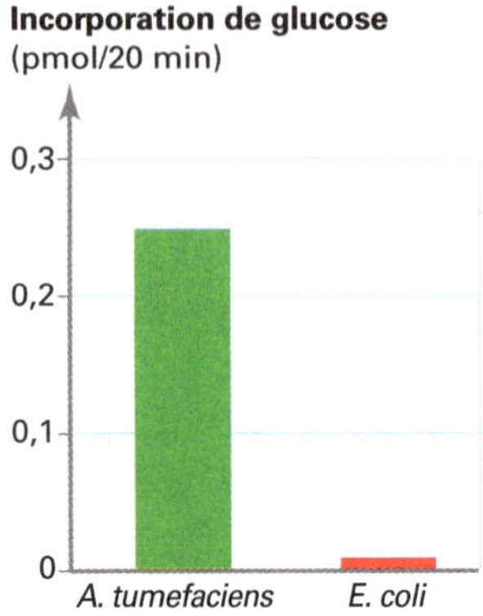

6 Expliquer l'évolution des pinsons *Geospiza fortis*

→ FICHE 7

Les pinsons du genre *Geospiza*, vivant sur les îles Galápagos, ont été étudiés par Darwin au XIXe siècle, l'inspirant à établir sa théorie de l'évolution. Ils ont aussi été étudiés par Peter et Rosemary Grant, un couple de chercheurs ayant suivi leurs populations dans les années 1970.

À partir des documents et de vos connaissances, expliquer et schématiser le mécanisme évolutif expliquant les changements observés dans la population de *Geospiza fortis* de 1976 à 1978.

Doc 1 Deux formes de pinsons *Geospiza fortis*

L'île Daphne major de l'archipel des Galápagos abrite une population de pinsons *Geospiza fortis*, dont on observe deux formes, témoignant d'une variabilité intraspécifique : une forme à petit bec (à gauche) et une forme à gros bec (à droite).

Les pinsons à petit bec se nourrissent de petites graines, tandis que les pinsons à gros bec se nourrissent plutôt de grosses graines, plus dures. Jusqu'en 1976, la population était surtout composée de pinsons à petit bec.

Doc 2 Quantité de graines, taille du bec des pinsons

En mai 1976 débuta une sécheresse qui perdura jusqu'à la fin de l'année 1977. Cet épisode a eu un impact sur la nature et la quantité de graines présentes sur l'île, mais également sur la taille du bec des pinsons.

J M M J S N en abscisse correspondent au mois de janvier, mars, mais, juillet, septembre, novembre.

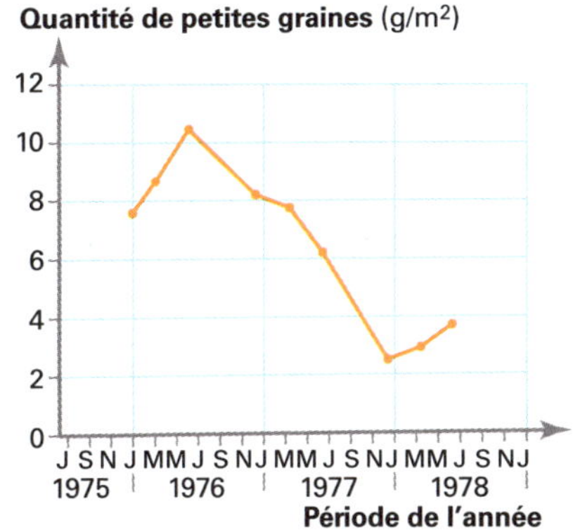

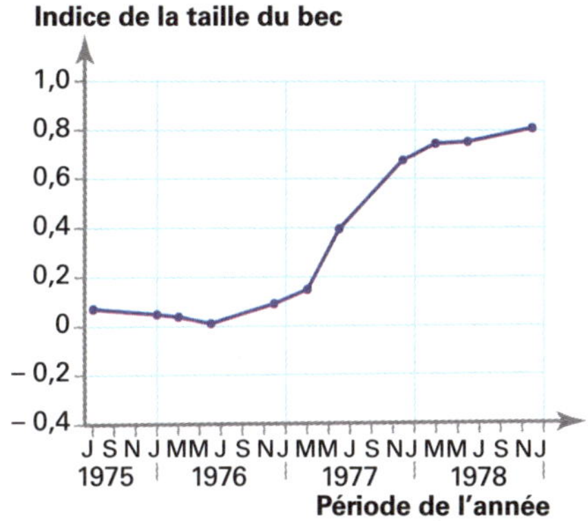

7 Déterminer l'origine et le devenir des perdrix méditerranéennes

→ FICHE 7

La région méditerranéenne compte quatre principales espèces de perdrix du genre *Alectoris*. Chacune de ces espèces occupe une zone particulière du pourtour méditerranéen.

À partir des documents, proposer une explication à la répartition actuelle des espèces de perdrix méditerranéennes et discuter de l'isolement génétique de ces populations.

Doc 1 Répartition actuelle des espèces de perdrix méditerranéennes

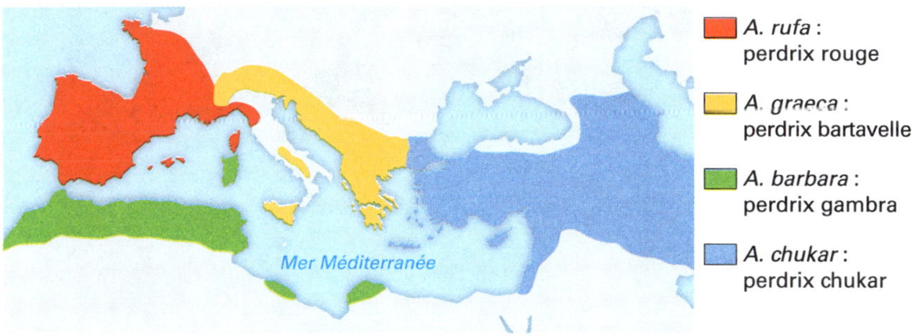

Doc 2 Répartition des différents types de végétation

a. Répartition actuelle. **b.** Lors du dernier maximum glaciaire (Würm, –18 000 ans).

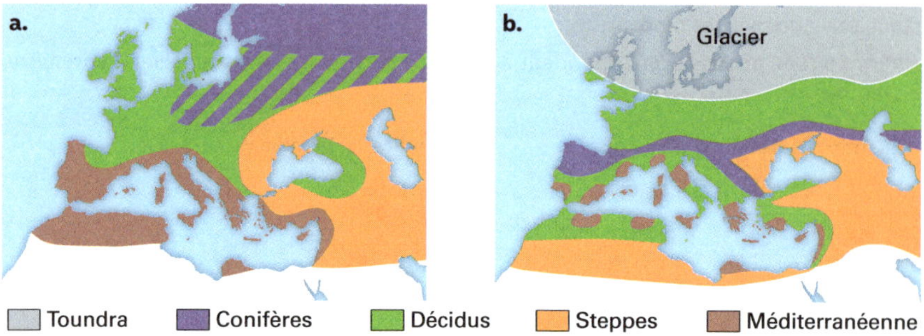

Doc 3 Répartition des allèles chez deux espèces de perdrix

Une étude a été menée chez les perdrix *A. rufa* et *A. graeca* dans une « zone de transition », entre le sud-est de la France et l'Italie. Les individus de cette zone sont issus de l'hybridation des espèces *A. rufa* et *A. graeca* et sont fertiles.

La carte représente les proportions des allèles typiques de *A. rufa* (en rouge) et typiques de *A. graeca* (en vert) relevées chez plusieurs individus de part et d'autre de la zone de transition.

L'encart en bas à droite représente les proportions de ces allèles chez des individus présents hors de la « zone de transition ».

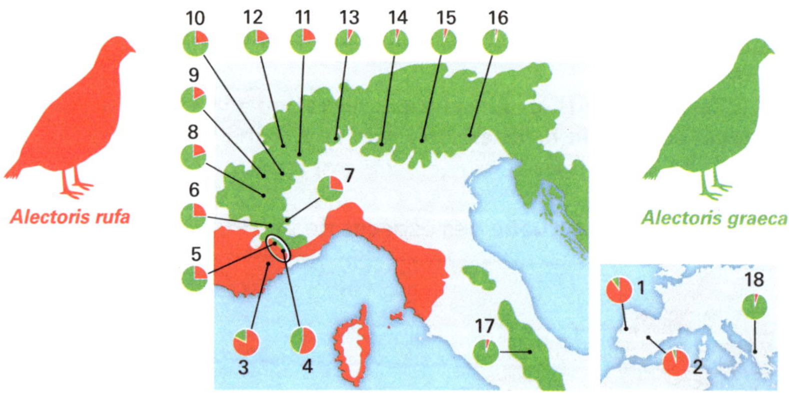

8 Exploiter des résultats expérimentaux relatifs à la symbiose

→ FICHE 8

Les anémones sont des animaux contenant des algues vertes unicellulaires dans leurs cellules.

À partir des résultats expérimentaux présentés, montrer qu'il existe une spécificité à la symbiose anémone-algue verte.

Doc Nombre de symbiontes par larve d'anémone au cours du temps

On introduit dans des larves d'anémones 20 cellules d'algues vertes (symbiontes) de l'espèce avec laquelle l'anémone est habituellement en association ou 20 cellules d'algues vertes symbiontes d'une autre espèce. Le nombre moyen d'algues subsistant par larve est suivi au cours du temps.

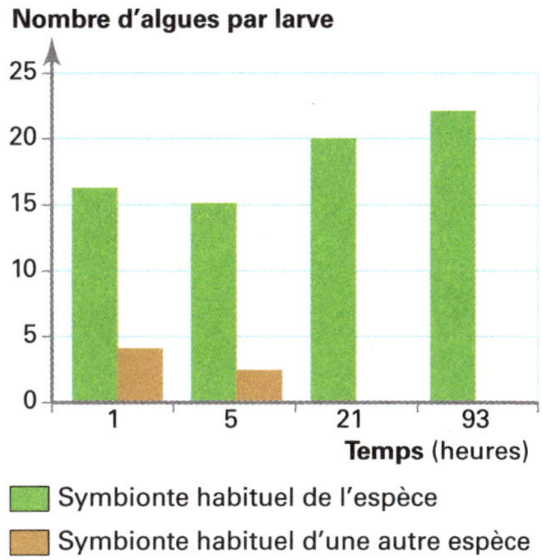

OBJECTIF BAC

9 Les symbioses mycorhiziennes

75 min

→ FICHE 5

Ce sujet s'appuie sur l'exploitation d'un ensemble de documents, il permet d'approfondir la notion de symbiose mutualiste à partir de l'exemple de l'association entre une plante et un champignon.

LE SUJET

Les mycorhizes sont des associations mutualistes durables (symbioses) mises en place de manière non héréditaire entre les racines d'une plante et les filaments de cellules de champignons, appelés hyphes ou mycélium.

D'après vos connaissances et les documents, présenter les modalités d'une symbiose mycorhizienne et montrer les bénéfices réciproques pour les partenaires de l'association.

Un schéma des échanges impliqués dans cette symbiose est attendu.

Doc 1 Diversité des symbioses mycorhiziennes

85 à 90 % des plantes terrestres sont concernées par des endomycorhizes à arbuscules. Ces « arbuscules » sont des repliements particuliers des hyphes de champignons.

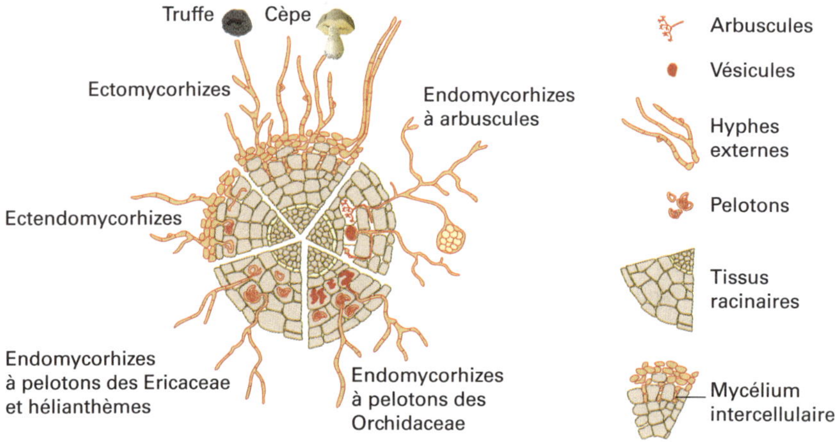

MOTS CLÉS

- **Endomycorhize** : réseau d'hyphes de champignons pénétrant à l'intérieur des cellules végétales racinaires (les hyphes comme les cellules végétales conservent leur membrane plasmique dans la zone de contact).
- **Ectomycorhize** : réseau d'hyphes de champignons ne pénétrant jamais à l'intérieur des cellules végétales racinaires.
- **Ectendomycorhizes** : réseau d'hyphes mixte.

Doc 2 Hyphes de champignons formant des arbuscules au sein de cellules végétales

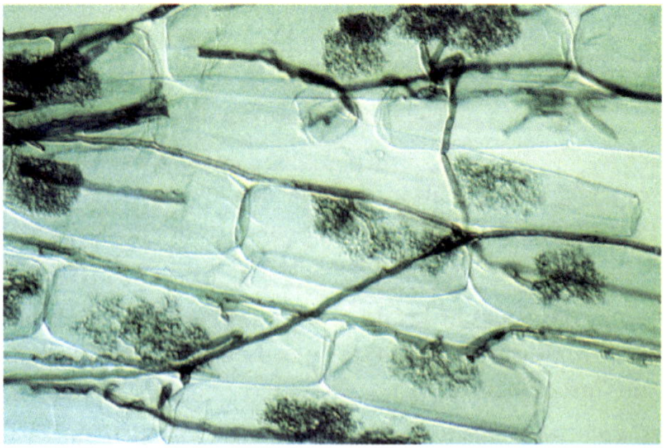

Doc 3 Bénéfices pour les partenaires de la symbiose

a. Tableau présentant le poids sec de jeunes pins (*Pinus strobus*) ectomycorhizés ou non, ainsi que leur teneur en sels minéraux comme l'azote (N), le phosphate (P) ou le potassium (K).

Type de racine	Poids sec de la plante (en mg)	Azote (en mg/plante)	Phosphate (en mg/plante)	Potassium (en mg/plante)
Ectomycorhizée	448 361	5,39 4,62	0,849 0,729	3,47 2,57
Non mycorhizée	300 361	3,16 2,51	0,229 0,268	1,04 1,94

b. Comparaison du réseau racinaire de plants mycorhizés (à droite) ou non (à gauche).

Un champignon est capable d'absorber de grandes quantités d'eau et de sels minéraux (N, P, K…) présents dans le sol. Néanmoins, contrairement au végétal, il est incapable de réaliser la photosynthèse : il bénéficie donc des produits photosynthétiques (surtout des sucres) produits par ce dernier.

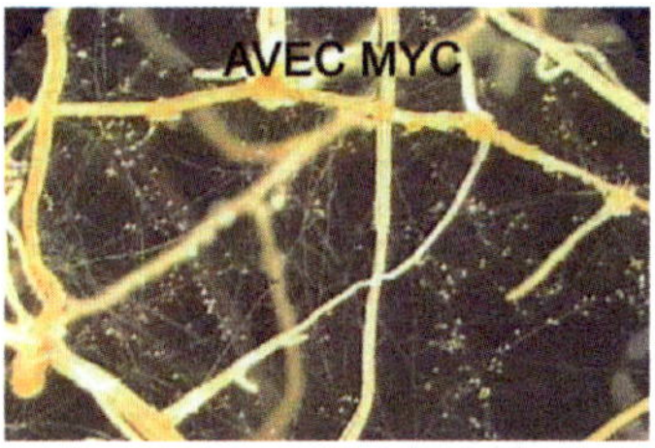

Doc 4 Longueur de racines de luzerne colonisée par deux espèces de champignons, en présence ou non de phosphate

Deux espèces de champignons de la famille des Glomales (A et B) ont été cultivées en présence de luzerne, plante avec laquelle ils s'associent. L'influence de la concentration en phosphate du milieu a été testée.

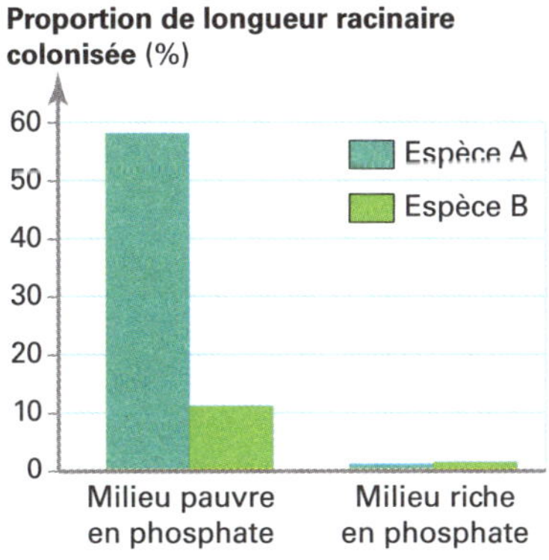

▶▶▶ LA FEUILLE DE ROUTE

La consigne indique qu'un schéma fonctionnel des échanges entre les partenaires de la symbiose mycorhizienne est attendu, après en avoir explicité les modalités.

L'étude des documents permet de déterminer la contribution de chacun des partenaires et le degré d'« intimité » de ces échanges.

Étape 1 Au brouillon, extraire les informations des documents et les relier aux questions posées

- Les **documents 1 et 2** présentent la diversité des symbioses mycorhiziennes et les différents types de contact possibles entre les filaments du champignon et les cellules végétales.

- Le **document 3** montre des résultats expérimentaux de croissance de plantules mycorhizées et non mycorhizées, ainsi que leur teneur en sels minéraux. Il identifie les transferts réalisés par chacun des partenaires de l'association.

- Le **document 4** compare la longueur racinaire colonisée par des champignons pour un sol pauvre ou riche en éléments minéraux (phosphate).

Étape 2 Au brouillon, associer les informations des documents et les connaissances

- Les **documents 2 et 3** permettent d'identifier l'intérêt d'un contact étroit entre les filaments du champignon et les cellules végétales.

- Justifier l'appellation de symbiose mutualiste à partir de vos connaissances et des informations du document 3.

Étape 3 Réaliser un schéma

Au brouillon, placer les organismes impliqués, la nature des éléments échangés, leur provenance et le sens des échanges entre les partenaires. Ne pas oublier d'ajouter un titre et une légende.

Recopier le schéma au propre.

CORRIGÉS

SE TESTER QUIZ

1 La complexification des génomes

1. Réponses b et c. Les transferts horizontaux sont impliqués dans la résistance bactérienne aux antibiotiques. Ils concernent des transferts de gènes entre espèces différentes.
La réponse a est incorrecte. Les transferts horizontaux ne se font pas de parents à descendants.

2. Réponses b et c. Les endosymbioses sont des associations transmises de manière héréditaire. Elles expliquent la présence d'organites des cellules eucaryotes.
La réponse a est incorrecte. Ce sont des associations obligatoires, car les « organismes » ne peuvent pas survivre séparément.

2 Une prévision mathématique des fréquences alléliques

Réponse b. Le modèle de Hardy-Weinberg concerne des populations idéales.
Les réponse a et c sont incorrectes. Le modèle prévoit au contraire une stabilité des fréquences alléliques au cours des générations. Les populations prises en compte dans ce modèle ne sont soumises à aucune force évolutive, y compris les mutations.

3 Des mécanismes génétiques à l'origine de l'évolution

1. Réponses a et b. Les populations sont soumises à la sélection naturelle qui favorise les individus portant des allèles avantageux pour la survie et la reproduction, ainsi qu'à la dérive génétique liée à la rencontre aléatoire des individus.
La réponse c est incorrecte. Les mutations apparaissent de manière aléatoire. Elles peuvent toutefois être par la suite sélectionnées, contre-sélectionnées ou persister dans la population sous l'effet du hasard (dérive génétique).

2. Réponse c. Les espèces sont des populations isolées génétiquement par des barrières.
Les réponses a et b sont incorrectes. Dans le contexte de l'évolution, les espèces sont modifiées au cours du temps, pouvant être maintenues avec des modifications liées aux mutations, se diversifier ou disparaître. Certains individus se ressemblent mais n'appartiennent pas à la même espèce, sur la base de critères reproductifs.

4 Autres mécanismes contribuant à la biodiversité

Réponses a et c. Les mécanismes non génétiques de diversification du vivant concernent des comportements transmis de génération en génération, ainsi que le « phénotype étendu » des individus.
La réponse b est incorrecte. Les associations héréditaires sont transmises de génération en génération par des transferts génétiques de parents à descendants.

S'ENTRAÎNER

5 Comprendre l'origine de la tunique des ascidies

■ Le tunicier est un animal produisant une « tunique » de cellulose, une molécule habituellement présente dans les parois des cellules végétales.
Cette particularité chez un animal suggère un mécanisme d'acquisition non héréditaire des gènes de synthèse de la cellulose.

■ D'après le document 1, la cellulose est une chaîne de glucose élaborée par une enzyme, la cellulose synthase, qui ajoute une unité de glucose à une chaîne préexistante.

■ D'après le document 2, deux espèces bactériennes sont possiblement impliquées dans un transfert horizontal du gène de la cellulose synthase vers l'ascidie. Le gène de cette enzyme a été transféré chez ces deux espèces. On constate que l'incorporation du glucose à la cellulose est de 0,25 pmol/20 min chez *A. tumefaciens* et de seulement 0,01 pmol/20 min chez *E. coli*.
Par conséquent, *A. tumefaciens* est probablement l'espèce bactérienne impliquée dans le transfert horizontal du gène de synthèse de la cellulose vers l'ascidie.

6 Expliquer l'évolution des pinsons *Geospiza fortis*

■ L'espèce de pinson *Geospiza fortis* présente une variabilité intraspécifique, avec une forme à petit bec et une forme à gros bec. Les formes à petit bec se nourrissent de petites graines, tandis que les formes à gros bec se nourrissent de grosses graines. Avant 1976, la forme à petit bec était majoritaire.

■ Un des graphiques du document 2 montre qu'à partir du mois de juin 1976 le nombre de petites graines a diminué sur l'île (divisé d'un facteur 5 l'année suivante). Un graphique montre que la taille du bec des pinsons a augmenté à partir de l'été 1976 et que la forme à gros bec est devenue majoritaire.

■ Ces modifications au sein de la population de *Geospiza fortis* sont liées à l'épisode de sécheresse de l'été 1976. Les plus petites graines n'étant plus disponibles, seuls les pinsons à gros bec ont pu se nourrir. Cet événement explique donc la prédominance de la forme à gros bec l'année suivante, qui a pu mieux survivre à la sécheresse et donc pu mieux se reproduire. Les allèles responsables d'un gros bec ont été davantage transmis à la descendance. L'évolution de cette population de pinsons est donc liée à la sélection naturelle, mécanisme évolutif ayant engendré une survie et une reproduction différente selon les formes de pinsons.

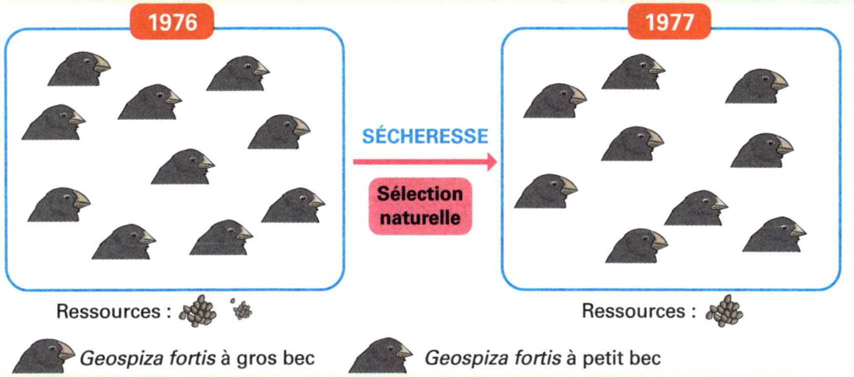

Doc **Schéma de la sélection ayant conduit à la modification de la population de pinsons de l'île Daphne major**

7 Déterminer l'origine et le devenir des perdrix méditerranéennes

■ Quatre espèces de perdrix du genre *Alectoris* sont présentes sur le pourtour de la Méditerranée. La ressemblance morphologique de ces espèces, isolées les unes des autres dans des zones géographiques différentes (doc. 1), indique qu'elles sont probablement issues d'un ancêtre commun.

■ Le document 2 montre la répartition de la végétation du pourtour méditerranéen de nos jours et lors du Würm, dernier maximum glaciaire. On constate que la végétation méditerranéenne qu'affectionnent les perdrix formait des îlots il y a –18 000 ans, alors qu'elle est aujourd'hui continue. Ces îlots de végétation ont probablement joué le rôle de barrières géographiques ayant contribué à isoler génétiquement diverses populations d'une espèce ancestrale de perdrix.

Par conséquent, avec le temps, ces populations ont évolué (surtout sous l'effet de la dérive génétique) jusqu'à former des espèces distinctes.

■ Le document 3 montre que dans la « zone de transition » entre le sud-est de la France et l'Italie les perdrix présentent des caractéristiques hybrides entre *A. rufa* (perdrix rouge française) et *A. graeca* (perdrix bartavelle italienne). Plus les individus étudiés se trouvent à l'ouest de la « zone de transition », plus la proportion d'allèles typiques de *A. rufa* est élevée. Au contraire, plus ils se trouvent à l'est, plus la proportion d'allèles de *A. graeca* est élevée.

La « zone de transition » est donc une zone géographique où la barrière d'isolement génétique des populations devient poreuse : les deux populations peuvent s'hybrider et présenter une descendance fertile, ce qui contredit l'idée de deux espèces différentes.

8 Exploiter des résultats expérimentaux relatifs à la symbiose

■ Les anémones sont des animaux qui présentent dans leur cellule des algues vertes unicellulaires. Une association durable (symbiose) est mise en place entre les deux organismes. La spécificité de cette association a été testée.

■ Le document présente les résultats d'une expérimentation consistant à introduire dans des larves d'anémone une espèce d'algue verte avec laquelle elle est habituellement en symbiose ou une autre espèce d'algue verte.
On constate que pour le symbionte habituel de l'anémone le nombre d'algues par larve augmente avec le temps, passant de 15 à 23 en 93 heures. Au contraire, pour le symbionte d'une autre espèce d'anémone, il n'en reste en moyenne que 4 au bout d'une heure, 2 au bout de 5 heures, aucune au bout de 21 heures.

■ L'expérience met ainsi en évidence la spécificité de la symbiose anémone-algue verte.

OBJECTIF BAC

9 Les symbioses mycorhiziennes

Introduction

Les mycorhizes sont des associations durables entre un champignon et les racines d'un végétal. Cette association, qualifiée de symbiose mutualiste, implique des bénéfices réciproques entre les deux partenaires.
Quelles sont les modalités de la symbiose mycorhizienne et en quoi présente-t-elle des bénéfices pour les deux partenaires ?

Modalités de la symbiose mycorhizienne

Les mycorhizes couvrent une grande diversité d'interactions entre le mycélium du champignon et les racines du végétal, qui dépendent notamment des espèces considérées (doc. 1 et 2). On relève deux principaux types de mycorhizes : les ectomycorhizes, les hyphes du champignon ne pénètrent jamais les cellules végétales, et les endomycorhizes, pour lesquelles cette barrière est franchie.
La surface de contact entre le champignon et la cellule végétale peut être augmentée par la formation de structures en « arbuscules ».

Une optimisation des surfaces d'échanges

Par ailleurs, l'observation du réseau racinaire d'une plante mycorhizée montre une plus grande surface de contact avec le sol grâce aux filaments mycéliens, en comparaison avec une plante non mycorhizée (doc. 3).
La masse sèche d'une plantule mycorhizée est supérieure à la masse sèche d'une plantule non mycorhizée (448 mg contre 300 mg), tandis que les concentrations en sels minéraux (azote, phosphore et potassium) sont bien plus importantes chez la plante mycorhizée (d'un facteur 4 pour le potassium).
Ces résultats mettent en évidence un transfert par le champignon de produits d'absorption issus du sol (eau, sels minéraux) vers le végétal. En retour, le végétal est à l'origine d'un transfert vers le champignon de molécules organiques issues de la photosynthèse.

Une association dépendante des conditions du milieu

Cette association mycorhizienne n'est toutefois pas une obligation, car elle dépend des conditions du milieu. Ainsi, en présence d'un sol riche en sels minéraux (exemple du phosphate dans le document 4), la surface racinaire couverte par le champignon est quasi nulle, témoignant d'une absence de symbiose. En revanche, pour un sol pauvre en phosphate, la symbiose couvre 60 % de la longueur racinaire, optimisant la récupération des éléments minéraux disséminés dans le milieu.

Conclusion

La symbiose mycorhizienne est donc bien une association durable à bénéfices réciproques. Elle implique des échanges d'éléments nutritifs de la part des deux partenaires (voir schéma). Cette association n'est cependant pas obligatoire et dépend des conditions du milieu.

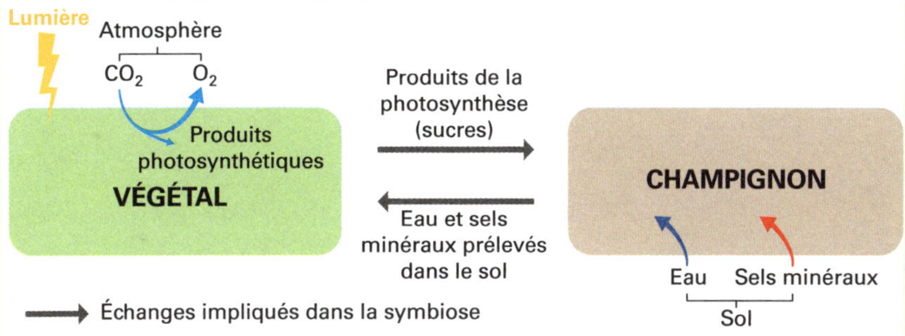

Doc **Schéma résumant la nature et le sens des échanges réalisés lors de la symbiose mycorhizienne**

3 Retracer l'histoire de la Terre

Les ammonites constituent un groupe de mollusques marins, disparu à la fin du Mésozoïque, qui a fourni de nombreux fossiles stratigraphiques indispensables à l'établissement d'une datation relative.

9 La chronologie relative

En bref *La géométrie des structures géologiques permet de reconstituer une chronologie relative de leur mise en place. L'étude des fossiles sert à l'élaboration d'une échelle des temps géologiques.*

I Principes de la chronologie relative

■ Des relations géométriques permettent de reconstituer la chronologie relative de la mise en place des diverses structures géologiques.

■ Trois principes logiques guident l'étude **stratigraphique** :
- superposition : une couche sus-jacente à une autre est plus récente ;
- recoupement : une structure qui en recoupe une autre est plus récente ;
- inclusion : une structure incluse dans une autre est plus ancienne.

■ Les associations de **fossiles stratigraphiques** (doc.) caractérisent un intervalle de temps précis. Elles permettent d'établir des corrélations entre des régions éloignées.

Doc **Association de fossiles stratigraphiques du Stampien (Cénozoïque)**

MOTS CLÉS
- **Stratigraphie :** étude de la stratification des roches et de leur âge relatif.
- **Fossile stratigraphique :** espèce fossile caractéristique d'une période géologique relativement courte.

II L'élaboration de l'échelle des temps géologiques

■ Les coupures dans les temps géologiques sont établies sur des critères paléontologiques : l'apparition ou la disparition de groupes fossiles.

■ La superposition des temps géologiques aboutit à l'échelle stratigraphique : l'ère, encadrée par des crises biologiques majeures, est divisée en périodes, elles-mêmes divisées en étages. Ces derniers sont définis par des **stratotypes**.

MOT CLÉ
Stratotype : affleurement de référence définissant un étage géologique.

Méthode

Établir la chronologie d'une coupe géologique

Les coupes géologiques permettent d'établir des chronologies relatives.

À partir de l'analyse de la coupe géologique de la nappe du Guil (Hautes-Alpes), établir la succession des événements visibles.

Doc Coupe géologique au niveau du Pic des Ourgières

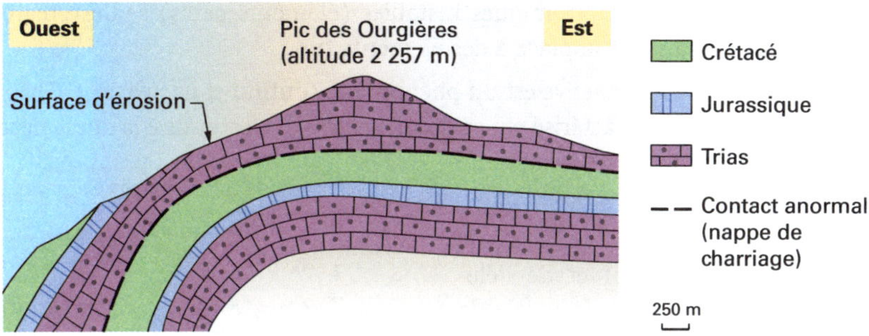

CONSEILS

Étape 1 Lister les principales structures et événements géologiques à ordonner chronologiquement.
Étape 2 Appliquer les principes de la stratigraphie et vos connaissances.
Étape 3 Reconstituer l'ordre chronologique des événements.

SOLUTION

Étape 1 Il faut positionner chronologiquement les trois dépôts sédimentaires (Crétacé, Jurassique, Trias), la mise en place du pli, de la nappe de charriage et la surface d'érosion.

Étape 2 Par superposition, on déduit que les dépôts du Crétacé sont plus récents que ceux du Jurassique, eux-mêmes plus récents que ceux du Trias. La mise en contact direct du Trias par-dessus Crétacé s'explique par l'existence d'un contact anormal : celui-ci est donc postérieur au Crétacé. Le pli affectant à la fois la nappe de charriage et les couches sédimentaires sous-jacentes est encore plus récent. Enfin, l'érosion touche l'ensemble des structures, c'est donc l'événement le plus récent.

Étape 3 On en déduit l'ordre chronologique suivant :

1. Dépôts du Trias, du Jurassique, puis du Crétacé.

2. Superposition anormale (nappe de charriage) de ces dépôts sur eux-mêmes.

3. Plissement de l'ensemble.

4. Érosion des reliefs.

10 La chronologie absolue

En bref *La radiochronologie est une méthode qui permet de donner un âge absolu donc numérique à certains événements géologiques.*

I Principe de la radiochronologie

- La plupart des roches contiennent, généralement à l'état de traces, des isotopes **radioactifs** : ces éléments atomiques instables (éléments pères) se désintègrent progressivement, laissant la place à des éléments fils.
- La désintégration radioactive est un phénomène continu et irréversible. Chaque élément radioactif est caractérisé par sa **demi-vie ($t_{1/2}$)**, c'est-à-dire la durée nécessaire pour que la moitié de la quantité initiale du radioélément se désintègre.
- Le rapport entre la quantité de l'élément père radioactif et de l'élément fils **radiogénique** (issu de la radioactivité) ne dépend donc que du temps qui s'est écoulé depuis la formation de l'objet étudié : ceci permet de déterminer l'âge des minéraux constitutifs d'une roche. Ce rapport constitue ainsi un véritable « **chronomètre** ».

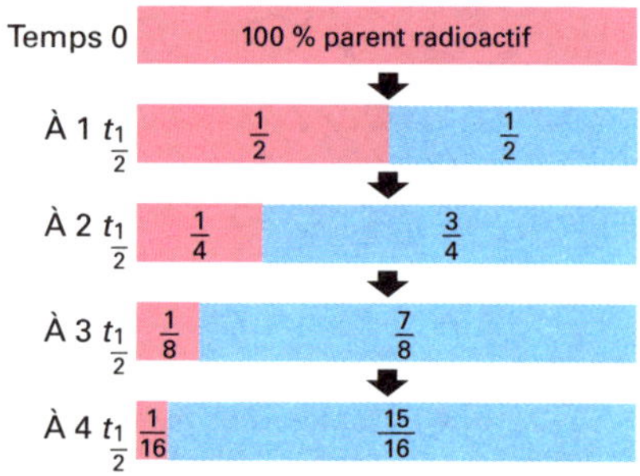

Doc Évolution des quantités d'éléments père et fils

II Matériel nécessaire et résultats

- Différents « chronomètres » sont utilisés en géologie. Leur choix dépend de la nature des roches et de l'événement à dater, ainsi que de leur âge supposé (qui a pu être évalué par chronologie relative).
- On date en réalité la **fermeture** d'un système, c'est-à-dire le moment où cesse tout échange entre le système et son environnement. Par exemple, la cristallisation d'un minéral correspond à la fermeture d'un système (cristallin).
- Le métamorphisme ou la cristallisation des roches magmatiques peuvent ainsi être datés, mais pas la sédimentation : en effet, ce phénomène correspond rarement à une fermeture d'un système et les roches sédimentaires présentent généralement peu d'éléments pouvant servir de chronomètre.
- Des mesures effectuées sur différents chronomètres (différents minéraux) d'une même roche peuvent donner des valeurs différentes, car chaque minéral a sa propre température de cristallisation (donc de fermeture).

Méthode

Choisir une méthode de chronologie absolue

En 2012, une équipe franco-turque a découvert en Turquie les restes d'un rhinocéros prisonnier dans une roche volcanique.

D'après les documents, expliquer comment dater ce fossile, en identifiant le chronomètre à utiliser.

Doc 1 Un fossile de rhinocéros

Ceratotherium neumayri est une espèce de rhinocéros qui était fréquente dans le bassin méditerranéen à la fin du Miocène (– 5 Ma). La roche volcanique qui a emprisonné l'animal est une ignimbrite (nuée ardente), composée principalement de quartz, de feldspaths potassiques et sodiques, et de biotite (riche en K).

Doc 2 Exemples de chronomètres

On considère qu'un chronomètre ne peut être utilisé pour dater un événement ayant plus de 10 fois sa demi-vie.

Chronomètre	$t_{1/2}$	Type de matériau
^{14}C	5 570 ans	Matière organique fossile riche en carbone
$^{40}K/^{40}Ar$	1,248 Ga	Minéraux potassiques des roches magmatiques

CONSEILS

Étape 1 Identifier les matériaux datables et les chronomètres utilisables.
Étape 2 Comparer les chronomètres avec l'événement à dater. Conclure

SOLUTION

Étape 1 On peut dater soit la mort du rhinocéros (s'il reste de la matière organique) grâce au ^{14}C, soit la cristallisation des minéraux potassiques (feldspaths ou biotite) de la nuée ardente qui l'a tué grâce au $^{40}K/^{40}Ar$.

Étape 2 Le document 2 précise que l'on ne peut utiliser un chronomètre pour dater un objet âgé de plus de 10 fois sa demi-vie. La méthode au ^{14}C ne peut donc être utilisée pour des objets de plus de 55 700 ans. Or, le fossile découvert est celui d'une espèce vivant à la fin du Miocène, donc âgée d'au moins 5 Ma (soit beaucoup plus que 55 700 ans).
Le seul moyen de dater le rhinocéros est donc d'utiliser la méthode au $^{40}K/^{40}Ar$ sur les minéraux de la roche volcanique encaissante.

11 Le passé mouvementé de la Terre

En bref *L'utilisation de méthodes de datation associée à la reconnaissance de structures géologiques caractéristiques permet de reconstituer l'histoire mouvementée de notre planète.*

I Des continents aux âges variés

Les continents actuels regroupent des domaines géologiques d'âges différents. Ils contiennent souvent des reliquats d'anciennes chaînes de montagnes issues de précédents cycles orogéniques dont on peut retrouver les traces des principales étapes : fragmentation continentale (rifting), ouverture d'un océan, subduction, collision de continents, disparition des reliefs.

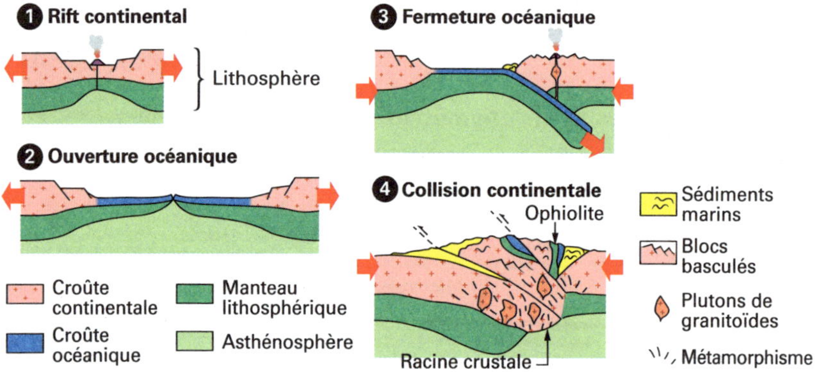

Doc **Étapes d'un cycle orogénique**

II À la recherche des océans disparus

- La présence de **complexes ophiolitiques** au sein des chaînes de montagnes témoigne d'anciens océans, exhumés par la collision continentale.
- Certains domaines océaniques sont bordés par des marges passives montrant des indices de distension (failles normales, blocs basculés), qui témoignent de la fragmentation du continent (rift continental) précédant l'ouverture de l'océan.

> **MOT CLÉ**
> **Complexe ophiolitique :** groupe de roches issues de la lithosphère océanique (péridotite, gabbro, basalte en coussins, sédiments océaniques).

- La dynamique de la lithosphère détermine différentes périodes paléogéographiques pendant lesquelles alternent des périodes de réunion des blocs continentaux (formation de la Pangée à la fin du Paléozoïque) et des périodes de fragmentation (mise en place de dorsales fragmentant la Pangée au Mésozoïque).

Méthode

Repérer les étapes d'un cycle orogénique

Les Alpes constituent le dernier cycle orogénique affectant l'Europe.

Reconstituer l'histoire des Alpes grâce aux indices relevés dans la carte.

Doc Carte géologique simplifiée des Alpes

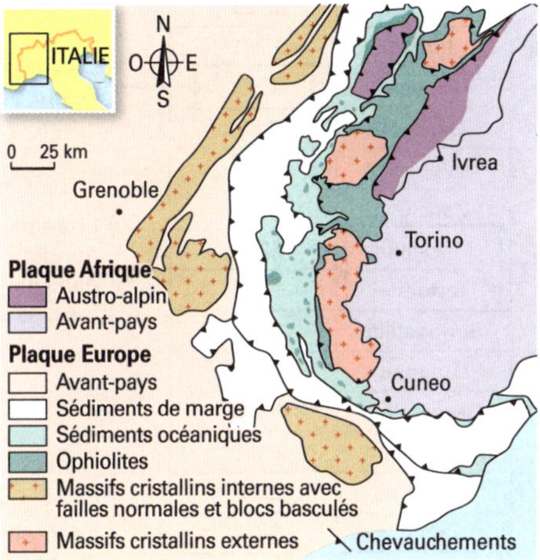

CONSEILS

Étape 1 Rappeler les grandes étapes d'un cycle orogénique.
Étape 2 Repérer les indices témoignant des étapes du cycle orogénique sur le document et les classer par étapes.
Étape 3 Organiser les informations chronologiquement et conclure.

SOLUTION

Étape 1 Un cycle orogénique comprend généralement une fragmentation continentale suivie d'une océanisation, la disparition de l'océan par subduction/obduction, puis la collision continentale et l'érosion des reliefs.

Étape 2 Les failles normales et blocs basculés des massifs cristallins externes, ainsi que les sédiments de marge constituent une ancienne marge passive. La présence d'ophiolites et de sédiments océaniques témoigne de la présence d'un ancien océan. Les chevauchements résultent de la collision de deux plaques continentales.

Étape 3 L'histoire des Alpes a commencé par la fragmentation d'un ancien continent, créant des marges passives et l'ouverture d'un océan. Cet océan a ensuite disparu par subduction (et obduction) due à la collision entre deux plaques tectoniques, ce qui explique la présence d'une ceinture ophiolitique coincée entre les deux plaques.

Organisation de l'échelle des temps géologiques

Ère	Période	Étage	Âge du début (en Ma)
Époque actuelle			
CÉNOZOÏQUE	QUATERNAIRE	Holocène	0,0117
		Tarantien	0,126
		Ionien	0,781
		Calabrien	1,80
		Gélasien	2,58
	NÉOGÈNE	Plaisancien	3,600
		Zancléen	5,333
		Messinien	7,246
		Tortonien	11,63
		Serravallien	13,82
		Langhien	15,97
		Burdigalien	20,44
		Aquitanien	23,03
	PALÉOGÈNE	Chattien	28,1
		Rupélien	33,9
		Priabonien	37,8
		Bartonien	41,2
		Lutétien	47,8
		Yprésien	56,0
		Thanétien	59,2
		Sélandien	61,6
		Danien	66,0
MÉSOZOÏQUE	CRÉTACÉ	Maastrichtien	72,1
		Campanien	83,6
		Santonien	86,3
		Coniacien	89,8
		Turonien	93,9
		Cénomanien	100,5
		Albien	113,0
		Aptien	125,0
		Barrémien	129,4
		Hauterivien	132,9
		Valanginien	139,8
		Berriasien	145,0

- Âge absolu (ou numérique) évalué par radiochronologie
- Changement d'étage correspondant à un changement dans les associations de fossiles stratigraphiques
- Étage défini par son contenu en fossiles stratigraphiques dont le nom est attribué en fonction de la localisation du stratotype : ici Priabona (Italie)
- Changement d'ère (Mésozoïque à Cénozoïque) en raison d'une crise biologique majeure
- Succession d'étages établie par chronologie relative (superposition, recoupement, inclusion) et reposant sur les contenus paléontologiques (fossiles stratigraphiques)

Une Terre au passé mouvementé

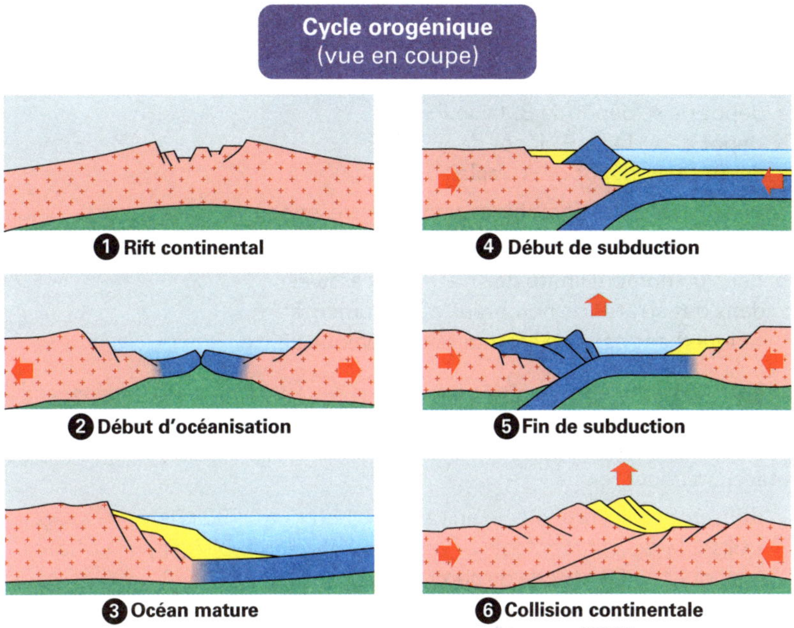

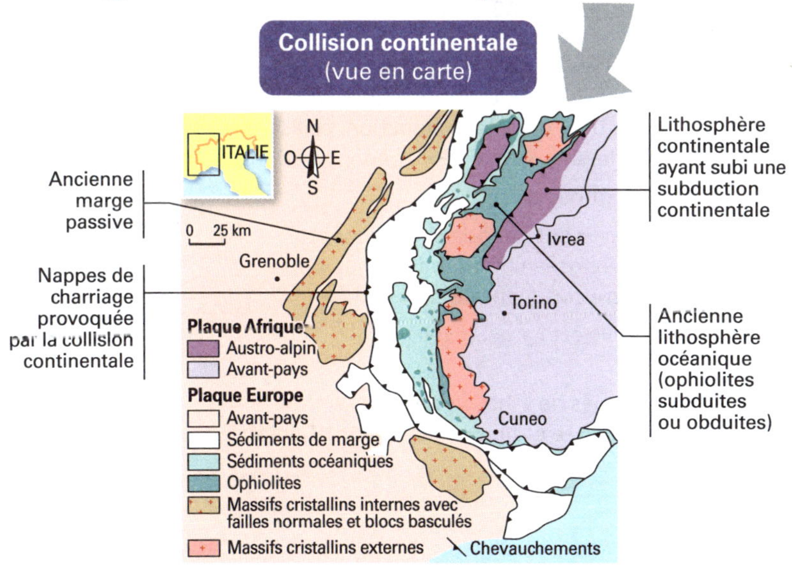

SE TESTER QUIZ

Vérifiez que vous avez bien compris les points clés des **fiches 9 à 11**.

1 La chronologie relative

→ FICHE 9

1. Soit une strate A coupée par une faille F et située sous une strate B non faillée. La chronologie est :

☐ **a.** dépôt de A, dépôt de B, faille F
☐ **b.** dépôt de A, faille F, dépôt de B
☐ **c.** dépôt de B, dépôt de A, faille F

2. Un bon fossile stratigraphique doit être présent :

☐ **a.** dans de nombreuses strates d'un même affleurement
☐ **b.** dans un nombre limité de strates successives
☐ **c.** dans des strates de nombreux affleurements
☐ **d.** uniquement dans un secteur géographique limité

2 La chronologie absolue

→ FICHE 10

Pour donner un âge numérique à des basaltes situés sous un calcaire du Crétacé, on peut :

☐ **a.** utiliser la radiochronologie au carbone 14 ($t_{1/2}$ = 5 730 ans)
☐ **b.** utiliser la radiochronologie à l'uranium 235/plomb 207 ($t_{1/2}$ = 0,7 Ga)
☐ **c.** appliquer une méthode de chronologie relative

3 Le passé mouvementé de la Terre

→ FICHE 11

1. L'ordre chronologique d'un cycle orogénique complet est :

☐ **a.** rift, dorsale, subduction, collision, pénéplanation
☐ **b.** rift, pénéplanation, dorsale, subduction, collision
☐ **c.** collision, rift, dorsale, subduction, pénéplanation

2. Les ophiolites sont des traces :

☐ **a.** de la lithosphère continentale chevauchante
☐ **b.** de la lithosphère océanique subduite ou obduite
☐ **c.** de la lithosphère continentale chevauchée

3. Une marge passive est caractérisée par :

☐ **a.** des ophiolites
☐ **b.** des blocs basculés de lithosphère continentale
☐ **c.** une fosse océanique et un plan de Wadati-Bénioff

S'ENTRAÎNER

4 Établir une chronologie relative en Provence

→ FICHE 9

La Provence porte les traces de la ceinture orogénique pyrénéo-provençale qui occupait la région jusqu'à l'Oligocène (– 33,9 à – 23 Ma). Ces traces ont été déformées par l'orogenèse alpine, encore active aujourd'hui.

Grâce à un raisonnement rigoureux, établir une chronologie relative des événements visibles sur la coupe.

Doc Coupe géologique simplifiée d'une région de Provence

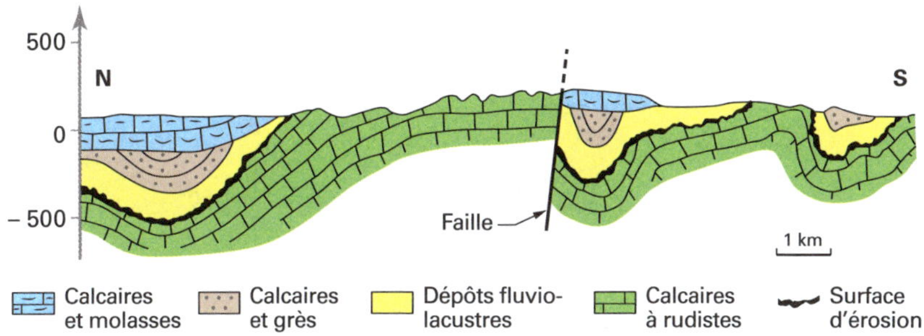

5 Retracer l'histoire d'un gabbro

→ FICHES 9 et 11

La plupart des événements géologiques affectant un paysage sont visibles à l'échelle de la roche. Leur étude apporte donc des informations reflétant les événements géologiques passés.

À partir des indices relevés dans les documents et de vos connaissances, identifier les événements géologiques ayant été enregistrés dans un gabbro provenant d'un affleurement alpin.

Doc 1 Schéma d'une lame mince de métagabbro

On rappelle qu'un gabbro possède initialement des pyroxènes et des plagioclases.

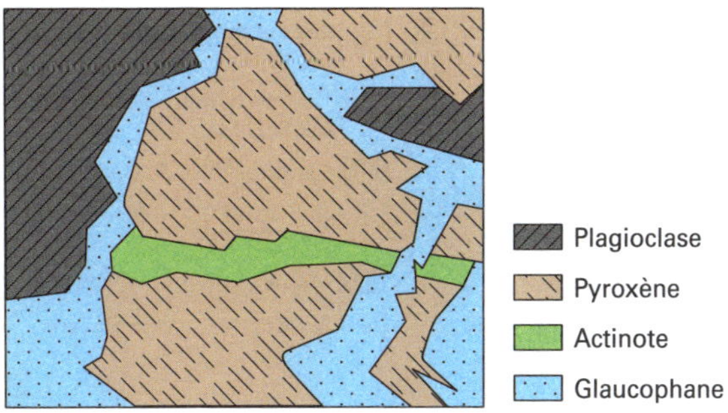

Doc 2 Domaine de stabilité des minéraux d'un gabbro

Suivant les minéraux présents, on peut définir des « faciès », c'est-à-dire des associations minéralogiques caractéristiques. Ainsi, un gabbro présentant de l'actinote et de la chlorite en plus de ses pyroxènes et plagioclases sera qualifié de « métagabbro dans le faciès schiste vert ».

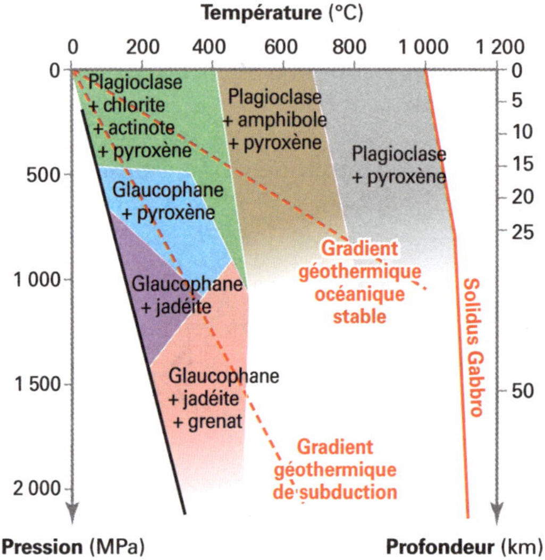

6 Établir une chronologie relative à partir d'une carte

→ FICHE 9

Dans la région d'Aurignac (Haute-Garonne) se trouvent des terrains qui ont vraisemblablement été plissés lors de l'orogenèse pyrénéo-provençale.

Établir la chronologie des événements géologiques de la région d'Aurignac et dater l'orogenèse pyrénéo-provençale.

Doc Carte géologique simplifiée de la région d'Aurignac

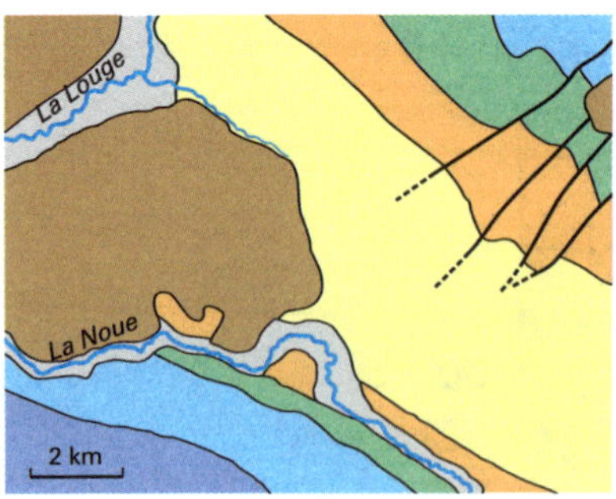

- Alluvions actuelles
- Marnes bariolées du Miocène (5,3-23,5 Ma)
- Grès et marnes jaunes de l'Éocène supérieur (33-37 Ma)
- Complexe marno-calcaire de l'Éocène inférieur (49-55,5 Ma)
- Calcaires durs du Danien (59-65,5 Ma)
- Complexe marno-calcaire du Maastrichtien (65,5-72 Ma)
- Marnes du Campanien (72-83 Ma)
- Failles
- Rivière

7 Déterminer les âges de deux granites

→ FICHES 9 et 10

Les granites de Saint-Mathieu et de Piégut-Pluviers, en Dordogne, divisent depuis longtemps les géologues : certains pensent que ces deux granites sont contemporains, d'autres que l'un serait antérieur à l'autre.

1. À partir du document 1, argumenter l'idée que les deux granites ne sont pas contemporains.

2. Indiquer si les données radiométriques permettent de conforter cette hypothèse.

Doc 1 Carte géologique régionale

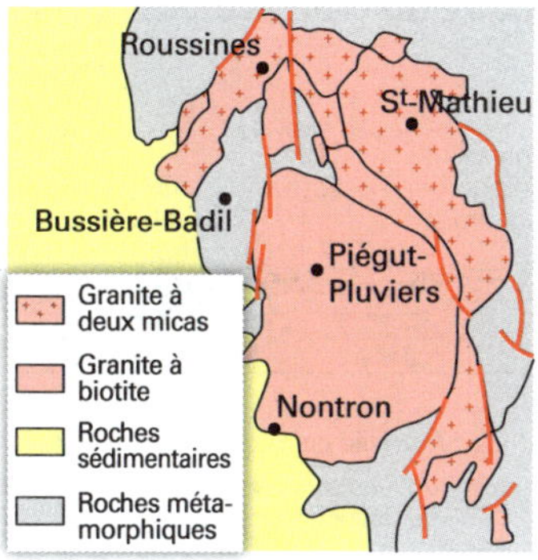

Doc 2 Datation au $^{87}Rb/^{86}Sr$ et données radiométriques

L'âge (t) d'un granite peut être estimé grâce à la mesure des rapports $^{87}Rb/^{86}Sr$ et $^{87}Sr/^{86}Sr$. Le rubidium 87 se désintègre en strontium 87 selon une constante $\lambda = 1{,}42 \times 10^{-11}$ an^{-1} et le strontium 86 est un isotope stable. La mesure de ces rapports sur divers échantillons de roches permet d'obtenir un âge. Le graphique représentant $^{87}Sr/^{86}Sr = f(^{87}Rb/^{86}Sr)$ donne des points alignés sur une droite dont le coefficient directeur est environ égal à λ/t. Les âges sont estimés ici avec une incertitude d'environ 15 Ma.

Granite à biotite			Granite à deux micas		
Échantillon	$^{87}Rb/^{86}Sr$	$^{87}Sr/^{86}Sr$	Échantillon	$^{87}Rb/^{86}Sr$	$^{87}Sr/^{86}Sr$
1	1,97	0,7148	1	11,69	0,7696
2	3	0,7197	2	8,54	0,756
3	4,87	0,7282	3	5,09	0,7404
4	3,24	0,7213	4	6,56	0,7448
5	2,64	0,7219	5	9,04	0,7573
6	1,36	0,7125	6	11,98	0,768

8 Reconstituer l'histoire du Caucase

→ FICHES 9 et 11

Le Caucase est une chaîne de montagnes orientée NO-SE, située entre la Russie, les républiques du Caucase (Arménie, Géorgie, Azerbaïdjan), la Turquie et l'Iran. Son point culminant est l'Elbrouz (5 642 m).

Grâce aux connaissances et à l'étude des documents :

1. Reconstituer l'histoire de cette chaîne.

2. Indiquer si les formations volcaniques du complexe de Gegham-Aragats peuvent correspondre à la subduction du bloc Arménie du Sud.

Doc 1 Coupe géologique du Caucase passant par le lac Sevan (Arménie)

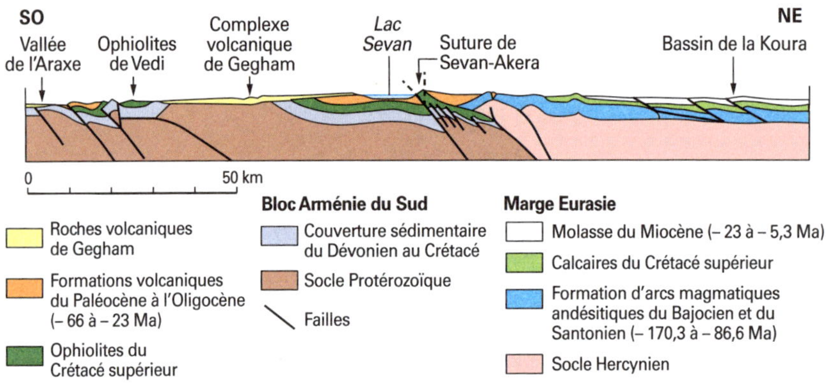

Doc 2 Données radiométriques sur les roches de l'Aragats

Le massif volcanique de l'Aragats est limitrophe de celui de Gegham et les deux présentent des roches volcaniques contemporaines. Ces roches ont été datées par le couple $^{40}K/^{40}Ar$: le ^{40}K se désintègre en ^{40}Ca et ^{40}Ar selon une constante $\lambda = 5{,}54 \times 10^{-10}$ an^{-1}. On montre que l'âge t d'un échantillon vaut : $t \approx (10 \times {}^{40}Ar/{}^{40}K)/\lambda$.

Échantillon	Rapport $^{40}Ar/^{40}K$
Basaltes de la base de l'Aragats	$1{,}39 \times 10^{-4}$
Andésite des gorges de l'Ambert	$5{,}10 \times 10^{-5}$
Dacite* du sommet de l'Aragats	$3{,}77 \times 10^{-5}$
Andésite de Tyrin-Katar	$2{,}49 \times 10^{-5}$

* Roche volcanique de composition intermédiaire entre l'andésite et la rhyolite.

OBJECTIF BAC

9 Dater l'Australopithèque Lucy

45 min

→ FICHES 9 et 10

L'étude du squelette de la célèbre Lucy permet de faire le lien entre les différentes méthodes de datation. Pour cela, il faut avoir bien compris les concepts de chronologies relative et absolue.

LE SUJET

Le squelette de l'*Australopithecus afarensis* Lucy a été trouvé, en 1974, sur le site de l'Hadar, en Éthiopie. Sa découverte a révolutionné l'histoire de notre lignée.

À partir de l'exploitation des documents, répondre aux questions suivantes.

1. Expliquer l'intérêt d'associer datations relative et absolue plutôt que la méthode au carbone 14 pour évaluer l'âge de cet hominidé fossile.

2. Les Australopithèques peuvent-ils constituer de bons fossiles stratigraphiques ?

Doc 1 Extrait simplifié de la série stratigraphique de l'Hadar

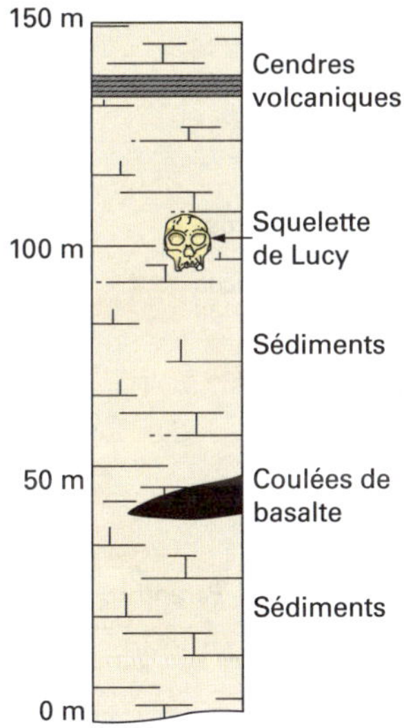

Doc 2 Mesures radiométriques sur les feldspaths des roches volcaniques

Nature des échantillons	Rapport $^{40}Ar/^{40}K$
Cendres volcaniques	$1,7 \times 10^{-4}$
Coulée de basalte	$2,1 \times 10^{-4}$

Doc 3 Informations sur deux méthodes de radiochronologie

Chronomètre	Période de demi-vie	Type de matériel analysé	Âge limite d'investigation
^{14}C	5 730 ans	Matière organique (os, bois...)	57 300 ans
$^{40}K/^{40}Ar$	$1,25 \times 10^9$ ans	Minéraux magmatiques (feldspaths, micas...)	$12,5 \times 10^9$ ans

La relation entre le rapport $^{40}Ar/^{40}K$ et l'âge d'un échantillon est donnée par la courbe :

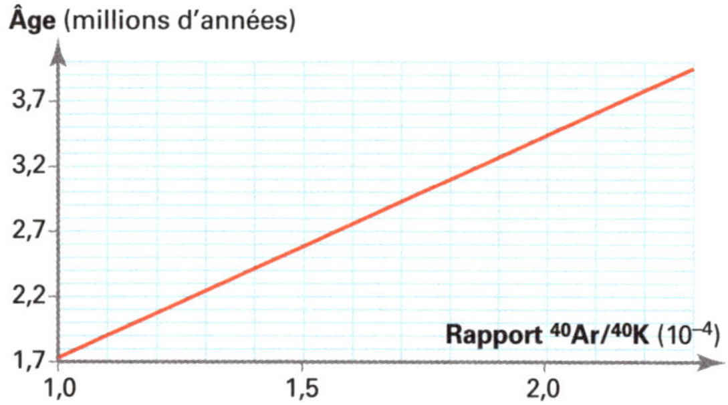

Doc 4 Évolution des Australopithèques

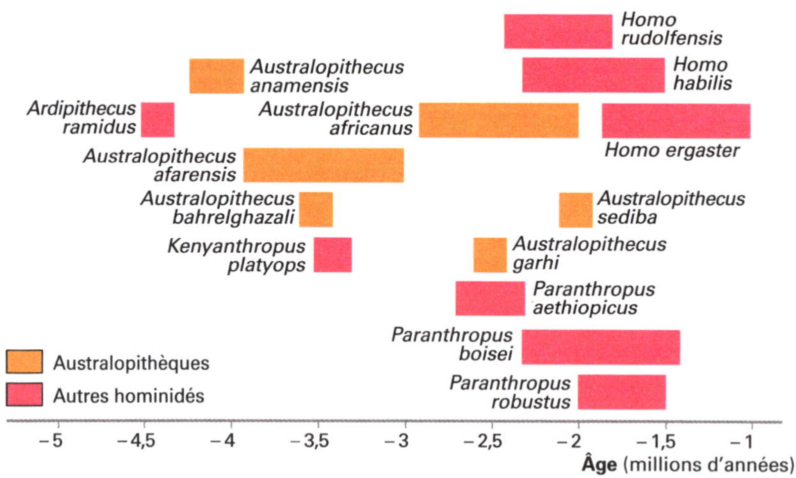

Espèce	Nombre de fossiles décrits	Région
A. afarensis	≈ 10	Afrique de l'Est
A. anamensis	≈ 20	Afrique de l'Est
A. bahrelghazali	5	Tchad

Espèce	Nombre de fossiles décrits	Région
A. sediba	2 ou 3	Afrique du Sud
A. africanus	≈ 10	Afrique du Sud
A. garhi	1	Afar (Éthiopie)

LA FEUILLE DE ROUTE

L'énoncé indique deux questions indépendantes :

1. Dater l'Australopithèque Lucy.
2. Expliquer si ce groupe constitue des fossiles stratigraphiques.

Étape 1 Extraire les informations des documents et les relier aux questions posées

- Le **document 1** permet d'établir une chronologie relative entre Lucy, les dépôts sédimentaires et les dépôts volcaniques (cendres, basalte).
- Les **documents 2** et **3** permettent de dater de façon absolue les roches volcaniques et de justifier l'utilisation de la méthode au K/Ar.
- Le **document 4** donne les périodes de vie d'*Australopithecus afarensis*, ce qui peut servir pour répondre à la première question, et des informations sur les autres Australopithèques, utiles pour répondre à la deuxième question.

Étape 2 Associer les informations des documents

- **Question 1.** Établir la chronologie relative des dépôts (doc. 1) et relever l'âge attendu de Lucy (doc. 4).
Comparer cet âge et la nature de l'objet à dater avec les données du document 3 pour montrer que la méthode au carbone 14 n'est pas utilisable.
Expliquer d'après vos connaissances pourquoi la méthode au K/Ar n'est pas applicable aux fossiles et dater les roches volcaniques (doc. 2 et 3).
En déduire d'après le document 1 un encadrement pour l'âge de Lucy.

- **Question 2.** Rappeler les caractéristiques que doivent avoir des fossiles pour constituer de bons repères stratigraphiques, puis, à l'aide du document 4, reprendre chacun de ces critères pour vérifier s'il est rempli dans le cas des Australopithèques.

Étape 3 Rédiger la réponse

- Pour chaque mise en relation, rédiger un paragraphe reprenant les observations et les explications.
- Penser à indiquer le numéro du document utilisé, afin de souligner les relations qui ont pu être établies entre les documents.

CORRIGÉS

SE TESTER QUIZ

1 La chronologie relative

1. Réponse b. La chronologie est : dépôt de A, faille F, puis dépôt de B.
Les réponses a et c sont par conséquent incorrectes.

2. Réponses b et c. Un bon fossile stratigraphique doit être présent dans un nombre limité de strates successives (pour être représentatif d'une période courte) et dans les strates de nombreux affleurements (il doit posséder une grande extension géographique).
Les réponses a et d sont incorrectes. Un bon fossile statigraphique ne doit être localisé dans un grand nombre de strates ni dans un secteur géographique limité.

2 La chronologie absolue

Réponse b. Pour donner un âge numérique à des basaltes situés sous un calcaire du Crétacé, on peut utiliser la méthode radiochronologique à l'uranium 235/plomb 207.
Les réponses a et c sont incorrectes. La méthode au ^{14}C ne peut être utilisée au-delà de 50 000 ans (et il n'y a pas de carbone dans le basalte). La chronologie relative ne permet pas de donner un âge numérique (absolu).

3 Le passé mouvementé de la Terre

1. Réponse a. L'ordre chronologique d'un cycle orogénique complet est : rift, dorsale, subduction, collision, pénéplanation.
Les réponses b et c sont par conséquent incorrectes.

2. Réponse b. Les ophiolites sont des traces de la lithosphère océanique subduite ou obduite.
Les réponses a et c sont incorrectes. Les ophiolites sont des complexes de roches typiquement océaniques et non continentales.

3. Réponse b. Une marge passive est caractérisée par des blocs basculés de lithosphère continentale.
Les réponses a et c sont incorrectes. Les ophiolites sont des traces de l'océanisation (mise en place d'une dorsale) et le plan de Wadati-Bénioff caractérise une marge active (zone de subduction).

S'ENTRAÎNER

4 Établir une chronologie relative en Provence

CONSEILS

Voir la méthode de la fiche 9 :
- Listez les structures et événements géologiques.
- Appliquez les principes de la stratigraphie.
- Reconstituez l'ordre chronologique des événements.

■ Les structures et événements géologiques précisés dans la légende sont :
- les dépôts sédimentaires ;
- la faille, qui apparaît comme une faille plutôt inverse ;
- une surface d'érosion entre les calcaires à rudistes et les dépôts fluvio-lacustres.

L'étude de la coupe montre en outre :
- une deuxième surface d'érosion (reliefs actuels) ;
- un contact anormal entre les calcaires et molasses et les autres dépôts ;
- des plis, présents dans tous les dépôts, sauf dans les calcaires et molasses

■ Selon le principe de superposition, les dépôts se sont faits dans l'ordre chronologique suivant : calcaires à rudistes, dépôts fluvio-lacustres, calcaires et grès, calcaires et molasses. On remarque que les calcaires à rudistes ont été exposés à l'air libre (présence d'une surface d'érosion) avant d'être recouverts par les dépôts fluvio-lacustres.

Par ailleurs, le plissement a eu lieu après les dépôts des calcaires et grès, mais avant ceux des calcaires et molasses. De la même façon, la faille recoupe tous les dépôts ; elle a donc joué après le dépôt des calcaires et molasses.

■ Cette région devait donc être recouverte par la mer, ce qui a permis le dépôt des calcaires à rudistes. Ceux-ci ont ensuite émergé et été érodés (en raison d'une baisse du niveau marin ou d'une surélévation de la région ?), puis ont reçu des dépôts continentaux (fluvio-lacustres). Cette région a été ensuite de nouveau recouverte par la mer, d'où les dépôts de calcaires et de grès.

Tous ces dépôts ont ensuite été plissés, en raison d'un épisode de compression et de formation de reliefs (sans doute de la chaîne pyrénéo-provençale). Cette chaîne a été aplanie avant les dépôts marins de calcaires et de molasses, ce qui explique le contact anormal visible sous ces derniers. Enfin, la faille présente sur le document semble indiquer un nouvel épisode de compression et donc de surélévation, qui explique que les terrains ont été à nouveau exposés à l'érosion.

5 Retracer l'histoire d'un gabbro

■ Le gabbro ne présente habituellement que des pyroxènes et des plagioclases. Dans le **document 1**, on observe que de l'actinote recoupe les pyroxènes et qu'elle est elle-même recoupée par du glaucophane. On en déduit que l'actinote est le premier minéral du métamorphisme mis en place, suivi par le glaucophane.

■ D'après le **document 2**, le gabbro est stable pour des températures comprises entre 700 et 1 000 °C. L'apparition de l'actinote, caractéristique du faciès schiste

vert, indique que le gabbro s'est retrouvé à des températures inférieures à 400 °C et des pressions inférieures à 500 MPa (soit une profondeur inférieure à 17 km).
L'apparition du glaucophane, qui correspond au faciès schiste bleu, indique des profondeurs supérieures à 17 km, sans élévation notable de la température. Autrement dit, ce métagabbro du faciès schiste vert a ensuite été enfoui en profondeur.

■ On sait que le gabbro est une roche caractéristique de la lithosphère océanique. Il y avait donc dans cette région une croûte océanique. Le gabbro est une roche plutonique issue de la cristallisation entre 700 et 1 000 °C (doc. 1) d'un magma dont la mise en place s'explique par l'amincissement de la lithosphère due à l'extension de la croûte.
Ce gabbro s'est ensuite progressivement refroidi en s'éloignant de la dorsale qui lui a donné naissance. Le refroidissement a été accéléré par la circulation d'eau dans la jeune lithosphère. L'actinote (métagabbro du faciès schiste vert) cristallise à des températures inférieures à 400 °C (doc. 2).
L'apparition du glaucophane, caractéristique du faciès schiste bleu, indique que le métagabbro s'est retrouvé ensuite à plus de 17 km de profondeur. Autrement dit, la lithosphère océanique a été subduite.
Enfin, comme ce métagabbro a été retrouvé à l'air libre, on en déduit que cette portion de lithosphère océanique a été surélevée par l'orogenèse alpine, puis érodée.

6 Établir une chronologie relative à partir d'une carte

CONSEILS

Voir la méthode de la fiche 9 :
- Listez les principales structures et événements géologiques.
- Appliquez les principes de la stratigraphie.
- Reconstituez l'ordre chronologique des événements.

■ Les structures et événements géologiques à dater sont :
- des dépôts sédimentaires, représentant une série quasi continue de – 83 à – 33 Ma. Sur la carte, ces sédiments sont disposés de façon symétrique par rapport aux dépôts de l'Éocène supérieur, ce qui indique la présence d'un pli ;
- des dépôts sédimentaires recouvrant l'ensemble : les marnes bariolées du Miocène et les alluvions actuelles ;
- des failles NE-SO (perpendiculaires au pli) dans le coin nord-est de la carte.

■ Le pli affecte tout le complexe sédimentaire du Campanien à l'Éocène, mais pas les dépôts du Miocène et actuels. On en déduit que la compression est postérieure à l'Éocène supérieur et antérieure au Miocène.
Les failles qui affectent le complexe sédimentaire ancien sont recouvertes par les dépôts du Miocène. Elles seraient donc contemporaines du plissement.

■ La région était sous la mer du Campanien à l'Éocène, d'où les dépôts successifs de marnes, calcaires et grès. La région a ensuite subi une compression NE-SO, ce qui a conduit à l'apparition de plis et de failles. L'absence de dépôts sédimentaires entre l'Éocène et le Miocène confirme que la région était surélevée (du fait de la compression pyrénéo-provençale). Après l'érosion des reliefs, la région a été à nouveau

envahie par la mer, d'où les dépôts du Miocène. La mer a finalement régressé ; il ne subsiste que les dépôts continentaux actuels (alluvions).
Les derniers dépôts affectés par la compression pyrénéo-provençale datent de l'Éocène supérieur (-33 Ma) et les premiers à ne pas l'être sont ceux du Miocène (-23,5 Ma). On en déduit que l'orogenèse pyrénéo-provençale et son aplanissement ont eu lieu entre -33 et -23,5 Ma.

7 Déterminer les âges de deux granites

1. Sur la carte géologique, le pluton granitique de Piégut-Pluviers semble recouper celui de Saint-Mathieu (doc. 1), ce qui suggère que le granite à deux micas de Saint-Mathieu est antérieur au granite à biotite de Piégut-Pluviers

2. En appliquant la méthode proposée dans le document 2, on peut tracer les graphiques suivants :

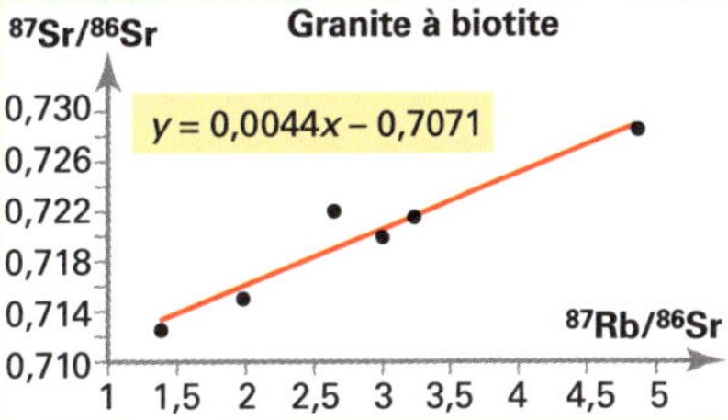

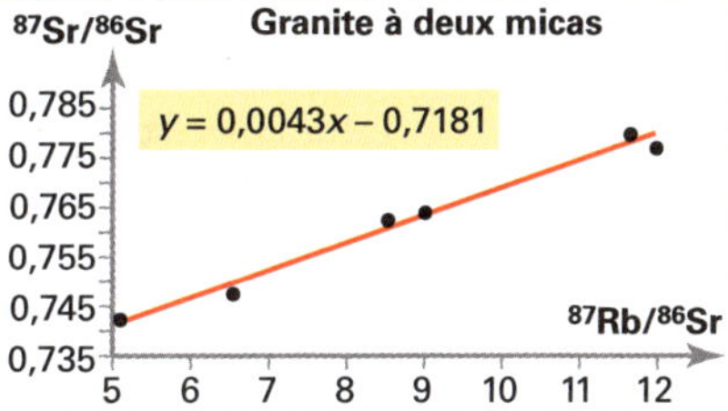

Pour le granite à biotite de Piégut-Pluviers, la droite isochrone a un coefficient directeur de 0,0044, ce qui correspond à un âge de 310 ± 15 Ma. Pour le granite à deux micas de Saint-Mathieu, la droite isochrone a un coefficient directeur de 0,0043, ce qui correspond à un âge de 303 ± 15 Ma.
L'ordre chronologique suggéré par la datation radiométrique semble contraire de celui supposé, avec un granite de Saint-Mathieu postérieur à celui de Piégut-Pluviers. Mais en tenant compte de l'incertitude des mesures, on ne peut pas conclure à l'antériorité de l'un des granites par rapport à l'autre. En effet, l'âge du granite du Piégut-Pluviers est compris entre -295 et -325 Ma, et celui du granite de Saint-Mathieu entre -288 et -318 Ma. Les intervalles ne chevauchant nettement, les données radiométriques ne permettent pas d'établir l'antériorité d'un granite par rapport l'autre. Il semble que les deux granites soient contemporains ou qu'ils se soient mis en place à des dates très proches.

8 Reconstituer l'histoire du Caucase

1. On peut classer les indices et trouvés dans les documents par étape du cycle orogénique dans un tableau.

Étape du cycle orogénique	Indices à rechercher	Observations tirées des docs
Rift et dorsale	Marge passive Ophiolites	Ophiolites (notamment de Vedi ou de Sevan-Akera) recouvertes de formations sédimentaires du Crétacé supérieur
Subduction	Roches volcaniques (andésite, etc.) Roches métamorphiques (schistes bleus, éclogites)	Formations d'arcs volcaniques du Bajocien et du Santonien situés sur le compartiment européen. C'est donc sans doute l'Arménie du Sud qui plongeait sous le bloc européen.
Collision (et subduction continentale)	Failles inverses, plis, nappes de charriage Roches continentales formées en profondeur (anatexie)	Nombreuses failles inverses, entraînant des nappes de charriage (les ophiolites et la couverture sédimentaire ont été charriées sur l'Arménie du Sud près du lac Sevan et dans la zone de suture de Sevan-Akera). Par ailleurs, les roches antérieures au Crétacé supérieur sont plissées, ce qui indique une compression postérieure à cette époque.
Érosion	Failles normales Affleurement de roches de la racine crustale	Les reliefs sont exposés à l'érosion. Ceci explique que des roches profondes, telles le socle et les sédiments anciens (Paléozoïque), affleurent par endroits.

2. Le complexe volcanique de Gegham est en discordance par rapport aux autres formations : il recouvre les ophiolites du Crétacé et les sédiments de l'Oligocène. Ces roches volcaniques sont donc postérieures à l'Oligocène ; elles ont moins de 23 Ma. En revanche, la subduction de l'Arménie du Sud, repérée par la ligne de suture ophiolitique et les failles inverses de Sevan-Akera, ainsi que par les arcs volcaniques de la marge européenne, date du Bajocien au Santonien (donc avant -83,6 Ma).

De plus, la position de ce complexe n'est pas compatible avec la subduction du bloc Arménie du Sud : en effet, il se trouve surtout sur le bloc Arménie du Sud, alors qu'il devrait se situer sur le bloc européen s'il était lié à la subduction de l'Arménie du Sud sous l'Europe.

Le document 2 montre que les roches qui se sont formées dans le complexe de Gegham-Aragats sont bien des roches typiques d'une zone de subduction (andésites, dacites). D'après les données radiométriques, les basaltes de la base de l'Aragats ont un âge de $10 \times \frac{1,39 \times 10^{-4}}{5,54 \times 10^{-10}} = 2,5$ Ma. L'application de la même formule aux autres données donne des âges compris entre 2,5 et 0,45 Ma, ce qui conforte les observations effectuées d'après le document 1.

Ainsi les formations de Gegham-Aragats ne correspondent pas à la subduction de l'Arménie du Sud sous l'Europe, mais sans doute à une autre subduction plus récente.

OBJECTIF BAC

9 Dater l'Australopithèque Lucy

La découverte du fossile de l'Australopithèque Lucy, en 1974, a révolutionné l'histoire de notre lignée. Jusqu'alors, aucun fossile de la lignée humaine aussi ancien n'avait été découvert. Mais pour cela, il a déjà fallu pouvoir le dater : nous allons voir comment une telle datation a pu être effectuée.

1. Intérêt d'associer datations relative et absolue

On constate que le fossile de Lucy repose au-dessus de la coulée basaltique et en dessous des cendres volcaniques (doc. 1). Lucy étant un *Australopithecus afarensis*, on s'attend à ce que son âge soit compris entre –3,9 et –3,0 Ma (doc. 4). Ce squelette présentant peut-être des traces de matière organique, on aurait pu proposer une datation au carbone 14 (doc. 3), mais cette méthode ne peut être utilisée pour dater des objets de plus de 57 300 ans, c'est-à-dire dix fois la demi-vie du carbone 14.

Par ailleurs, il est impossible de faire une datation au $^{40}K/^{40}Ar$ directement sur le squelette fossilisé de Lucy, celui-ci ne contenant plus de potassium.

On peut en revanche appliquer la méthode $^{40}K/^{40}Ar$ aux feldspaths des roches magmatiques (doc. 2 et 3), ceux-ci étant des systèmes fermés n'échangeant plus d'atomes avec l'environnement depuis leur cristallisation.

Le squelette de Lucy s'est donc déposé entre la formation des basaltes il y a 3,6 Ma et les dépôts de cendres volcaniques il y a 2,9 Ma. On en déduit que Lucy aurait entre 3,0 et 3,6 Ma.

À NOTER

On ne peut aller plus loin dans l'encadrement. En effet, le fait que Lucy se retrouve à peu près à mi-distance entre les basaltes et les cendres ne peut signifier que celle-ci aurait précisément 3,3 Ma.

2. Les Australopithèques peuvent-ils constituer de bons fossiles stratigraphiques ?

Par définition, un fossile stratigraphique doit remplir trois critères :

- critère d'abondance : il doit être présent en grand nombre ;
- critère d'extension géographique : on doit le retrouver dans de nombreuses formations éloignées géographiquement ;
- critère de chronologie : il ne doit être présent que sur une période relativement restreinte.

En utilisant le document 4, on remarque que les Australopithèques remplissent bien le critère de chronologie, les espèces *Australopithecus afarensis* et A. *africanus* n'ayant jamais existé pendant plus de 1 Ma. Cependant, les deux autres critères ne sont pas remplis : le nombre de fossiles découverts est très faible et ces espèces sont limitées à un secteur géographique restreint (Afrique de l'Est, Afrique du Sud, Tchad). L'évolution des Australopithèques ne peut donc raisonnablement servir de repère stratigraphique fiable.

Enjeux contemporains de la planète

4 L'organisation fonctionnelle des plantes à fleurs

Les végétaux doivent composer avec le milieu. Cela conduit à la sélection de caractères adaptés à la vie fixée, tel cet arbre qui, sous l'effet du vent, présente un port dit prostré.

12 L'adaptation de la plante à la vie fixée

En bref *Les plantes ne se déplacent pas. Leurs feuilles, leurs tiges, leurs racines et leur organisation sont une adaptation à la vie fixée.*

I L'optimisation des échanges nutritifs

- La plante à fleurs comporte une tige, des feuilles en contact avec l'atmosphère et des racines qui ancrent la plante dans le sol. Du fait de cet ancrage, la plante s'est adaptée à la vie fixée.

- Les feuilles présentent une grande surface qui leur permet une grande exposition à la lumière. Elles possèdent des stomates, composés de deux cellules qui délimitent une ouverture facilitant les échanges gazeux entre la plante et l'atmosphère.

- Dans le sol, les racines de la plante s'associent très souvent à des champignons pour former une structure symbiotique appelée mycorhize. Le développement des mycorhizes améliore l'absorption d'eau et de sels minéraux dans le sol ; en échange, la plante fournit de la matière organique aux champignons.

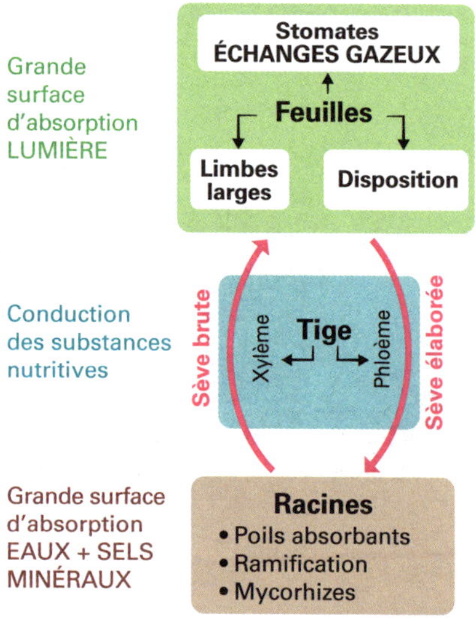

Doc **Adaptations de la plante à la vie fixée**

II La conduction des substances nutritives

- Les zones d'absorption de la plante sont les racines et les feuilles. Comme la matière organique est synthétisée dans les feuilles, il est nécessaire de leur transférer des substances nutritives par la tige.

- La tige est parcourue de vaisseaux, qui sont des cellules cylindriques permettant la conduction de substances nutritives. Les vaisseaux du xylème conduisent la **sève brute** et les vaisseaux du phloème conduisent la **sève élaborée**.

MOT CLÉ
- **Sève brute** : liquide riche en eau et en sels minéraux, provenant des racines.
- **Sève élaborée** : liquide riche en matière organique produite par le métabolisme des plantes.

Méthode

Mettre en évidence l'adaptation des feuilles

La lumière est une ressource nécessaire pour l'Homme, notamment pour la synthèse de vitamine D, mais surtout pour la plante qui réalise la photosynthèse. Des données sont utilisées pour comparer l'Homme et la violette, une plante dont les fleurs sont utilisées en confiserie et en parfumerie.

Montrer qu'à poids égal la violette possède une surface d'absorption de la lumière plus efficace que celle de l'Homme.

Doc Masse et surfaces d'échanges chez l'Homme (*Homo sapiens*) et la violette (*Viola odorata*)

Homme		Violette	
Masse	85 kg	Masse	0,007 kg
Surface de la peau	2,55 m^2	Surface des feuilles	0,035 m^2
Surface des alvéoles pulmonaires	157 m^2	Surface des racines	4,55 m^2
Surface de la muqueuse intestinale	238 m^2		

CONSEILS

Étape 1 Identifier ce qui, chez l'Homme, peut être comparé aux feuilles pour l'absorption de la lumière.
Étape 2 Identifier l'intérêt de comparer des rapports surface/masse.
Étape 3 Calculer les rapports surface/masse de l'organe d'absorption de la lumière pour ces deux organismes.
Étape 4 Interpréter les résultats de vos calculs pour déterminer l'être vivant le mieux adapté à l'absorption de la lumière.

SOLUTION

Étape 1 Chez l'Homme, c'est la peau qui est en contact avec la lumière.

Étape 2 Les deux organismes ont des tailles et des structures très différentes. Pour comparer « équitablement » les surfaces d'échanges des deux organismes, on considère les valeurs des surfaces, rapportées à un même poids.

Étape 3 Chez la violette, le rapport est de 0,035/0,007 = 5 m^2/kg ; chez l'Homme, il est de 2,55/85 = 0,03 m^2/kg.

Étape 4 À masse égale, la violette possède une surface d'absorption de la lumière 166 fois plus grande que celle de l'homme. La feuille de la violette est donc un organe bien plus adapté à l'absorption de lumière que la peau de l'Homme.

13 La plante, un développement localisé et contrôlé

En bref *Le développement d'une plante se fait via de nombreuses divisions et croissances cellulaires. Il peut être influencé par les conditions du milieu de vie de la plante.*

I Les méristèmes, sièges du développement des plantes

- De nombreuses divisions cellulaires se déroulent dans des régions de la plante appelées méristèmes. Ces zones participent au développement et à la croissance de la plante en produisant en permanence de nouvelles cellules.
- Les méristèmes caulinaires sont localisés à l'extrémité des tiges, les méristèmes axillaires sont à la base des feuilles et les méristèmes racinaires à l'apex des racines.

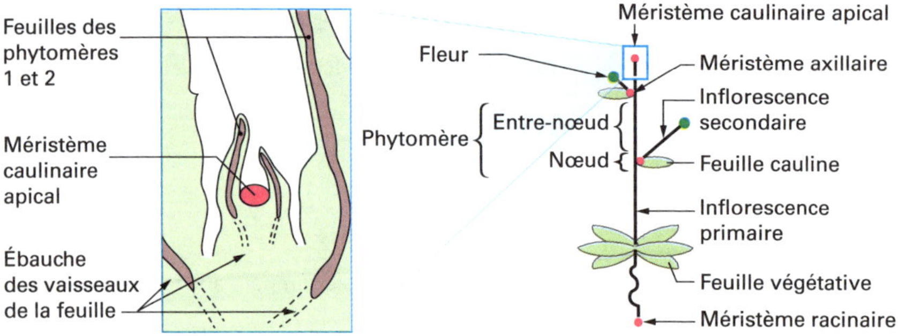

Doc **Méristèmes et zoom sur un méristème apical caulinaire**

- Les cellules produites dans les méristèmes s'allongent puis se différencient. Divisions cellulaires, allongement et différenciation permettent aux organes de la plante de se construire : c'est l'**organogenèse**.

> **MOT CLÉ**
> **Organogenèse** : ensemble des processus à l'origine de la production des organes (feuilles, tige, racines, fleurs).

II Un développement sous contrôle

- Le développement des plantes peut être influencé par des hormones végétales ou phytohormones, comme l'auxine, qui agissent sur les cellules.
- L'environnement de la plante peut aussi influencer son développement. La plante peut modifier son port ou sa ramure pour supporter des vents forts ou pour mieux accéder à la lumière. Ces réactions sont des **tropismes**.

> **MOT CLÉ**
> **Phototropisme** : modification de la dynamique de croissance d'une plante sous l'effet de la lumière.

Méthode

Mettre en évidence le phototropisme

Dans son ouvrage « *La force motrice dans les plantes* », publié en 1880, Charles Darwin défini « l'héliotropisme [phototropisme] négatif et positif [... comme la] torsion d'un organe vers la lumière ou dans le sens opposé ».

En vous appuyant sur le document, montrer comment Darwin a mis en évidence le phototropisme.

Doc Expériences réalisées par Darwin en 1880 (a, b, c) et complétées par Went en 1930 (d)

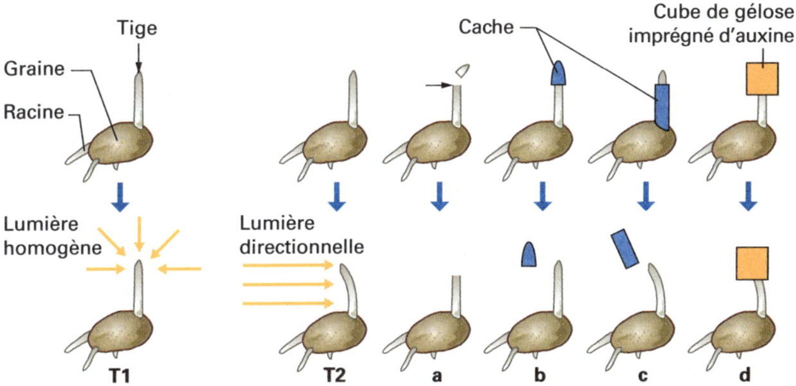

CONSEILS

Étape 1 Commenter le résultat des expériences témoins T1 et T2.
Étape 2 Comparer les résultats de l'expérience témoin T2 avec les expériences a, b et c.
Étape 3 Conclure quant à la réaction de la plante à la lumière, la zone et la substance impliquées dans le phototropisme.

SOLUTION

Étape 1 Sous l'effet de la lumière venant de gauche, la tige se courbe vers la gauche (T2). Si la lumière est homogène la tige reste droite (T1).

Étape 2 La tige coupée à l'apex (a) ou qui a l'apex caché (b) ne se courbe pas vers la lumière, contrairement à la tige témoin T2. En revanche, la tige dont on a masqué la base (c) se courbe comme la tige témoin T2.

Étape 3 La tige se courbe vers la lumière par le phénomène appelé phototropisme. Quand l'apex est caché ou coupé, il n'y a pas de réaction à la lumière. C'est donc l'apex qui est à l'origine de la réponse phototropique. Si on le coupe et que l'on met à sa place un cube imprégné d'auxine (d), la tige se courbe. L'auxine est donc la substance impliquée dans la réaction phototropique.

14 La photosynthèse, métabolisme producteur de matière organique

En bref *La plante convertit l'énergie lumineuse en énergie chimique par photosynthèse. Celle-ci permet la production de matière organique servant à la croissance de la plante.*

I La captation de lumière par les pigments

- La feuille est constituée d'un tissu de cellules chlorophylliennes, riches en chloroplastes. Ces organites sont emplis de vésicules, les thylakoïdes, dont la membrane contient des pigments comme la chlorophylle ou le carotène qui sont regroupés dans des structures nommées les photosystèmes.
- Les pigments sont des molécules excitables par la lumière. Leur excitation est à l'origine d'une cascade de réactions aboutissant à la **photolyse** de l'eau et à la libération de dioxygène : c'est la phase photochimique.

MOT CLÉ
Photolyse : dégradation d'une molécule sous l'effet de la lumière.

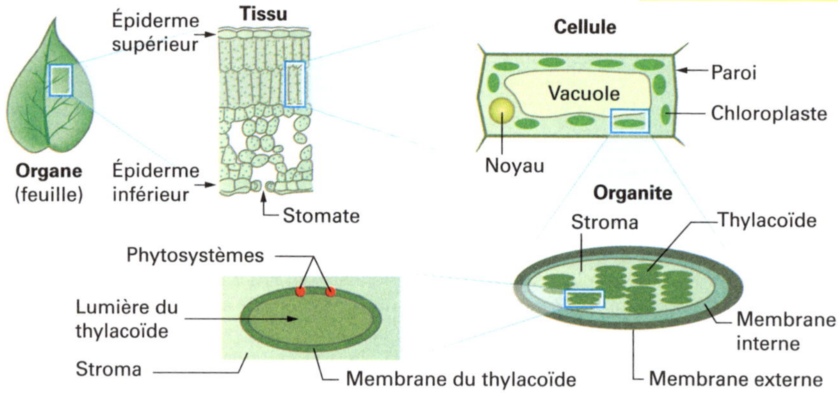

Doc **Structures impliquées dans la captation de lumière**

II La synthèse de matière organique

- L'énergie produite au cours de la phase photochimique est réinvestie au cours d'une phase chimique lors de laquelle une succession de réactions aboutira à la production de glucides à partir de l'assimilation du dioxyde de carbone. Pour que la photosynthèse soit opérationnelle, les phases chimiques et photochimiques doivent être couplées.
- Le principal glucide produit par la photosynthèse est le glucose, mais d'autres « sucres » sont élaborés comme le fructose, le saccharose... Ces glucides sont ensuite acheminés dans toute la plante au moyen de la sève élaborée.

Méthode

Mettre en évidence le rôle des pigments photosynthétique

Les pigments sont des molécules complexes dont la structure chimique permet une absorption de lumière. L'excitation du pigment par la lumière est à l'origine de la phase photochimique de la photosynthèse.

À l'aide des documents, montrer en quoi les pigments sont impliqués dans le déroulement de la photosynthèse.

Doc 1 Chromatographie d'une feuille d'épinard

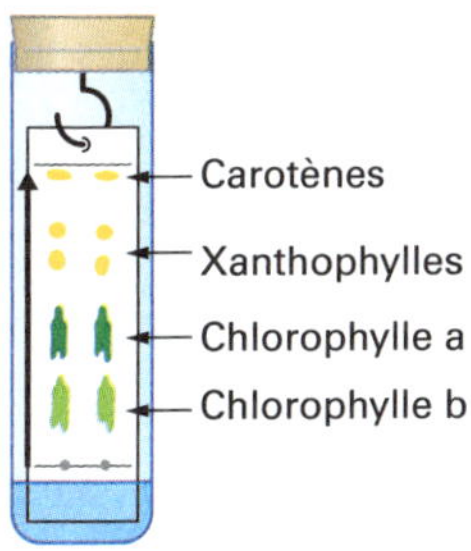

Doc 2 Superposition du spectre d'action photosynthétique et des spectres d'absorption des pigments de l'épinard

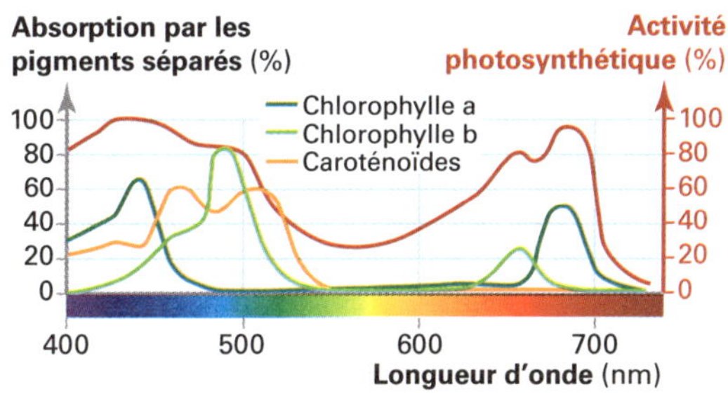

CONSEILS

Étape 1 Déterminer la composition pigmentaire de l'épinard au moyen du document 1.

Étape 2 Déterminer le spectre d'absorption des pigments de l'épinard au moyen du document 2.

Étape 3 Mettre en relation vos observations avec le spectre d'action photosynthétique et conclure.

SOLUTION

Étape 1 La feuille de l'épinard comporte en majorité des pigments verts (chlorophylles a et b) et quelques pigments jaune orange (carotènes, xantophylles).

Étape 2 Les longueurs d'onde absorbées par les pigments de la feuille d'épinard sont essentiellement situées entre 400 et 540 nm (violet-bleu-vert) et entre 650 et 700 nm (rouge).

Étape 3 Le spectre d'action photosynthétique se superpose au spectre d'absorption des pigments chlorophylliens de la feuille d'épinard. Les pigments de la feuille contribuent donc à la photosynthèse en absorbant des longueurs d'onde spécifiques.

15 Le devenir de la matière organique dans la plante

En bref *La photosynthèse produit des glucides qui sont transformés par des enzymes spécifiques en une grande variété de molécules.*

I Le stockage du glucose

- Le glucose issu de la photosynthèse est stocké temporairement dans les chloroplastes grâce à une enzyme spécifique, l'amidon synthase, qui catalyse l'assemblage des unités de glucose en une chaîne d'**amidon**.

> **MOT CLÉ**
> **Amidon** : chaîne de glucoses constituant les réserves de la plante.

- Le glucose peut être mis en réserve sous forme d'amidon dans des organes pour passer la mauvaise saison (tubercules de pomme de terre) ou dans des graines pour nourrir la jeune plante avant qu'elle ne soit autonome.

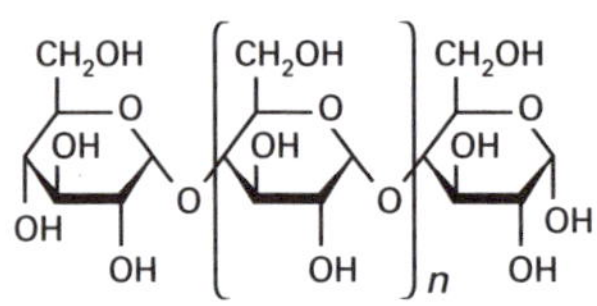

a.

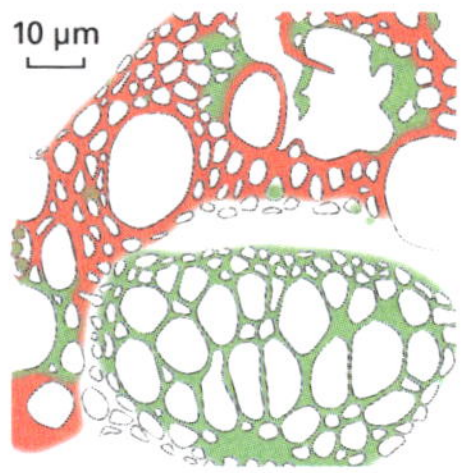

b.

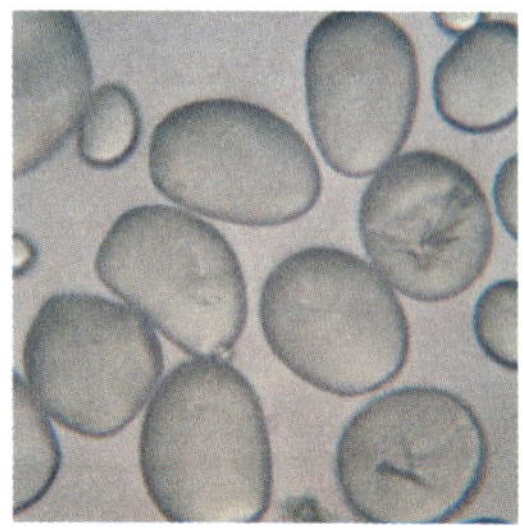

c.

Doc Structure, transport et stockage du glucose

a. Molécule d'amidon composée de *n* molécules de glucose. b. Coloration des parois du xylème en rose et des parois du phloème en vert dans un vaisseau conducteur.
c. Cellule de pomme de terre et ses amyloplastes riches en amidon.

II Le glucose et le développement de la plante

- Le glucose est utilisé par tous les organes de la plante qui ont besoin d'un substrat pour la respiration cellulaire. Il participe aussi à la formation de la **cellulose** et de la **lignine** qui structurent les parois des cellules végétales et participent ainsi à la rigidité de la plante.

- Les glucides servant aussi à l'élaboration des protéines ou des lipides de réserve, des tanins, substances toxiques pour les herbivores, ou des anthocyanes, des pigments impliqués dans l'attraction des insectes pollinisateurs.

> **MOT CLÉ**
> **Cellulose** : chaîne linéaire de glucoses composant les parois végétales.
> **Lignine** : molécule entrant, avec la cellulose, dans la composition du bois.

Méthode

Étudier l'activité métabolique résultant de la photosynthèse

En 1950, les Américains M. Calvin et A. Benson cultivent des chlorelles (algues unicellulaires) dans un milieu contenant du CO_2 radioactif. Au bout de 5 secondes, puis de 1 minute, ils observent les molécules synthétisées.

En vous appuyant sur vos connaissances et le document, expliquer comment la plante maintient son activité métabolique à l'obscurité.

Doc 1 Séparation par chromatographie des molécules marquées extraites des chlorelles

Entouré en bleu : molécules extraites après 5 secondes de culture.

Entouré en rouge : molécules extraites après 1 minute de culture.

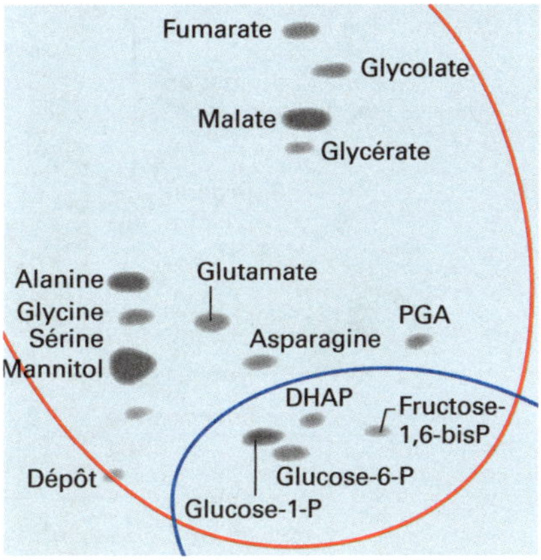

CONSEILS

Étape 1 Rappeler la molécule produite par photosynthèse et comment elle est stockée dans la plante.

Étape 2 Montrer que le glucose est à l'origine de la production de molécules nécessaires à l'activité métabolique des cellules.

Étape 3 Formuler une hypothèse permettant de répondre à la consigne.

SOLUTION

Étape 1 Le glucose est produit par photosynthèse, puis transformé en amidon par l'amidon synthase. L'amidon est stocké dans les chloroplastes ou dans des organes de réserve.

Étape 2 Au bout de 5 secondes, la chlorelle a essentiellement produit du glucose et du fructose. Au bout d'une minute, elle produit aussi des acides aminés (glutamate, asparagine...) et une plus grande diversité de sucres.

Étape 3 L'amidon stocké la journée dans les chloroplastes peut être dégradé la nuit pour produire les diverses molécules nécessaires à la vie cellulaire.

MÉMO VISUEL

Vie fixée et développement de la plante

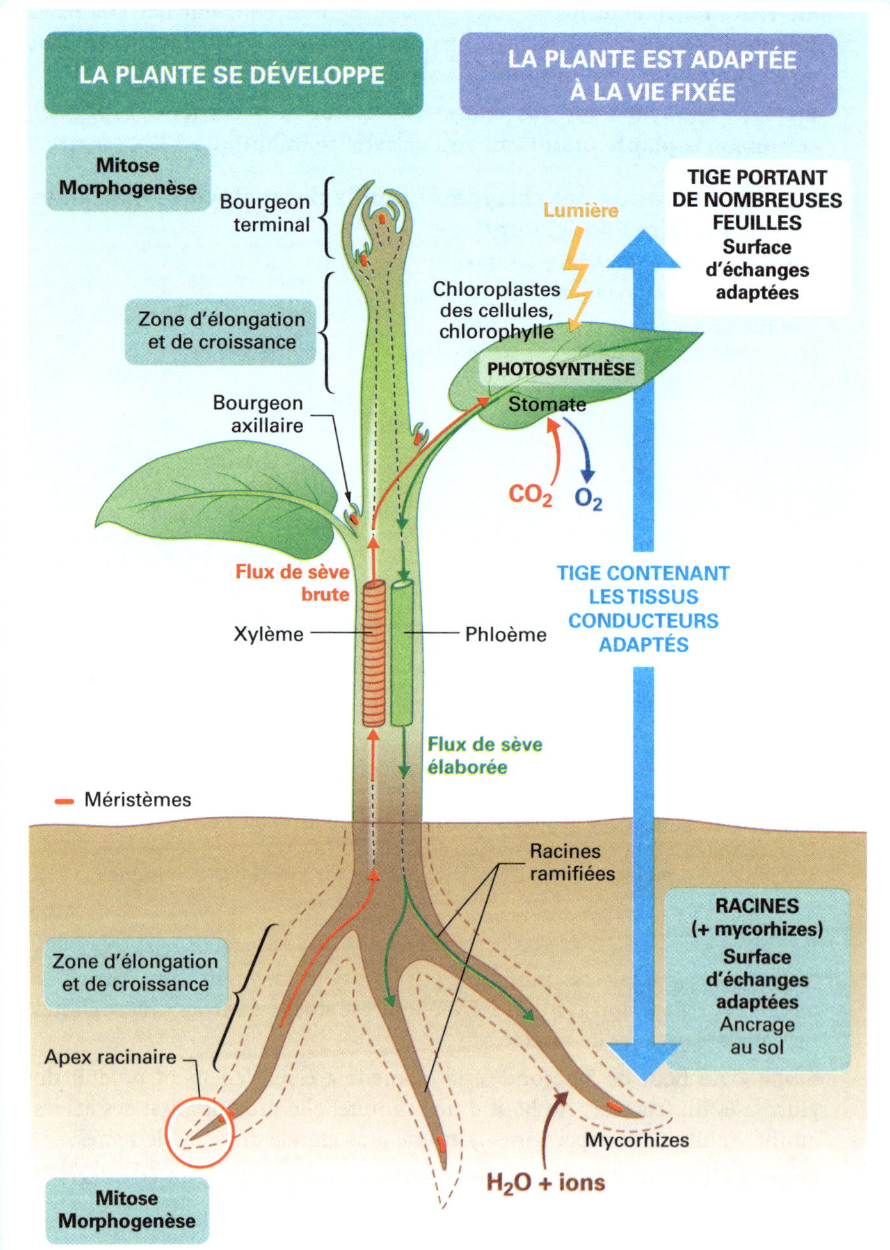

Le lieu de la photosynthèse

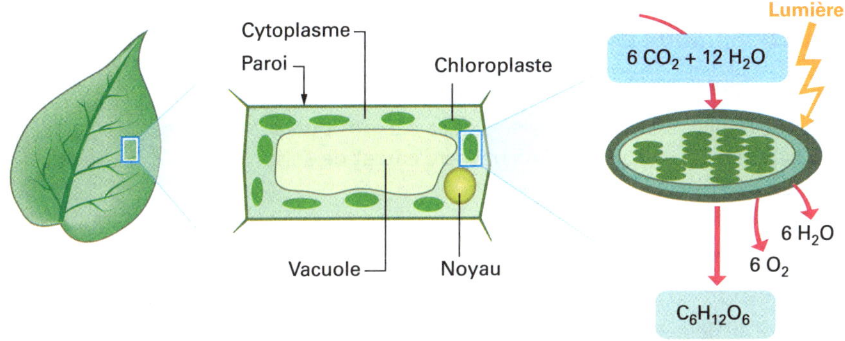

FEUILLE → **CELLULE CHLOROPHYLLIENNE** → **CHLOROPLASTE**

Glucose
$C_6H_{12}O_6$

STOCKAGE

Temporaire
Dans les chloroplastes
AMIDON

À long terme
Graines (blé, maïs)
Tubercules (radis, pomme de terre)
AMIDON

UTILISATION DÉGRADATION

Apports pour la croissance, la mitose et la morphogenèse :
CELLULOSE
PAROI

Respiration cellulaire :
Métabolisme

TRANSFORMATION

Rôle dans la défense :
TANINS

Rôle dans l'attraction des disséminateurs :
ANTHOCYANE (pigment rouge de la tomate)

Rôle dans le transport :
Saccharose (association glucose + fructose)

Rôle dans la production de molécules :
PROTÉINES
ACIDES AMINÉS
PIGMENTS

SE TESTER QUIZ

Vérifiez que vous avez bien compris les points clés des **fiches 12 à 15**.

1 L'adaptation de la plante à la vie fixée

→ FICHE 12

1. La plante est adaptée à la vie fixée, car :

☐ **a.** ses feuilles ont une grande surface d'exposition à la lumière
☐ **b.** ses feuilles absorbent davantage d'eau et de sels minéraux que ses racines
☐ **c.** ses feuilles ont des stomates qui facilitent les échanges gazeux

2. L'organisation de la plante impose :

☐ **a.** l'absorption des nutriments uniquement au niveau des feuilles
☐ **b.** le transport des nutriments entre les racines et les feuilles
☐ **c.** l'existence de vaisseaux permettant le transport des nutriments

2 La plante, un développement localisé et contrôlé

→ FICHE 13

Le développement des plantes :

☐ **a.** est possible sans la présence des méristèmes
☐ **b.** est influencé par la lumière uniquement
☐ **c.** nécessite la différenciation de cellules qui conduit à l'organogenèse

3 La photosynthèse, métabolisme producteur de matière organique

→ FICHE 14

La photosynthèse est :

☐ **a.** réalisée dans les chloroplastes des cellules racinaires
☐ **b.** l'effet de la dégradation du dioxygène en eau sous l'effet de la lumière
☐ **c.** un couplage entre une phase photochimique et chimique
☐ **d.** à l'origine de la production d'un sucre, le glucose

4 Le devenir de la matière organique dans la plante

→ FICHE 15

Le glucose produit par photosynthèse :

☐ **a.** peut uniquement faire l'objet d'un stockage à long terme
☐ **b.** est une molécule nécessaire à la production des parois de toutes les cellules
☐ **c.** est transporté dans toute la plante pour être stocké ou directement utilisé
☐ **d.** est une molécule à la base de la synthèse des protéines et des lipides de la plante

S'ENTRAÎNER

5 Mettre en évidence la conduction des sèves

→ FICHE 12

La plante possède des vaisseaux. On se propose de les étudier.

1. Quel type de sève suit-on dans l'expérience du document 1 ?
2. Que nous apporte l'observation de la coupe dans la tige du céleri ?
3. D'après l'étude du document 2, expliquer pourquoi les vaisseaux de transport de la plante sont qualifiés de spécialisés.

Doc 1 Dispositif expérimental : branche de céleri plongée dans un colorant alimentaire bleu ; coupe transversale de la tige de céleri

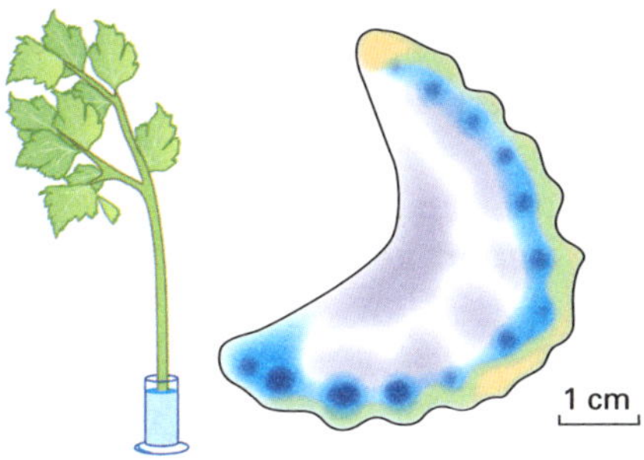

Doc 2 Coupe transversale dans des vaisseaux conducteurs d'une plante

Les tissus de la plante ont été imprégnés par deux substances fluorescentes : l'une de couleur verte au niveau des feuilles, l'autre de couleur rouge au niveau des racines.

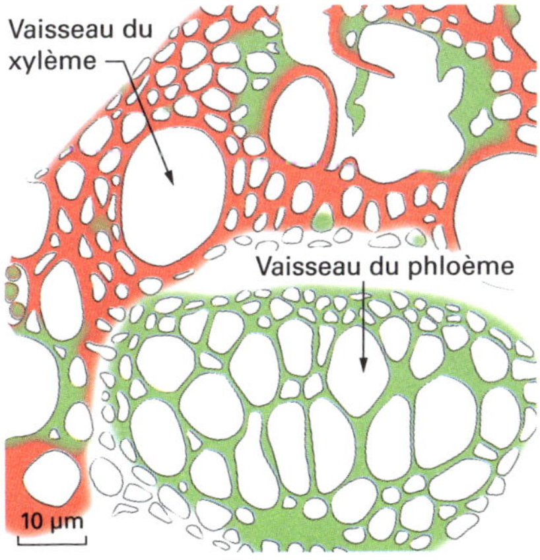

6 Expliquer la répartition des stomates

→ FICHE 12

Les stomates sont formés de deux cellules délimitant un ostiole. Ils sont localisés dans l'épiderme des feuilles et sont à l'origine de l'évapotranspiration, un phénomène qui libère l'eau de la plante dans l'atmosphère sous l'effet de la température.

En vous appuyant sur les documents, expliquer en quoi la répartition des stomates et leur fonctionnement peuvent être considérés comme des adaptations à des contraintes du milieu.

Doc 1 Répartition des stomates chez différents végétaux

Espèce	Port des feuilles	Épiderme supérieur	Épiderme inférieur
Blé	Vertical	33	14
Maïs		52	68
Pommier	Horizontal	0	300
Chêne rouvre		0	450

Doc 2 Feuilles de blé au port vertical et de pommier au port horizontal

Doc 3 Évolution du taux d'ouverture des stomates et de l'intensité d'ensoleillement en fonction de l'heure de la journée

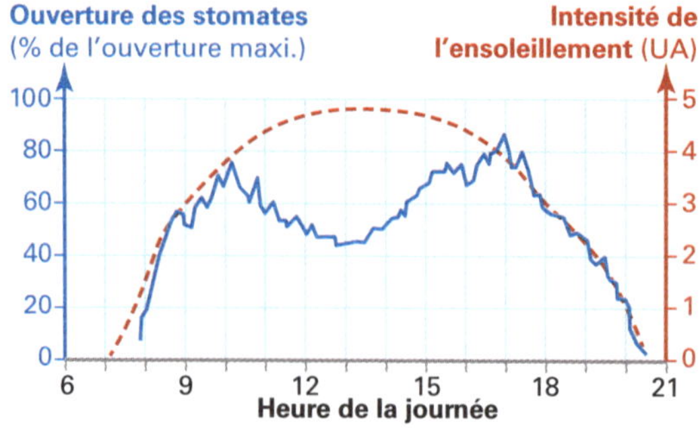

7 Comprendre l'origine du phototropisme

→ FICHE 13

Des chercheurs ont mesuré la quantité d'auxine, une phytohormone, dans une très jeune tige soumise à différentes expositions de lumière. Dans le premier cas, la tige a reçu une lumière homogène ; dans l'autre, une lumière dirigée.

1. Décrire les résultats obtenus par les chercheurs.

2. En vous appuyant sur vos connaissances et vos observations, expliquer comment le phototropisme est contrôlé.

Doc **Concentration en auxine en deux points du coléoptile soumis à une lumière homogène ou à un éclairage directionnel**

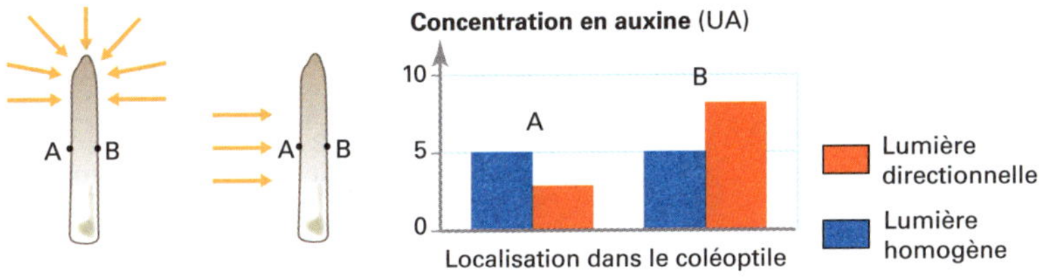

8 Expliquer le développement de la racine d'une plante

→ FICHE 13

On se propose d'étudier le développement d'une racine illustré par divers documents.

1. Mesurer la longueur des deux cellules végétales encadrées dans le document 1.

2. D'après vos connaissances, laquelle des deux cellules est différenciée, laquelle ne l'est pas ?

3. Mettre en relation les informations des documents 1 et 2 afin d'identifier, dans le méristème, la zone de division cellulaire et la zone d'élongation.

Doc 1 **Deux régions (A et B) d'une même racine**

Un cadre est superposé à la paroi d'une cellule de chaque région (échelle : 1 cm = 30 μm).

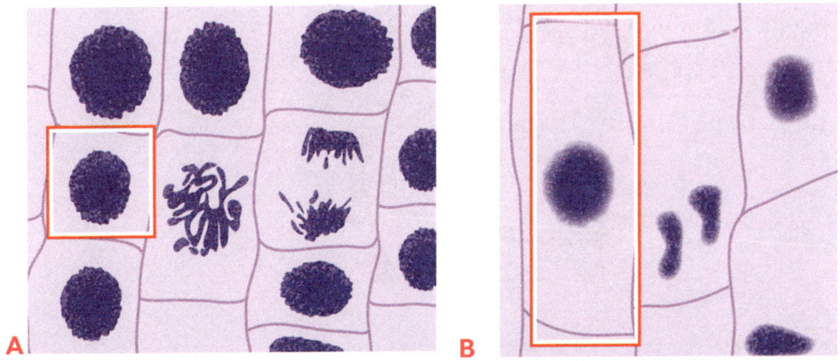

Doc 2 Croissance d'une racine

Des marques de couleur sont effectuées sur la racine à T_0 (à gauche).

Le taux de croissance est mesuré à T_{20} pour chaque intervalle marqué (à droite).

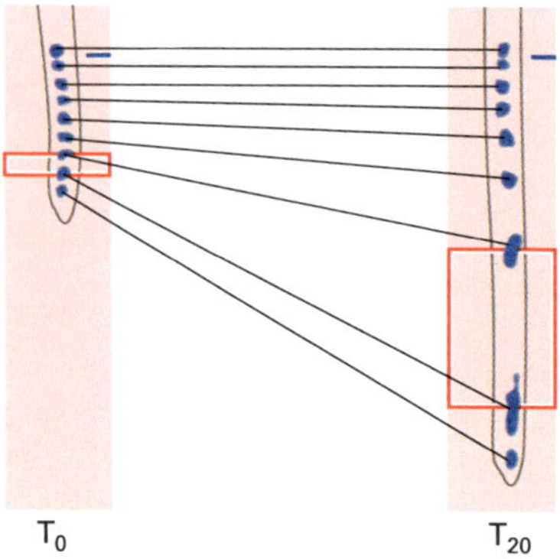

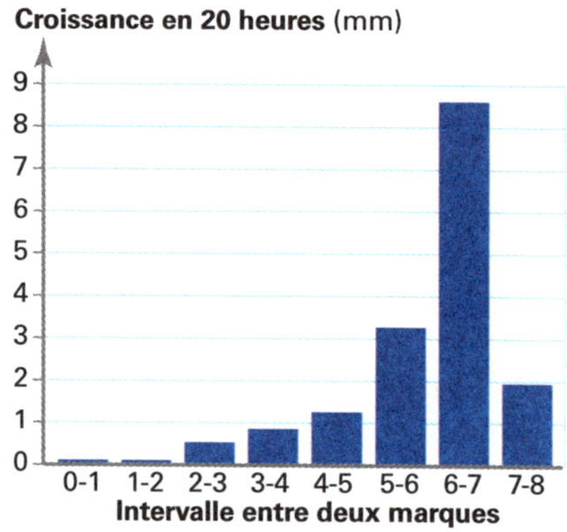

9 Illustrer l'utilisation des sucres par la plante

→ FICHE 15

La photosynthèse est un métabolisme à l'origine de la production de glucose. Celui-ci doit être à tout moment mobilisable pour la plante. De plus, pour se développer, la plante a besoin de produire diverses molécules nécessaires à la vie de ses cellules.

Avec les documents et vos connaissances, montrer comment la plante parvient à élaborer ses sucres et comment elle les stocke.

Doc 1 Cellules racinaires de pois

L'acide périodique de Schiff colore en rose la cellulose (G : × 100).

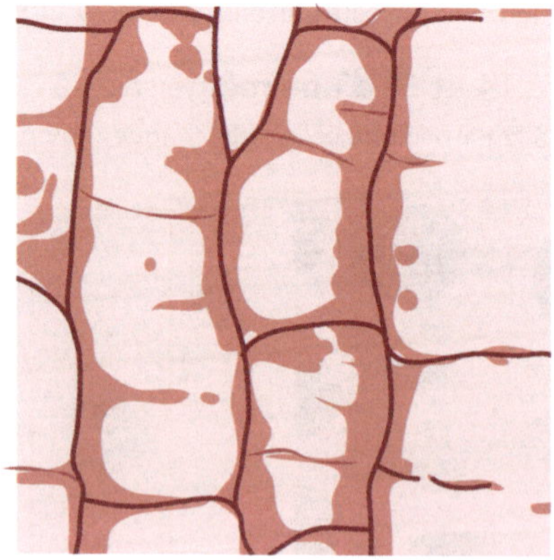

Doc 2 Cycle de vie de la pomme de terre

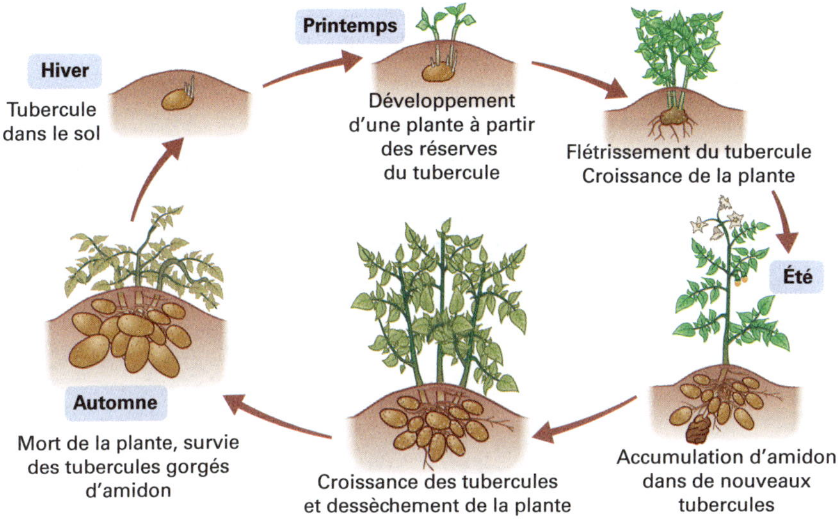

Doc 3 Évolution du taux de CO_2 incorporé dans la matière organique en fonction de l'heure de la journée

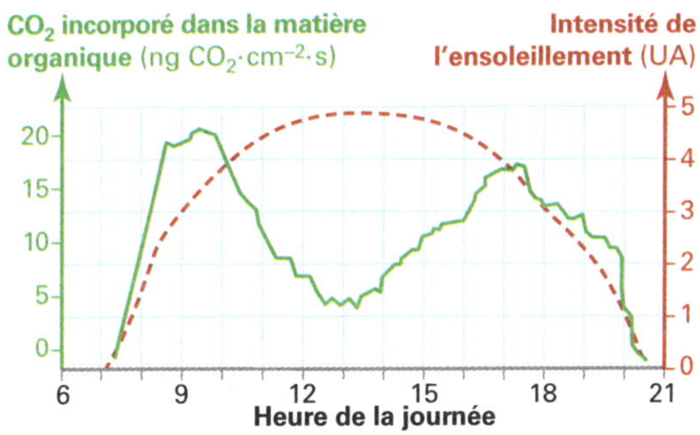

Doc 4 Évolution du taux de dioxygène dans une enceinte à l'intérieur de laquelle on a placé une plante durant 24 heures

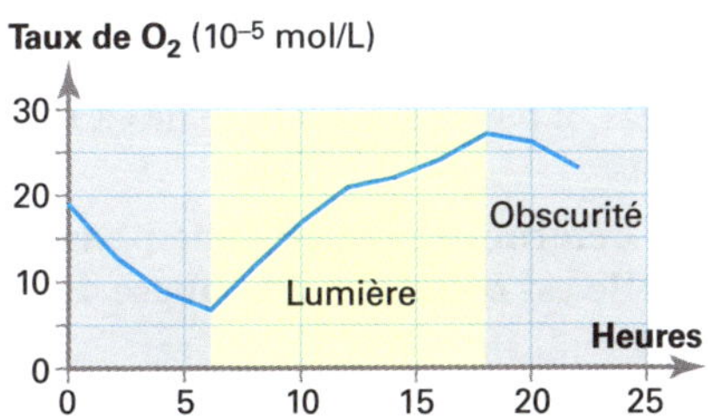

10 Déterminer le lieu de la photosynthèse

→ FICHE 14

On a placé deux élodées, l'une dans un milieu éclairé, l'autre à l'obscurité. Au bout de 48 heures, on prélève une feuille à chaque plante.

1. Légender le document de droite.
2. Décrire les résultats obtenus au moyen d'un tableau.
3. Que peut-on conclure quant à la localisation des réactions photosynthétiques ?

Doc Cellules de feuilles d'élodée placées à la lumière (à droite) et à l'obscurité (à gauche), puis traitées à l'eau iodée, un colorant de l'amidon

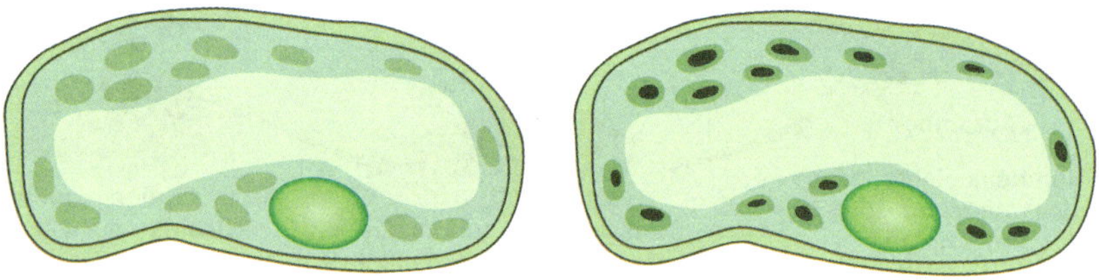

11 Comprendre la réaction des plantes aux herbivores

→ FICHE 15

Les tanins sont produits par certaines plantes à partir de glucides. Lorsque des animaux se nourrissent de ces plantes, ils peuvent ingérer des tanins qui, très indigestes, peuvent empoisonner l'animal.

À l'aide du document, montrer que la production de tanins par la plante est intimement liée à l'herbivorie.

Doc Expérience sur des acacias consommés par des herbivores

Sur une durée de 3 heures, des prélèvements de feuilles sont réalisés toutes les demi-heures. À chaque fois, le taux de tanins a été mesuré.

Temps	0	1/2 h	1 h	1 h 30	2 h	2 h 30	3 h
Taux de tanins	+	++	+++	++++	+++++	++++++	++++++

12 Localisation des phases de la photosynthèse

→ FICHE 14

En 1954, Daniel Arnon, un biologiste américain, prépare différentes suspensions à base d'extraits de tissus prélevés dans des chloroplastes et contenant du CO_2 radioactif. Pour chaque cas, il mesure la quantité de CO_2 radioactif fixé dans les molécules organiques.

À partir du document, déterminer le lieu de la phase chimique de la photosynthèse et en quoi elle est couplée à une phase dite photochimique.

Doc **Quantification du $^{14}CO_2$ fixé dans le stroma des chloroplastes dans différentes suspensions**

Le stroma est le liquide à l'intérieur des chloroplastes.

Contenu de la suspension	Quantité de $^{14}CO_2$ fixé dans le stroma (coups par minute)
Stroma à l'obscurité	4 000
Stroma à l'obscurité mis en présence de thylacoïdes ayant séjourné précédemment à la lumière	96 000
Stroma à l'obscurité mis en présence d'ATP et de molécules réductrices	97 000

OBJECTIF BAC

13 Faire la lumière sur les mycorhizes

45 min

→ FICHES 12 et 15

Ce sujet permet de comprendre les conditions nécessaires à la mise en place de la symbiose entre la plante et le champignon, ainsi que les avantages réciproques qu'elle apporte.

LE SUJET

En vous appuyant sur les documents et vos connaissances, expliquer les avantages dont la plante bénéficie en s'associant avec les champignons. Expliquer également comment faciliter le développement des mycorhizes et assurer une bonne croissance aux plantes.

Doc 1 **Localisation et structure des mycorhizes**

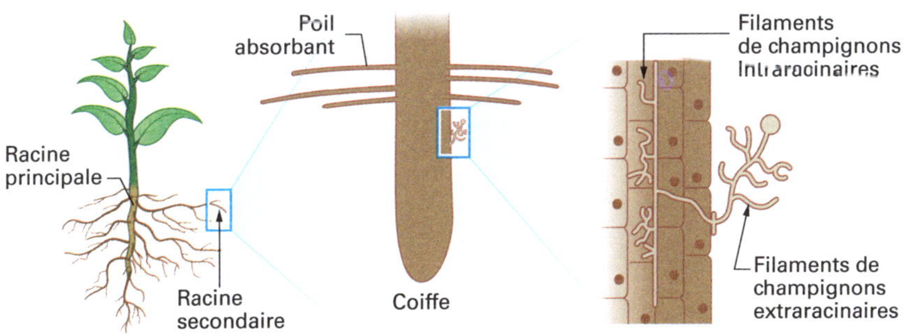

Doc 2 Effet de deux techniques agricoles sur la croissance des plantes

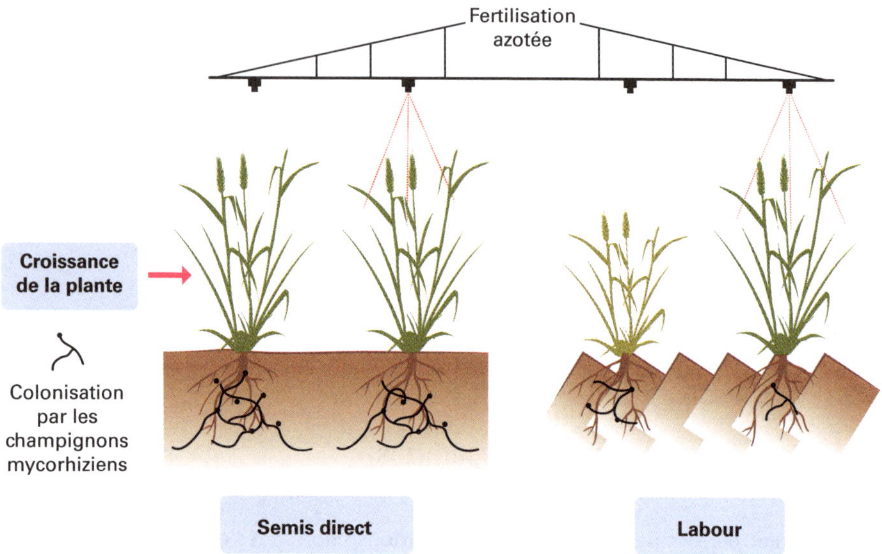

Doc 3 Paramètres de croissance et de mycorhization de plantules du cèdre de l'Atlas

Plants témoins et inoculés par deux espèces de champignons mycorhiziens.

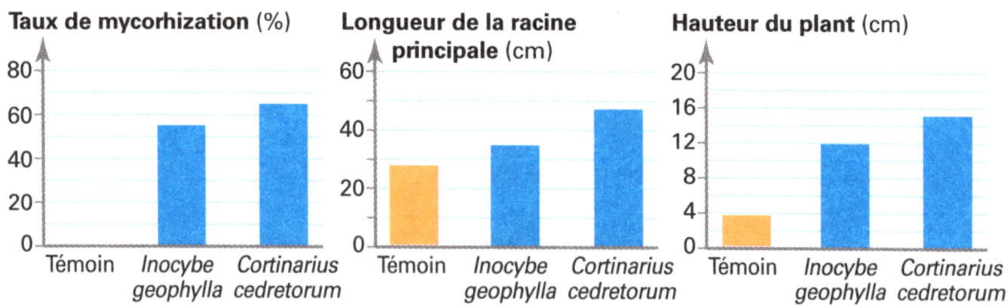

▶▶▶ LA FEUILLE DE ROUTE

La réponse à l'exercice demande de synthétiser des résultats expérimentaux et des éléments de connaissances. Il est conseillé de faire un plan afin de répondre au problème de manière structurée et tenter de construire une logique.

Étape 1 Identifier la structure des mycorhizes

Le document 1 permet d'illustrer deux stratégies que le champignon peut utiliser pour s'associer à la plante.

Étape 2 Mettre en évidence la nature de la relation mycorhizienne

Le document 1 et les connaissances permettent de dire que l'association entre les champignons et la plante apporte des avantages à la plante et réciproquement.

Étape 3 Montrer que certaines pratiques culturales favorisent le développement des mycorhizes

Le document 2 permet de comprendre les effets d'un labourage du sol sur la colonisation des racines de plantes par le champignon.

Étape 4 Montrer que l'espèce de champignon influence la relation mycorhizienne

Le document 3 est une expérience de colonisation d'une espèce de plante par différentes espèces de champignons et leur impact sur la croissance de la plante. Cette expérience permet de montrer que la plante bénéficie plus ou moins de la relation avec le champignon en fonction de l'espèce qui s'associe avec elle.

CORRIGÉS

SE TESTER QUIZ

1 L'adaptation de la plante à la vie fixée

1. **Réponses a et c.** La plante est adaptée à la vie fixée, car ses feuilles ont une grande surface d'exposition à la lumière et elles ont des stomates qui facilitent les échanges gazeux.
La réponse b est incorrecte. Ce sont les racines qui absorbent l'eau et les sels minéraux.

2. **Réponses b et c.** L'organisation de la plante impose le transport des nutriments entre les racines et les feuilles et l'existence de vaisseaux permettant ce transport.
La réponse a est incorrecte. Les nutriments nécessaires à la photosynthèse ne sont pas absorbés seulement par les feuilles, mais aussi par les racines.

2 La plante, un développement localisé et contrôlé

Réponse c. Le développement des plantes nécessite la différenciation de cellules qui conduit à l'organogenèse.
Les réponses a et b sont incorrectes. Les méristèmes sont les zones où les cellules se divisent : ils sont indispensables au développement de la plante.
Le développement de la plante n'est pas seulement influencé par la lumière : de nombreux facteurs internes (phytohormones) et externes (température, vent) interviennent.

3 La photosynthèse, métabolisme producteur de matière organique

Réponses c et d. La photosynthèse est un couplage entre une phase photochimique et chimique. Elle est à l'origine de la production d'un sucre, le glucose.
Les réponses a et b sont incorrectes. La photosynthèse se déroule dans les cellules chlorophylliennes qui sont généralement dans les feuilles. Elle correspond à la photolyse de l'eau et au rejet de dioxygène sous l'effet de la lumière.

4 Le devenir de la matière organique dans la plante

Réponses b, c et d. Le glucose produit par photosynthèse est une molécule nécessaire à la production des parois de toutes les cellules. Il est transporté dans toute la plante pour être stocké ou directement utilisé. C'est une molécule à la base de la synthèse des protéines et des lipides de la plante.
La réponse a est incorrecte. Le glucose peut être stocké à long terme et il est utilisé en permanence par toutes les cellules pour produire d'autres molécules indispensables au fonctionnement de la plante.

S'ENTRAÎNER

5 Mettre en évidence la conduction des sèves

1. Le dispositif expérimental montre une tige de céleri plongée dans un flacon d'eau colorée bleue. On sait que dans la tige circule la sève brute qui transporte l'eau et les sels minéraux venant des racines. C'est cette sève que nous suivons dans l'expérience.

2. La coupe de la tige de céleri montre que le liquide bleu n'imprégne pas toute la tiges du liquide. Ce liquide, qui représente la sève brute, a teinté des cellules particulières : les vaisseaux.

3. Le document 2 révèle la coloration des vaisseaux conducteurs de la plante par des molécules fluorescentes vertes et rouges.
On sait que les racines sont des organes spécialisés dans l'absorption de l'eau et des sels minéraux. On sait également que les feuilles sont le lieu de la photosynthèse et produisent notamment des sucres sous forme de glucose.
On voit que les colorations vertes et rouges affectent des vaisseaux différents. La fluorescence verte, qui résulte d'une coloration des feuilles, marque les vaisseaux du phloème, alors que la fluorescence rouge, qui résulte d'une coloration des racines, marque les vaisseaux du xylème.
L'expérience révèle ainsi les deux types de vaisseaux : ceux qui sont spécialisés dans le transport de l'eau et des sels minéraux provenant des racines, le xylème, et ceux qui sont spécialisés dans le transport de sucres élaborés dans les feuilles par photosynthèse, le phloème.

6 Expliquer la répartition des stomates

- Le document 1 présente des espèces possédant des stomates à la fois sur l'épiderme inférieur et supérieur des feuilles, comme le blé (qui a deux fois plus de stomates sur l'épiderme supérieur) ou le maïs (qui a autant de stomates sur les deux épidermes), alors que d'autres n'ont des stomates que sur l'épiderme inférieur, comme le chêne rouvre ou le pommier.
- D'après nos connaissances, les stomates sont des ouvertures par lesquelles s'effectuent les échanges gazeux entre les feuilles de la plante et l'air ambiant. Ils autorisent la libération d'O_2 et l'apport de CO_2 aux cellules chlorophylliennes lorsque la plante est dans les conditions de réalisation de la photosynthèse. Les stomates permettent aussi la libération d'eau sous forme gazeuse appelée évapotranspiration.
- Le document 2 montre que le blé a des feuilles disposées verticalement : elles sont parallèles ou quasi parallèles à la tige. En revanche, le pommier porte des feuilles disposées horizontalement, c'est-à-dire perpendiculairement à la tige.

Il semblerait ainsi qu'il existe une relation entre le port de la feuille et la répartition des stomates entre l'épiderme supérieur et inférieur.

Relation entre ouverture des stomates et ensoleillement

■ Le document 3 présente le taux d'ouverture des stomates en fonction des conditions d'éclairement. On remarque qu'entre 10 et 17 h, donc en pleine journée, leur taux d'ouverture diminue à mesure que l'ensoleillement augmente.

■ Ainsi, il y a une relation entre le taux d'ouverture des stomates et l'intensité lumineuse. En effet, en conditions d'éclairement fort, les pertes en eau par évapotranspiration sont élevées ; les stomates se ferment pour préserver la plante, notamment en évitant qu'elle ne perde trop d'eau.

■ La régulation du taux d'ouverture des stomates permet à la plante de s'adapter aux conditions d'éclairement qui varient en fonction de l'heure de la journée pour à la fois perdre le moins d'eau possible et réaliser la photosynthèse dans les meilleures conditions.

Relation entre port des feuilles et répartition des stomates

Lorsque la feuille est disposée horizontalement, son épiderme supérieur reçoit une grande quantité de lumière (l'épiderme inférieur en reçoit moins) ; ces feuilles n'ont des stomates que sur l'épiderme supérieur. En revanche, les feuilles disposées verticalement reçoivent de la lumière sur leurs deux faces qui sont toutes deux pourvues de stomates. La répartition des stomates à la surface des feuilles est une réponse à la disposition des feuilles. Ainsi, cette répartition est une adaptation de la plante afin d'éviter qu'elle ne perde trop d'eau par évapotranspiration.

7 Comprendre l'origine du phototropisme

■ Lorsque l'extrémité de la tige est soumise à un éclairement homogène, on remarque que l'auxine, une phytohormone, est présente dans la tige (aux points A et B) à une concentration de 5 UA. Quand l'extrémité de la tige est soumise à un éclairement directionnel, on note que l'auxine a une concentration de 3 UA dans la tige du côté de la lumière et de 8 UA du côté non éclairé.

■ Le phototropisme est un mécanisme par lequel la plante se développe en direction de la lumière. L'auxine étant une phytohormone qui contrôle la croissance de la tige, on peut proposer l'hypothèse que l'éclairement modifie la répartition de l'auxine dans la tige.

À NOTER
Les chercheurs ont montré que, lorsque la tige est éclairée de façon directionnelle, l'auxine est transportée de la zone éclairée vers la zone non éclairée.

■ Ainsi, lorsqu'elle est plus concentrée, l'auxine stimule davantage la croissance des cellules. Par conséquent, les cellules de la zone non éclairée sont en contact avec une plus grande concentration d'auxine : elles s'allongeront davantage, ce qui entraînera la courbure de la tige vers la lumière.

8 Expliquer le développement de la racine d'une plante

1. D'après l'échelle, 1 cm = 30 µm. La cellule de la zone A mesurant 1,5 cm, sa taille réelle est de 45 µm. La cellule de la zone B mesurant 4,5 cm, sa taille réelle est de 135 µm.

2. La cellule de la zone A est de petite taille et en cours de division : ses chromosomes sont bien visibles. Elle a un rapport noyau/cytoplasme fort. Elle n'est donc pas différenciée.
La cellule de la zone B est très allongée. Elle possède un noyau sans chromosomes visibles. Elle a un rapport noyau/cytoplasme faible. Elle est déjà différenciée.

3. Sur le document 2, on remarque que les deux premières marques effectuées à la base de la racine n'ont pas bougé après 20 heures d'incubation. En revanche, les six autres marques se sont plus ou moins déplacées. Cette zone n'est pas caractérisée par un allongement des cellules. Les cellules de cette zone se multiplient et appartiennent à la zone A.
La distance entre les marques 6 et 7 atteint 8,5 mm : c'est le lieu de croissance maximale de la racine. Du fait de l'allongement important de la racine entre les dernières marques, on peut supposer qu'elles sont situées dans la zone d'élongation du méristème de la racine.
En raison de la taille des cellules de la zone B (doc. 1), on peut supposer qu'elles proviennent de la zone d'élongation.

À NOTER
Les cellules ne peuvent pas être produites par mitose à la base de la racine, sinon on observerait une croissance à ce niveau. Par ailleurs, la zone d'élongation est caractérisée par des cellules différenciées très allongées, ce qui est incompatible avec la zone méristématique, qui est localisée à l'apex de la racine.

9 Illustrer l'utilisation des sucres par la plante

- Le document 1 montre une coloration de cellules racinaires avec un colorant qui marque la cellulose en rose. On remarque que la cellulose est présente en périphérie des cellules, au niveau de ce que l'on appelle la paroi qui est donc de nature cellulosique.
- La cellulose est un polymère de molécules de glucose. Le glucose est donc un substrat essentiel, car il participe à la constitution de la paroi de toutes les cellules végétales.
- En été, la pomme de terre produit de nombreux tubercules, comme le montre le document 2. Les tubercules sont les seules structures qui résistent à l'hiver dans le sol et c'est à partir d'eux que de nouveaux plants de pomme de terre se développeront au printemps.
- Les tubercules de pomme de terre contiennent des cellules riches en amidon, une chaîne de molécules de glucose. Le glucose est là encore un substrat essentiel, car il est utilisé par la plante pour la respiration cellulaire, pour la survie de la plante et son développement avant qu'elle ne devienne autonome grâce à la photosynthèse.

Le glucose est ainsi stocké sous la forme d'amidon dans les tubercules et sera utilisé pour le développement de nouveaux plants.

■ Le **document 3** montre que la plante produit de la matière organique sous forme de sucres essentiellement entre 8 h et 11 h et entre 14 h et 20 h, aux moments où l'éclairement est effectif, mais pas maximal. Cette production de matière organique est couplée à la consommation de CO_2.

■ Cette observation peut être mise en relation avec la forte libération de dioxygène au cours de la journée comme l'indique le **document 4**. Par ailleurs, en l'absence de lumière, la plante consomme du dioxygène par respiration cellulaire, une réaction qui nécessite du glucose pour se dérouler. La plante doit donc stocker une partie du glucose photosynthétique pour l'exploiter la nuit. Ce stockage se fait temporairement dans les chloroplastes des cellules chlorophylliennes.

10 Déterminer le lieu de la photosynthèse

1.

Doc 1 Schéma légendé d'une cellule de feuille d'élodée placée 48 h à la lumière

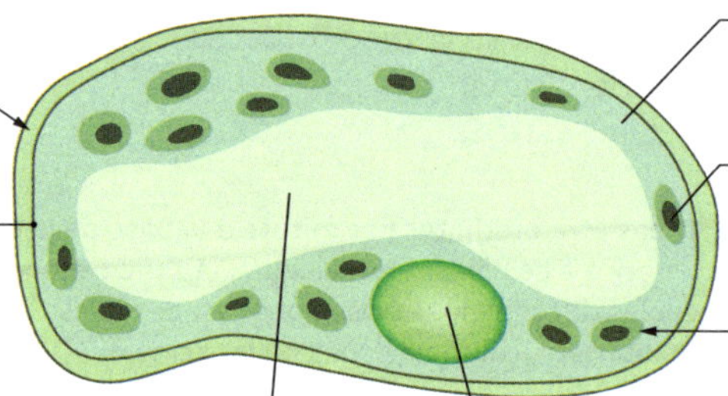

2.

Doc 1 Observations et interprétations des résultats expérimentaux

	Élodée placée à la lumière durant 48 h	Élodée placée à l'obscurité durant 48 h
Coloration à l'eau iodée	Bleu-violet	Orange
	Positive	Négative
Présence d'amidon	Oui, dans les chloroplastes	Non

3.

■ On remarque l'apparition d'amidon que lorsqu'il y a de la lumière et qu'il n'est présent que dans le stroma des chloroplastes.

■ La photosynthèse est une réaction métabolique qui se déroule à la lumière. De plus, l'amidon est une chaîne de glucoses. On sait aussi que les pigments photosynthétiques sont localisés dans les chloroplastes et qu'ils permettent l'absorption de lumière.

■ On en déduit que les réactions photosynthétiques se déroulent dans le chloroplaste.

RAPPEL
La photosynthèse a pour équation bilan :
$6\ CO_2 + 12\ H_2O \rightarrow 6\ O_2 + C_6H_{12}O_6$.

11 Comprendre la réaction des plantes aux herbivores

■ On remarque que le taux de tanins dans les feuilles augmente régulièrement, jusqu'à devenir six fois plus élevé 3 heures après le temps 0.

■ Cette expérience mime le prélèvement de nourriture par un herbivore. Par analogie, on peut supposer que plus l'animal prélèvera de feuilles sur la plante, plus la plante sécrétera de tanins.

■ L'énoncé précise que les tanins sont des molécules toxiques pour les herbivores : ceux-ci ne consommeront donc pas ou peu la plante. On en déduit que la production de tanins, sous l'influence de la pression de broutage exercée par les herbivores, peut être considérée comme un moyen de défense adapté à la vie fixée.

RAPPEL
Les tanins sont des molécules solubles dans l'eau qui rendent inactives les protéines en les précipitant. À forte concentration, ils peuvent être toxiques voire mortels.

12 Localisation des phases de la photosynthèse

■ Lorsque le stroma est placé à l'obscurité, la quantité de CO_2 fixé, c'est-à-dire la quantité de CO_2 incorporé dans la matière organique (sucres), est de 4 000 coups par minute. L'incorporation de CO_2 dans la matière organique est possible dans le stroma non éclairé, mais elle est peu efficace. La phase chimique de la photosynthèse doit donc avoir lieu dans le stroma du chloroplaste.

■ Lorsque le stroma placé à l'obscurité contient des thylakoïdes préalablement éclairés, on remarque que l'incorporation de CO_2 dans la matière organique est multipliée par 24, prouvant ainsi que les thylakoïdes sont bien à l'origine de la phase photochimique. Cela permet aussi de montrer que les produits de la phase photochimique sont utilisés dans le stroma, ce qui permet l'incorporation du CO_2 dans la matière organique lors de la phase chimique.

■ Enfin, lorsque le stroma placé à l'obscurité contient de l'ATP et une molécule réductrice, on remarque que l'incorporation de CO_2 dans la matière organique est également multipliée par environ 24. Les molécules d'ATP et de transport de l'hydrogène sont en effet les produits de la phase photochimique qui sont utilisés pour le bon déroulement de la phase chimique.

▶ OBJECTIF BAC

13 Faire la lumière sur les mycorhizes

Avantages de l'association plante-champignon

■ Sur le document 1, on observe une association entre la racine et le champignon, ce dernier restant en surface de la racine. On identifie ainsi un premier type d'association où le champignon recouvre la racine.

Sur le même document, on remarque que certains filaments de champignon pénètrent dans la racine et s'installent à l'intérieur sous la forme d'arbuscules.

■ Les champignons qui recouvrent la racine lui offrent une protection physique face aux agressions extérieures.

■ Les filaments mycéliens augmentent aussi la surface en contact avec le sol, ce qui facilite l'absorption d'eau et de sels minéraux.

■ Les filaments de champignons insérés dans les cellules racinaires reçoivent également les substances nutritives issues de la photosynthèse et acheminées par la plante.

■ On peut en déduire que l'association entre la plante et le champignon est une symbiose, car c'est une relation durable et à bénéfices réciproques.

Comment faciliter le développement des mycorhizes ?

■ En semis direct, les champignons colonisent les plantes de façon efficace, quel que soit l'apport en fertilisant.

■ Quand le sol est préalablement labouré, les plantes sont beaucoup moins colonisées par les champignons. La croissance des plantes est impactée et seul l'apport de fertilisants permet d'obtenir une bonne croissance.

■ On peut en déduire que la technique de labour déstabilise la structure du sol et entrave l'installation des champignons. On observe en conséquence une baisse de la croissance des plantes, donc une perte de rendement. La technique du labour doit donc être utilisée avec parcimonie.

■ Le document 3 montre que le cèdre non mycorhizé a une racine principale de 28 cm de long et une tige haute de 4 cm. Le cèdre mycorhizé avec *Inocybe geophylla* a un taux de mycorhization de 55 %, sa racine principale est plus grande de 7 cm par rapport au témoin et le plant est trois fois plus grand. Le cèdre mycorhizé avec *Cortinarius cedretorum* a une racine principale 17 cm plus longue que celle du témoin et le plant est cinq fois plus grand pour un taux de mycorhization de 65 %.

■ Suivant l'espèce de champignon qui colonise la racine, les bénéfices fournis à la plante sont variables. Ainsi, le cèdre de l'Atlas a une meilleure croissance avec le champignon *Cortinarius cedretorum*.

■ Par conséquent, le choix de l'espèce de champignon est important si on souhaite obtenir une croissance optimale de la plante d'intérêt à cultiver.

5 Reproduction de la plante : entre vie fixée et mobilité

Les **fraisiers** se reproduisent de manière sexuée par l'intermédiaire de leurs fleurs et de leurs fruits, mais ils sont également capables de se multiplier de manière asexuée en propageant des tiges rampantes : les stolons.

16 Deux modalités de reproduction

En bref *Les plantes à fleurs, ou angiospermes, présentent deux modalités de reproduction : un mode asexué et un mode sexué qui implique la fleur.*

I La reproduction asexuée chez les angiospermes

■ Les plantes à fleurs peuvent se reproduire de manière asexuée, c'est-à-dire sans l'intervention de gamètes. Ce mode de reproduction repose sur la **totipotence** des cellules végétales et sur les capacités de croissance indéfinie des plantes.

> **MOT CLÉ**
> **Totipotence** : propriété des cellules à se différencier en n'importe quel type de cellule spécialisée.

■ Les cellules végétales faiblement différenciées peuvent en effet retrouver un état méristématique (dédifférenciation), se multiplier par mitose et redonner un plant complet à partir de presque n'importe quelle partie de la plante (tiges, racines, feuilles).

■ Les plants fils sont ainsi génétiquement identiques au plant mère : il s'agit de clones.

II La fleur, organe de la reproduction sexuée

■ La reproduction sexuée des angiospermes est assurée par la fleur. Celle-ci possède des pièces florales stériles (sépales et pétales) et des pièces fertiles : étamines et pistil.

■ Les gamètes femelles, immobiles, sont situés au sein du pistil, dans les ovules. Les étamines sont le lieu de production des grains de pollen, vecteurs des gamètes mâles.

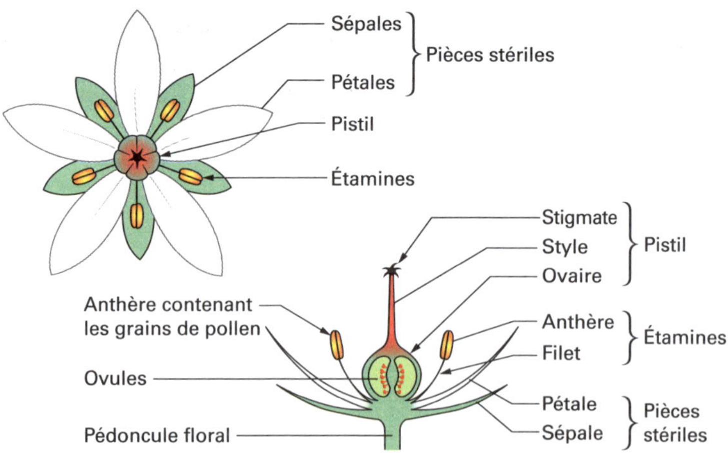

Doc **Organisation type d'une fleur d'angiosperme**

Méthode

Montrer la totipotence des cellules végétales

En 1958, le Britannique Frederick Campion Steward réalise une expérience à partir de fragments racinaires de carotte.

À l'aide du document, montrer la totipotence des cellules du phloème prélevées dans une racine de carotte.

Doc Expérience de Steward

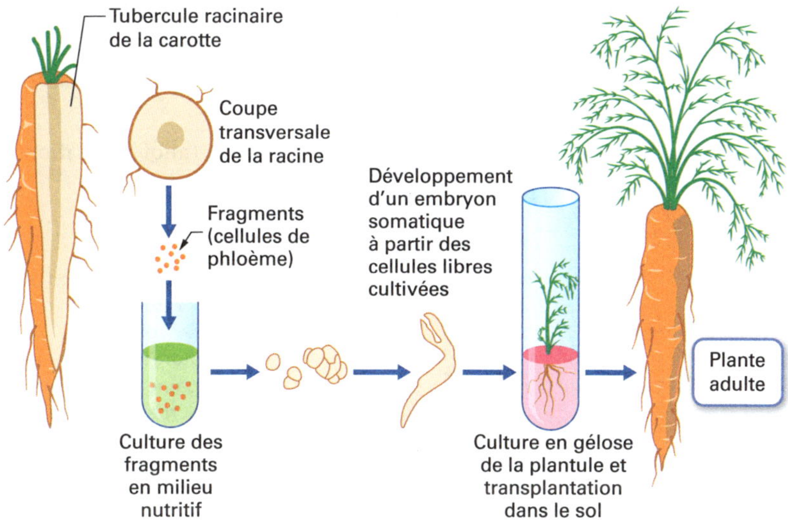

CONSEILS

Étape 1 Décrire l'expérience en soulignant le caractère différencié des cellules mises en culture.

Étape 2 Conclure à partir des résultats obtenus.

SOLUTION

Étape 1 Steward a mis en culture des cellules du phloème, différenciées, prélevées dans la racine d'une carotte. Ces cellules se sont multipliées dans un milieu nutritif et ont formé un embryon qui, cultivé en gélose, donne une plantule complète avec racines, tiges et feuilles.

Étape 2 Les cellules racinaires du phloème, une fois cultivées, ont la propriété de régénérer un plant complet. Elles sont bien totipotentes, capables après dédifférenciation de se différencier en tout type cellulaire.

17 La pollinisation chez les plantes à fleurs

En bref *Les gamètes mâles sont généralement dispersés grâce à la mobilité des grains de pollen. La pollinisation préalable à la fécondation implique souvent une collaboration avec un animal.*

I Autofécondation et fécondation croisée

- Le grain de pollen déposé sur le stigmate du pistil va acheminer les gamètes mâles vers les gamètes femelles contenus dans les ovules.
- Chez certaines plantes, la fécondation peut se réaliser entre gamètes d'une même fleur : c'est l'**autofécondation**. Il existe cependant des mécanismes d'incompatibilité rendant l'autofécondation impossible.
- Dans la plupart des cas, la fécondation est dite croisée (**allofécondation**) et implique la mobilité des grains de pollen d'une fleur à une autre.

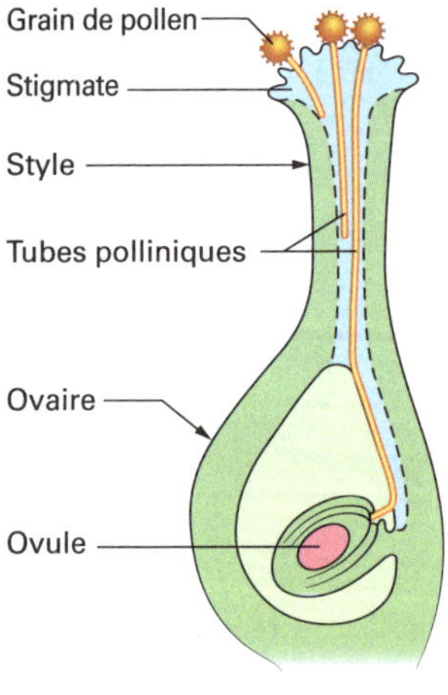

Doc **La fécondation chez les angiospermes**

MOTS CLÉS
- **L'autofécondation** réunit deux gamètes d'un même phénotype.
- **L'allofécondation** réunit des gamètes d'individus de génotypes différents.

II Les modalités de dispersion des grains de pollen

- La pollinisation repose en général sur une collaboration entre la plante et un animal pollinisateur (zoogamie), qui peut être un insecte (entomogamie).
- Le vent peut aussi être l'agent de transport des grains de pollen (anémogamie).
- La zoogamie est à l'origine de processus de coévolution qui caractérisent les plantes et leurs pollinisateurs. Les organismes impliqués dans cette relation mutualiste présentent des adaptations améliorant la prise en charge du pollen.

Méthode

Argumenter la coévolution plante-animal pollinisateur

La pollinisation de l'orchidée *Zaluzianskya microsiphon* est en général assurée par la mouche *Prosoeca ganglbaueri*. Cette dernière possède un organe de succion, le proboscis, qui lui permet d'accéder au nectar sucré situé au fond de la corolle. Lorsque la mouche introduit son proboscis dans la fleur, elle se charge de pollen.

À partir de l'analyse du document, déterminer les arguments en faveur de la coévolution entre *Z. microsiphon* et *P. ganglbaueri*.

Doc Longueur du proboscis et profondeur des fleurs dans seize régions géographiques

Les points rouges correspondent aux mouches et orchidées d'une même région.

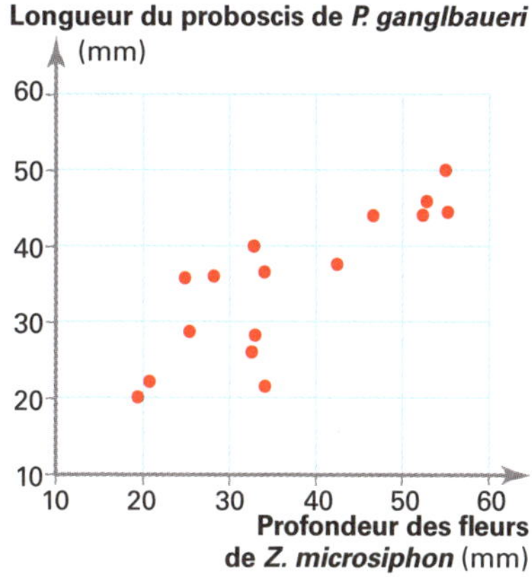

CONSEILS

Étape 1 Analyser le graphique afin d'établir une corrélation entre la longueur du proboscis de la mouche et la profondeur des fleurs de l'orchidée.
Étape 2 Identifier l'adaptation des deux partenaires selon la région.
Étape 3 Traduire ces données en processus de coévolution.

SOLUTION

Étape 1 La longueur du proboscis varie de 20 à 50 mm et les profondeurs des fleurs de 20 à 55 mm. Il existe une relation quasi linéaire entre la profondeur de la fleur et la longueur du proboscis. Dans chacune des régions, les longueurs sont soit équivalentes, soit assez proches.

Étape 2 Dans chaque région, les mouches ont un organe de succion suffisamment long pour se nourrir du nectar et les fleurs sont suffisamment profondes pour que les mouches, en se nourrissant, se chargent de pollen.

Étape 3 La longueur de l'organe de succion des mouches a évolué conjointement avec la profondeur des fleurs. Chaque modification chez l'un des partenaires de la relation mutualiste a pour conséquence la sélection d'un caractère adapté chez l'autre. C'est un cas de coévolution.

18 La graine et sa dissémination

En bref *La fleur, après la fécondation, se transforme en fruit contenant les graines. La dissémination des graines fait parfois intervenir un animal.*

I La formation des graines et des fruits

■ À l'issue de la fécondation, les ovules se transforment en graines. Celles-ci contiennent l'**embryon** d'une future plante protégé par une **enveloppe résistante**, le tégument. Les graines contiennent également des **réserves** accumulées après la fécondation, qui seront utilisées lors de la germination.

■ Les graines sont contenues dans les fruits, qui résultent eux-mêmes d'une transformation de la fleur.

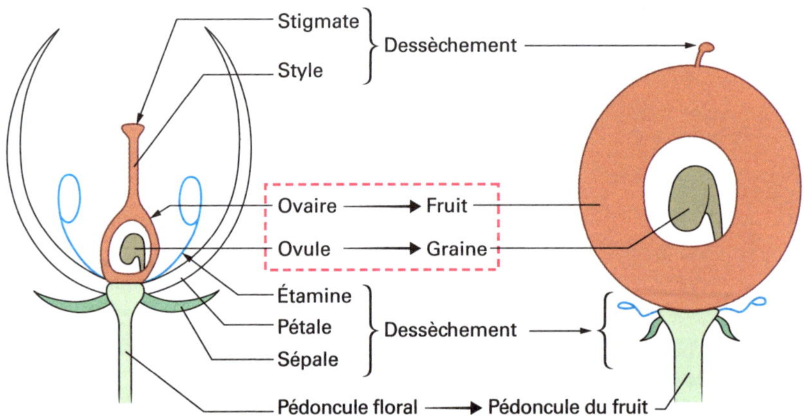

Doc **De la fleur au fruit : cas d'un fruit simple**

II La dissémination des graines

■ La dissémination des graines est une étape de mobilité dans la reproduction de la plante. Elle peut être assurée par le vent (**anémochorie**), mais aussi par l'eau ou par tout autre agent physique de transport.

■ Chez certaines espèces, la dissémination repose sur un mutualisme entre un animal disperseur et la plante (**zoochorie**). Des phénomènes de **coévolution** peuvent également se produire.

■ Certaines plantes possèdent des dispositifs spécifiques de dissémination (fruits « explosifs », par exemple).

Méthode

Déterminer l'effet de l'endozoochorie sur la germination

La germination de graines du genévrier de Phénicie a été évaluée. Trois lots sont constitués : des graines témoins n'ayant subi aucun traitement, des graines scarifiées à l'aide de papier de verre afin d'altérer le tégument, des graines récoltées dans des déjections d'oiseaux. Toutes les graines ont ensuite été placées dans des conditions favorables à la germination.

À partir de l'analyse du document, déterminer le rôle du tégument et l'effet du passage dans le tube digestif d'un oiseau (endozoochorie) sur la germination des graines.

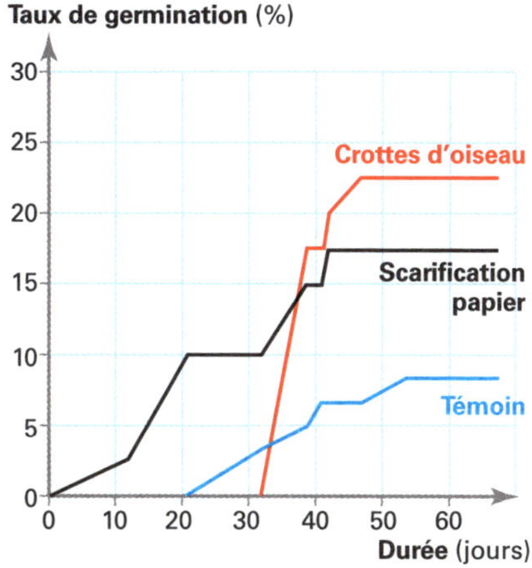

Doc **Taux de germination des graines en fonction du temps**

CONSEILS

Étape 1 Analyser les courbes par rapport au lot témoin. Des calculs peuvent être judicieux.
Étape 2 Déduire le rôle du tégument à partir de l'expérience de scarification.
Étape 3 Conclure sur l'effet de l'endozoochorie.

SOLUTION

Étape 1 Le taux de germination passe de 0 % à 21 jours à 8 % au bout de 50 jours pour les graines du lot témoin. Pour les graines scarifiées, il est de 17,5 % au 50e jour, soit multiplié par 2,2. Pour les graines retrouvées dans des déjections d'oiseaux, le taux est de 22,5 % par rapport au lot témoin, soit multiplié par 3,1.

Étape 2 La scarification augmente la proportion de graines germées. Le tégument semble donc empêcher la germination lorsqu'il est inaltéré.

Étape 3 Le taux de germination des graines retrouvées dans les déjections d'oiseaux est le plus élevé. Le passage dans le tube digestif de l'oiseau doit altérer davantage le tégument qu'une simple scarification, ce qui accroît les capacités de germination.

MÉMO VISUEL

Les deux modalités de reproduction des angiospermes

REPRODUCTION SEXUÉE

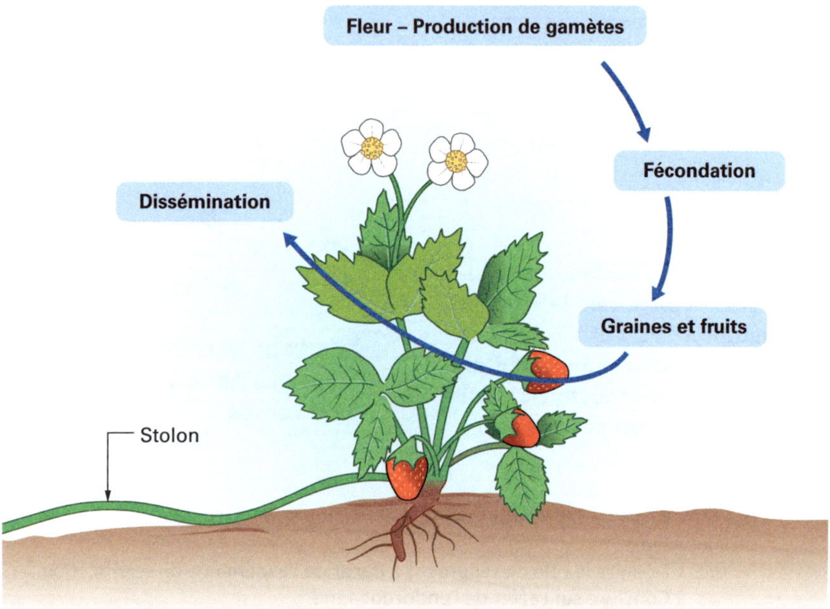

REPRODUCTION ASEXUÉE

Reproduction sexuée des angiospermes et collaborations avec les animaux

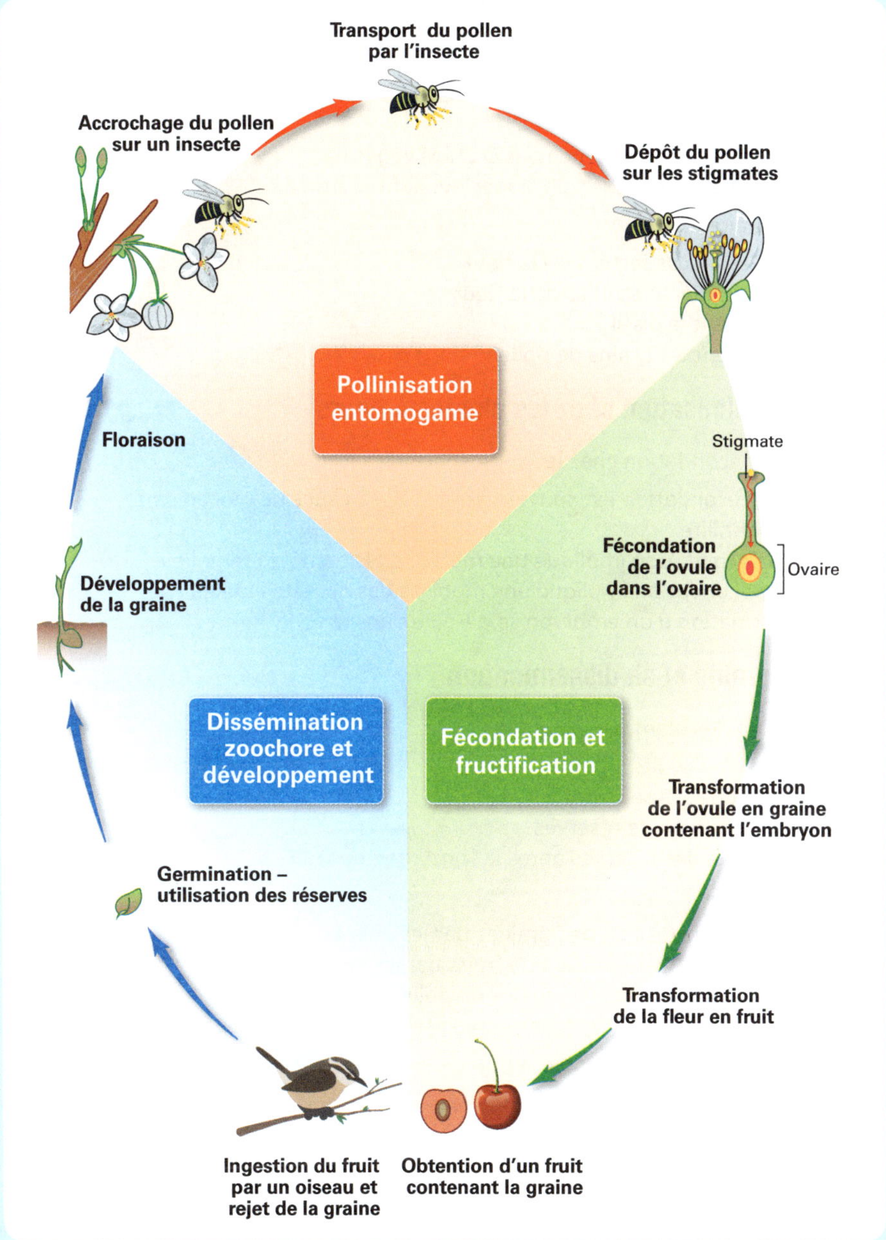

SE TESTER QUIZ

Vérifiez que vous avez bien compris les points clés des **fiches 16 à 38**.

1 Deux modalités de reproduction

→ FICHE 16

1. La reproduction asexuée des angiospermes :

☐ **a.** dépend de la formation de gamètes unis par fécondation
☐ **b.** fait intervenir la fleur
☐ **c.** repose sur la totipotence des cellules végétales
☐ **d.** aboutit à la formation de clones du plant mère

2. Les étamines :

☐ **a.** sont les pièces fertiles de la fleur
☐ **b.** sont des pièces stériles de la fleur
☐ **c.** composent le pistil
☐ **d.** produisent les grains de pollen

2 La pollinisation chez les plantes à fleurs

→ FICHE 17

Lors de la fécondation chez les angiospermes :

☐ **a.** l'autofécondation est souvent impossible à cause de mécanismes d'incompatibilité
☐ **b.** l'allofécondation implique une mobilité des gamètes femelles
☐ **c.** l'allofécondation implique une mobilité des gamètes mâles
☐ **d.** la formation d'un embryon se déroule dans le style

3 La graine et sa dissémination

→ FICHE 18

1. La graine des plantes à fleur :

☐ **a.** dérive de l'ovule
☐ **b.** dérive de l'ovaire
☐ **c.** est dépourvue de réserves
☐ **d.** accumule des réserves après la formation du fruit

2. La zoogamie :

☐ **a.** qualifie le transport des graines par les animaux
☐ **b.** qualifie la consommation de fruits par les animaux
☐ **c.** qualifie le transport des grains de pollen par les animaux
☐ **d.** se traduit par une évolution conjointe des plantes et des animaux

S'ENTRAÎNER

4 Dénommer une technique de multiplication des végétaux

→ FICHE 16

À l'aide des documents et de vos connaissances, identifier à quel type de multiplication végétative naturelle s'apparente la technique utilisée pour multiplier les kiwis.

Doc 1 Multiplication végétative naturelle chez les angiospermes

Fragmentation de l'organisme	Marcottage	Fragments complets se détachant de l'individu mère après enracinement
	Bouturage	Rameau qui se détache de la plante mère et s'enracine
Formation d'organes spécialisés	Stolon	Rameau à croissance horizontale ; c'est le bourgeon terminal qui s'enracine et donne un nouvel individu
	Bulbilles	Bourgeons assurant la multiplication végétative
	Racines drageonnantes	Racines à croissance horizontale sur lesquelles apparaissent des bourgeons donnant des tiges dressées ou drageons
	Racines ou tiges tubérisées	Tubercules de tiges ou de racines

Doc 2 Technique de multiplication des kiwis

Pour multiplier les plants de kiwis, les horticulteurs plient et mettent en terre un rameau aérien.

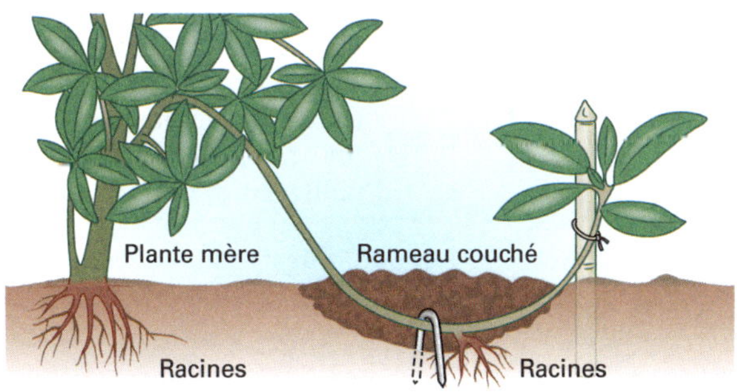

5 Identifier l'animal pollinisateur d'une fleur

→ FICHE 17

À l'aide des documents, répondre au QCM et identifier le pollinisateur de la fleur de baobab.

Doc 1 Caractéristiques de quelques pollinisateurs

Animaux		Activité	Déroulement de la pollinisation
Oiseau		Diurne	Les oiseaux repèrent les fleurs rouges. Lorsque leur bec plonge au fond du tube nectarifère afin d'y puiser le nectar, leur tête se frotte aux étamines et le pollen adhère à leurs plumes.
Chauve-souris		Nocturne	Les chauves-souris repèrent les fleurs blanches et nauséabondes. Elles lèchent le nectar tout en se couvrant le museau de pollen.
Insectes	**Hyménoptère**	Diurne	Les hyménoptères repèrent les fleurs bleues, jaunes et « ultraviolettes ». Ils recherchent un nectar sucré et se couvrent de pollen en se frottant aux étamines.
	Lépidoptère	Diurne	Les lépidoptères diurnes repèrent les fleurs bleues, jaunes et « ultraviolettes ». Ils recherchent un nectar fluide et se couvrent de pollen en se frottant aux étamines.
		Nocturne	Les lépidoptères nocturnes sont attirés par des fleurs émettant de fortes odeurs agréables et recherchent un nectar fluide et se couvrent de pollen en se frottant aux étamines.
	Diptère	Nocturne et diurne	Les diptères sont attirés par de petites fleurs colorées, émettant de fortes odeurs nauséabondes. Ils recherchent un nectar sucré et se couvrent de pollen en se frottant aux étamines.

Doc 2 Quelques caractéristiques de la fleur de baobab

Les fleurs s'ouvrent le soir et émettent un parfum nauséabond. Le lendemain matin, la plupart d'entre elles sont détruites. Pétales et sépales parsèment le sol et présentent de nombreuses lacérations. La couronne d'étamines et le pistil, pratiquement intacts, restent fixés à la branche. Les fleurs intactes ne sont pas pollinisées.

10 cm

1. La fleur du baobab est pollinisée par un animal qui :
- ☐ **a.** est actif la nuit et repère une fleur colorée à floraison diurne.
- ☐ **b.** est actif la nuit et repère une fleur blanche à floraison nocturne.
- ☐ **c.** est actif le jour et repère une fleur colorée à floraison diurne.
- ☐ **d.** est actif le jour et repère une fleur blanche à floraison nocturne.

2. Les fleurs pollinisées sont détruites. On peut donc en déduire que :
- ☐ **a.** le pollinisateur est de grande taille et attiré par l'odeur agréable des fleurs.
- ☐ **b.** le pollinisateur est de petite taille et attiré par l'odeur agréable des fleurs.
- ☐ **c.** le pollinisateur est de grande taille et attiré par l'odeur nauséabonde des fleurs.
- ☐ **d.** le pollinisateur est de petite taille et attiré par l'odeur nauséabonde des fleurs

3. Le pollinisateur de la fleur de baobab est :
- ☐ **a.** un oiseau
- ☐ **b.** un hyménoptère
- ☐ **c.** un lépidoptère nocturne
- ☐ **d.** une chauve-souris

6 Identifier des mécanismes d'incompatibilité

→ FICHE 17

Chez la primevère, il existe deux morphologies florales : certaines fleurs ont un style long (fleurs longistylées), d'autres un style court (fleurs brévistylées). La position des étamines diffère également chez ces deux types de fleurs.

À partir de l'analyse des documents, identifier les mécanismes favorisant l'allogamie chez la primevère.

Doc 1 Morphologies des primevères et pollinisation

Chez la primevère, la pollinisation est entomophile. Au fond du tube formé par la corolle colorée, la fleur renferme du nectar qui attire les insectes pollinisateurs.

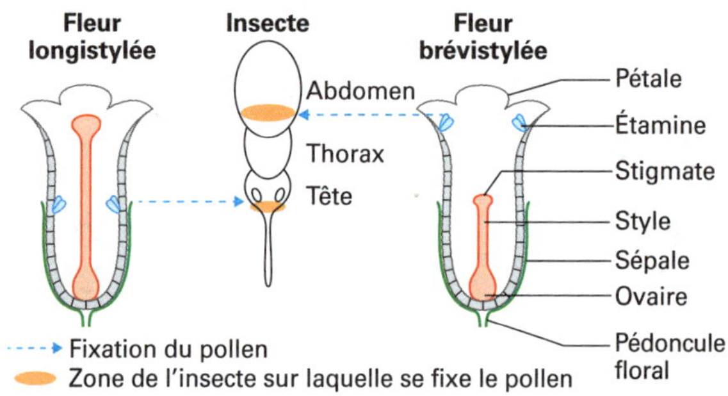

Doc 2 Quantification des grains de pollen sur les fleurs

Des primevères cultivées en laboratoire, dont toutes les étamines ont été ôtées avant leur maturité, sont placées au jardin et librement pollinisées. On dénombre ensuite le nombre moyen de grains de pollen de chaque type de fleur sur les stigmates. Les résultats sont consignés dans le tableau suivant.

	Nombre moyen de grains de pollen	
	Sur stigmate de fleur longistylée	Sur stigmate de fleur brévistylée
Pollen de fleur longistylée	183	305
Pollen de fleur brévistylée	267	145

Doc 3 **Culture de grains de pollen sur extraits stylaires**

Après son dépôt sur le stigmate d'une fleur, le grain de pollen se réhydrate et émet un tube pollinique permettant l'acheminement des gamètes jusqu'à l'ovule, au travers du style. Des grains de pollen des deux types de fleurs de primevères ont été mis en culture sur un milieu nutritif contenant des extraits de style. Les résultats sont reportés dans le tableau suivant.

Extrait stylaire / Pollen	De fleur longistylée	De fleur brévistylée
De fleur longistylée	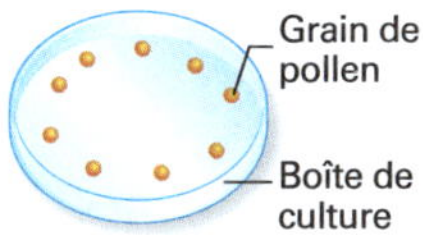	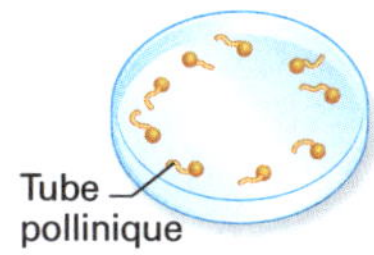
De fleur brévistylée		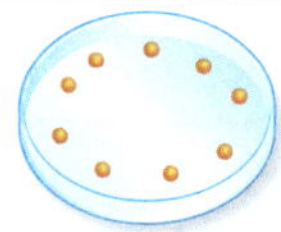

7 Caractériser la coévolution plante-animal disséminateur

→ FICHE 18

Le *Melocactus violaceus* est un cactus d'une dizaine de centimètres de diamètre qui pousse sur les sols sableux des zones désertiques brésiliennes. Il produit des fruits roses à la surface d'un céphalium blanchâtre (doc. 1). Le lézard *Tropidurus torquatus* est l'un des rares animaux à pouvoir manger ces fruits.

À partir de l'analyse des documents, montrer que les caractères présentés par le cactus *Melocactus violaceus* et le lézard *Tropidurus torquatus* résultent d'un processus de coévolution.

Doc 1 ***Tropidurus torquatus* mangeant un fruit mature de *Melocactus violaceus***

Doc 2 Sorties des fruits et présence des lézards

Le lézard *Tropidurus torquatus* est l'un des rares animaux à pouvoir être actif lorsque les températures dépassent 50 °C. Le cactus *Melocactus violaceus* produit des fruits sucrés très riches en eau. Une étude a mesuré le rythme de sortie des fruits de 118 cactus durant une journée et l'a mis en parallèle avec le nombre de lézards présents autour des plantes.

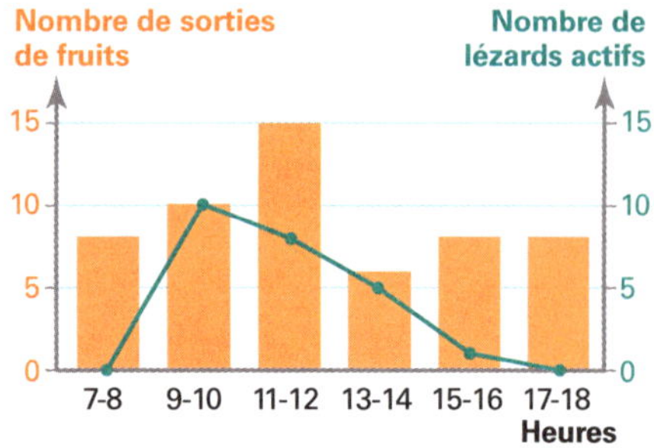

Doc 3 Taux de germination au cours du temps

Tropidurus torquatus est suffisamment petit pour passer entre les épines du cactus et sa bouche est assez grande pour attraper le fruit. Les graines du fruit ingéré se retrouvent dans les déjections du lézard, en moyenne à 3 mètres de la plante d'origine. Le taux de germination de ces graines et des graines directement récoltées dans les fruits a été mesuré.

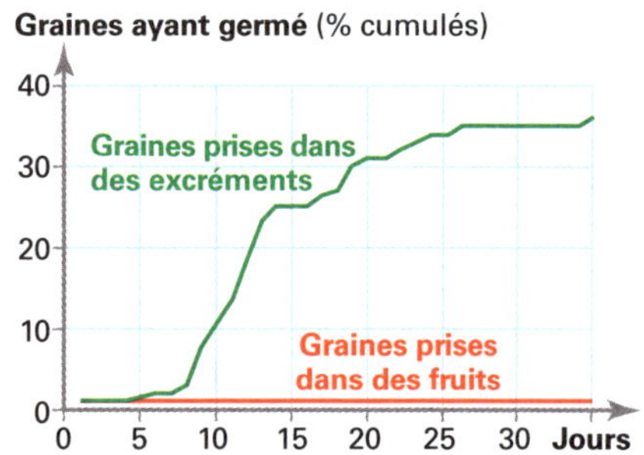

OBJECTIF BAC

8 Comprendre la coévolution figuier-blastophage

50 min

→ FICHES 17 et 18

La pollinisation des figuiers s'avère étonnante du fait de la participation d'un petit insecte, la « guêpe du figuier ». Pour comprendre pourquoi la guêpe est aussi indispensable à la figue que la figue l'est à la guêpe, vous devrez mettre en relation les quatre documents proposés.

LE SUJET

Le figuier *Ficus carica* est un arbre fruitier emblématique de la région méditerranéenne. La pollinisation des figues est assurée par un petit insecte proche des guêpes : *Blastophaga psenes*.

À l'aide des documents et de vos connaissances, montrer que la pollinisation du figuier résulte d'une coévolution avec le blastophage.

Doc 1 Les inflorescences des figuiers

Les figues sont des inflorescences regroupant des fleurs mâles au sommet et des fleurs femelles à la base. Elles sont ouvertes sur l'extérieur par un ostiole, ce qui interdit l'anémogamie.

On trouve deux types de figuier dans la nature : les figuiers mâles et les figuiers femelles. Seuls les figuiers femelles donnent des fruits comestibles.

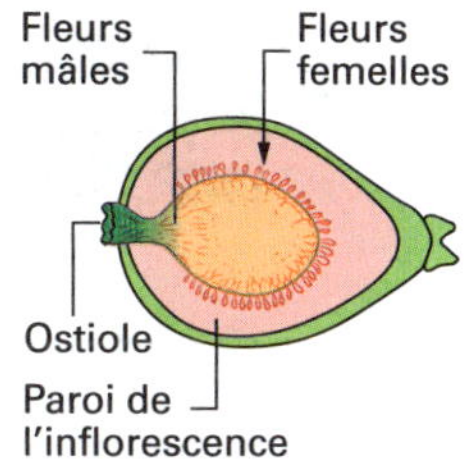

	Figuier mâle	Figuier femelle
Fleurs mâles	 Fertiles au printemps	Stériles, voire non identifiables
Fleurs femelles	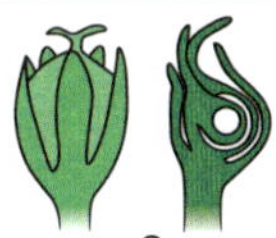 Coupe longitudinale Fleurs à style court (brévistylées), stériles	 Coupe longitudinale Fleurs à style long (longistylées), fertiles

Doc 2 Les blastophages

Les larves de *Blastophaga psenes* ne peuvent se développer que dans les fleurs femelles des figuiers en consommant les tissus voisins de l'ovule. Les femelles blastophages pondent en effet leurs œufs dans les fleurs femelles grâce à un ovipositeur dont la longueur correspond à peu près à celle du style des fleurs brévistylées. Seules les femelles sont ailées. Les mâles sont dépourvus d'ailes et, après avoir fécondé les femelles, forent un trou dans la paroi de l'inflorescence pour permettre aux femelles de sortir.

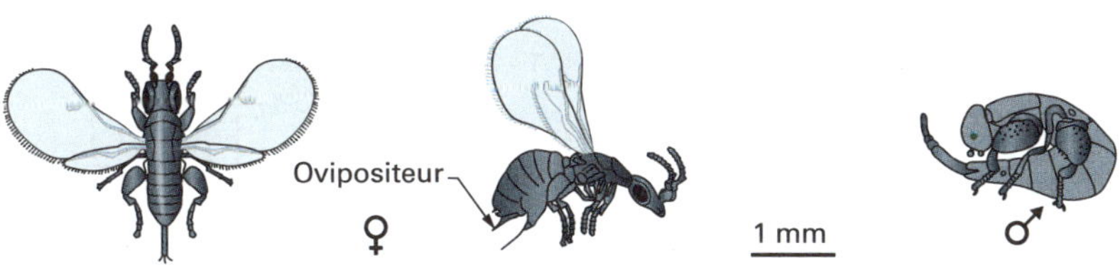

Les femelles sortant des figues sont chargées de pollen ; elles présentent notamment des poches adaptées au transport du pollen sur leur thorax. Lorsque la femelle pénètre dans une figue par l'ostiole, elle perd ses ailes et dépose les grains de pollen sur le stigmate des fleurs. Si la longueur des styles le permet, si les fleurs ne sont pas longistylées, elle pondra ses œufs. Dans tous les cas, elle meurt dans la figue visitée.

Doc 3 Cycles de vie des figuiers et des blastophages

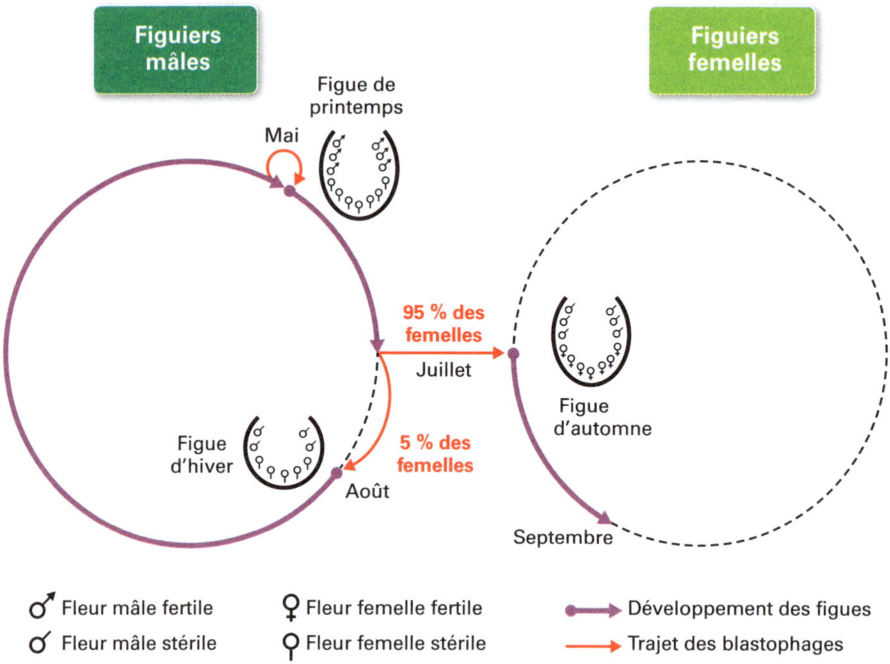

Doc 4 Phylogénies comparées de figuiers et de leurs pollinisateurs

L'étude met en correspondance la phylogénie de figuiers (à gauche) avec celle de leurs pollinisateurs (à droite). Les pointillés représentent les relations de pollinisation.

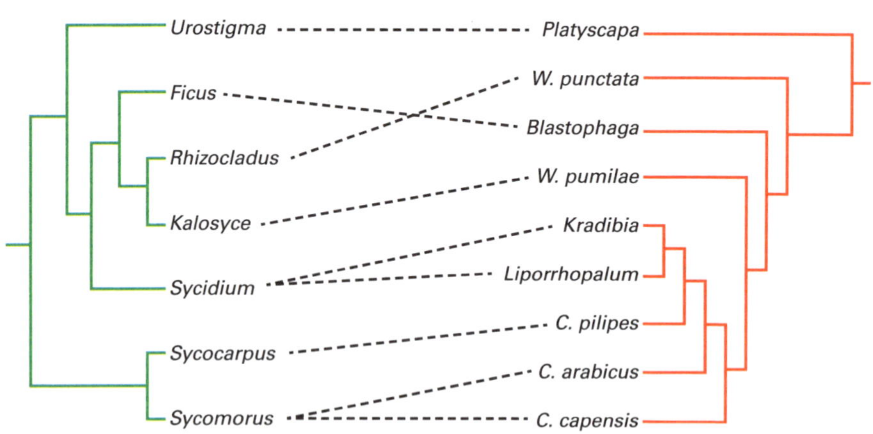

LA FEUILLE DE ROUTE

Étape 1 Au brouillon, extraire les informations des documents

- **Document 1** : Les figuiers mâles ont des fleurs mâles fertiles et des fleurs femelles à style court stériles. Les figuiers femelles ont des fleurs mâles stériles voire non identifiables et des fleurs femelles à style long.
- **Document 2** : Les blastophages se développent et se reproduisent dans les fleurs femelles des figuiers. Seules les femelles sont ailées et peuvent donc voler d'une plante à l'autre, assurant la pollinisation des figuiers. Elles ne peuvent pondre que dans les fleurs brévistylées.
- **Document 3** : Les figuiers mâles produisent deux types de figues : des figues d'hiver où toutes les fleurs sont stériles et des figues de printemps possédant des fleurs mâles fertiles. Les figuiers femelles ne produisent qu'une seule fois des figues d'automne aux fleurs femelles fertiles. Les blastophages n'émergent des figues qu'aux mois de mai et juillet.
- **Document 4** : À l'exception des genres *Sycidium* et *Sycomorus*, chaque genre de figuier n'est pollinisé que par un seul genre, voire une seule espèce d'insecte.

Étape 2 Au brouillon, associer les informations extraites des documents en lien avec la question posée

- **Documents 1** à **3** : Les femelles blastophages quittant les figues de printemps en juillet transportent le pollen et assurent la pollinisation des fleurs femelles des figues d'automne, leurs styles longs les empêchant de pondre leurs œufs. Les figuiers mâles, n'ayant que des fleurs brévistylées, permettent le développement des larves de l'insecte.
- **Document 4** : La phylogénie des figuiers concorde avec la phylogénie des insectes pollinisateurs. La spécificité des relations entre les deux partenaires se traduit par des événements de cospéciation.

Étape 3 Rédiger votre réponse

- Rédiger la réponse en indiquant vos arguments document par document. Conclure en évoquant la notion de cospéciation.

CORRIGÉS

SE TESTER QUIZ

1 Deux modalités de reproduction

1. **Réponses c et d.** La reproduction asexuée des angiospermes repose sur la totipotence des cellules végétales et aboutit à la formation de clones du plant mère.
Les réponses a et b sont incorrectes. La formation de gamètes et la fécondation sont des processus de la reproduction sexuée. La fleur est l'organe de la reproduction sexuée.

2. **Réponse d.** Les étamines produisent les grains de pollen.
Les réponses a, b et c sont incorrectes. Les étamines ne sont pas les seules pièces fertiles de la fleur. Ce sont les pièces mâles, le pistil est la partie femelle.

2 La pollinisation chez les plantes à fleurs

Réponses a et c. Lors de la fécondation chez les angiospermes, l'autofécondation est souvent impossible, en raison de mécanismes d'incompatibilités. L'allofécondation implique une mobilité des gamètes mâles.
Les réponses b et d sont incorrectes. Les gamètes femelles sont immobiles au sein du pistil et l'embryon, après fécondation, se formera dans l'ovule.

3 La graine et sa dissémination

1. **Réponse a.** La graine des plantes à fleurs dérive de l'ovule.
Les réponses b, c et d sont incorrectes. L'ovaire participe à la formation du fruit. La graine contient des réserves accumulées avant la formation du fruit.

2. **Réponses c et d.** La zoogamie désigne le transport des grains de pollen par les animaux. Elle peut conduire à une coévolution des plantes et des animaux.
Les réponses a et b sont incorrectes. Le transport des graines par les animaux est appelé zoochorie. Les animaux consommant des fruits sont qualifiés de frugivores.

S'ENTRAÎNER

4 Dénommer une technique de multiplication des végétaux

■ Afin de multiplier les kiwis, les horticulteurs mettent en terre une partie d'un rameau aérien, faisant ressortir l'autre partie portant des feuilles et le bourgeon terminal (doc. 2). Des racines se développent à partir de la tige enterrée, toujours reliée à la plante mère, et vont assurer la nutrition hydrominérale.

À NOTER
Le schéma doit ici être expliqué à l'aide des connaissances acquises dans le chapitre 4.

À la rupture de la tige enfouie, ces racines vont prendre le relais des racines de la plante mère, le nouveau plant de kiwi devenant alors totalement autonome.

■ D'après le document 1, cette technique s'apparente au **marcottage** : un plant complet se détache de l'individu mère après son enracinement.

À NOTER
On appelle **marcotte** ces fragments de végétaux qui développent des racines avant séparation de la plante mère.

5 Identifier l'animal pollinisateur d'une fleur

1. Réponse b. La fleur du baobab est pollinisée par un animal nocturne qui recherche une fleur blanche à floraison nocturne.
Les réponses a, c et d sont incorrectes. La fleur de baobab est blanche et les fleurs commencent à s'ouvrir le soir.

2. Réponse c. L'animal est de grande taille et attiré par une odeur nauséabonde.
Les réponses a, b et d sont incorrectes. Les fleurs émettent une odeur nauséabonde. La fleur de baobab fait 20 cm de diamètre. Pour détruire une telle fleur, le pollinisateur est nécessairement de grande taille.

3. Réponse d. L'animal pollinisateur de la fleur de baobab est une chauve-souris.
Les réponses a, b et c sont incorrectes. Les oiseaux sont diurnes et repèrent les fleurs de couleur rouge. Les hyménoptères, en plus d'être de petite taille, sont diurnes et repèrent les fleurs colorées. Les lépidoptères nocturnes, en plus d'être de petite taille, sont attirés par les fleurs émettant des odeurs agréables.

6 Identifier des mécanismes d'incompatibilité

■ La primevère présente deux types de fleurs : longistylée et brévistylée (doc. 1). Sa pollinisation est entomophile, les insectes sont attirés par le nectar produit au fond des fleurs. Lorsqu'un insecte visite une fleur longistylée, le pollen des étamines situées au fond de la fleur se fixe sur sa tête. Lorsqu'un insecte visite une fleur brévistylée, le pollen des étamines situées au sommet de la fleur se fixe sur son abdomen.

■ L'expérience du document 2, dans laquelle des fleurs dépourvues de leurs étamines sont pollinisées par des insectes, montre que davantage de pollen de fleur longistylée est retrouvé sur le stigmate des fleurs brévistylées et inversement : 59 % du pollen déposé sur le stigmate des fleurs longistylées provient de fleurs brévistylées et 68 % du pollen déposé sur le stigmate des fleurs brévistylées provient de fleurs longistylées.

À NOTER
La réalisation de calculs simples permet une analyse rigoureuse et plus aisée du document.

■ Lors de la visite des fleurs par les insectes, le pollen des fleurs longistylées fixé sur la tête a davantage de chances d'être déposé sur le style court des fleurs brévistylées (doc. 1). Inversement, le pollen des fleurs brévistylées fixé sur l'abdomen des insectes a davantage de chances d'être déposé sur le style des fleurs longistylées.

■ Le grain de pollen hydraté au contact du stigmate émet un tube pollinique (doc. 3). Ce dernier permet l'acheminement des gamètes à l'ovule. Des grains de pollen de primevères sont mis en culture sur un milieu nutritif contenant des extraits de style. Pour les pollens provenant de fleurs longistylées en contact avec des extraits stylaires de fleurs brévistylées, des tubes polliniques sont émis. Les résultats sont identiques pour des pollens de fleurs brévistylées au contact d'extraits de fleurs longistylées. En revanche, les grains de pollen n'émettent pas de tubes polliniques lorsque ceux-ci proviennent du même type de fleur que les extraits de style.

■ Il y a donc deux mécanismes favorisant l'allogamie chez la primevère. La morphologie des fleurs permet, *via* les insectes pollinisateurs, un dépôt préférentiel des grains de pollen provenant d'un type de fleur sur le stigmate des fleurs de l'autre type. L'absence d'émission d'un tube pollinique par des grains de pollen mis en contact d'extraits stylaires de la même fleur empêche l'acheminement des gamètes mâles vers l'ovule. Ce mécanisme interdit l'autofécondation.

7 Caractériser la coévolution plante-animal disséminateur

■ D'après le document 2, les fruits sortent du céphalium durant la journée. Les températures pouvant dépasser les 50 °C, *Tropidurus torquatus* est l'un des rares animaux à pouvoir être actif à ces températures. La consommation des fruits sucrés et très riches en eau du cactus lui permet de se procurer l'eau nécessaire à la vie.
Le nombre de fruits émis passe de 8 à 15 entre 7 et 12 h, puis oscille entre 5 et 7 de 13 à 18 h. Parallèlement, le nombre de lézards actifs passe de 0 à 10 entre 7 et 10 h, est de 8 à 12 h, puis tombe de 5 à 0 entre 13 et 18 h.
Il y a donc une corrélation positive entre les heures d'émission des fruits et celles d'activité des lézards.

■ Le lézard *Tropidurus torquatus* est l'un des rares animaux à pouvoir consommer les fruits du cactus *Melocactus violaceus*. Il est suffisamment petit pour passer entre les épines du cactus et sa bouche est assez grande pour ingérer le fruit (doc. 3).
Le pourcentage de graines ayant germé reste nul durant 35 jours lorsque celles-ci sont récoltées directement dans les fruits. En revanche, il monte jusqu'à 38 % dans le même temps pour les graines issues des excréments des lézards. Le passage dans le tube digestif du lézard semble ainsi indispensable à la germination des graines de *Melocactus violaceus*. Le lézard assure par ailleurs la dispersion de ces graines, déposées en moyenne 3 mètres tout autour de la plante mère.

■ Le cactus *Melocactus violaceus* est donc dépendant du lézard *Tropidurus torquatus* pour la dissémination et la germination de ses graines. Le lézard trouve dans les fruits une quantité d'eau importante pour sa vie en milieu désertique. La correspondance entre l'émission des fruits et l'activité des lézards témoigne de la relation mutualiste étroite existant entre les deux espèces. Les caractéristiques de *Tropidurus torquatus* et *Melocactus violaceus* ne peuvent donc que résulter d'un processus de coévolution.

OBJECTIF BAC

8 Comprendre la coévolution figuier-blastophage

Le blastophage, un petit insecte, assure la pollinisation du figuier, *Ficus carica*.

■ D'après le document 1, les figues sont des inflorescences regroupant des fleurs mâles et des fleurs femelles. Ces inflorescences sont ouvertes au niveau d'un ostiole. Il existe deux types de figuiers : des figuiers mâles possédant des fleurs mâles fertiles au printemps et des fleurs femelles brévistylées stériles ; des figuiers femelles possédant des fleurs mâles stériles voire non identifiables et des fleurs femelles longistylées fertiles.

■ *Blastophaga psenes* mesure 2 mm environ (doc. 2). Les femelles ailées peuvent pondre leurs œufs dans les fleurs brévistylées et les larves se développent en consommant les tissus voisins de l'ovule. L'insecte est ainsi dépendant des figuiers mâles pour sa reproduction. Les mâles dépourvus d'ailes fécondent les femelles dans les figues et permettent leur sortie en creusant un trou dans la paroi de l'inflorescence.

■ D'après le document 3, les insectes femelles qui se sont développés dans les figues d'hiver émergent et pénètrent dans les figues de printemps où elles peuvent pondre, les fleurs femelles étant brévistylées. Après fécondation par les mâles, lors de la sortie de la nouvelle génération de femelles au mois de juillet, celles-ci sont chargées des grains de pollen produits par les fleurs mâles fertiles. Ces femelles possèdent des adaptations anatomiques au transport du pollen telles que des poches sur leur thorax (doc. 2). La très grande majorité de ces femelles va pénétrer dans les figues d'automne des figuiers femelles. Elles vont perdre leurs ailes lors du passage de l'ostiole et ne pourront pas pondre dans les fleurs femelles longistylées (doc. 2). Elles vont en revanche déposer les grains de pollen sur le stigmate des fleurs et ainsi assurer la pollinisation et la formation des graines pour les figuiers. Seuls 5 % des blastophages femelles, à la fin de l'été, vont pénétrer dans une figue d'hiver du figuier mâle et pourront pondre les œufs, assurant ainsi la prochaine génération d'insectes.

■ La relation entre le figuier et son insecte pollinisateur est donc très étroite. La reproduction sexuée du figuier dépend entièrement du blastophage, l'anémogamie étant impossible (doc. 1). D'un autre côté, le développement des larves de l'insecte dépend entièrement des figuiers mâles et des fleurs brévistylées. Le figuier produit notamment des figues d'hiver uniquement dédiées au développement des blastophages.

■ Le document 4 présente en vis-à-vis la phylogénie de figuiers et de leurs insectes pollinisateurs. À l'exception des genres *Sycidium* et *Sycomorus*, chaque genre de figuier n'est pollinisé que par un seul genre, voire une seule espèce d'insecte. La correspondance des deux phylogénies témoigne d'événements de spéciation conjointe. La divergence des espèces de figuiers s'accompagne de la divergence des espèces pollinisatrices, ces associations étant étroites et les organismes impliqués étant interdépendants.

■ La relation entre le figuier *Ficus carica* et l'insecte pollinisateur *Blastophaga psenes* est donc indispensable à la survie de ces deux espèces. Ceci témoigne de la coévolution des deux organismes. Cette coévolution se traduit pour les figuiers et leurs insectes pollinisateurs par des cospéciations.

6 La domestication des plantes

La réserve mondiale de semences de l'archipel du Svalbard (Norvège), inaugurée en février 2008, conserve dans un lieu sécurisé des graines de toute la planète. Elle compte aujourd'hui 983 500 échantillons de semences.

19 Les processus de la domestication

En bref *L'amélioration des plantes cultivées constitue un enjeu majeur pour l'humanité, notamment pour son alimentation.*

I Des plantes sauvages aux plantes cultivées

■ La comparaison de plantes cultivées et de leur « ancêtre » sauvage met en évidence un ensemble de caractères normalement défavorables en milieu naturel : c'est le syndrome de la domestication.

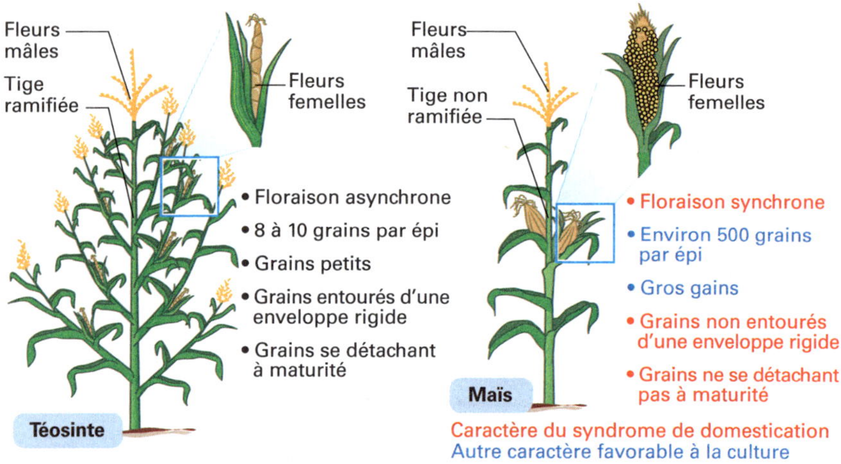

Doc **Comparaison de la téosinte et du maïs**

■ La domestication a commencé dans divers foyers par le choix des plants les plus intéressants ou sélection massale. Cette sélection artificielle de caractères d'intérêt agronomique a rendu la reproduction des plantes totalement dépendante de l'action humaine. Une relation mutualiste s'est ainsi établie entre l'homme et les plantes cultivées.

II La création variétale moderne

■ Depuis le XXe siècle, les progrès de la génétique permettent l'obtention de plus en plus rapide de nouvelles variétés végétales.

■ Par autofécondation puis croisement, des lignées pures puis des variétés hybrides ont été mises au point. Depuis les années 1980, les biotechnologies et notamment la transgenèse autorisent des modifications ciblées des plantes.

■ La production de semences est aujourd'hui une activité économique spécialisée.

Méthode

Calculer le nombre de gènes impliqués dans la domestication

Vers 1970, George Beadle réalise des croisements entre des plants de maïs et de téosinte pour déterminer l'origine des différences morphologiques.

À partir de l'étude des croisements, déterminer le nombre de gènes impliqués dans la différence phénotypique des deux plantes.

Doc Les croisements réalisés par George Beadle

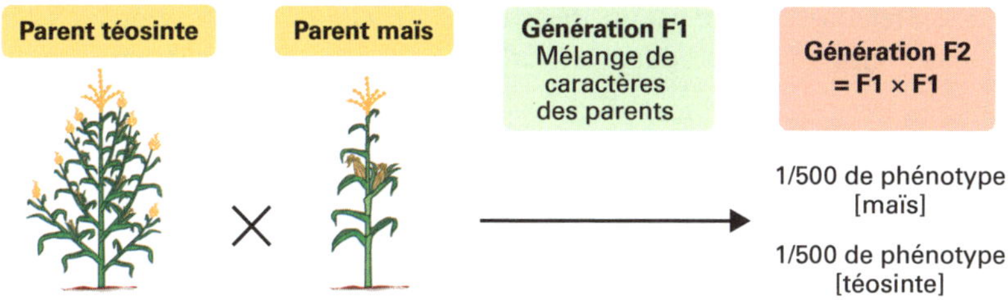

CONSEILS

Étape 1 Pour un gène, déterminer le génotype des parents et de la génération F1.
Étape 2 Indiquer que la probabilité d'obtenir le phénotype [maïs] ou [téosinte] dans la génération F2 est égale à 1/4.
Étape 3 En considérant *x* gènes indépendants, indiquer que la probabilité d'obtenir le phénotype [maïs] ou [téosinte] dans la génération F2 est de $(1/4)^x$.
Étape 4 Déterminer *x* et conclure.

SOLUTION

Étape 1 Pour un gène à deux allèles, le génotype du maïs peut s'écrire (m//m) et celui de la téosinte (t//t). Les individus de la génération F1 de phénotype intermédiaire sont donc hétérozygotes (m//t).
Étape 2 La génération F1 produit deux types de gamètes. La probabilité d'obtenir (m//m) ou (t//t) en génération F2, soit des phénotypes [maïs] ou [téosinte], est donc de $P = 1/4$.
Étape 3 Pour deux gènes indépendants, la génération F1 produit quatre types de gamètes dans des proportions de 1/4. Donc $P = (1/4)^2 = 1/16$ individus de la génération F2 auront le phénotype [maïs] ou [téosinte]. Pour trois gènes, $P = 1/64$; pour quatre gènes, $P = 1/256$; pour cinq gènes, $P = 1/1\,024$.
Étape 4 Comme la génération F2 présente 1/500 individus de chaque phénotype, *x* est compris entre 4 et 5, donc quatre ou cinq gènes sont impliqués dans la différence phénotypique entre le maïs et la téosinte.

INFO
Dans les années 1980, des études génétiques ont montré que **cinq régions** chromosomiques étaient impliquées.

20 Les conséquences de la domestication

En bref *La domestication des plantes s'est accompagnée d'une perte globale de leur diversité génétique. Elle a par ailleurs influencé certains caractères génétiques humains.*

I La diversité des plantes cultivées

- Les **espèces cultivées** présentent des variétés résultant de mutations aléatoires, qui ont été retenues ou non par une sélection artificielle, différente selon les régions du monde. Ainsi ont été produites les variétés populations ou variétés paysannes.
- La sélection s'est également accompagnée d'un **appauvrissement global de la diversité allélique** des plantes domestiquées.

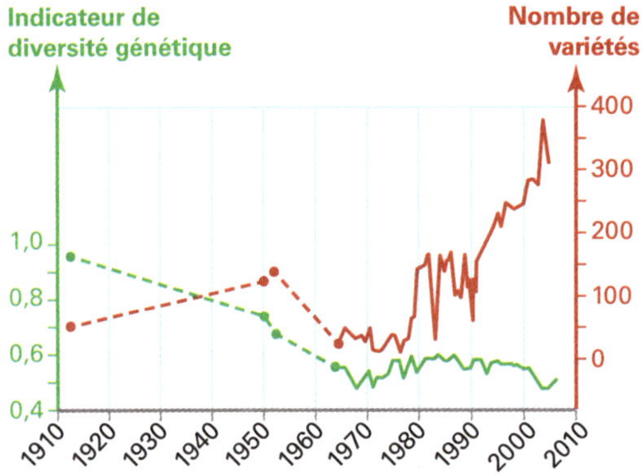

Doc **Évolution de la diversité variétale et génétique des blés en France**

- La perte de certaines caractéristiques des plantes sauvages, par exemple de défenses, couplée à l'extension de leur culture favorise le développement de maladies infectieuses végétales. Ces **fragilités** sont compensées par des pratiques culturales adaptées (apport de pesticides, entre autres).
- L'**exploitation** des ressources génétiques, historiques ou sauvages, permet d'envisager de nouvelles méthodes de culture et de s'affranchir de l'apport d'un certain nombre d'intrants.

II L'influence de la domestication sur l'humanité

La **domestication** de plantes a contribué à la sélection de caractères génétiques spécifiques dans les populations humaines. Par exemple, l'apport d'amidon dans le **régime alimentaire** s'est accompagné d'une production accrue d'amylase salivaire dans certaines populations.

Méthode

Établir la relation entre diversité et sensibilité des cultures

En 1846, en Irlande, l'anéantissement des cultures de pommes de terre par le mildiou a entraîné une famine conduisant à la mort d'un million de personnes. De nombreux exemples de destruction massive de cultures par des agents pathogènes sont attribués à l'homogénéité génétique des plants.

À partir de l'analyse du document, montrer que la biodiversité cultivée impacte la sensibilité des cultures aux pathogènes.

Doc Pourcentage de plants malades en fonction du nombre de variétés

Dans la région de Mei Tan, en Chine, les chercheurs ont relevé le nombre de variétés de riz cultivées par 60 familles de paysans et noté la proportion de plants malades.

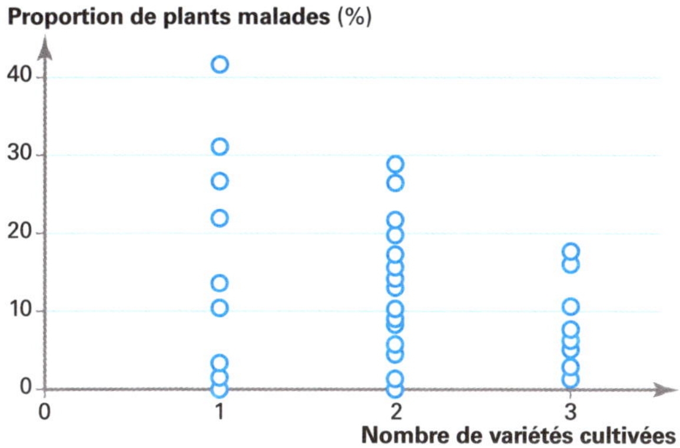

CONSEILS

Étape 1 Analyser le graphique en réalisant une moyenne des points expérimentaux et en décrivant les valeurs maximales.
Étape 2 Conclure sur l'effet de la biodiversité.

SOLUTION

Étape 1 Le pourcentage de plants de riz malades est en moyenne de 20 % lorsqu'une seule variété de riz est cultivée, de 15 % lorsqu'il y en a deux et de 10 % lorsqu'il y en a trois. Le pourcentage maximal de plants malades passe de 41 % pour les cultures ne comportant qu'une seule variété à 18 % pour les cultures associant trois variétés.

Étape 2 L'augmentation de la biodiversité cultivée réduit le nombre de plants affectés par des maladies. La culture de plusieurs variétés associées limite leur sensibilité aux pathogènes.

MÉMO VISUEL

Processus de domestication et diversité des plantes cultivées

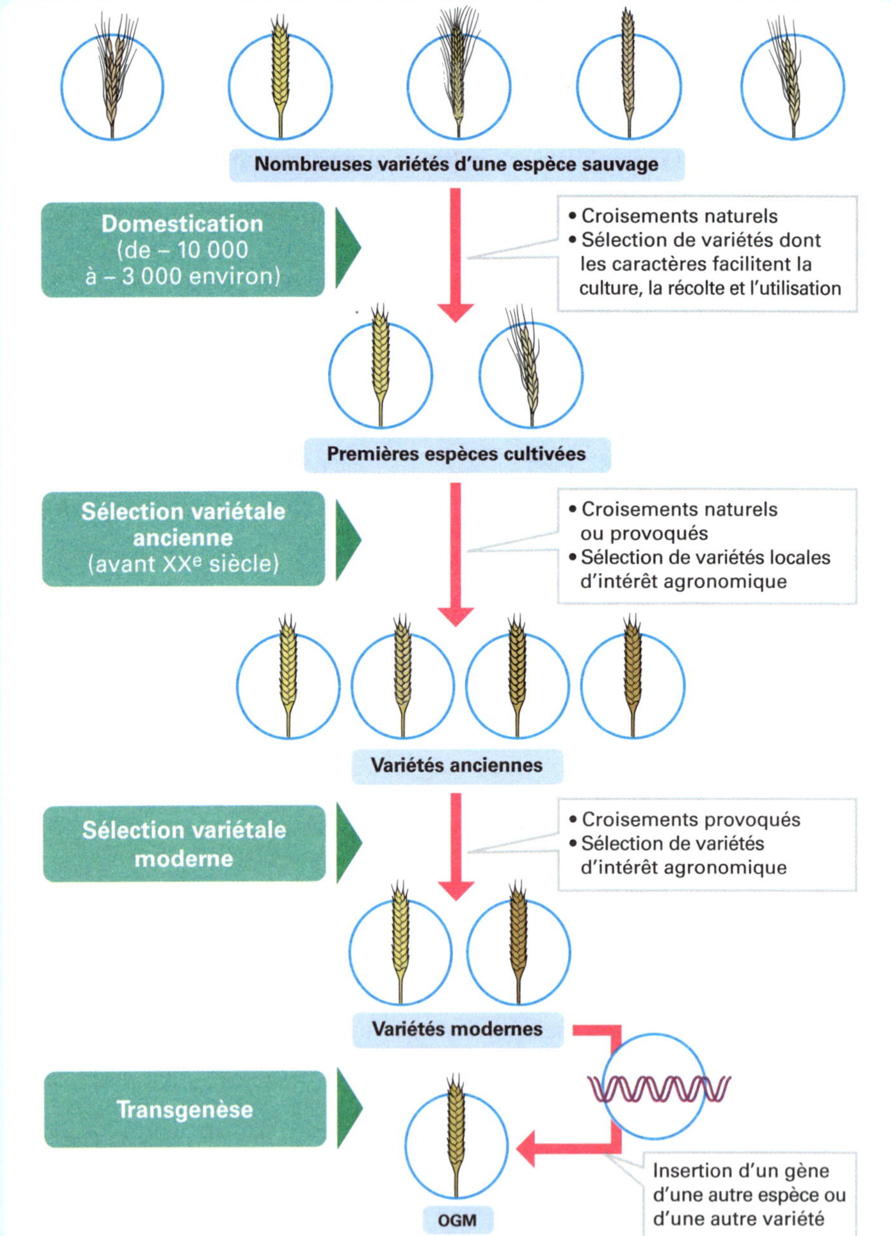

La relation mutualiste entre l'homme et les plantes domestiquées

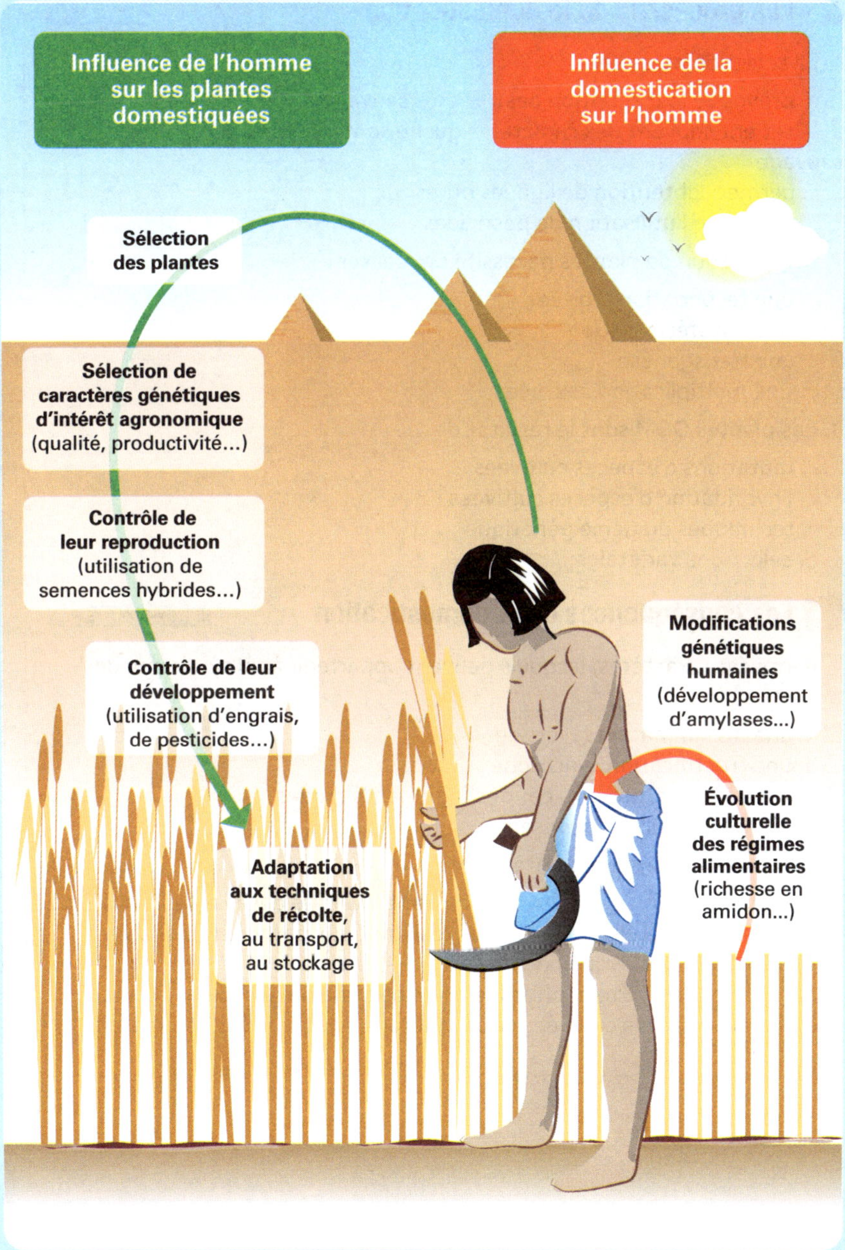

SE TESTER QUIZ

Vérifiez que vous avez bien compris les points clés des **fiches 19 à 20**.

1 Les processus de la domestication

→ FICHE 19

1. La sélection massale :

☐ **a.** provoque la disparition des variétés sauvages
☐ **b.** retient souvent des caractères qui ne sont pas favorables à l'état sauvage
☐ **c.** permet l'obtention de lignées pures
☐ **d.** nécessite l'utilisation de pesticides

2. L'hybridation de plantes nécessite de réaliser :

☐ **a.** une fécondation croisée
☐ **b.** une autofécondation
☐ **c.** une transgenèse
☐ **d.** une multiplication asexuée

3. Les plantes OGM sont le résultat de :

☐ **a.** mutations d'espèces cultivées
☐ **b.** l'hybridation d'espèces cultivées
☐ **c.** techniques du génie génétique
☐ **d.** sélections variétales

2 Les conséquences de la domestication

→ FICHES 19 et 20

1. Parmi ces caractères, lesquels peuvent appartenir à un syndrome de domestication :

☐ **a.** une dissémination favorisée
☐ **b.** une fructification synchrone
☐ **c.** des graines protégées par des téguments rigides
☐ **d.** des graines riches en réserves

2. La domestication des plantes :

☐ **a.** se traduit par une augmentation de la diversité des plantes cultivées
☐ **b.** a permis la sélection de plantes résistant aux pathogènes, il n'y a aujourd'hui plus de risque pour la sécurité alimentaire
☐ **c.** s'accompagne d'une influence sur le patrimoine génétique humain
☐ **d.** rend les plantes cultivées dépendantes de l'action de l'homme

S'ENTRAÎNER

3 Identifier des caractères du syndrome de domestication

→ FICHE 19

À l'aide du document et de vos connaissances, préciser les différents caractères associés au syndrome de domestication.

Doc Épis et grains de quelques variétés de blé

Épi de blé ancestral sauvage (a) et épi de blé cultivé (b). Chaque épi de blé est formé d'un axe porteur d'épillets (c) qui, à maturité, se détachent de l'épi chez le blé ancestral sauvage mais restent fixés chez le blé cultivé, ne se séparant que lors du battage. Grains de variétés cultivées modernes (d) et de variétés sauvages ancestrales (e).

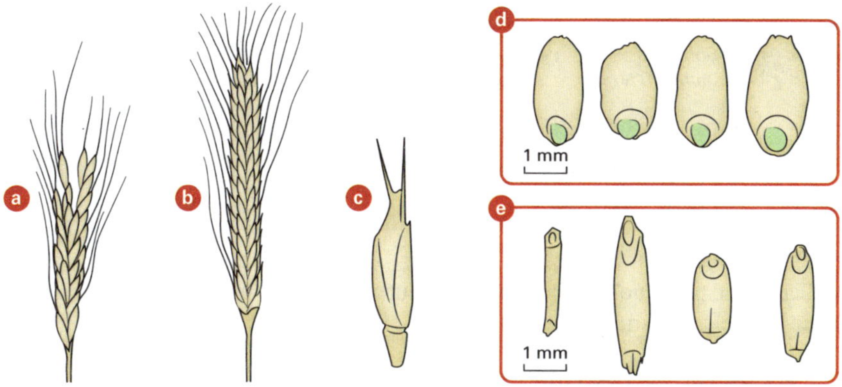

4 Comprendre l'utilisation de ressources génétiques sauvages

→ FICHE 20

Le mildiou de la pomme de terre est une maladie provoquée par le micro-organisme *Phytophtora infestans*. C'est la principale pathologie touchant, dans le monde entier, les cultures de pommes de terre ; son contrôle nécessite l'emploi de grandes quantités de pesticides. Quand les plants sont infestés, les tubercules développent des taches et pourrissent rapidement.

À partir de l'analyse du document, expliquer l'intérêt de la technique d'hybridation somatique et de l'utilisation de ressources génétiques sauvages.

Doc Hybridation somatique de deux Solanacées

Solanum tuberosum, la pomme de terre cultivée, est une Solanacée originaire de l'actuel Pérou. *Solanum bulbocastanum* est une Solanacée sauvage du Mexique, région d'origine de *Phytophtora infestans*. Comme d'autres plantes de la région, *S. bulbocastanum* est résistante au mildiou. Ces plantes ont longtemps coévolué avec *Phytophtora infestans*.

Le croisement de *S. tuberosum* et de *S. bulbocastanum* est impossible : la première est tétraploïde ($4n$ = 48 chromosomes), la seconde diploïde ($2n$ = 24 chromosomes). Il est possible cependant d'enlever la paroi des cellules végétales pour obtenir des protoplastes et faire fusionner ces cellules (au moyen d'agents chimiques, par exemple). Le schéma présente la technique de fusion de protoplastes ou hybridation somatique.

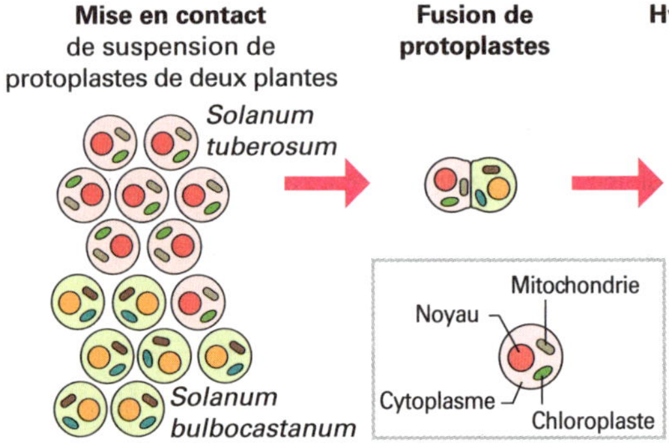

5 Analyser des pratiques de semencier

→ FICHE 19

1. À partir de l'exploitation du document, justifier la pratique de castration des maïs pour la production de semences.

2. Expliquer pourquoi l'agriculteur ne peut pas utiliser une partie de sa récolte pour le semis de l'année suivante.

Doc Castration des maïs et hybridation

Après de nombreuses générations obtenues par autofécondation, deux lignées pures de maïs ont été obtenues : l'une productive mais à maturité tardive, l'autre peu productive mais à maturité précoce. Ces deux caractères, productivité et précocité de maturité, sont gouvernés par deux gènes indépendants. Des semenciers ont mis en culture les deux lignées afin d'obtenir un hybride combinant les avantages des deux parents.

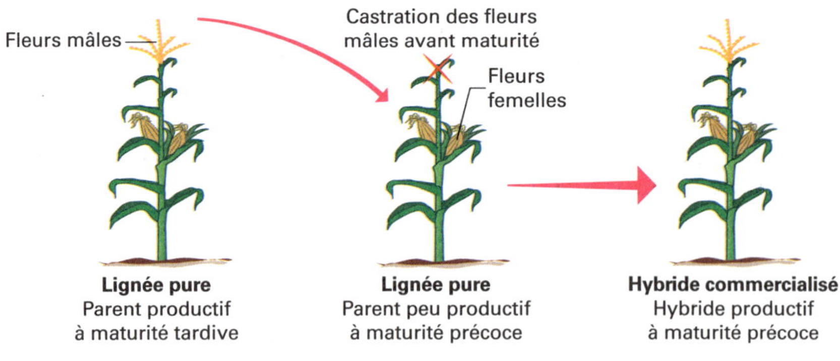

6 Étudier la maturation des fruits et l'intérêt d'un OGM → FICHE 19

La maturation des fruits les rend attractifs et savoureux, qualités appréciées des consommateurs mais également des animaux disperseurs. Le contrôle du ramollissement des fruits revêt ainsi une grande importance commerciale.

À partir de l'analyse des documents, expliquer ce qui a permis l'élaboration de la tomate transgénique Flavour Savour.

Doc 1 Mûrissement des tomates

Observation au microscope d'un prélèvement de parenchyme dans la pulpe d'une tomate verte (à gauche) et d'une tomate mûre (à droite).

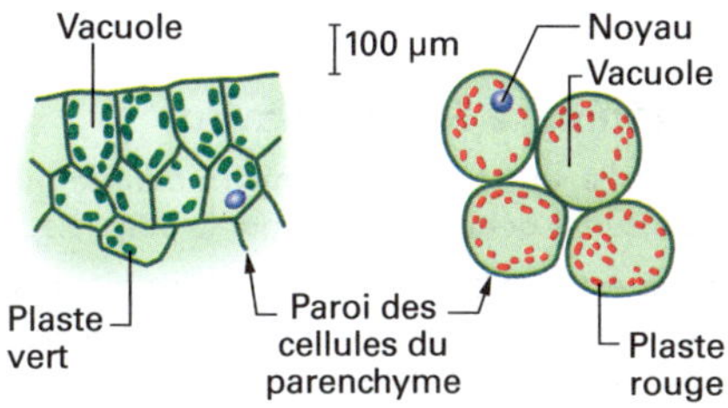

Doc 2 Activité des polygalacturonases au cours de la maturation

Les polygalacturonases, synthétisées au cours de la maturation des fruits, sont des enzymes responsables de la dégradation des pectines composant la paroi végétale.

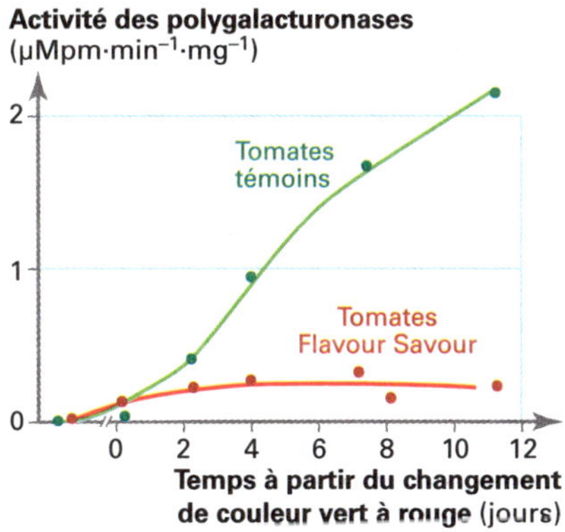

Doc 3 Mesures de la fermeté de tomates

La fermeté des fruits est évaluée à l'aide d'un appareil qui mesure la force, en newtons, nécessaire pour enfoncer une tige de 2 mm dans le fruit.

Stade de maturité de la tomate	Tomate témoin	Tomate Flavour Savour
Tomate verte	348×10^{-3}	355×10^{-3}
Tomate rouge pâle	277×10^{-3}	272×10^{-3}
Tomate rouge ferme	183×10^{-3}	244×10^{-3}
Tomate rouge mûre	73×10^{-3}	98×10^{-3}

Doc 4 Création de la tomate Flavour Savour

En 1994, la tomate Flavour Savour a été la première denrée génétiquement modifiée mise sur le marché. On sait que le gène PG code pour la polygalacturonase.

Agrobacterium tumefaciens est une bactérie parasite des plantes. Elle possède naturellement un plasmide (ADN circulaire) nommé Ti (*tumor inducing*), dont des gènes sont responsables de la multiplication incontrôlée des cellules végétales.

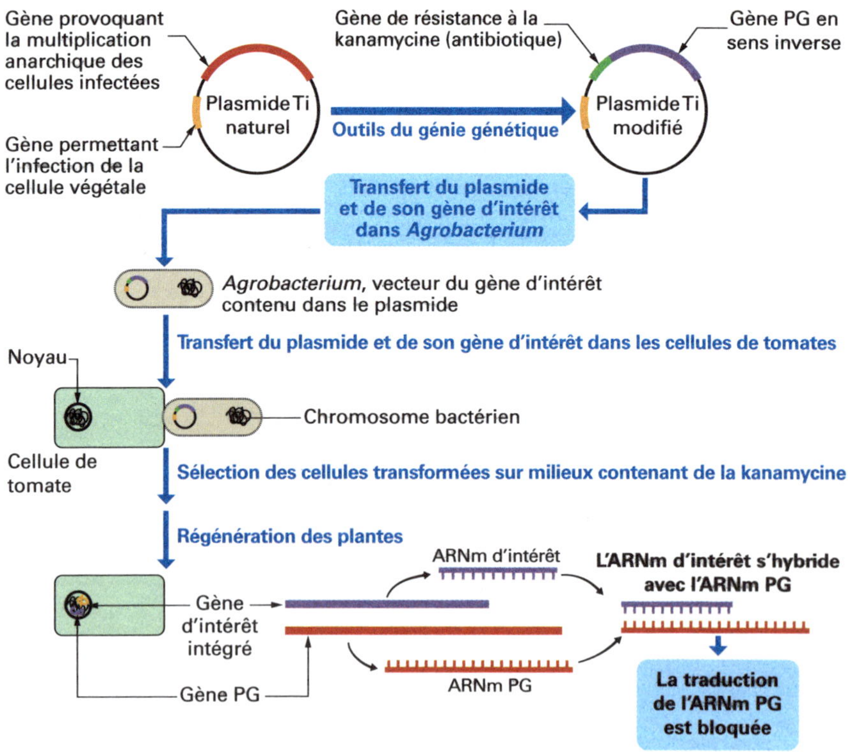

OBJECTIF BAC

7 Déterminer l'influence du régime alimentaire

50 min

→ FICHE 20

La culture de nombreuses plantes (blé, maïs, pomme de terre, riz, etc.) a entraîné la consommation de grandes quantités d'amidon par les populations humaines. Ce sujet permet de comprendre l'influence de la domestication des plantes sur le génome... humain !

LE SUJET

L'amidon est un glucide constitué d'un enchaînement de nombreuses molécules de glucose. C'est le principal sucre de réserve chez les plantes ; il est particulièrement présent dans les semences des Poacées (maïs, riz, blé, etc.).

À partir de l'exploitation des documents et de vos connaissances, expliquer l'influence des régimes alimentaires riches en amidon sur le génome des populations humaines.

Doc 1 L'amylase salivaire

L'organisme humain produit deux types d'amylases catalysant l'hydrolyse de l'amidon : l'amylase salivaire et l'amylase pancréatique.

$$\underset{\text{Amidon}}{2\,(C_6H_{10}O_5)_n} + \underset{\text{Eau}}{n\,H_2O} \xrightarrow{\text{Amylases salivaires et pancréatiques}} \underset{\text{Maltose}}{n\,C_{12}H_{22}O_{11}}$$

Doc 2 Quantité d'amylase salivaire et nombre de copies du gène *AMY1*

L'amylase salivaire est codée par le gène *AMY1*. La concentration de cette enzyme dans la salive a été mesurée chez cinquante Américains d'origine européenne. Le nombre de copies du gène *AMY1* dans leur ADN a également été déterminé.

Chez les chimpanzés, ce gène est présent en double exemplaire.

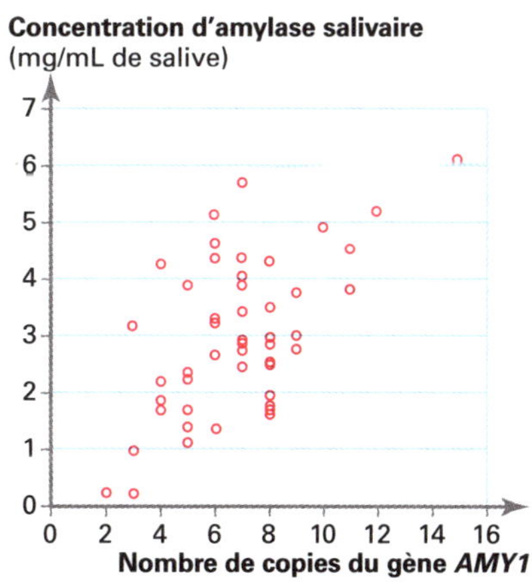

Doc 3 Populations humaines et régimes alimentaires

Deux groupes de populations ont été constitués pour la suite des études. Le premier comprend trois populations consommant traditionnellement beaucoup d'amidon : les Japonais, les Européens et les Hadza (population de Tanzanie se nourrissant de nombreux tubercules). Le second comprend quatre populations dont le régime alimentaire est traditionnellement pauvre en amidon : les Biaka et les Mbuti, des chasseurs-cueilleurs africains, les Datog, une population pastorale africaine, et les Yakut, une population asiatique.

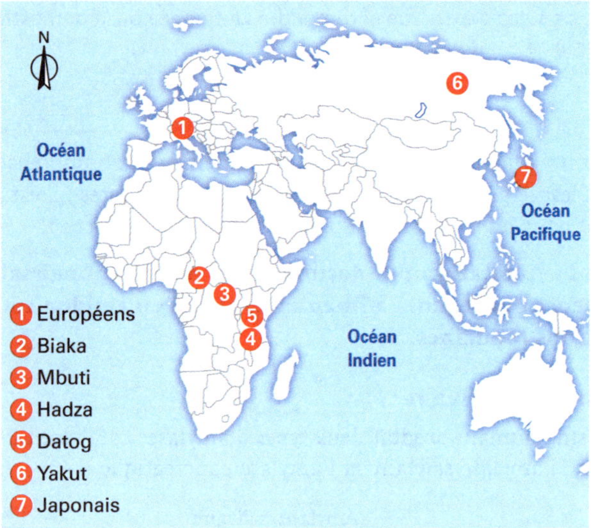

Doc 4 Nombre de copies du gène *AMY1* selon le régime alimentaire

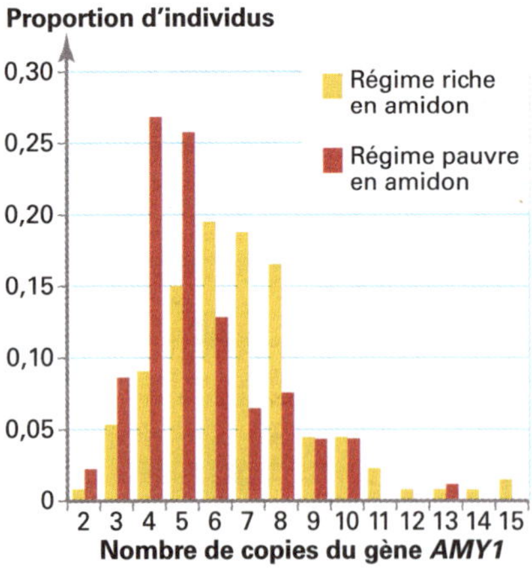

Doc 5 Nombre de copies du gène *AMY1* dans les différentes populations

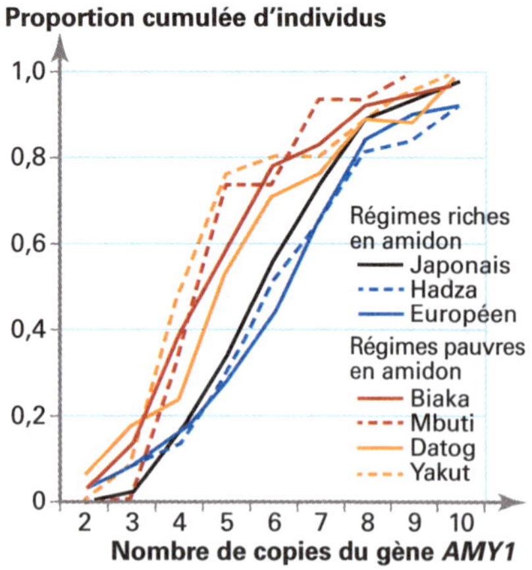

▶▶▶ LA FEUILLE DE ROUTE

Étape 1 Au brouillon, extraire les informations des documents

- Le **document 1** montre que l'amylase catalyse l'hydrolyse de l'amidon.
- Le **document 2** révèle que l'amylase salivaire est codée par le gène *AMY1*. Il peut exister plusieurs copies de ce gène dans le génome. La quantité d'amylase présente dans la salive varie, mais, globalement, elle est de plus en plus grande lorsque le nombre de copies d'*AMY1* est grand. Il y a deux copies du gène chez les chimpanzés.
- Le **document 3** présente la répartition des populations étudiées et la richesse de leur régime en amidon.
- D'après le **document 4**, pour des populations mangeant peu d'amidon, les individus ont en moyenne cinq copies du gène *AMY1*. Pour des populations ayant des régimes riches en amidon, les individus ont en moyenne six à sept copies du gène.
- D'après le **document 5**, les proportions cumulées dans les différentes populations donnent le même type de résultat. Pour les populations mangeant peu d'amidon, 50 % des individus ont moins de six copies du gène *AMY1* ; pour les populations au régime riche en amidon, 50 % des individus ont plus de quatre à cinq copies du gène *AMY1*.

Étape 2 Au brouillon, associer les informations extraites des documents en lien avec la question posée

- D'après les **documents 1 et 2**, l'amylase salivaire est d'autant plus produite que le nombre de copies du gène *AMY1* est grand. La dégradation de l'amidon par cette amylase sera d'autant plus rapide que l'enzyme sera produite en grande quantité. Le fait que les chimpanzés possèdent deux copies du gène laisse supposer que cet état est ancestral.
- D'après les **documents 2 à 5**, il existe dans les populations humaines une relation entre le régime alimentaire pauvre ou riche en amidon et le nombre moyen de copies du gène *AMY1* chez les individus. Plus le régime est riche en amidon, plus le nombre de copies du gène est grand et plus la quantité importante d'enzyme produite facilitera la dégradation de l'amidon.

Étape 3 Rédiger votre réponse

- Indiquer vos arguments document par document, conclure en montrant qu'un nombre important de copies du gène *AMY1* a été sélectionné dans les populations humaines consommant beaucoup d'amidon.

CORRIGÉS

SE TESTER QUIZ

1 Les processus de la domestication

1. Réponse b. La sélection massale retient souvent des caractères qui ne sont pas favorables à l'état sauvage.
Les réponses a, b et d sont incorrectes. La sélection massale s'opère sur des variétés sauvages, sans pour autant entraîner leur disparition. L'obtention de lignées pures a été réalisée par des autofécondations successives, bien plus tardivement. Les pesticides ne jouent pas de rôle dans la sélection massale.

2. Réponse a. L'hybridation de plantes nécessite de réaliser une fécondation croisée.
Les réponses b, c et d sont incorrectes. L'autofécondation est la fécondation de gamètes d'un même plant : elle n'aboutit pas à un hybride. La transgenèse consiste à intégrer un gène (ou plusieurs) d'une espèce dans le génome d'une autre ; il ne s'agit pas de réunir deux génomes complets. La multiplication asexuée aboutit à l'obtention de clones.

3. Réponse c. Les plantes OGM sont le résultat de techniques de génie génétique.
Les réponses a, b et d sont incorrectes. Les mutations sont aléatoires, les hybrides combinent les génomes des espèces parentales, mais ne sont pas génétiquement modifiés. La sélection variétale intervient après des croisements.

2 Les conséquences de la domestication

1. Réponses b et d. Les caractères pouvant appartenir à un syndrome de domestication sont une fructification synchrone et des graines riches en réserves.
Les réponses a et c sont incorrectes. La dissémination favorisée est un caractère de plantes sauvages, la possibilité de récolter nécessite l'absence de dissémination. La domestication a retenu des graines peu protégées.

2. Réponses c et d. La domestication des plantes s'accompagne d'une influence sur le patrimoine génétique humain et rend les plantes cultivées dépendantes de l'action de l'homme.
Les réponses a et b sont incorrectes. La diversité génétique des plantes cultivées s'est réduite tout au long du processus de domestication. La recherche de plantes résistantes aux pathogènes est toujours une question d'actualité.

S'ENTRAÎNER

3 Identifier des caractères du syndrome de domestication

D'après le document, l'épi de blé ancestral sauvage est plus petit que l'épi de blé cultivé : il porte moins d'épillets, donc moins de grains.
Ce caractère est associé au syndrome de domestication. L'augmentation de la taille de l'épi entraîne une augmentation de la productivité du plant.
À maturité, les épillets du blé sauvage se détachent facilement, alors qu'ils restent fixés chez le blé cultivé. C'est une autre caractéristique du syndrome de domestication : la dissémination n'est pas assurée pour la plante cultivée et la récolte est améliorée.
Les grains des variétés cultivées ont une taille d'environ 2 × 1 mm. Pour les variétés sauvages, la taille des grains varie entre 1 et 3 mm de longueur pour moins de 0,5 mm de largeur. On remarque également que les formes des grains sont bien plus diverses.

> **À NOTER**
> Ne pas oublier d'utiliser l'échelle des documents lorsqu'elle figure.

L'augmentation de la taille des grains de blé, de même que leur plus grande homogénéité, est aussi associée au syndrome de domestication. Ces deux caractères sont en lien avec une augmentation de la productivité.

4 Comprendre l'utilisation de ressources génétiques sauvages

■ *Solanum tuberosum*, la pomme de terre cultivée, est sensible au mildiou, une maladie provoquée par *Phytophtora infestans*.

■ D'après le document, on sait que *Solanum bulbocastanum* est résistante au mildiou, mais que le croisement des deux plantes est impossible, la première étant tétraploïde et la seconde diploïde. En revanche, il est possible d'enlever la paroi des cellules végétales et d'obtenir des protoplastes. En présence d'agents chimiques, ces protoplastes peuvent fusionner pour donner des hybrides somatiques. Ce sont des cellules d'une grande diversité qui peuvent combiner les génomes des deux plantes parentales ainsi que leurs organites (chloroplastes et mitochondries).

■ Après sélection des hybrides d'intérêt, il est possible d'obtenir une variété présentant les caractères de *Solanum tuberosum* et la résistance au mildiou de *Solanum bulbocastanum*.

> **À NOTER**
> Le document n'indique pas ici ce que sont les « hybrides d'intérêt ». Il est attendu que vous le déterminiez au regard du contexte de l'exercice.

■ Le « contrôle » du mildiou, principale pathologie touchant les cultures de pommes de terre, nécessite l'emploi d'importantes quantités de pesticides. *Solanum bulbocastanum* est originaire du Mexique, tout comme *Phytophtora infestans*. On trouve dans cette région d'autres plantes ayant longtemps coévolué avec l'agent pathogène, leur conférant une résistance. Cette résistance constitue donc une ressource génétique sauvage que la technique d'hybridation somatique peut utiliser pour rendre la plante cultivée, *Solanum tuberosum*, résistante à *Phytophtora infestans*.

5 Analyser des pratiques de semencier

1. Les deux parents de lignées pures résultent de nombreuses générations obtenues par autofécondation. Ils sont donc homozygotes pour les caractères [productivité] et [précocité de la maturité] déterminés par deux gènes indépendants. Ils ne produisent donc chacun qu'un seul type de gamète contenant les allèles déterminant une productivité importante et une maturité tardive pour le premier, une productivité faible et une maturité précoce pour le second.

■ Les semenciers souhaitent obtenir un hybride combinant les avantages des deux lignées parentales, soit un maïs productif à maturité précoce. La castration des fleurs mâles avant maturité du plant [peu productif, maturité précoce] va interdire l'autofécondation de ces plants. Les gamètes mâles transportés par les grains de pollen proviennent donc uniquement d'un plant [productif, maturité tardive].

■ Cette fécondation croisée donne un hybride hétérozygote productif à maturité précoce. Ces deux caractères sont donc déterminés par les allèles dominants des deux gènes.

2. On note :

- p^+ l'allèle déterminant une productivité importante, p l'allèle déterminant une faible productivité ;
- m^+ l'allèle déterminant une maturité précoce, m l'allèle déterminant une maturité tardive.

À NOTER

Pour déterminer les génotypes et donc les phénotypes des plants que l'agriculteur pourrait obtenir l'année suivante, la réalisation d'un tableau de croisement est nécessaire.

Les deux gènes étant indépendants, le génotype des hybrides obtenus peut s'écrire ($p^+//p$, $m^+//m$). Ces hétérozygotes commercialisés produisent donc quatre types de gamètes dans les mêmes proportions. Les génotypes de leurs descendants sont donc :

Génotypes gamètes ♂ / Génotypes gamètes ♀	($p^+/$, $m^+/$)	($p/$, $m/$)	($p^+/$, $m/$)	($p/$, $m^+/$)
($p^+/$, $m^+/$)	**($p^+//p^+$, $m^+//m^+$)**	**($p^+//p$, $m^+//m$)**	**($p^+//p^+$, $m^+//m$)**	**($p^+//p$, $m^+//m^+$)**
($p/$, $m/$)	**($p^+//p$, $m^+//m$)**	($p//p$, $m//m$)	($p^+//p$, $m//m$)	($p//p$, $m^+//m$)
($p^+/$, $m/$)	**($p^+//p^+$, $m^+//m$)**	($p^+//p$, $m//m$)	($p^+//p^+$, $m//m$)	($p^+//p$, $m^+//m$)
($p/$, $m^+/$)	**($p^+//p$, $m^+//m^+$)**	($p//p$, $m^+//m$)	($p^+//p$, $m^+//m$)	**($p//p$, $m^+//m^+$)**

En gras figurent les génotypes déterminant le même phénotype que les hybrides commercialisés.

■ L'agriculteur qui utiliserait une partie de sa récolte pour le semis de l'année suivante n'aurait donc que 9/16 de ses plants qui présenteraient un phénotype combinant les avantages d'une productivité élevée et d'une maturité précoce. Par ailleurs, comme les plants n'atteindraient pas la maturité au même moment, cela compliquerait la récolte. L'agriculteur n'utilisera donc pas les graines produites par les hybrides commercialisés des semenciers.

6 Étudier la maturation des fruits et l'intérêt d'un OGM

■ D'après le document 3, la force nécessaire pour introduire une tige de 2 mm dans le fruit passe de 348×10^{-3} N lorsque la tomate est verte à 73×10^{-3} N lorsque la tomate est rouge et mûre. Cette diminution de la force nécessaire pour pénétrer le fruit traduit le ramollissement de la tomate.

À NOTER

L'analyse des documents peut ne pas se faire dans l'ordre. Ici, l'analyse partielle du document 3 met en évidence le ramollissement qui sera expliqué ultérieurement à l'échelle cellulaire puis moléculaire.

■ En microscopie, les cellules du parenchyme de la pulpe de tomates vertes apparaissent jointives et leurs parois sont anguleuses (doc. 1). Elles possèdent des chloroplastes verts et mesurent environ 100 à 150 µm. Chez une tomate mûre, les mêmes cellules du parenchyme sont arrondies et non jointives. Leurs plastes sont rouges et elles sont légèrement plus grosses, avec un diamètre proche de 200 mm. Ces différences cellulaires sont à mettre en lien avec les mesures de ramollissement du document 3.

■ Les polygalacturonases (PG) sont des enzymes synthétisées au cours de la maturation des fruits (doc. 2). Elles dégradent les pectines, des constituants de la paroi végétale. L'activité enzymatique des PG de tomates témoins passe de 0 à 2,2 $\mu Mpm \cdot min^{-1} \cdot mg^{-1}$ entre 0 et 10 jours à partir du changement de couleur (de vert à rouge).

La dégradation des pectines de la paroi végétale semble donc être responsable de la perte de cohésion des cellules du parenchyme et donc du ramollissement.

À NOTER

L'analyse des documents ne permet ici que d'énoncer une hypothèse.

■ La force nécessaire pour introduire la tige de 2 mm dans les tomates transgéniques Flavour Savour passe de 355×10^{-3} N pour une tomate verte à 98×10^{-3} N pour une tomate mûre (doc. 3). Ces valeurs sont supérieures au témoin : ces tomates sont en général plus fermes.

■ D'après le document 4, *Agrobacterium tumefaciens* est une bactérie capable d'induire une multiplication incontrôlée des cellules. Avec des outils du génie génétique, les gènes de son plasmide ont été remplacés par un gène de résistance à la kanamycine, un antibiotique, couplé au gène codant la polygalacturonase inséré en sens inverse. *A. tumefaciens*, mis en contact avec des cellules de tomate, sert de vecteur de ce gène qui s'intègre dans le génome des cellules végétales. La sélection des cellules transformées se réalise sur un milieu contenant de la kanamycine : les cellules non infectées par la bactérie ne possèdent pas le gène de résistance à la kanamycine et meurent. Après régénération des plants transgéniques, ceux-ci produisent deux types d'ARNm : un ARNm issu de la transcription du gène PG de la plante et un ARNm issu de la transcription du transgène PG inséré en sens inverse. Ces deux ARN s'hybrident et la traduction est bloquée.

■ D'après le **document 2**, l'activité enzymatique des polygalacturonases de tomates transgéniques Flavour Savour passe de 0 à 0,3 μMpm·min^{-1}·mg^{-1} entre 0 et 10 jours à partir du changement de couleur. L'activité enzymatique de dégradation des pectines est environ sept fois moins importante que pour les tomates témoin. Cette moindre dégradation est responsable de la fermeté de la tomate transgénique.

■ Ainsi, les polygalacturonases, en dégradant les pectines de la paroi végétale, sont responsables de la perte de cohésion entre les cellules et par conséquent du ramollissement de la tomate. Le transfert d'un gène en sens inverse codant la PG permet de bloquer la production de cette enzyme et d'obtenir des fruits plus fermes. C'est ce qui a conduit à la création de la tomate Flavour Savour, qui reste plus ferme, plus longtemps.

OBJECTIF BAC

7 Déterminer l'influence du régime alimentaire

■ D'après le **document 1**, l'organisme humain produit deux types d'amylases, salivaire et pancréatique, catalysant toutes les deux l'hydrolyse de l'amidon en maltose.

■ L'amylase salivaire est codée par le gène *AMY1* présent en double exemplaire dans le génome des chimpanzés (doc. 2). Pour cinquante Américains d'origine européenne, le nombre de copies du gène varie entre deux et seize. Pour ces cinquante individus, la quantité d'amylase produite varie entre 0,2 et 6 mg par mL de salive. Globalement, il existe une corrélation positive entre la quantité d'amylase contenue dans la salive et le nombre de copies du gène *AMY1* dans le génome de l'individu. En moyenne, la quantité d'amylase passe de 0,5 mg/mL de salive pour deux copies du gène à 5,5 mg/mL pour quatorze copies.

■ Le **document 3** montre la répartition des différentes populations humaines étudiées. Les Japonais, les Européens et les Hadza de Tanzanie ont des régimes alimentaires riches en amidon. Les quatre autres populations (Baika, Mbuti, Datog et Yakut) ont un régime alimentaire traditionnellement pauvre en amidon. Il n'y a ici pas de relation apparente entre la répartition géographique des populations et leur régime alimentaire.

À NOTER

Ce document semble *a priori* apporter peu d'information pour la résolution du problème, mais son interprétation est essentielle : la production d'amylase est bien corrélée au régime alimentaire.

■ D'après le **document 4**, les populations ayant un régime alimentaire pauvre en amidon ont en moyenne quatre à cinq copies du gène *AMY1*. Dans ces populations, 25 % des individus possèdent cinq copies du gène codant pour l'amylase salivaire et 27 % en possèdent quatre. Dans les populations aux régimes alimentaires riches en amidon, 19 % des individus ont six copies du gène *AMY1* et 18 % en ont sept.

En moyenne, le nombre de copies du gène *AMY1* est supérieur dans le génome des individus issus de populations consommant beaucoup d'amidon.

■ Le **document 5** présente les proportions cumulées d'individus en fonction du nombre de copies du gène *AMY1*. Les courbes sont similaires pour les populations consommant peu d'amidon et similaires pour celles en consommant beaucoup : 20 % des individus des populations aux régimes alimentaires pauvres en amidon ont entre trois et quatre copies du gène, 20 % des individus des populations aux régimes alimentaires riches en amidon ont entre quatre et cinq copies, 50 % des individus japonais, européens-américains et Hadza ont plus de six copies du gène *AMY1* et 50 % des Baika, Mbuti, Datog et Yakut en ont moins de cinq.

■ Les chimpanzés, comme certains hommes, ont deux copies du gène *AMY1* dans leur génome. Il semble donc que ce caractère soit ancestral. L'augmentation du nombre de copies du gène de l'amylase salivaire résulte de duplications, événements aléatoires.

RAPPEL

Le *crossing-over* inégal, anomalie de la méiose, aboutit à la duplication de gènes. Ces modifications génétiques sont soumises à sélection.

■ La présence d'un nombre de copies supérieur du gène *AMY1* dans les populations aux régimes alimentaires traditionnellement riches en amidon résulte d'une sélection de cette modification du génome, à savoir de la duplication de ce gène. La corrélation entre le nombre de copies du gène et la quantité d'amylase produite (doc. 2) laisse en effet penser qu'il y a un avantage sélectif à produire davantage d'amylase lorsque le régime est riche en amidon ; il sera plus rapidement hydrolysé.

7 Comprendre les climats du passé

Le Gros Caillou de la Croix-Rousse, à Lyon, témoigne de l'avancée d'un glacier alpin lors de la glaciation du Riss (– 140 000 ans). Il a été abandonné par le glacier qui s'est retiré.

21 Les variations climatiques du Quaternaire

En bref *Le Quaternaire a connu une succession de phases froides (glaciaires) et moins froides (interglaciaires) liées notamment à des variations de l'orbite terrestre.*

I Une alternance de périodes glaciaires et interglaciaires

■ Les données préhistoriques, géologiques et paléo-écologiques attestent de l'existence d'une période glaciaire entre –120 000 et –11 000 ans.

■ Cette glaciation est confirmée par la mesure de rapports isotopiques de l'oxygène dans les calottes polaires et les sédiments océaniques. En effet, plus il fait froid, plus l'eau contenant de l'oxygène 18 (^{18}O) s'évapore difficilement, comparée à l'eau composée d'oxygène 16 (^{16}O). La glace formée à partir des précipitations s'appauvrit donc en ^{18}O ($\delta^{18}O$ plus faible) en période froide.

À l'inverse, l'eau des océans s'enrichit en ^{18}O en période froide : les coquilles des animaux marins ont donc un $\delta^{18}O$ plus élevé.

■ À l'échelle du **Quaternaire**, ces données font apparaître une alternance de périodes glaciaires et interglaciaires durant les derniers 800 000 ans.

MOT CLÉ
- **$\delta^{18}O$** : rapport entre le $^{18}O/^{16}O$ mesuré et celui de référence (en général celui de l'océan actuel), exprimé en ‰.
- **Quaternaire** : dernière période du Cénozoïque, débutant il y a 2,58 Ma.

II Le rôle des paramètres orbitaux terrestres

■ Les variations des rapports isotopiques de l'oxygène coïncident avec les variations de l'orbite terrestre décrits par les cycles de Milankovitch.

■ Ces variations des paramètres orbitaux ont modifié la puissance solaire reçue par la Terre. Elles sont à l'origine de l'entrée ou de la sortie d'une glaciation.

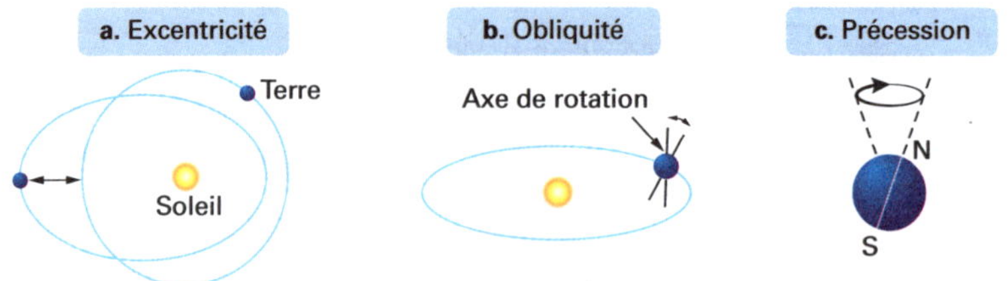

Cycles de 100 000 ans entre l'orbite elliptique et l'orbite quasi circulaire

Cycles de 41 000 ans : l'inclinaison passe de 24,5° à 22,5°

Cycles de 19 000 et 23 000 ans

Doc **Les cycles de Milankovitch**

Méthode

Corréler variations climatiques et cycles de Milankovitch

Les glaciations du Quaternaire s'expliquent par des variations astronomiques.

Montrer que les variations des paramètres orbitaux expliquent les périodes glaciaires de ces 600 000 dernières années.

Doc Volume des glaces et paramètres orbitaux

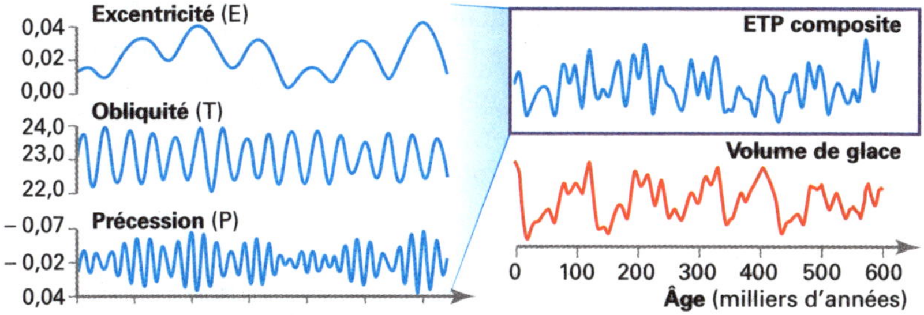

CONSEILS

Étape 1 Repérer les cycles des différents paramètres et donner leur période.
Étape 2 Expliquer le lien entre paramètre orbital et climat global.
Étape 3 Établir les corrélations en débutant par les cycles de longue période.

SOLUTION

Étape 1 En 600 000 ans, on repère 6 cycles pour l'excentricité, donc une période de 100 000 ans ; 14 cycles pour l'obliquité, donc une période de 43 000 ans et 27 cycles pour la précession, donc une période de 22 000 ans.

Étape 2 Quand la Terre s'éloigne du Soleil (excentricité croissante), le climat mondial se refroidit, d'où l'entrée en glaciation. De la même façon, une obliquité élevée augmente le contraste entre les saisons, favorisant la glaciation. La précession entraîne un décalage progressif entre les saisons et la position de la Terre sur son orbite : aujourd'hui, l'été boréal a lieu alors que la distance Terre-Soleil est élevée, ce qui réduit le contraste entre les saisons dans l'hémisphère Nord.

Étape 3 On observe que la courbe de l'évolution du volume des glaces se superpose quasiment à la courbe de la résultante des trois paramètres orbitaux. Ainsi, on retrouve tous les 110 à 120 000 ans une période avec un faible volume de glace (période interglaciaire) lié à une excentricité et une obliquité faibles. Au sein de la dernière phase glaciaire, on observe 4 ou 5 cycles correspondant globalement aux cycles de 22 000 ans de la précession des équinoxes.

22 Le refroidissement du Cénozoïque

En bref *Le climat actuel s'inscrit dans un refroidissement global amorcé il y a 30 millions d'années du fait de la raréfaction du CO_2 atmosphérique.*

I Un refroidissement au cours du Cénozoïque

- Les indices géochimiques ($\delta^{18}O$) des sédiments marins révèlent, par **principe d'actualisme**, une baisse globale de la température depuis l'Éocène.

- Simultanément, la teneur atmosphérique en CO_2 diminue en raison de l'érosion des reliefs (Alpes, Himalaya...), alimentant la formation de nouvelles roches calcaires. Le CO_2 étant l'un des principaux gaz à effet de serre, sa raréfaction expliquerait le refroidissement.

> **MOT CLÉ**
> **Principe d'actualisme** : postule que les processus à l'œuvre aujourd'hui sont les mêmes qu'autrefois.

- Il y a 30 millions d'années, la **tectonique des plaques** a isolé l'Antarctique en créant un courant océanique circumpolaire. Le continent s'est rapidement englacé, d'où une hausse de **l'albédo** (fraction de la lumière réfléchie ou diffusée) terrestre.

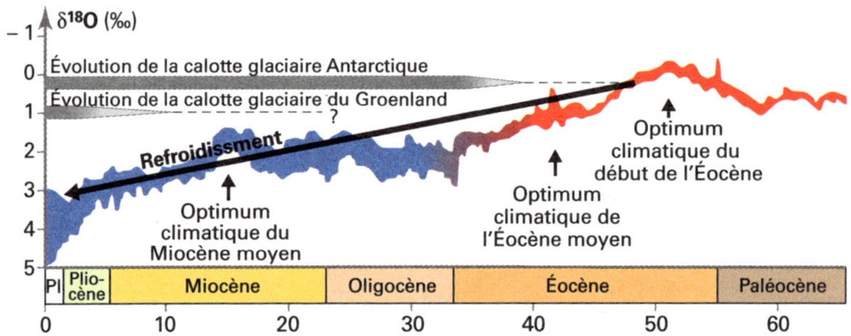

Doc **Refroidissement et baisse du $\delta^{18}O$ des sédiments marins**

II Rôle des boucles de rétroaction

- Une **boucle de rétroaction** apparaît lorsqu'une petite variation d'un paramètre entraîne *in fine* une variation importante dans le même sens (rétroaction positive) ou dans le sens opposé (rétroaction négative).

- **L'albédo** intervient dans une boucle de rétroaction positive. Si la température diminue, la surface occupée par les glaces augmente et l'albédo aussi, entraînant une diminution encore plus rapide de la température.

- De même, la **solubilité du CO_2 dans les océans** diminue avec la température. Une hausse de la température réduit la capacité de l'océan à absorber le CO_2 atmosphérique, ce qui favorise le réchauffement.

- Ces rétroactions explique le passage rapide entre période glaciaire et interglaciaire.

Méthode

Interpréter les variations des rapports isotopiques

Le climat du Quaternaire a connu de nombreuses variations, avec de forts épisodes glaciaires et interglaciaires.

À l'aide du document, déterminer les périodes glaciaires et interglaciaire du Quaternaire.

Doc Variations du $\delta^{18}O$ depuis 400 000 ans

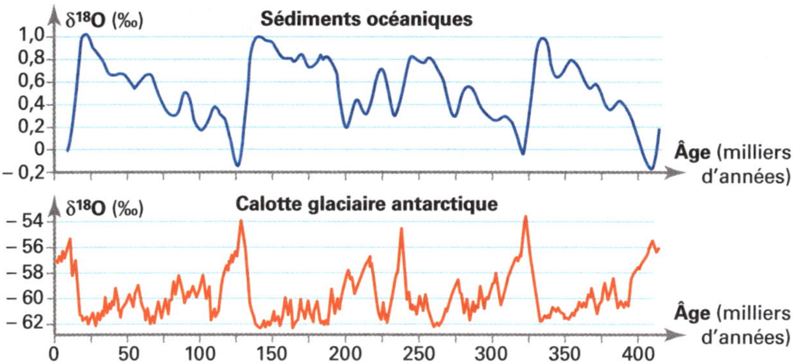

CONSEILS

Étape 1 Repérer où ont été mesurés les rapports et indiquer comment varie ce paramètre dans la glace et les océans.
Étape 2 Rappeler le lien existant entre température globale et $\delta^{18}O$.
Étape 3 Reconstituer les grandes variations du climat en repérant les périodes glaciaires et interglaciaires.

SOLUTION

Étape 1 Le document présente le $\delta^{18}O$ des océans (en haut) et des glaces (en bas). Le $\delta^{18}O$ des glaces et des océans varie de façon opposée : un $\delta^{18}O$ des glaces faible correspond à un $\delta^{18}O$ des océans élevé, donc une période froide.

Étape 2 En période chaude, le $\delta^{18}O$ dans la glace est plus élevé (« moins négatif ») qu'en période froide. Dans les sédiments océaniques, au contraire, le $\delta^{18}O$ est plus élevé en période froide qu'en période chaude.

Étape 3 On repère trois ou quatre périodes de glaciations successives :
- de – 10 000 à – 115 000 ans ;
- de – 130 000 à – 325 000 ans, avec un climat doux vers – 220 000 ans ;
- avant – 340 000 ans, avec une phase douce vers – 440 000 ans.

23 Les climats extrêmes du passé

En bref *L'étude des fossiles et des glaciers montre que la Terre a connu autrefois des climats très différents de l'actuel.*

I La Terre « chaude » du Mésozoïque

■ Au Mésozoïque (notamment au Crétacé, de – 146 à – 66 Ma), la présence de charbon à proximité des pôles de l'époque, qui étaient dépourvus de glace, révèle un climat globalement plus chaud (d'environ 3 °C) qu'aujourd'hui.

■ Ceci s'explique principalement par la tectonique des plaques : le continent unique, la Pangée, commence à se fracturer dès le Permo-Trias. Le CO_2 libéré par l'activité volcanique des dorsales s'accumule dans l'atmosphère, d'où le réchauffement ; par ailleurs, l'absence de reliefs à éroder limite sa consommation.

II Les grandes glaciations du Paléozoïque

■ La découverte de traces glaciaires sur de nombreux continents révèle l'existence d'une vaste glaciation au Permo-Carbonifère.

■ Au Carbonifère, les continents achèvent de se réunir pour former la Pangée. Les collisions continentales entraînent l'édification de la chaîne varisque. Son altération aurait entraîné une baisse importante de la teneur en CO_2 de l'atmosphère.

■ Le Carbonifère voit aussi le développement de vastes forêts piégeant le CO_2 atmosphérique. Le bois qui a sédimenté sur place sans être consommé est à l'origine des gisements de charbon (puits à CO_2). L'arrêt de la formation des charbons à la fin du Carbonifère semble corrélé avec le développement de champignons capables de dégrader totalement la lignine.

■ On explique ainsi la glaciation permo-carbonifère par la modification du cycle géochimique du carbone, liée à l'altération de la chaîne varisque et à la fossilisation importante de matière organique.

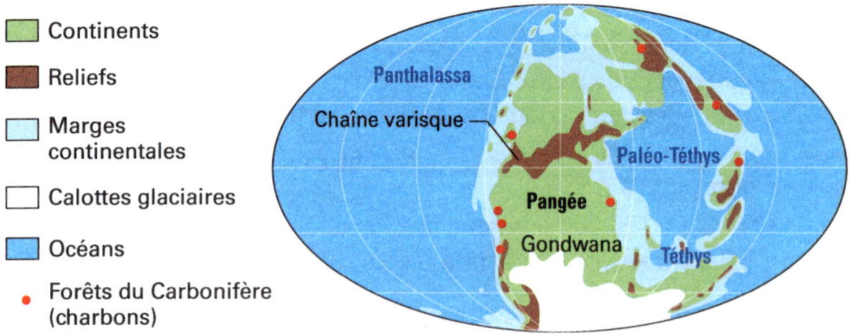

Doc La Terre lors de la glaciation du Carbonifère (– 300 Ma)

Méthode

Exploiter des équations chimiques pour modéliser le climat

Au Carbonifère se met en place la chaîne hercynienne, d'ampleur comparable à l'Himalaya actuel. Cette période est aussi celle d'une vaste glaciation.

Montrer que l'érosion de la chaîne hercynienne peut expliquer la glaciation permo-carbonifère.

Doc Quelques équilibres chimiques régissant l'altération et la précipitation

Dans les chaînes de montagnes, les affleurements présentent généralement davantage de roches magmatiques que dans les zones de plaine. Ces roches peuvent posséder des minéraux tels que des feldspaths ou des pyroxènes, qui s'altèrent suivant les réactions suivantes :

Altération d'un feldspath calcique :

$$CaAl_2Si_2O_8 + 3\ H_2O + 2\ CO_2 \rightarrow 2\ HCO_3^- + Ca^{2+} + Al_2Si_2O_5(OH)_4 \quad (1)$$

Altération d'un pyroxène calcique :

$$CaSiO_3 + H_2O + 2\ CO_2 \rightarrow SiO_2 + Ca^{2+} + 2\ HCO_3^- \quad (2)$$

Les produits d'érosion (sous la forme d'ions solubles Ca^{2+} et HCO_3^-) seront transportés jusqu'aux océans où ils seront mobilisés pour former de nouvelles roches calcaires, selon l'équation :

$$2\ HCO_3^- + Ca^{2+} \rightarrow CaCO_3 + CO_2 + H_2O \quad (3)$$

CONSEILS

Étape 1 Repérer les interventions du CO_2 et le nombre de moles impliquées.
Étape 2 Faire le bilan complet entre altération et précipitation.
Étape 3 Conclure en rappelant le rôle du CO_2 dans l'effet de serre.

SOLUTION

Étape 1 Il faut deux moles de CO_2 pour altérer une mole de feldspath ou de pyroxène calciques. Cela libère deux moles d'HCO_3^- et une mole d'ion Ca^{2+}, qui peuvent précipiter sous forme de calcite et libérer une mole de CO_2.

Étape 2 Le bilan pour le CO_2 de l'altération d'un feldspath calcique (1) ou d'un pyroxène calcique (2) puis de la précipitation des produits de l'érosion (3) consomme une mole de CO_2 par mole de minéral altéré.

Étape 3 Ainsi l'altération des roches magmatiques, généralement exposées lors de la formation de reliefs, puis la précipitation des produits de l'érosion consomme du CO_2 atmosphérique. La formation d'un relief comme l'orogenèse hercynienne peut donc conduire à une baisse de la concentration en CO_2 atmosphérique, d'où une entrée en glaciation, le CO_2 étant l'un des principaux gaz à effet de serre.

MÉMO VISUEL

Variations climatiques sur de courtes périodes

Facteurs astronomiques

a. Excentricité

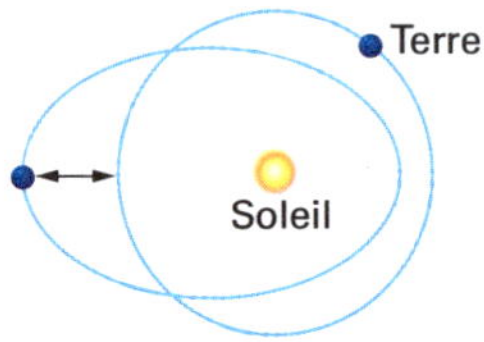

b. Obliquité

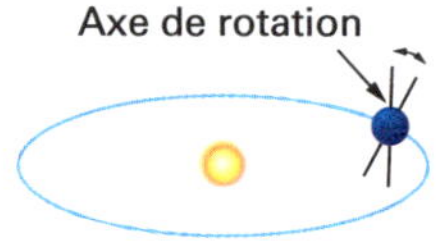

c. Précession

Avancée ou recul des glaces

CLIMAT DU PASSÉ RÉCENT

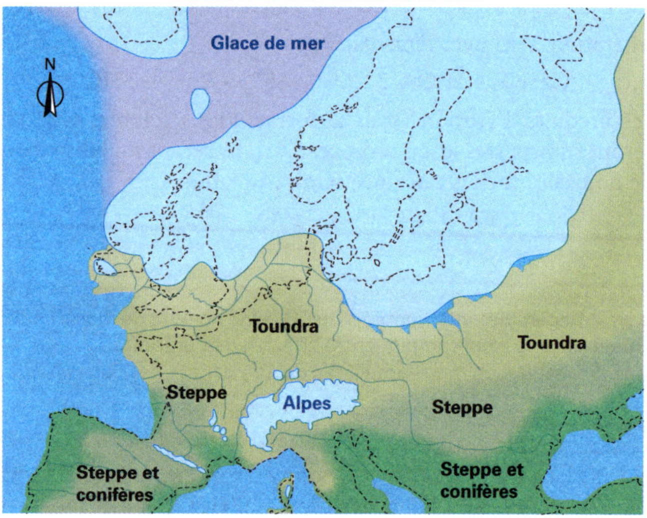

Climat lors de la glaciation du Würm (– 12 000 ans)

Reconstitution du climat

Indices préhistoriques

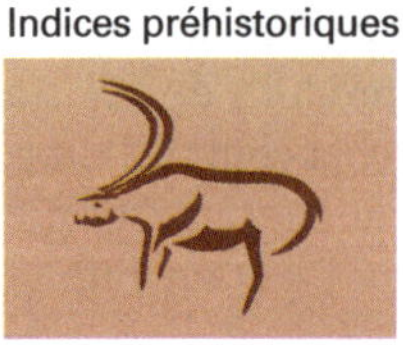

Indices isotopiques dans les glaces et les sédiments marins

$$\delta^{18}O = \left(\frac{\left(\frac{\delta^{18}O}{\delta^{16}O}\right)_{\text{échantillon}}}{\left(\frac{\delta^{18}O}{\delta^{16}O}\right)_{\text{standard}}} - 1 \right)$$

Indices géologiques (traces glaciaires...)

Variations climatiques sur de longues périodes

Photosynthèse

Tectonique des plaques

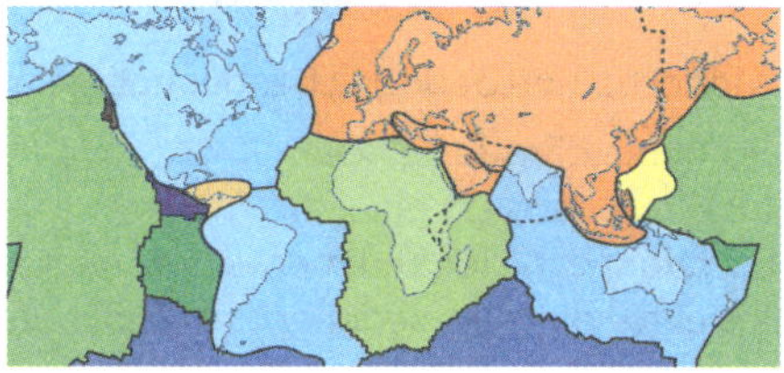

Érosion — Volcanisme — Position des continents

CO_2 atmosphérique — **Albédo**

CLIMAT DU PASSÉ LOINTAIN

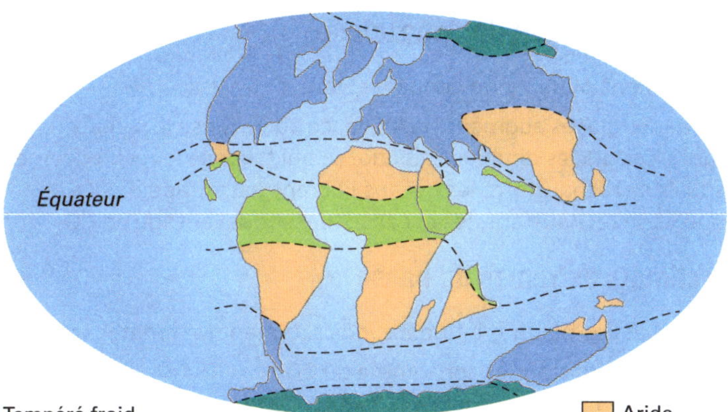

- Tempéré froid
- Tempéré chaud et paratropical
- Aride
- Tropical humide

Climat chaud du Mésozoïque

Reconstitution du climat (principe d'actualisme)

Indices paléontologiques

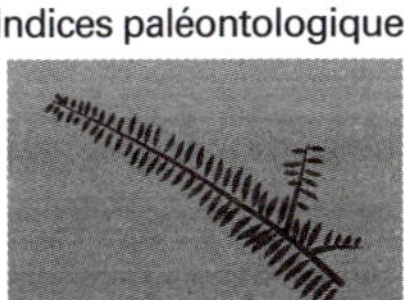

Indices isotopiques dans les glaces et les sédiments marins

$$\delta^{18}O = \left(\frac{\left(\frac{\delta^{18}O}{\delta^{16}O}\right)_{\text{échantillon}}}{\left(\frac{\delta^{18}O}{\delta^{16}O}\right)_{\text{standard}}} - 1\right)$$

Indices géologiques (traces glaciaires, charbons, évaporites...)

SE TESTER QUIZ

Vérifiez que vous avez bien compris les points clés des **fiches 21 à 23**.

1 Les variations climatiques du Quaternaire

→ FICHE 21

1. Par rapport à une période chaude, une période froide possède un $\delta^{18}O$:

- ☐ **a.** plus faible dans les glaces
- ☐ **b.** plus élevé dans les glaces
- ☐ **c.** plus faible dans les sédiments océaniques
- ☐ **d.** plus élevé dans les sédiments océaniques

2. Les paramètres astronomiques expliquant les variations cycliques du climat sont :

- ☐ **a.** les variations de l'excentricité
- ☐ **b.** la précession des équinoxes
- ☐ **c.** la durée de révolution de la Terre autour du Soleil
- ☐ **d.** la position de la Lune par rapport à la Terre
- ☐ **e.** les variations de l'inclinaison de l'axe de rotation de la Terre

2 Le refroidissement du Cénozoïque

→ FICHE 22

Un réchauffement peut s'auto-amplifier, car :

- ☐ **a.** la fonte des glaces augmente l'albédo, ce qui favorise le réchauffement
- ☐ **b.** la fonte des glaces diminue l'albédo, ce qui favorise le réchauffement
- ☐ **c.** lorsqu'ils se réchauffent, les océans libèrent davantage de CO_2
- ☐ **d.** lorsqu'ils se réchauffent, les océans stockent davantage de CO_2

3 Les climats extrêmes du passé

→ FICHE 23

1. La tectonique des plaques influence indirectement le climat, car :

- ☐ **a.** l'érosion des montagnes consomme du CO_2
- ☐ **b.** l'érosion des montagnes libère du CO_2
- ☐ **c.** les dorsales océaniques consomment du CO_2
- ☐ **d.** les dorsales océaniques libèrent du CO_2

2. La présence de grandes forêts sombres influence le climat, car elles :

- ☐ **a.** consomment beaucoup de CO_2 par photosynthèse
- ☐ **b.** libèrent beaucoup de CO_2 par photosynthèse
- ☐ **c.** augmentent l'albédo, donc favorisent le réchauffement
- ☐ **d.** diminuent l'albédo, donc favorisent le réchauffement

S'ENTRAÎNER

4 Comprendre l'effet des paramètres de Milankovitch

→ FICHE 21

Les paramètres orbitaux de Milankovitch permettent de calculer l'ensoleillement du globe terrestre et d'étudier son influence sur le climat.

Montrer que les paramètres orbitaux de Milankovitch pourraient expliquer le maximum glaciaire du Würm (–20 000 ans) et la déglaciation de l'Holocène (à partir de –12 000 ans).

Doc Ensoleillement de la Terre entre –25 000 et –10 000 ans, calculé d'après les paramètres de Milankovitch

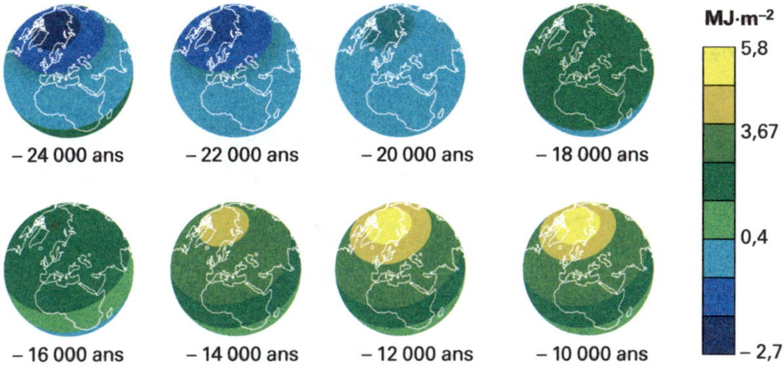

5 Comprendre le lien entre $\delta^{18}O$ et latitude

→ FICHES 21 et 22

Les rapports entre certains isotopes de l'oxygène (^{18}O et ^{16}O) ou de l'hydrogène (^{2}H et ^{1}H) sont souvent qualifiés de « thermomètres isotopiques » : l'étude de leurs variations permet d'estimer les températures du passé.

Expliquer comment et pourquoi le $\delta^{18}O$ des précipitations varie avec la latitude. Argumenter l'idée que le $\delta^{18}O$ est un thermomètre isotopique.

Doc $\delta^{18}O$ dans les précipitations (pluie, neige)

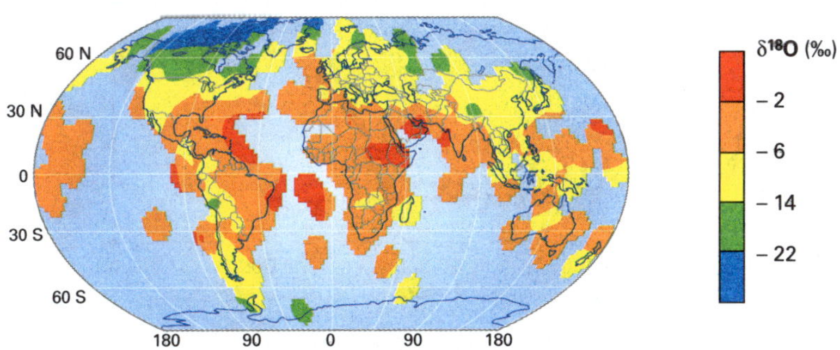

6 Expliquer les peintures des grottes de Lascaux et de Rouffignac

→ FICHES 21 et 22

Les 1 900 peintures répertoriées dans la grotte de Lascaux (Dordogne), datées d'il y a 18 000 ans (16 000 av. J.-C.), présentent de nombreuses représentations de la faune d'un climat froid et sec : chevaux, bouquetins, rhinocéros laineux... La grotte voisine de Rouffignac, datant de la même époque, contient en outre des mammouths laineux. Ces espèces sont aujourd'hui absentes de la faune sauvage de la Dordogne.

Grâce aux documents suivants et à vos connaissances, expliquer pourquoi la faune représentée dans ces grottes est si différente de la faune actuelle.

Doc 1 Lien entre $\delta^{18}O$ et δD dans la neige et température

On rappelle que le δD (D pour deutérium) est lié à la mesure du rapport $^{2}H/^{1}H$, ces deux isotopes de l'hydrogène ayant un comportement identique aux isotopes de l'oxygène ^{18}O et ^{16}O.

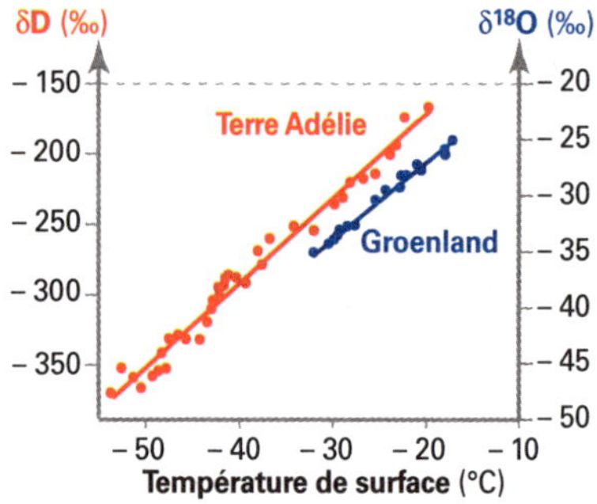

Doc 2 Variation du $\delta^{18}O$ et du δD des glaces de l'Antarctique depuis 40 000 ans

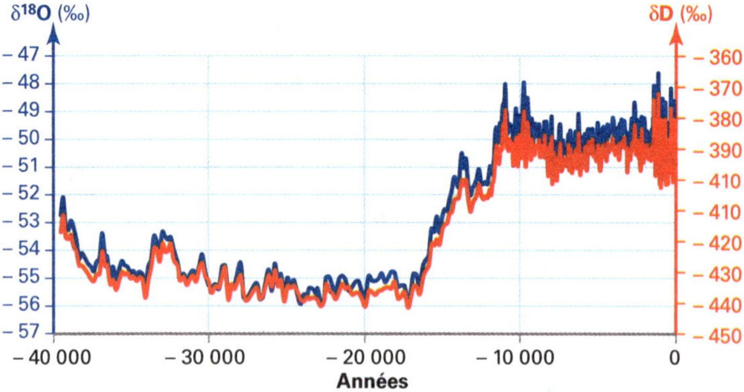

7 Expliquer une situation paradoxale à Saint-Étienne

→ FICHE 23

En 1996, une équipe de géologues a effectué des observations surprenantes sur des roches datant de l'Autunien (–299 à –295 Ma) dans le bassin de Saint-Étienne. Ils y ont trouvé :

– des tillites (roches témoins de moraines glaciaires) ;

– une surabondance d'argiles de type illite, caractéristique des climats tempérés ou froids, au détriment de la kaolinite, formée dans les climats chauds et humides ;

– des fossiles d'une paléoflore montagnarde, peu diversifiée, contrastant avec la paléoflore tropicale et diversifiée régnant dans la grande forêt du Carbonifère telle qu'elle a pu être décrite dans d'autres bassins de l'époque ;

– des traces dans les sédiments, interprétées comme des « fantômes » de cristaux de glace.

Montrer d'après les documents que le climat reconstitué d'après ces indices est paradoxal, et proposer une explication pour résoudre ce problème.

Doc 1 La Terre vers – 300 Ma

L'étoile indique la localisation de Saint-Étienne à l'époque, au cœur d'une vaste chaîne de montagnes, la chaîne hercynienne, née de la collision entre la Laurussia et le Gondwana. Le climat était alors assez similaire au climat actuel.

Doc 2 Quelques grands glaciers de montagne actuels

À l'avant des glaciers se trouve généralement une moraine, formée par l'accumulation des galets transportés par le glacier. Ces galets peuvent se retrouver cimentés dans des roches sédimentaires appelées tillites.

Glacier	Latitude	Altitude de la moraine frontale actuelle (m)
Barnard (Alaska)	61° N	600
Mer de Glace (France)	45° N	1 600
Baltoro (Pakistan)	35° N	3 900
Chimborazo (Équateur)	1° S	5 250

Glacier	Latitude	Altitude de la moraine frontale actuelle (m)
Furtwängler (Tanzanie)	3° S	5 500
Tasman (Nouvelle-Zélande)	43° S	150
Perito Moreno (Argentine)	50° S	187

8 Comprendre l'entrée en glaciation au Permo-Carbonifère

→ FICHE 23

La fin du Paléozoïque était sans doute marquée par un climat très froid, comparable à celui qui régnera pendant les périodes glaciaires du Quaternaire. Cette période froide aurait duré pendant la plus grande partie du Carbonifère (–359 à –299 Ma) et du Permien (–299 à –252 Ma). Les traces de cette glaciation, retrouvées dans de nombreux continents actuels, ont permis à Alfred Wegener (1912) de conforter son hypothèse d'une Pangée et d'une dérive des continents.

À l'aide des documents et de vos connaissances, expliquer ce qui a pu contribuer à l'installation d'une glaciation au Permo-Carbonifère.

Doc 1 Paléogéographie au Carbonifère inférieur (–340 Ma)

Il y a 400 Ma, la formation de la Pangée s'est accompagnée de l'élévation de nombreuses chaînes de montagnes (du fait des collisions).

On rappelle que cette période tire son nom des abondants gisements de charbon issus de l'enfouissement des forêts qui recouvraient alors la zone intertropicale.

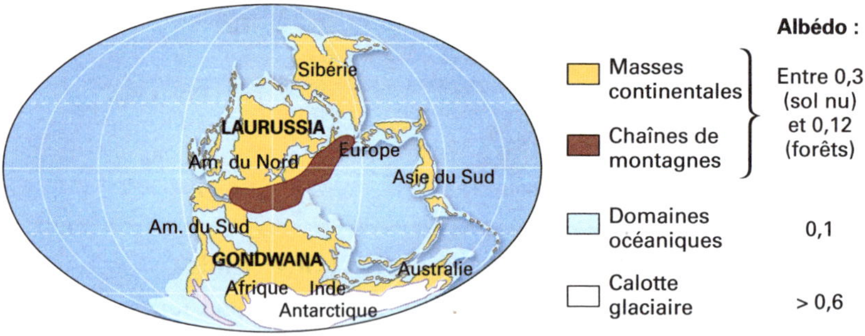

Doc 2 Variations de la teneur en CO_2 de l'atmosphère au Phanérozoïque

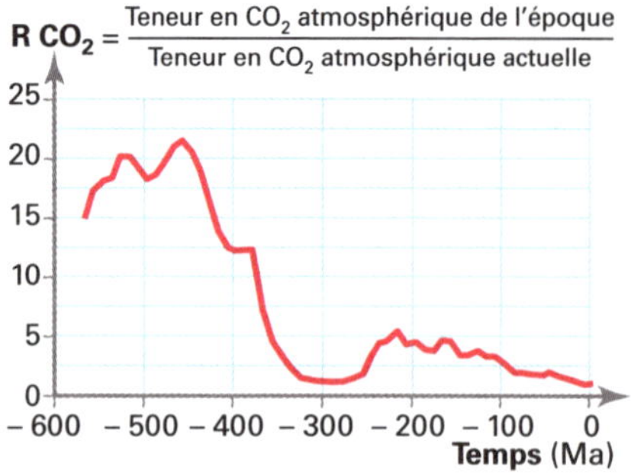

Doc 3 L'altération des roches et la teneur en CO_2 de l'atmosphère au Carbonifère

Lorsque les roches granitiques de la croûte continentale s'altèrent, en particulier dans les chaînes de montagnes, il en résulte une roche friable avec des minéraux non altérés (quartz), des minéraux altérés (feldspaths, micas) et des minéraux argileux nouvellement formés. Certains éléments des minéraux altérés, les ions Na^+ et Ca^{2+} par exemple, sont dissous, puis emportés par les cours d'eau.

L'altération des silicates calciques (réaction 1) produit les ions HCO_3^- et Ca^{2+}, qui peuvent réagir selon la réaction 2 pour former des roches sédimentaires de type calcaire.

Réaction 1 :

$$\underbrace{CaAl_2Si_2O_8}_{\text{minéral calcique}} + \underbrace{3\ H_2O}_{\text{eau}} + \underbrace{2\ CO_2}_{\text{gaz dissous}} \rightarrow \underbrace{2\ HCO_3^- + Ca^{2+}}_{\text{ions solubles}} + \underbrace{Al_2Si_2O_5(OH)_4}_{\text{minéral argileux}}$$

Réaction 2 :

$$\underbrace{2\ HCO_3^- + Ca^{2+}}_{\text{ions dissous}} \rightarrow \underbrace{CaCO_3}_{\text{calcite}} + \underbrace{CO_2}_{\text{gaz}} + \underbrace{H_2O}_{\text{eau}}$$

OBJECTIF BAC

9 Reconstituer le climat de l'Éémien

45 min

→ FICHES 21 et 22

Cet exercice permet de faire le lien entre les différentes méthodes de reconstitution du climat et de les appliquer à la dernière période interglaciaire.

LE SUJET

Le Quaternaire est marqué par des variations climatiques importantes où alternent périodes glaciaires et interglaciaires. Ainsi, les assemblages de mollusques dans les mines d'Amersfoort (Pays-Bas) ont permis à Harting en 1875 de décrire un climat entre –130 000 et –115 000 ans contrastant beaucoup avec la période précédente, dite de Riss, et la période suivante, dite de Würm. Cette période a été nommée Éémien, en référence à la rivière Eem qui coule à Amersfoort.

En exploitant les documents et vos connaissances, montrer que le climat qui régnait pendant l'Éémien contraste avec celui du Riss ou du Würm.

Doc 1 Évolution de la composition de l'atmosphère en CO_2 et en CH_4 depuis 400 000 ans

Les mesures ont été réalisées sur des bulles d'air piégées dans les glaces antarctiques. On rappelle que le CO_2 et le CH_4 sont des gaz à effet de serre.

ppm : partie par million ; ppb : partie par billion (par milliard).

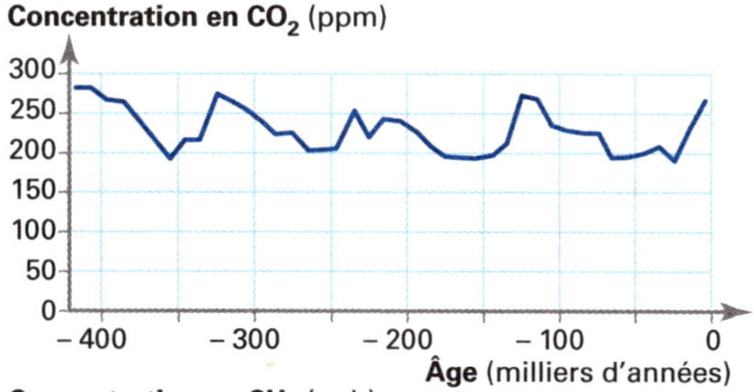

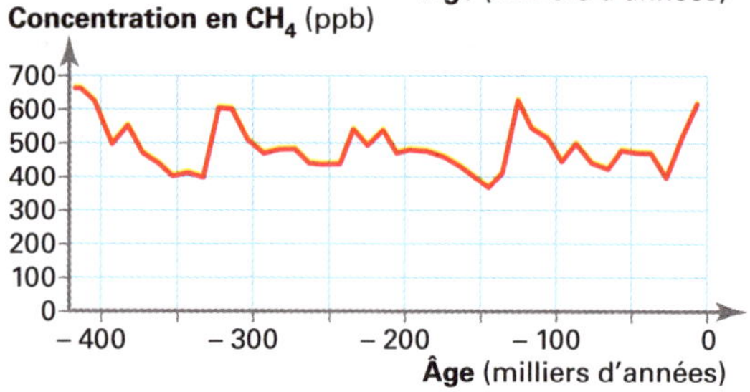

Doc 2 Extension des glaciers alpins

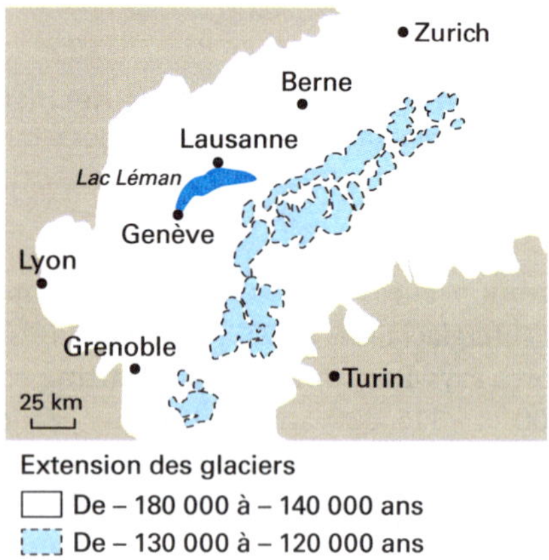

Doc 3 Climatogrammes obtenus à partir des fossiles des grands mammifères trouvés dans la grotte du Lazaret (Nice)

Un climatogramme est une classification des animaux par affinité climatique et/ou écologique. Les groupes « écologiques » sont représentés sur un graphique, en pourcentages, selon un ordre précis, d'un environnement froid (à gauche) vers un environnement tempéré (à droite).

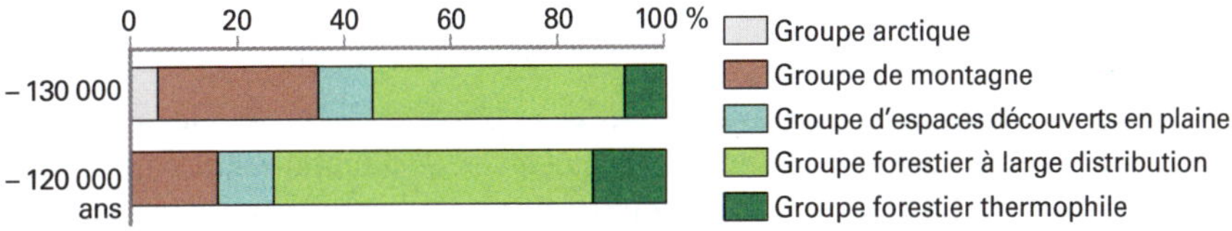

Doc 4 Étude du $\delta^{18}O$ mesuré dans les coquilles de mollusques marins

À gauche, corrélation entre le $\delta^{18}O$ des coquilles marines et la température de l'eau.

À droite, évolution du $\delta^{18}O$ des coquilles de mollusques marins fossiles trouvés dans la grotte du Lazaret (Nice).

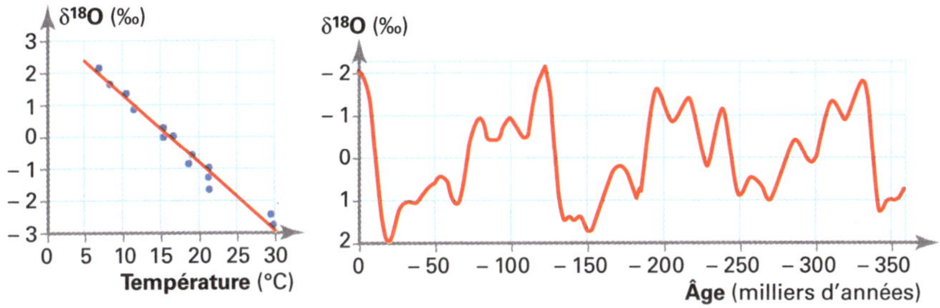

Doc 5 Données palynologiques (étude des pollens) relevées au Portugal et climats associés

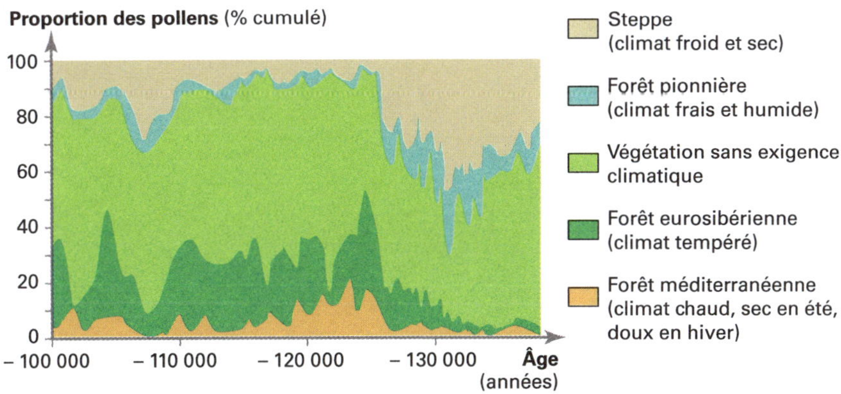

▶▶▶ LA FEUILLE DE ROUTE

Il faut commencer par reconstituer le climat de l'Éémien, du Würm et du Riss afin de montrer que celui de l'Éémien était différent des autres.

Étape 1 Extraire les informations des documents

- Le **document 1** permet d'estimer les concentrations en gaz à effet de serre pendant les trois périodes étudiées.
- Le **document 2** indique l'étendue des glaciers pendant l'Éémien et le Riss.
- Les **documents 3**, **4** et **5** fournissent des données sur les fossiles retrouvés dans la grotte du Lazaret : préférences écologiques et climatiques des animaux ; variations du $\delta^{18}O$ mesuré dans les coquilles de mollusques marins et préférences climatiques des associations de végétaux (d'après le pollen).

Étape 2 Associer les informations des documents et les connaissances

- L'association des **documents 1 et 4** permet de reconstituer les concentrations en gaz à effet de serre et les températures pendant les trois périodes. Rappeler ce que sont les gaz à effet de serre, et le lien entre $\delta^{18}O$ et températures.
- Les autres **documents** permettent d'étudier les conséquences de ces températures sur la flore (doc. 5), la faune (doc. 3) et les glaciers (doc. 2). Montrer que ces données sont cohérentes avec celles des documents 1 et 4.

Étape 3 Rédiger la réponse

- Rédiger un paragraphe pour chacune des parties suggérées dans l'étape 2.
- Penser à indiquer le numéro du document utilisé pour souligner les relations effectuées. Préciser ce qui provient de vos connaissances.
- Conclure en soulignant le contraste climatique entre les trois périodes.

CORRIGÉS

SE TESTER QUIZ

1 Les variations climatiques du Quaternaire

1. Réponses a et d. Par rapport à une période chaude, une période froide possède un $\delta^{18}O$ plus faible dans les glaces et plus élevé dans les sédiments océaniques.
Les réponses b et c sont incorrectes ; elles proposent le contraire.

2. Réponses a, b et e. Les paramètres astronomiques expliquant les variations cycliques du climat sont les variations de l'excentricité, la précession des équinoxes et les variations d'inclinaison de l'axe de rotation terreste.
Le réponses c et d sont incorrectes. La durée de révolution de la Terre autour du Soleil n'a pas d'effet sur le climat. La position de la Lune explique les marées mais n'a pas d'effet sur le climat.

2 Le refroidissement du Cénozoïque

Réponses b et c. Un réchauffement peut s'auto-amplifier, car la fonte des glaces diminue l'albédo, ce qui favorise le réchauffement, et lorsqu'ils se réchauffent, les océans libèrent davantage de CO_2.
Les réponses a et d sont incorrectes ; elles proposent le contraire.

3 Les climats extrêmes du passé

1. Réponses a et d. La tectonique des plaques influence indirectement le climat, car l'érosion des montagnes consomme du CO_2 et les dorsales océaniques en libèrent de grandes quantités.
Les réponses b et c sont incorrectes ; elles proposent le contraire.

2. Réponses a et c. La présence de grandes forêts influence le climat, car elles consomment beaucoup de CO_2 par photosynthèse et augmentent l'albédo, donc favorisent le réchauffement.
Les réponses b et d sont incorrectes ; elles proposent le contraire.

S'ENTRAÎNER

4 Comprendre l'effet des paramètres de Milankovitch

■ Entre –25 000 et –22 000 ans, l'ensoleillement quotidien estimé par les paramètres de Milankovitch au solstice d'été est en moyenne de 2 $MJ \cdot m^{-2}$ plus faible qu'à l'époque actuelle dans les hautes latitudes. L'ensoleillement polaire augmente ensuite : il est supérieur à l'ensoleillement actuel dès –18 000 ans et atteint un pic il y a 11 000 ans, avec un ensoleillement quotidien estival d'environ 4,5 $MJ \cdot m^{-2}$ supérieur à l'ensoleillement actuel.

■ Le solstice d'été représente la période de fonte maximale de la glace dans l'hémisphère Nord. Plus il fait chaud pendant l'été boréal, plus les glaces fondent, alors qu'un hiver chaud limite peu la formation de ces glaces.
■ Ainsi, on observe que le maximum glaciaire du Würm il y a 20 000 ans fait suite à plusieurs milliers d'années d'ensoleillement estival très faible. Les glaces ont donc peu fondu et se sont accumulées.
■ De la même façon, le début de l'Holocène il y a 12 000 ans est au cœur d'une phase d'augmentation de l'ensoleillement estival amorcée 6 000 ans plus tôt, avec des étés polaires particulièrement ensoleillés les deux millénaires précédents. À cette époque, les glaces fondent sans doute davantage pendant l'été qu'elles ne se forment pendant l'hiver, donc les glaciers reculent.
■ Une boucle de rétroaction positive peut expliquer le déglacement relativement rapide du début de l'Holocène : la diminution de l'albédo liée au retrait des glaciers amplifie le réchauffement, donc la déglaciation.
■ En conclusion, les variations des paramètres de Milankovitch, utilisées pour évaluer l'ensoleillement de l'hémisphère Nord, expliquent bien le maximum glaciaire du Würm et la déglaciation de l'Holocène.

5 Comprendre le lien entre $\delta^{18}O$ et latitude

■ Sur le document, on remarque que le $\delta^{18}O$ dans les précipitations est d'autant plus faible que la latitude est élevée : autrement dit, plus on se rapproche des pôles, moins il y a d'^{18}O comparativement à l'^{16}O dans les précipitations.
■ Ceci s'explique par la masse différente de ces deux isotopes de l'oxygène. Ainsi, l'eau constituée d'^{18}O est plus lourde que celle formée d'^{16}O : elle s'évapore donc plus difficilement (d'où un enrichissement des nuages en ^{16}O) et précipite plus facilement.
■ Les nuages à l'origine des précipitations polaires peuvent provenir des océans voisins (ces nuages restant limités, car l'évaporation est plus faible aux hautes latitudes) ou des océans équatoriaux. Dans les deux cas, les nuages polaires ont un $\delta^{18}O$ plus faible. Les nuages issus des océans polaires, où l'évaporation est réduite, apportent peu d'^{18}O ; et les nuages issus des régions équatoriales, qui ont traversé l'hémisphère, ont perdu davantage d'^{18}O, car leur eau a eu le temps de précipiter, celle-ci précipitant mieux que l'eau formée d'^{16}O.
■ Ainsi, plus on s'éloigne de l'équateur, plus il fait froid et plus les nuages (donc les précipitations) sont appauvris en ^{18}O (ont un $\delta^{18}O$ faible). Ce phénomène explique le lien entre $\delta^{18}O$ et latitude.
■ Comme il existe un lien entre température et latitude, il existe également une corrélation entre température et $\delta^{18}O$: en effet, plus la température est élevée, plus le $\delta^{18}O$ des précipitations est élevé. De ce fait, plus la température est élevée, plus les glaces issues de ces précipitations ont un $\delta^{18}O$ élevé. On peut donc considérer que le $\delta^{18}O$ est un thermomètre isotopique.

6 Expliquer les peintures des grottes de Lascaux et de Rouffignac

■ Le **document 1** montre que le $\delta^{18}O$ et le δD des glaces augmentent avec la température. Ceci s'explique par le fractionnement isotopique : l'eau constituée d'^{18}O ou de ^{2}H, isotopes lourds, s'évapore plus difficilement que celle formée d'^{16}O ou de ^{1}H.

■ Les corrélations vues dans le **document 1** servent à analyser le **document 2**. Celui-ci présente les variations du $\delta^{18}O$ et du δD dans les glaces de l'Antarctique au cours du temps, entre 38 000 avant J.-C. et aujourd'hui. On observe qu'entre 38 000 et 15 000 ans avant J.-C., le $\delta^{18}O$ vaut en moyenne –55 ‰ et le δD – 430 ‰. Entre 15 000 et 10 000 ans avant J.-C., le $\delta^{18}O$ et le δD augmentent rapidement et atteignent en moyenne respectivement –50 et –385 ‰. En appliquant les formules indiquées dans le document 1, cela correspond à un réchauffement pour le $\delta^{18}O$ de $6{,}04 \times 5 \approx 30$ °C en Terre-Adélie et pour le δD de $0{,}67 \times 45 \approx 30$ °C au Groenland. Ainsi, la température de surface au niveau des pôles s'est réchauffée de 30 °C entre 15 000 et 10 000 ans avant J.-C.

■ Ainsi, à l'époque des grottes de Lascaux et de Rouffignac (16 000 av. J.-C.), le climat qui régnait en France devait être beaucoup plus froid que le climat actuel. Il est donc normal que la faune de la région soit celle de climats froids et secs (chevaux, bouquetins, mammouths et rhinocéros laineux…), ce dont témoignent les peintures réalisées par les êtres humains qui vivaient à la même époque.

7 Expliquer une situation paradoxale à Saint-Étienne

■ L'énoncé présente de nombreux indices d'un climat froid caractérisé par la présence de glaces près de Saint-Étienne : découverte de tillites issues des moraines formées par les glaciers (doc. 2), de « fantômes » de glace dans les sédiments et de fossiles d'une paléoflore adaptée au climat froid de type montagnard.

■ Pourtant, le **document 1** montre que Saint-Étienne était à l'époque près de l'équateur. On s'attendrait à y trouver des indices d'un climat chaud et humide, avec la formation de kaolinite plutôt que d'illite et la présence d'une flore équatoriale. La découverte d'indices de climat froid apparaît donc comme paradoxale.

■ L'énoncé précise que la paléoflore est de type montagnard. Le document 1 montre que Saint-Étienne se trouvait à l'époque au cœur d'une vaste chaîne de montagnes, la chaîne hercynienne, issue de la collision entre la Laurussia et le Gondwana. Or des montagnes peuvent abriter des glaciers (et donc engendrer des tillites, des fantômes de glace) et des espèces adaptées au climat froid des hautes altitudes.

■ D'après le **document 1**, le climat du Carbonifère était comparable à l'actuel, donc les positions des glaciers le sont également. Or, d'après le **document 2**, les glaciers à proximité de l'équateur n'existent qu'à des altitudes supérieures à 5 000 m (cas du glacier de Furtwängler à 3° S ou du Chimborazo à 1°S).

■ On peut donc imaginer que les indices retrouvés appartenaient à un bassin sédimentaire de haute altitude, à proximité de glaciers. Le paradoxe serait ainsi résolu.

8 Comprendre l'entrée en glaciation au Permo-Carbonifère

■ Le document 1 révèle la présence, au Carbonifère, d'une chaîne de montagnes près de l'équateur, donc soumise à un climat chaud et humide favorable à son érosion.

■ Il montre aussi une calotte glaciaire au pôle sud, à l'albédo élevé (> 0,6).

■ D'après le document 2, La teneur en CO_2 de l'atmosphère pendant le Carbonifère et le Permien était proche de 1 et bien plus faible que pendant les périodes précédentes ou suivantes. Elle était proche de la valeur actuelle. L'entrée en glaciation au début du Carbonifère s'est donc caractérisée par une baisse de la teneur en CO_2 dans l'atmosphère, cette teneur augmentant à nouveau à la fin du Permien.

■ Le document 3 permet de faire le lien entre la teneur en CO_2 de l'atmosphère et l'altération des roches des montagnes.

CONSEILS

Repérer les interventions du CO_2 et le nombre de molécules impliquées.
Faire le bilan complet entre altération et précipitation.
Conclure en rappelant le rôle du CO_2 sur l'effet de serre.

■ Il faut deux moles de CO_2 pour altérer une mole de silicate calcique, ce qui libère deux moles d'HCO_3^-. La sédimentation restitue une mole de CO_2 par mole de calcite formée et consomme deux moles d'HCO_3^-.

Finalement, l'altération d'une mole de silicate calcique consomme une mole de CO_2. L'érosion constitue donc un puits à CO_2.

L'érosion des chaînes de montagnes peut ainsi contribuer à la baisse de la teneur en CO_2 atmosphérique. Ce gaz étant un gaz à effet de serre, cela entraîne une baisse globale des températures.

■ La chute du taux de CO_2 dans l'atmosphère peut s'expliquer par :

- une consommation élevée de CO_2 en raison de la photosynthèse réalisée par les vastes forêts du Carbonifère (doc. 1). La formation d'importants gisements de charbon montre en outre que le CO_2, piégé sous forme de matière organique, s'est accumulé ;
- la présence d'une vaste chaîne de montagnes près de l'équateur expose un volume important de roches à l'érosion, conduisant à une consommation accrue de CO_2 (doc. 3).

■ Une fois que la glace a commencé à s'installer, son développement s'accélère rapidement en raison du changement d'albédo. En effet, plus la surface occupée par la glace est importante, plus l'albédo global terrestre augmente et plus l'énergie solaire est réfléchie. Les températures mondiales continuent de baisser, ce qui favorise le développement des glaces. C'est une rétroaction positive.

■ Ces trois phénomènes conjugués (stockage biologique du CO_2, érosion, hausse de l'albédo) expliquent l'entrée en glaciation au début du Carbonifère.

OBJECTIF BAC

9 Reconstituer le climat de l'Éémien

Introduction

Les archives sédimentaires montrent que pendant l'Éémien (entre -130 000 et -115 000 ans), le climat était très différent du climat du Riss qui le précédait ou du Würm qui le suivait. Nous verrons ce qui caractérisait ce climat par rapport aux autres époques.

Une période plus chaude que le Riss et le Würm

■ Le document 1 retrace les quantités de CO_2 et de CH_4, deux gaz à effet de serre, dans l'atmosphère. Ces gaz absorbent les rayons infrarouges réémis par la Terre à la suite de son réchauffement par le Soleil : ils participent donc à l'élévation de la température mondiale. Pendant l'Éémien, on observe un pic de la teneur en CO_2 (275 ppm contre en moyenne 200 ppm pendant le Riss et le Würm) et en CH_4 (600 ppb contre 450 ppb en moyenne pendant le Riss et le Würm), ce qui a pu entraîner une élévation de la température mondiale.

■ Le document 4 permet de reconstituer les températures par la mesure du $\delta^{18}O$ dans les coquilles des mollusques marins. Le ^{18}O étant plus lourd que l'^{16}O, il s'évapore plus difficilement : en période froide, lorsque l'évaporation est plus limitée, les nuages (et les glaces formées) vont donc présenter une sous-abondance de ^{18}O par rapport au ^{16}O, donc un $\delta^{18}O$ faible. À l'inverse, le ^{18}O s'étant peu évaporé, il reste plus abondant dans l'océan : une période froide correspondra donc à un $\delta^{18}O$ plus élevé dans les sédiments marins.

■ Cette corrélation négative entre température et $\delta^{18}O$ dans les sédiments marins est illustrée dans la partie gauche du document 4. Dans la partie droite du même document, le $\delta^{18}O$ des sédiments marins est beaucoup plus élevé pendant l'Éémien (avec des pics jusqu'à -2 ‰, ce qui correspondrait à des températures de l'eau à proximité de la grotte du Lazaret de 25 °C) que pendant le Riss ou le Würm (avec un $\delta^{18}O$ de 1 ‰, correspondant à des températures de la Méditerranée de 10 °C).

■ L'Éémien est donc une période particulièrement chaude, caractérisée par une teneur importante en gaz à effet de serre dans l'atmosphère.

Les conséquences du réchauffement éémien

■ Les autres documents permettent d'étudier les conséquences de ce réchauffement. D'après le document 2, les glaciers alpins sont beaucoup moins étendus pendant l'Éémien que pendant le Riss : le Riss est une phase glaciaire, tandis que l'Éémien est une phase interglaciaire. Le document 3 montre que pendant l'Éémien (entre -130 000 et -120 000 ans) la part des mammifères forestiers dans les fossiles de la grotte du Lazaret augmente (de 55 à 70 %) et, parmi eux, la part de forestiers thermophiles, qui ne survivent que dans des milieux relativement chauds (de 8 à 15 %). À l'inverse, les mammifères caractéristiques des milieux froids se raréfient : ainsi, la part des mammifères montagnards diminue de moitié (de 30 à 15 %) et les mammifères arctiques disparaissent complètement.

■ Ces résultats sont caractéristiques d'un réchauffement du climat dans la région du Lazaret, de même que ceux présentés dans le **document 5**. Les pollens retrouvés permettent de reconstituer le type de végétation : pendant l'Éémien, elle est dominée par des forêts de climat tempéré ou méditerranéen, alors qu'au Riss et au Würm elle est plutôt dominée par des steppes caractéristiques de climats froids et secs.

Conclusion

L'Éémien est une période où régnait un climat beaucoup plus chaud et humide que le climat froid et sec du Würm et du Riss. C'est une phase interglaciaire, lors de laquelle les glaciers alpins ont reculé et les forêts forêts tempérées et méditerranéennes se sont développées, abritant des animaux caractéristiques de climats chauds. Le Riss et le Würm, au contraire, étaient des phases glaciaires, avec des glaciers alpins étendus et une végétation de type steppe (toundra) ou de forêt froide (taïga), où vivaient des mammifères de climat froid et sec.

8 Agir sur le réchauffement climatique actuel

Shariatpur, sur les rives du fleuve Padma, au Bangladesh, en 2018. Ce pays pourrait perdre 20 % de son territoire du fait de la montée des eaux liée au réchauffement climatique.

24 Le consensus sur le réchauffement climatique

En bref *L'origine anthropique du réchauffement climatique est scientifiquement avérée, mais sa modélisation reste complexe.*

I L'établissement d'un consensus scientifique

- Les données climatiques relevées depuis le XIXe siècle montrent une élévation de la température mondiale d'environ 1 °C en 150 ans. Ce réchauffement est lié à une hausse importante de la teneur atmosphérique en CO_2 libéré par les activités humaines : la combustion des gisements carbonés, à la base de nombreuses activités modernes, est aujourd'hui la source principale de CO_2 atmosphérique.

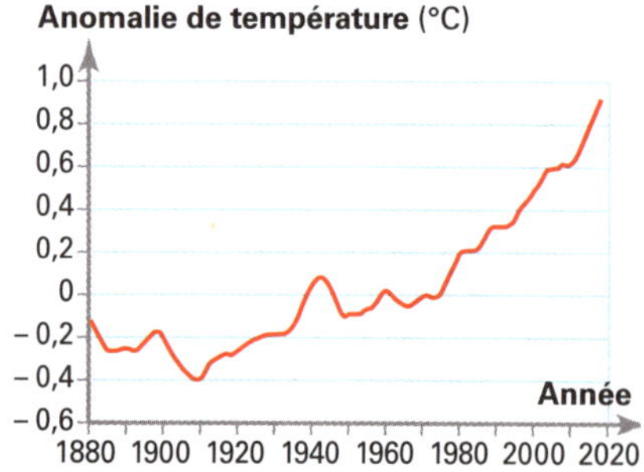

Doc Évolution de la température mondiale

- L'ONU a créé en 1988 le Giec et, depuis, un effort de recherche majeur est mené pour élaborer un modèle robuste du changement climatique, de ses causes et conséquences, et pour définir les actions à conduire pour y faire face.

MOT CLÉ
Giec : Groupe d'experts intergouvernemental sur l'évolution du climat.

II Conséquences biologiques possibles du réchauffement

- En dehors des effets physiques (fonte des glaces, etc.), le réchauffement climatique a des impacts importants sur la biodiversité et la santé humaine.
- Il peut modifier les effectifs des différentes populations sauvages, leur état sanitaire ou leur répartition géographique. Ainsi, si certaines espèces peuvent se déplacer pour chercher ailleurs de meilleures conditions, d'autres voient leurs populations décroître et pourraient être amenées à disparaître.
- Ces modifications perturbent tous les écosystèmes, mettant en danger des espèces qui ne sont pas directement impactées par le réchauffement climatique.
- Ces effets sont souvent difficiles à quantifier. Ainsi, l'augmentation de la concentration en CO_2 atmosphérique favorise la photosynthèse, donc la production de biomasse et les rendements agricoles. Mais le réchauffement climatique rend aussi les terres agricoles moins disponibles, du fait de la montée du niveau marin, de la diffusion de pathogènes et de la pénurie d'eau.

Méthode

Analyser un suivi de la répartition des espèces

Vecteur de nombreuses maladies (dengue, chikungunya, zika...), le développement du moustique tigre est un problème de santé publique.

Montrer comment la répartition du moustique tigre en France évolue parallèlement au réchauffement climatique.

Doc Évolution de l'aire de répartition du moustique tigre *Aedes albopictus*

Venant d'Asie, le moustique tigre résiste à des températures plus froides que les autres espèces tropicales. Ses œufs, qui peuvent survivre pendant des mois en milieu sec, donnent un adulte en 10 jours à 20 °C, contre 6 jours seulement à 28 °C.

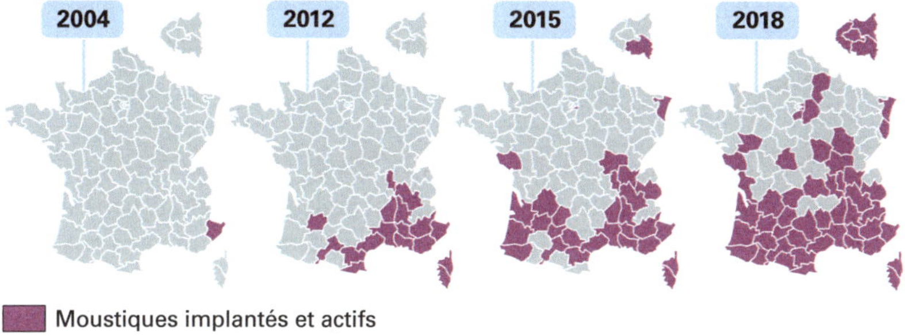

CONSEILS

Étape 1 Retracer l'évolution de l'expansion du moustique tigre.
Étape 2 Relever les effets possibles de la température sur les populations.
Étape 3 Conclure en distinguant bien corrélation et causalité.

SOLUTION

Étape 1 En 2004, le moustique tigre est cantonné aux Alpes-Maritimes. Il migre ensuite vers l'ouest et le nord : il semble suivre les vallées du Rhône et de la Garonne, puis atteint la région parisienne en 2018. Il est présent aujourd'hui sur plus de la moitié du territoire.

Étape 2 Le réchauffement climatique pourrait avoir deux conséquences principales sur les populations de moustique tigre :
– il rend accessibles des régions autrefois trop froides pour ce moustique ;
– il accélère le cycle de vie du moustique, lui permettant ainsi de se reproduire et de coloniser plus rapidement le territoire.

Étape 2 Le réchauffement climatique semble favoriser l'installation d'espèces tropicales en France, comme le moustique tigre.
Il s'agit ici d'une corrélation. Seule une étude expérimentale approfondie pourrait démontrer une causalité.

25 Agir sur le réchauffement climatique

En bref *Les causes et les conséquences possibles du réchauffement climatique sont aujourd'hui identifiées. Il faut maintenant agir pour en atténuer les effets ou s'y adapter.*

I Des actions à des échelles différentes

- À l'échelle collective, le Giec a pour objectif d'évaluer de façon mondiale les connaissances acquises et les stratégies à mettre en œuvre. De nombreux pays ont développé des plans d'action bâtis sur un consensus scientifique, dont l'objectif est de renforcer les connaissances et l'évaluation des politiques mises en place.
- On peut également agir à l'échelle individuelle, en limitant par exemple les transports individuels ou en achetant préférentiellement des produits fabriqués localement ou nécessitant peu d'énergie.

II Les stratégies d'atténuation ou d'adaptation

- On peut envisager de limiter (atténuation) l'ampleur du réchauffement climatique et/ou d'adapter les installations et les comportements humains aux conséquences inéluctables du réchauffement climatique.
- Parmi les stratégies d'atténuation possibles, on peut réduire les émissions de gaz à effet de serre. Diverses méthodes de stockage du carbone (agriculture et sylviculture, puits miniers, etc.) sont également à l'étude.
- Les plans d'action nationaux proposent aussi des stratégies d'adaptation. En France, le PNACC (plan national d'action sur le changement climatique) recherche les méthodes et les bénéfices de diverses politiques d'action : construction de digues et naturalisation des côtes pour lutter contre l'érosion du littoral, végétalisation des villes, prévention et suivi des maladies infectieuses, etc.

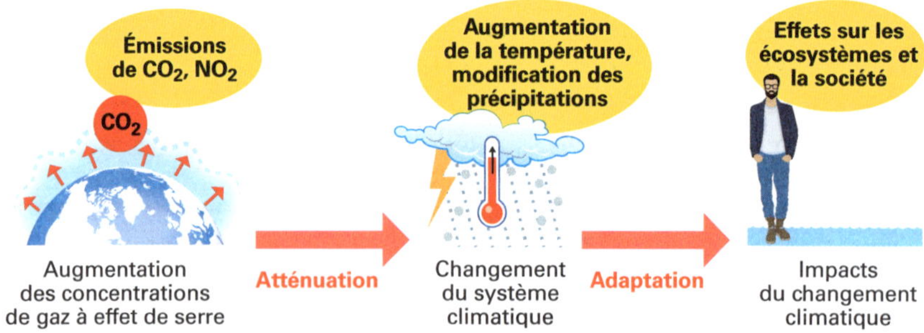

Doc **Notions d'atténuation ou d'adaptation selon le PNACC**

Méthode

Proposer ou identifier une stratégie d'action

Les centres-villes connaissent souvent des températures plus élevées que les zones rurales, et cet écart peut s'aggraver avec le réchauffement climatique.

D'après le document, proposer une stratégie d'atténuation permettant de limiter l'ampleur des îlots de chaleur urbains.

Doc Profil de température selon l'occupation des sols

Le phénomène « îlot de chaleur urbain » dépend de l'organisation du bâti et de l'utilisation de matériaux réfléchissants : plus une surface a un albédo faible, plus elle se réchauffe. Par ailleurs, ce phénomène est modéré par la présence d'eau : ainsi, la remise à l'air libre en 2005 de la rivière Cheonggyecheon à Séoul, enfouie sous l'autoroute depuis 1950, a réduit la température de 3,6 °C aux alentours.

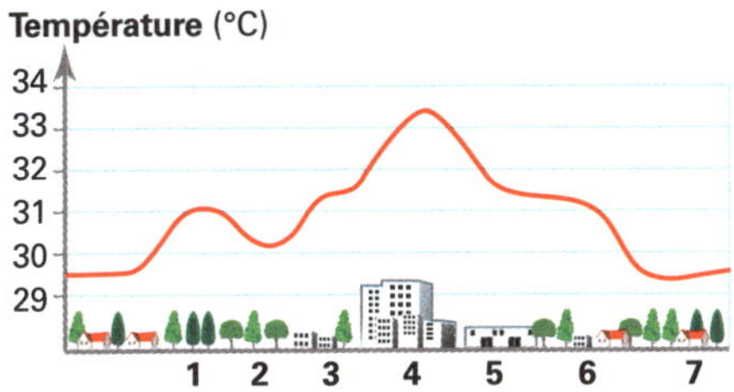

1 : Résidentiel de banlieue
2 : Parc
3 : Résidentiel urbain
4 : Centre-ville
5 : Commercial
6 : Résidentiel suburbain
7 : Rural

CONSEILS

Étape 1 Identifier le paramètre sur lequel on veut agir.
Étape 2 Établir les corrélations entre température et type d'occupation des sols.
Étape 3 À partir de ces corrélations, imaginer comment réduire la température des centres-villes.

SOLUTION

Étape 1 On veut atténuer la température dans les centres-villes.

Étape 2 On observe que, par rapport aux zones rurales, la température est plus élevée de 1,5 °C dans les zones résidentielles et commerciales, et même de 3,5 °C dans les centres-villes. Dans les parcs, la température n'est que de 0,5 °C plus élevée.

Étape 3 Pour atténuer les îlots de chaleur urbains, on peut envisager :

- d'utiliser davantage de matériaux réfléchissants, afin de baisser l'albédo et donc de limiter le réchauffement du centre-ville ;
- de végétaliser les centres villes (parcs, toitures végétalisées, etc.), puisque la présence de végétation limite la température ;
- de libérer les cours d'eau qui auraient pu être enfouis.

MÉMO VISUEL

Agir sur l'inéluctable réchauffement climatique

ACTIVITÉS HUMAINES

Stockage du carbone
- dans la biosphère

- dans les puits de mine

Limitation des activités libérant le plus de gaz à effet de serre
- actions individuelles
- actions collectives

Augmentation de la teneur en CO_2 atmosphérique

De 280 ppmv* en 1750 (ère préindustrielle)... à 400 ppmv de nos jours

Concentration en dioxyde de carbone atmosphérique (ppmv*)

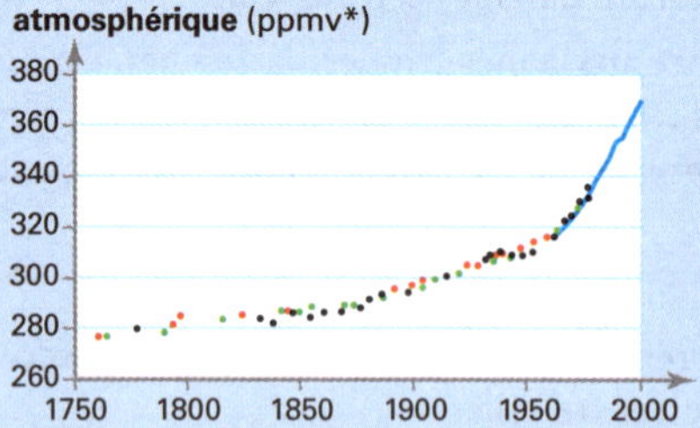

* partie par million en volume

Augmentation de la température

De 1 °C au cours des 150 dernières années... jusqu'à 5 °C en 2100 selon les modèles pessimistes...

Anomalie de température (°C)

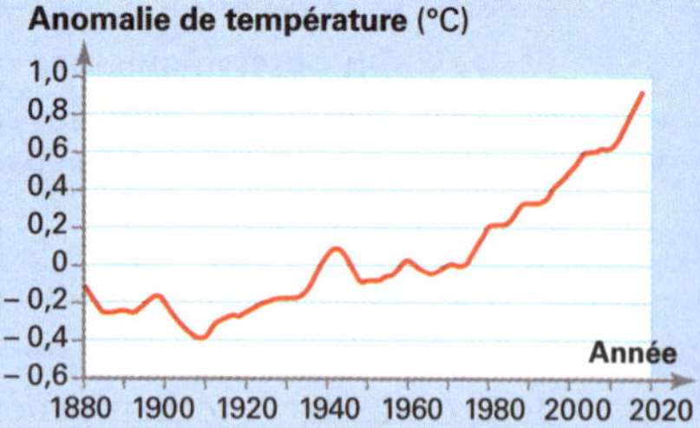

Modélisation scientifique (Giec)

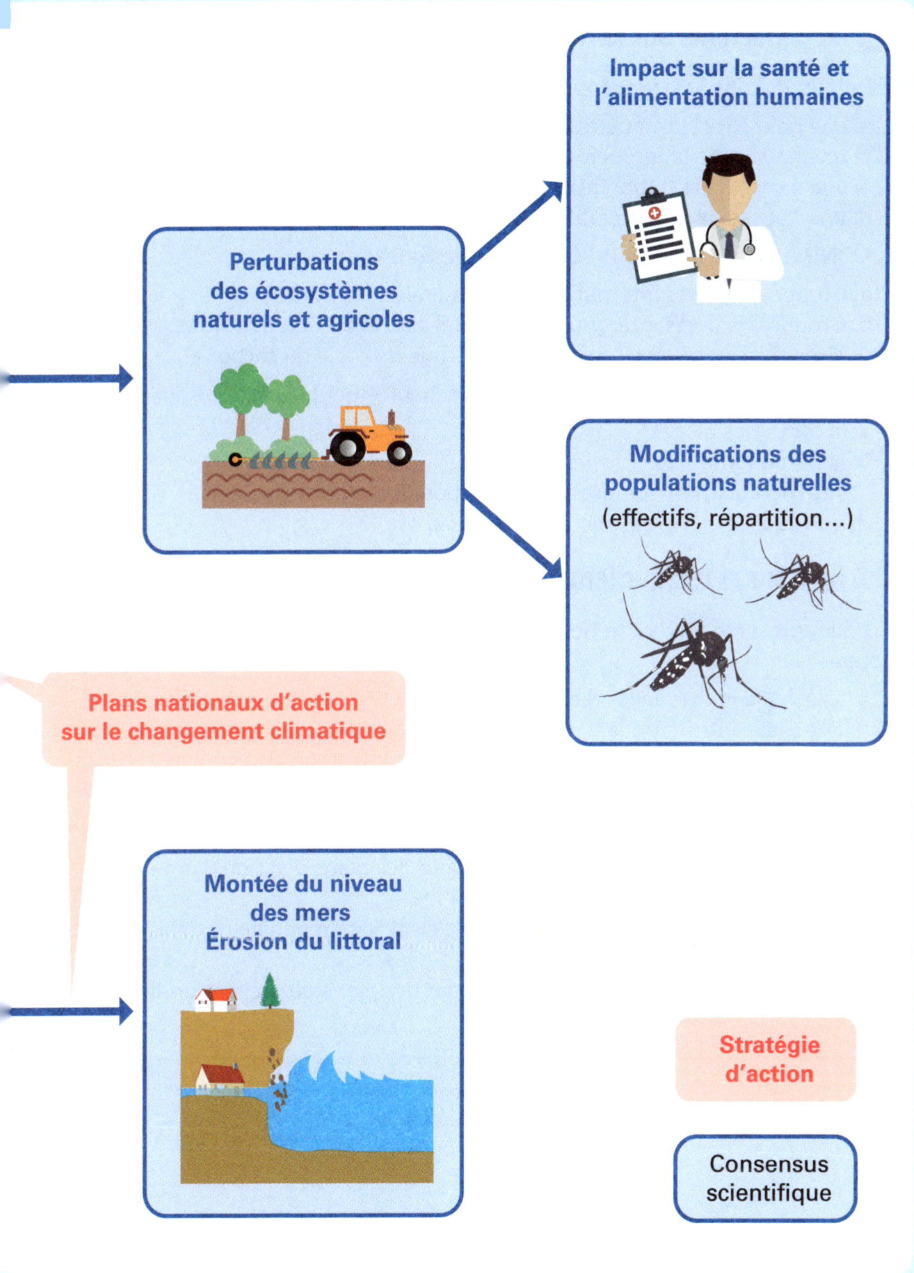
Impact sur la santé et l'alimentation humaines
Perturbations des écosystèmes naturels et agricoles
Modifications des populations naturelles (effectifs, répartition...)
Plans nationaux d'action sur le changement climatique
Montée du niveau des mers
Érosion du littoral
Stratégie d'action
Consensus scientifique

SE TESTER QUIZ

Vérifiez que vous avez bien compris les points clés des **fiches 24 et 25**.

1 Le consensus sur le réchauffement climatique

→ FICHE 24

1. Depuis 150 ans, les données climatiques révèlent :

☐ **a.** une baisse de la température et une baisse du CO_2 atmosphérique
☐ **b.** une hausse de la température et une baisse du CO_2 atmosphérique
☐ **c.** une baisse de la température et une hausse du CO_2 atmosphérique
☐ **d.** une hausse de la température et une hausse du CO_2 atmosphérique

2. L'ONU a créé le Giec en 1988. Ce sigle désigne le :

☐ **a.** Groupe d'experts international sur les émissions de CO_2
☐ **b.** Groupe d'experts intergouvernemental sur l'évolution du climat
☐ **c.** Groupe scientifique international d'étude du cycle du carbone

3. Parmi les conséquences physiques du réchauffement climatique, il y a :

☐ **a.** la fonte des glaces
☐ **b.** la dérégulation des écosystèmes
☐ **c.** une modification des aires de répartition des espèces
☐ **d.** une hausse du niveau mondial de la mer

2 Agir sur le réchauffement climatique

→ FICHE 25

1. Pour agir sur le réchauffement climatique, il faut développer des actions :

☐ **a.** à l'échelle individuelle, elles seules pouvant avoir un impact
☐ **b.** à l'échelle internationale, elles seules pouvant avoir un impact
☐ **c.** à toutes les échelles, chaque action pouvant avoir un impact

2. Pour faire face au réchauffement climatique, on peut proposer :

☐ **a.** une stratégie d'atténuation : stocker le CO_2 dans les mines
☐ **b.** une stratégie d'atténuation : développer des plans d'action d'urgence en cas de canicule estivale
☐ **c.** une stratégie d'adaptation : favoriser l'électricité d'origine nucléaire plutôt que celle venant des conbustibles fossiles
☐ **d.** une stratégie d'adaptation : développer des plans de prévention des maladies infectieuses

S'ENTRAÎNER

3 Limiter les ravages du typographe

→ FICHE 24

Le bostryche typographe (*Ips typographus*) est un petit coléoptère ravageur des forêts d'épicéas des Alpes ou du Jura. Il colonise préférentiellement les arbres âgés ou malades, les épicéas sains pouvant se défendre en sécrétant une résine collante, sauf lorsque la population de typographes est particulièrement dense. Il n'existe à ce jour aucune parade efficace.

Grâce aux documents, montrer que le réchauffement climatique peut faire courir des risques importants aux épicéas de Suisse.

Doc 1 Durée de développement du typographe en fonction de la température

La durée de développement, ou temps de génération, sépare deux pontes successives. Autrement dit, c'est le temps qu'il faut pour passer de l'œuf à l'adulte prêt à pondre.

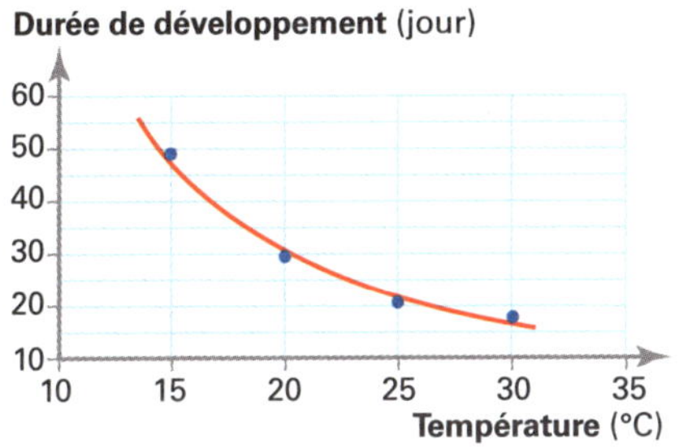

Doc 2 Nombre de générations annuelles du typographe en fonction de la température

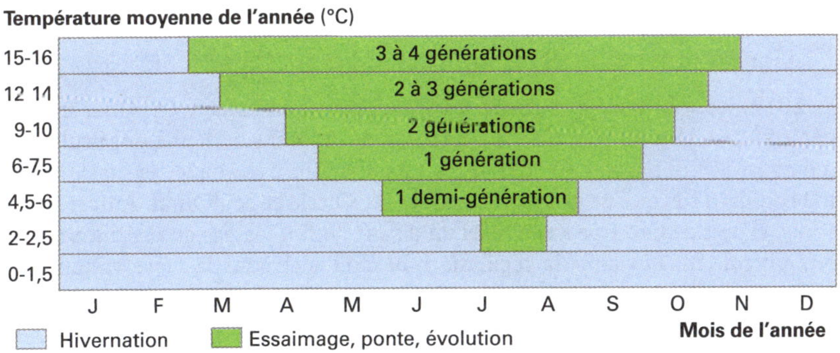

Doc 3 **Impact du réchauffement climatique sur le nombre de générations de typographes en Suisse**

En haut, carte des années 1980-2009 servant de référence. En bas, la carte représente le nombre de générations annuelles de typographes attendues en 2085 selon un scénario pessimiste (élévation importante des températures).

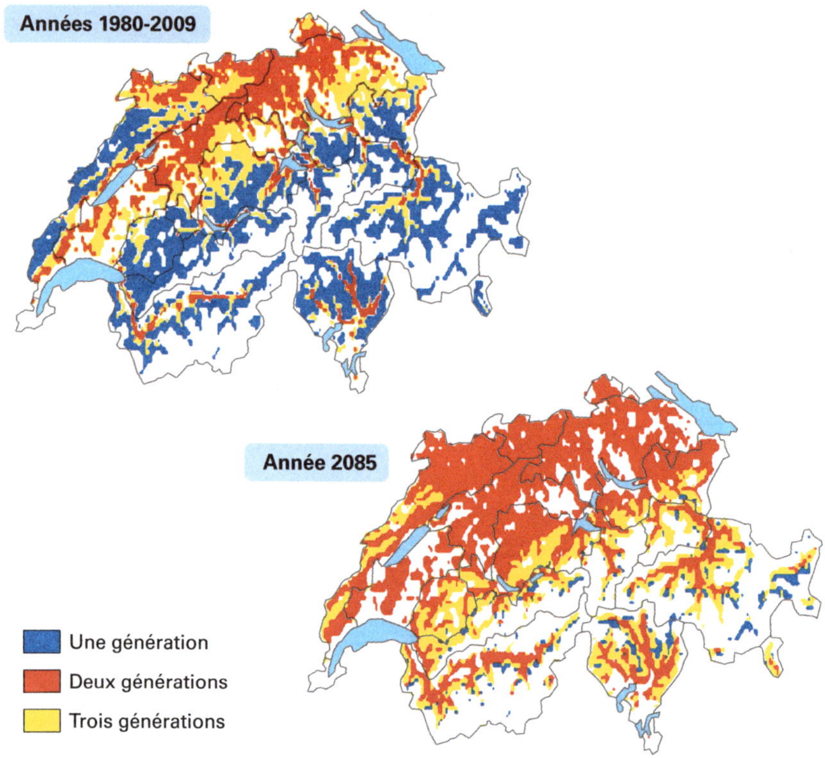

4 Lier déforestation et réchauffement climatique

→ FICHES 24 et 25

En 2019, les journaux ont relaté les gigantesques incendies en Amazonie. La même année, plus de 16 millions d'hectares de la forêt sibérienne ont brûlé dans une quasi-indifférence, à la suite d'un mois de juin très chaud, plongeant dans un brouillard toxique de nombreuses villes de Sibérie et de l'Oural. Anton Beneslavsky, expert de Greenpeace, a réagi en disant : « Il n'y a pas que l'Amazonie qui joue un rôle majeur dans la régulation du climat et pour la préservation de la biodiversité. L'écosystème sibérien, celui du Canada, du Congo, etc. sont aussi importants. Si l'on perd l'un de ces écosystèmes, on ne sauvera pas le climat. »

À partir des documents et de vos connaissances, démontrer la justesse du commentaire de l'expert de Greenpeace.

Doc 1 Stockage de CO_2 par la végétation continentale

Une valeur positive correspond à un flux de CO_2 depuis l'atmosphère vers la végétation continentale où il est stocké. Les zones en gris correspondent aux intervalles d'incertitude.

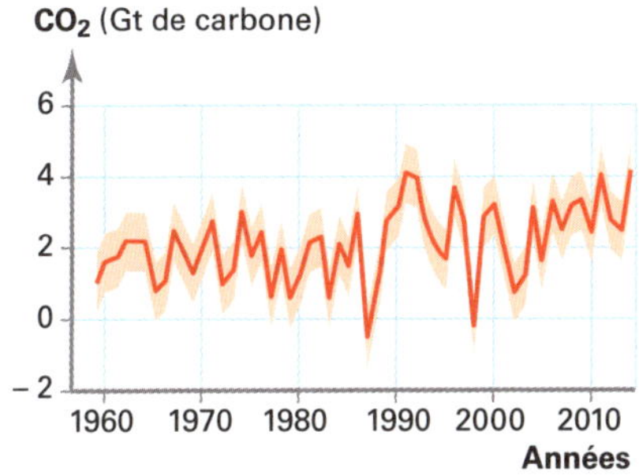

Doc 2 Réserves de carbone dans différents écosystèmes

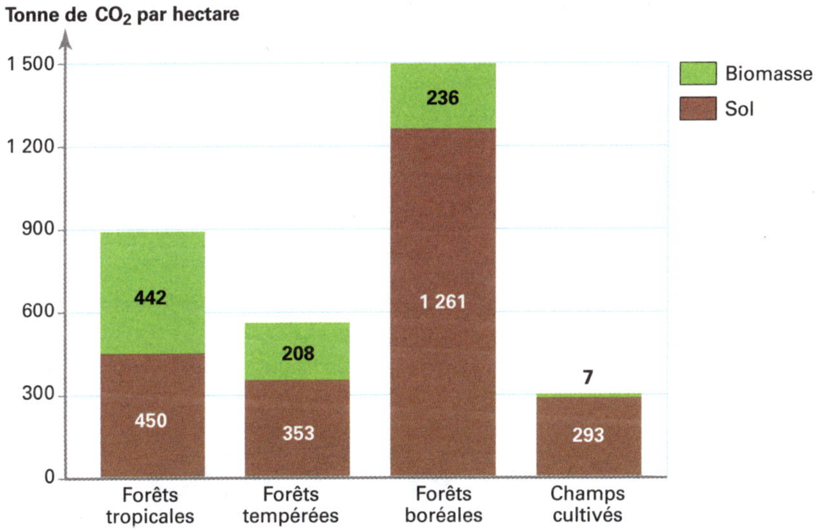

Doc 3 Émissions de CO_2 atmosphérique provenant de la déforestation des zones tropicales

Deux processus expliquent les émissions de CO_2 résultant de la déforestation : la combustion liée aux feux de forêt et la décomposition de la matière organique.

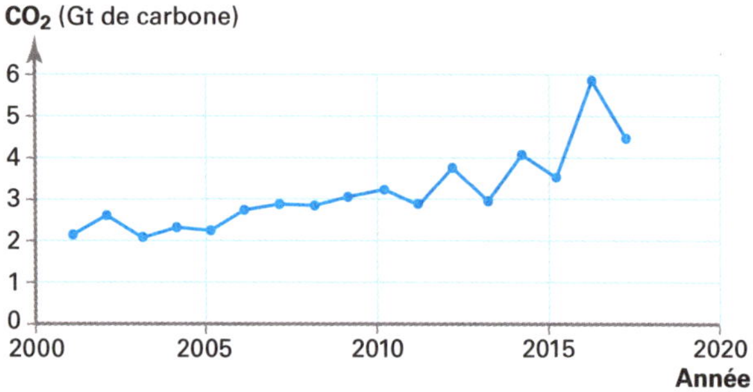

5 Étudier l'impact du réchauffement climatique sur l'érosion

→ FICHE 25

Le Giec prévoit que le réchauffement climatique augmente l'intensité de l'érosion, notamment celle des littoraux ou des sols. Diverses stratégies d'adaptation ont été proposées pour tenter de limiter le phénomène.

D'après les documents, identifier des stratégies d'adaptation permettant de limiter l'érosion à Haïti en s'inspirant du scénario qui expliquerait la crise Frasnien/Famennien.

Doc 1 À la frontière entre Haïti et la République Dominicaine

En Haïti (partie gauche de la photo), la forêt a été très largement défrichée par les populations locales, à des fins de bois de chauffage. En République Dominicaine (partie droite), les forêts sont davantage préservées.

Doc 2 Indices géochimiques à la limite Frasnien/Famennien

Avant le Dévonien, il n'y avait quasiment pas de couvert végétal terrestre, ce qui se traduit par une sédimentation de roches détritiques (grès, argilites...) plutôt que de calcaires. Pendant le Dévonien, on assiste à « l'explosion » relative des calcaires, qui deviennent alors des roches sédimentaires très abondantes, ce qui serait dû en partie à la forte baisse des apports détritiques fournis par l'érosion.

Au Dévonien terminal a lieu la crise biologique du Frasnien/Famennien. L'une des causes démontrées est une anoxie océanique généralisée : la colonisation des continents par les forêts aurait augmenté les apports en matière organique dans les océans, provoquant une prolifération du plancton consommant tout l'oxygène dissous.

Des géologues ont mesuré plusieurs indices liés à l'anoxie, à l'érosion des sols ou aux feux de forêts dans des roches de Belgique datant de la transition Frasnien/Famennien. Les reconstitutions indiquent qu'à cette époque le climat était plutôt chaud et sec.

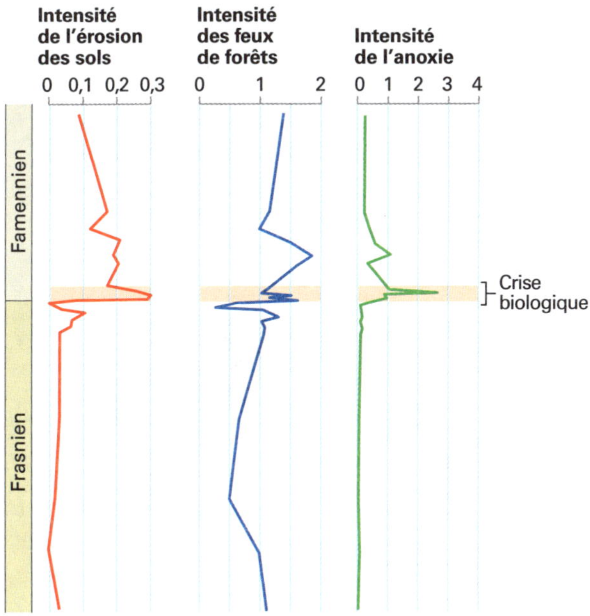

▶ OBJECTIF BAC

⏱ 6 Expliquer la fonte du pergélisol

45 min

→ FICHES 24 à 25

Ce sujet permet de montrer que si les grandes lignes du réchauffement climatique font l'objet d'un consensus scientifique, certains points, tel l'impact du réchauffement sur le pergélisol, sont encore à l'étude.

LE SUJET

Les régions arctiques sont caractérisées par un sol gelé en profondeur depuis des milliers d'années, appelé pergélisol ou permafrost. Sous l'effet du réchauffement climatique, ce pergélisol a amorcé un dégel inquiétant.

Grâce aux documents et à vos connaissances, expliquer pourquoi la fonte du pergélisol pourrait accélérer le réchauffement climatique.

Doc 1 Répartition du pergélisol dans l'hémisphère Nord

Le pergélisol représente 25 % des terres émergées dans l'hémisphère Nord. C'est le plus gros réservoir de carbone continental de la planète, devant les réserves de combustibles fossiles. Il contient deux fois plus de carbone que l'atmosphère actuelle.

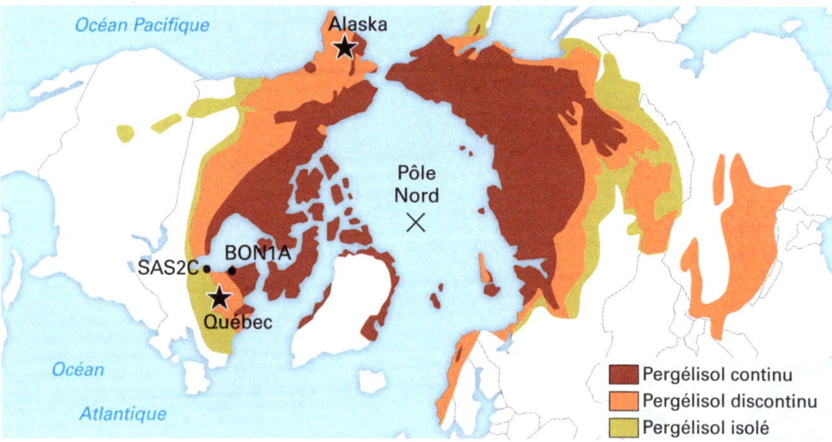

Doc 2 Température du pergélisol en Alaska entre 1978 et 2008

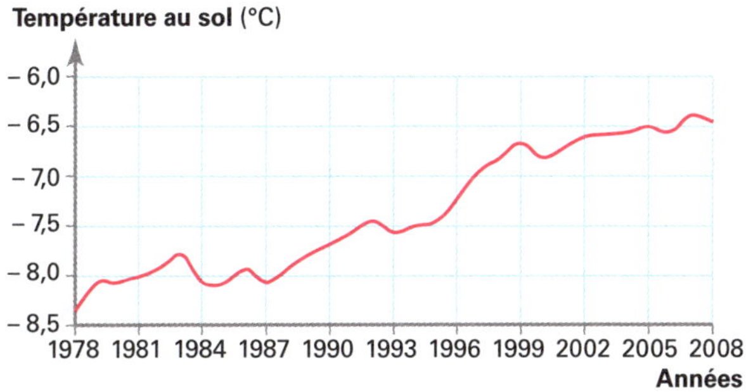

Doc 3 Évolution des mares de thermokarst entre 1959 et 2006 au nord du Québec

La fonte du pergélisol provoque des affaissements qui se remplissent d'eau, formant des mares de thermokarst, dont la superficie est corrélée à la profondeur. Les lignes verticales en pointillé indiquent, pour 1959 et 2006, la taille moyenne et la taille maximale des mares de thermokarst.

n = nombre de mares de thermokarst comptabilisées.

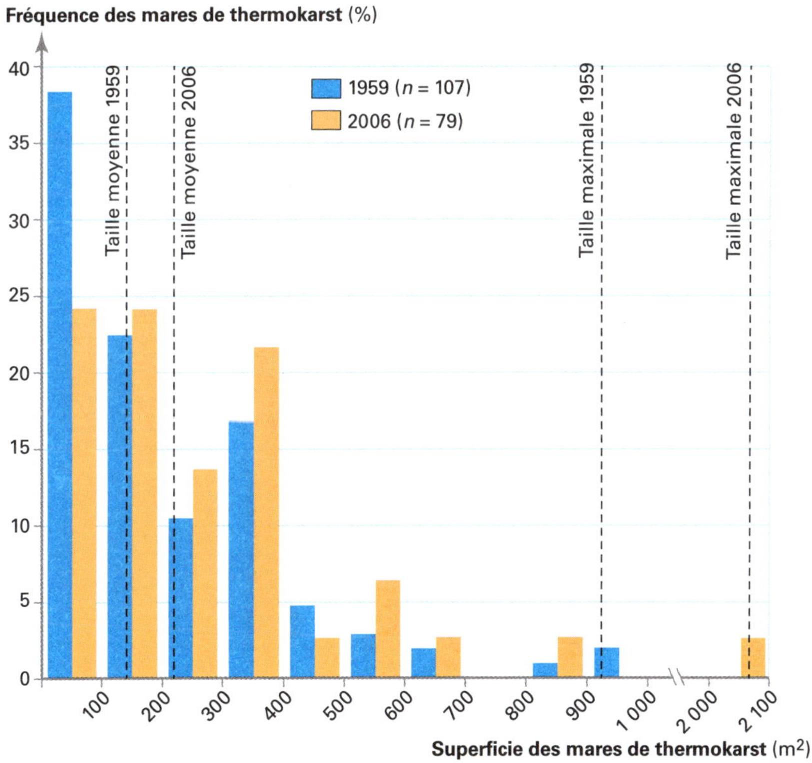

Doc 4 Concentration de CH_4 et de CO_2 en fonction de la profondeur des mares de thermokarst

À gauche, dans une petite mare du site BON1A (voir doc. 1) ; à droite, dans une grande mare du site SAS2C (voir doc. 1). CH_4 et CO_2 diffusent d'autant plus facilement dans l'atmosphère que leur concentration dans la mare est élevée.

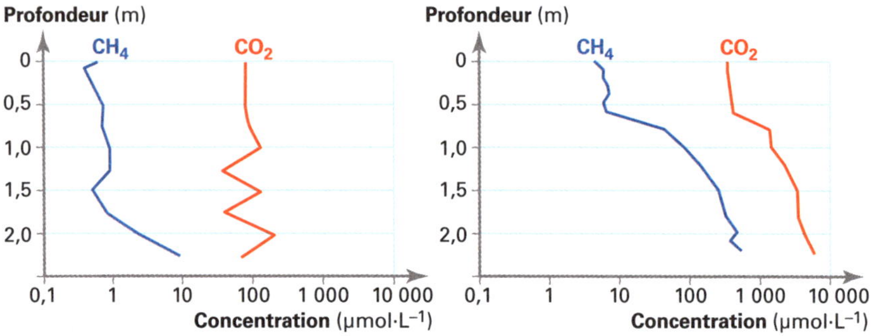

Doc 5 Évolution de la dégradation du pergélisol et des émissions de carbone cumulées

La dégradation du pergélisol (diminution du volume de sol gelé) et les émissions de carbone cumulées sont modélisées selon quatre scénarios et pour trois années. Du scénario RCP 2.6 à RCP 8.5, le réchauffement climatique envisagé est de plus en plus élevé.

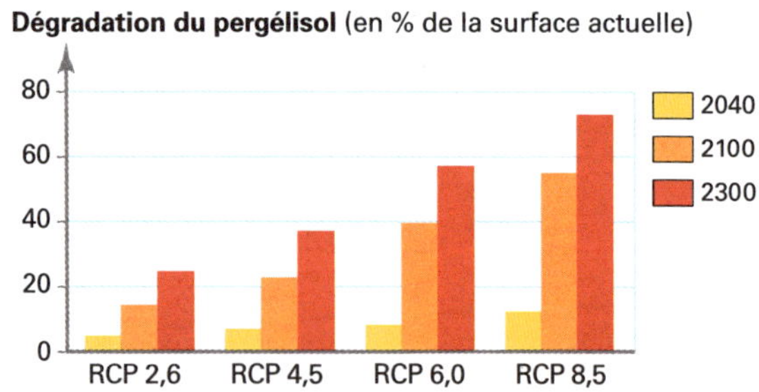

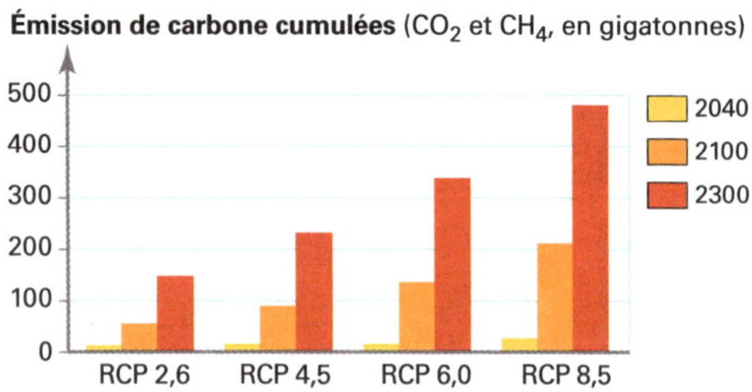

▶▶▶ LA FEUILLE DE ROUTE

On veut montrer que le réchauffement climatique entraîne une fonte du pergélisol pouvant amplifier, par rétroaction positive, le réchauffement.

Étape 1 Extraire les informations des documents

- Les **documents 1 et 2** permettent d'appréhender la surface occupée par le pergélisol, la quantité de carbone qu'il contient et l'évolution de sa température.
- Le **document 3** montre le lien entre fonte du pergélisol et mares de thermokast.
- Le **document 4** relie taille des mares de thermokarst et gaz à effet de serre en profondeur.
- Le **document 5** modélise l'effet du réchauffement climatique sur la dégradation du pergélisol et sur les émissions de carbone qui pourraient en découler.

Étape 2 Associer les informations des documents et les connaissances

- L'association des **documents 1, 2 et 3** permet de suggérer que le réchauffement climatique entraîne la dégradation du pergélisol.
- L'association des **documents 4 et 5** permet de proposer une boucle de rétroaction positive amplifiant le réchauffement climatique.

Étape 3 Rédiger la réponse

- Rédiger un paragraphe pour chacune des parties suggérées dans l'étape 2.
- Penser à indiquer le numéro du document utilisé pour souligner les relations effectuées. Préciser ce qui provient des connaissances.
- Conclure en soulignant les risques liés à cette boucle de rétroaction.

CORRIGÉS

SE TESTER QUIZ

1 Le consensus sur le réchauffement climatique

1. Réponse d. Depuis 150 ans, les données climatiques révèlent une hausse de la température liée à une hausse du CO_2 atmosphérique.
Les réponses a, b, c sont par conséquent incorrectes.

2. Réponse b. L'ONU a créé le Giec en 1988. Ce sigle désigne le Groupe d'experts intergouvernemental sur l'évolution du climat.
Les réponses a et c sont par conséquent incorrectes.

3. Réponses a et d. Parmi les conséquences physiques du réchauffement climatique, il y a la fonte des glaces et une hausse du niveau mondial de la mer.
Les réponses b et c sont incorrectes. Ce sont des conséquences possibles du réchauffement climatique, mais elles ne sont pas de nature physique.

2 Agir sur le réchauffement climatique

1. Réponse c. Pour agir sur le réchauffement climatique, il faut développer des actions à toutes les échelles, chaque action pouvant avoir un impact.
Les réponses a et b sont incorrectes. Les actions individuelles ne sont pas les seules à avoir un impact, de même qu'un action à l'échelle internationale ne peut suffire à mobiliser tous les citoyens.

2. Réponses a et d. Pour faire face au réchauffement climatique, on peut proposer une stratégie d'atténuation(stocker le CO_2 dans les mines) et une stratégie d'adaptation : développer des plans de prévention des maladies infectieuses.
Les réponses b et c sont incorrectes. Des plans d'urgence canicule n'ont pas d'influence sur le climat et favoriser l'électricité nucléaire n'est pas une stratégie d'adaptation.

S'ENTRAÎNER

3 Limiter les ravages du typographe

■ Selon le document 3, les typographes sont déjà présents dans l'ensemble des forêts de Suisse. Cependant, les conditions de température ne permettent pas à plus d'une à deux générations de cet insecte de se développer chaque année dans les forêts d'épicéa du Jura suisse, et une seule génération dans les forêts alpines du sud de la Suisse. Quel que soit le scénario de réchauffement climatique envisagé, deux à trois générations de typographes pourraient se développer en 2085 dans les forêts d'épicéa du Jura et des Alpes.

■ La durée de développement, ou le temps séparant deux pontes successives d'*Ips typographus* (doc. 1) diminue avec la température : 50 jours sont nécessaires pour que l'œuf se développe en un adulte sexuellement mature lorsque la température moyenne est de 15 °C, contre 20 jours seulement si la température moyenne est de 25 °C.

■ D'après le **document 2**, lorsque la température augmente, le temps de développement, d'essaimage et de ponte augmente : pour une température annuelle de 6 °C, les typographes ne peuvent se développer que de mai à septembre ; à 15 °C, ils peuvent se développer de mars à novembre. Ceci, conjugué au fait que le temps de génération diminue, explique qu'à 6 °C une seule génération de typographes peut se développer pendant l'année, contre trois à quatre générations à 15 °C.

■ Ainsi, l'augmentation de la température prévue par tous les modèles de réchauffement climatique entraînerait davantage de générations de typographes à se développer et essaimer au cours de l'année. La population totale de typographes augmenterait ainsi de façon très importante avec le réchauffement climatique, ce qui pourrait se révéler fatal aux épicéas suisses, même les épicéas sains ne pouvant plus se défendre efficacement face à une telle population de ravageurs.

4 Lier déforestation et réchauffement climatique

■ D'après le **document 1**, les forêts mondiales stockent en moyenne 2 Gt de carbone par an. Malgré des fluctuations annuelles, avec un stockage plus faible certaines années (telles 2002 ou 2012), la quantité de CO_2 stockée dans les forêts semble stable ou en très légère augmentation durant cette décennie.

■ Ce résultat peut être comparé avec ceux du **document 3**. On y observe que la quantité de carbone émis par la combustion de la biomasse (feux de forêts) ou la décomposition de la biomasse (du sol notamment) augmente entre 2001 et 2017. Ces émissions ont ainsi été multipliées par 2 entre 2001 et 2016 !

■ Enfin, on observe dans le **document 2** que si les forêts tropicales (telles l'Amazonie) stockent deux fois plus de carbone que les forêts boréales (telle celle de Sibérie), la quantité de carbone stockée dans le sol y est trois fois plus faible. Ainsi, au total, la quantité de carbone stockée dans les forêts tropicales représente moins des deux tiers de celle stockée dans les forêts boréales.

■ En conclusion, l'expert de Greenpeace a raison de souligner l'importance des forêts boréales : tenter de sauver l'Amazonie tout en laissant brûler les forêts boréales de Sibérie ne permettra pas de sauver le climat. Ces forêts stockant davantage de carbone, elles ont un rôle tout aussi important (voire plus important) dans la régulation du climat que la forêt amazonienne. De ce fait, lorsqu'elles brûlent, elles peuvent libérer davantage de dioxyde de carbone dans l'atmosphère, accentuant encore davantage le réchauffement climatique. Pour limiter le réchauffement, il faut donc préserver toutes les forêts et ne pas se concentrer sur les plus emblématiques.

5 Étudier l'impact du réchauffement climatique sur l'érosion

CONSEILS
- Identifier le paramètre auquel on veut s'adapter.
- Établir les corrélations entre l'état actuel et le paramètre étudié.
- Envisager des stratégies d'action, en imaginant leurs conséquences.

■ On veut limiter l'érosion des sols ou des littoraux entraînée par le réchauffement climatique.

■ Dans le **document 1**, l'érosion des sols (notamment par ravinement) est plus importante du côté haïtien que dominicain. Ceci semble lié à la couverture végétale : du côté haïtien, la destruction des forêts a entraîné une augmentation du ravinement d'où l'exposition d'un sol quasi nu, tandis que du côté dominicain la préservation de la forêt protège le sol d'une exposition directe aux précipitations.

■ D'après le **document 2**, la présence d'un couvert végétal a limité l'érosion des continents au Dévonien, ce qui s'est traduit par une sédimentation préférentielle de calcaire plutôt que de roches détritiques issues de l'érosion continentale. De plus, au moment de la transition Frasnien/Famennien, les roches présentent une forte augmentation des indices d'érosion du sol, de feux de forêt et d'anoxie dans les océans. Ceci suggère que la présence de forêts en milieu sec et chaud a favorisé les incendies, exposant davantage de sol à l'érosion ; l'augmentation de cette érosion aurait ainsi entraîné l'anoxie, d'où la crise biologique.

■ Pour lutter contre l'érosion, on peut proposer de :
- limiter l'exposition des sols nus, en favorisant leur végétalisation. Reboiser les sols ou les littoraux permettrait de les consolider et ainsi de les préserver de l'érosion ;
- lutter contre le déboisement et la déforestation, en proposant aux populations pauvres (telles celles de Haïti) d'autres ressources énergétiques (à un prix abordable) que le bois des forêts ;
- lutter contre les feux de forêts : ceci se fait par la prévention des incendies (par exemple, en espaçant les parcelles reboisées de telle sorte que le feu ne puisse se propager entre elles) ou la protection (en proposant davantage de moyens aux équipes chargées de l'extinction des feux).

Ces mesures auraient l'avantage de limiter également les apports en matière organique dans les lacs, les rivières et les mers : ce facteur a contribué à la crise biologique de la fin du Dévonien, mais participe sans doute aussi à la disparition des espèces vivant dans les lacs et les cours d'eau actuels.

OBJECTIF BAC

6 Expliquer la fonte du pergélisol

Introduction

Depuis la Révolution industrielle, l'augmentation de la teneur en gaz à effet de serre (CO_2, CH_4) libérés par les activités humaines est à l'origine d'un réchauffement du climat mondial. Nous verrons que le dégel inquiétant du pergélisol arctique pourrait amplifier ce réchauffement.

Les conséquences du réchauffement sur le pergélisol

D'après le document 1, le pergélisol, c'est-à-dire le sol gelé en permanence, occupe une vaste surface de l'Arctique : il représente près de 25 % de terres émergées et stockerait deux fois plus de carbone que toute l'atmosphère. Or la température dans ce pergélisol (doc. 2) a augmenté de plus de 1,5 °C entre 1987 et 2008 en Alaska, passant de –8 à –6,5 °C. Le réchauffement climatique entraîne donc un réchauffement du pergélisol, ce qui favorise son dégel.
Ceci se voit dans le document 3 : la superficie des mares de thermokarst, issues de la fonte du pergélisol, est passée en moyenne de 140 m^2 en 1959 à 210 m^2 en 2006. Dans le même temps, les mares les plus grandes ont vu leur superficie doubler, passant de 900 à 2 100 m^2. L'ensemble de ces observations permet de montrer que le réchauffement climatique favorise le dégel du pergélisol, ce qui se traduit par la formation de grandes et profondes mares de thermokarst.

Un dégel qui pourrait amorcer une boucle de rétroaction positive

Dans les petites mares de thermokarst, on observe que la concentration en CO_2 est constante quelle que soit la profondeur, tandis que la concentration en CH_4 est 10 fois plus importante à 2 m de profondeur par rapport à la surface. À cette profondeur, dans les grandes mares, les concentrations en CO_2 et en CH_4 sont respectivement 10 fois et 100 fois plus importantes qu'en surface. Or ces gaz (et surtout le CH_4) sont des gaz à effet de serre : en absorbant le rayonnement infrarouge émis par la surface terrestre, ils favorisent le réchauffement de l'atmosphère. Ainsi, les grandes mares ont des concentrations en gaz à effet de serre dissous bien plus élevées que les petites, et ces gaz pourraient plus facilement diffuser vers l'atmosphère. Le dégel du pergélisol pourrait donc libérer de grandes quantités de gaz à effet de serre.
Ceci est bien modélisé dans le document 4 : dans les modèles les plus optimistes (RCP 2.6), le réchauffement climatique entraînerait une dégradation trois fois plus importante du pergélisol en 2100 par rapport à 2040, ce qui entraînerait une libération de carbone dans l'atmosphère trois fois plus importante. En comparant ces résultats à ceux du modèle le plus pessimiste (RCP 8.5), qui repose sur un réchauffement climatique important (les activités humaines continuant d'augmenter la quantité de carbone libéré), un tel dégel du pergélisol serait atteint dès 2040, et les émissions de carbone seraient alors deux fois plus importantes. Ainsi, quel que soit le modèle retenu, la fonte du pergélisol entraînerait une libération accrue de

gaz à effet de serre dans l'atmosphère, ce qui amplifierait encore le réchauffement climatique : on peut parler d'une boucle de rétroaction positive.

Conclusion

Le réchauffement climatique favorise le dégel du pergélisol, ce qui entraîne une libération accrue de gaz à effet de serre dans l'atmosphère, amplifiant de ce fait le réchauffement climatique. Ce dégel, déjà amorcé depuis quelques décennies, est donc un paramètre important à prendre en compte dans les modèles du réchauffement climatique, étant donné que le pergélisol stocke deux fois plus de carbone (notamment sous forme de CH_4, un gaz exerçant un effet de serre beaucoup plus important que le CO_2) que l'atmosphère actuelle.

Corps humain et santé

9 Des réflexes aux mouvements volontaires

La pratique de l'escrime met en jeu à la fois des contractions involontaires (posture, réflexes) et des contractions volontaires qui nécessitent un contrôle fin par le système nerveux central.

26 Le réflexe myotatique, un mouvement involontaire

En bref *Le réflexe myotatique est un mouvement involontaire d'un muscle contrôlé par la moelle épinière. Il provoque la contraction d'un muscle en réponse à son étirement.*

I Le déclenchement du réflexe

■ Le médecin peut faire un test du réflexe rotulien en tapant sur le genou fléchi du patient. Ce choc, ou stimulus, provoque un étirement du muscle, puis une extension de la jambe.

■ Dans les muscles, certaines fibres musculaires sont entourées par un neurone sensoriel ; cette zone est le fuseau neuromusculaire et est sensible à l'étirement.

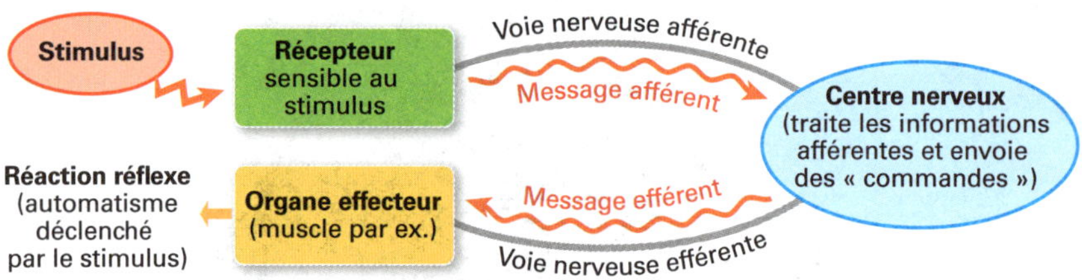

Doc **Le circuit général d'un réflexe**

II L'intégration des informations par la moelle épinière

■ Lorsque le fuseau neuromusculaire est excité ou étiré, un message nerveux est engendré par le neurone sensoriel et est amené jusqu'à la moelle épinière : c'est un message afférent. Dans la moelle épinière, le message nerveux sensoriel est transmis à un motoneurone (neurone moteur) par le biais d'une structure spécifique : la synapse. Le motoneurone activé envoie alors un message nerveux jusqu'au muscle étiré, qui se contracte : c'est un message efférent.

■ Lors d'un réflexe, un muscle se contracte et un autre muscle, antagoniste, se relâche. Par exemple, le réflexe rotulien est un étirement de la jambe produit par la contraction du quadriceps et le relâchement des ischio-jambiers.

■ Le réflexe est un mouvement involontaire constituant un mécanisme de préservation des muscles, qui se contractent quand ils sont trop étirés. Ce réflexe est aussi primordial dans le maintien de la posture.

■ En raison de la succession des événements, on dit que le réflexe est une boucle de régulation. On parle aussi d'arc réflexe.

Méthode

Comprendre le transfert des messages nerveux lors du réflexe

En 1820, le médecin et physiologiste français François Magendie entre à l'école vétérinaire d'Alfort. Il commence alors une série d'expériences sur des animaux afin d'étudier le fonctionnement de la moelle épinière.

Déterminer le sens de circulation des messages nerveux moteurs et sensoriels en vous appuyant sur les expériences historiques de François Magendie.

Doc Résultats expérimentaux obtenus par François Magendie

Les tiretés indiquent les sections réalisées sur les nerfs. Les flèches noires désignent les points où les stimulations n'engendrent pas de contraction. Les flèches rouges désignent les points où les stimulations engendrent une contraction.

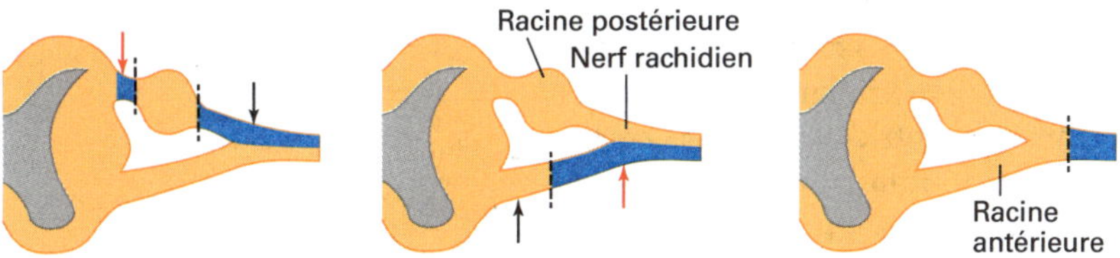

a. Perte de sensibilité globale **b. Perte de motricité globale** **c. Perte de la motricité et de la sensibilité**

CONSEILS

Étape 1 Identifier les types de message qui circulent dans le nerf rachidien.
Étape 2 Identifier la nature des messages nerveux qui circulent dans la racine postérieure et la racine antérieure de la moelle épinière.
Étape 3 Déterminer le sens de circulation de ces messages.

SOLUTION

Étape 1 La section du nerf rachidien (**c**) entraîne la perte de la motricité et de la sensibilité. Ce nerf transmet donc des messages nerveux moteurs et sensoriels.

Étape 2 La section de la racine postérieure (**a**) ne fait perdre que la sensibilité. La racine postérieure conduit donc uniquement des messages sensoriels. La section de la racine antérieure (**b**) ne fait perdre que la motricité. La racine postérieure conduit donc uniquement des messages moteurs.

Étape 3 L'expérience **b** montre que seule la stimulation du côté de la racine antérieure reliée au muscle entraîne une contraction : le message moteur sort donc de la moelle épinière par la racine antérieure. L'expérience **a** montre que les messages sensoriels entrent par la racine postérieure de la moelle épinière.

27 Rôle des jonctions neuromusculaires

En bref *La jonction neuromusculaire transfère l'information du neurone à la fibre musculaire via un neurotransmetteur, l'acétylcholine. Il en résulte une contraction musculaire.*

I La jonction neuromusculaire

■ Le message du neurone moteur est produit dans le corps cellulaire et transite via l'axone jusqu'à la terminaison axonale sous la forme d'un message électrique nommé **potentiel d'action**. On parle de **codage électrique** du message.

■ La terminaison axonale est à proximité de la fibre musculaire au niveau de la **plaque motrice**. Cette zone est la **jonction neuromusculaire**.

■ Le transfert du message nerveux électrique à la fibre musculaire met en jeu un messager chimique, l'acétylcholine, qui transite par une synapse. C'est un **codage chimique** du message.

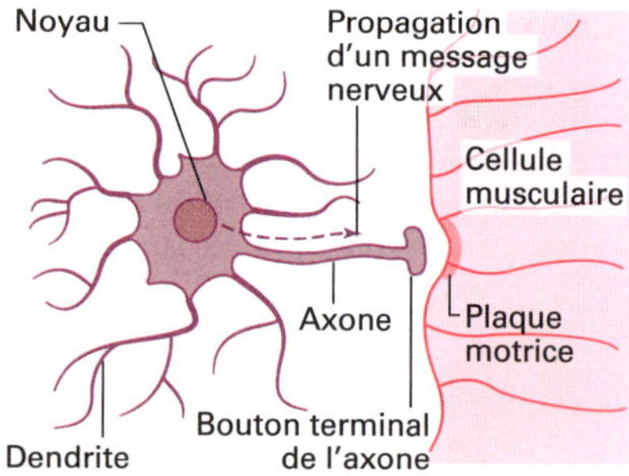

Doc 1 Schéma d'un neurone, cellule typique du système nerveux

II Le potentiel d'action musculaire à l'origine de la contraction

■ Le **message nerveux** électrique (potentiel d'action) est transmis, par l'intermédiaire de l'acétylcholine, à la fibre musculaire qui, à son tour, crée un nouveau message électrique nommé potentiel d'action musculaire.

■ Le **potentiel d'action** musculaire déclenche, par une cascade de réactions, une sortie d'ions calciques (Ca^{2+}) stockés dans le réticulum sarcoplasmique, un organite de la fibre musculaire.

■ À une stimulation nerveuse du motoneurone correspond une contraction musculaire. On dit qu'il y a une **réponse motrice** au stimulus nerveux.

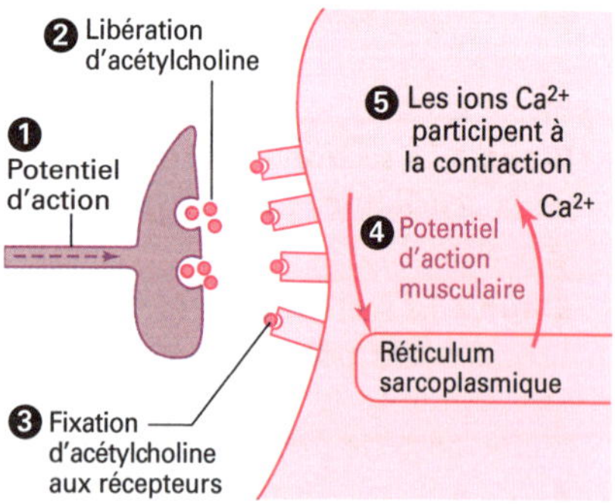

Doc 2 Contraction d'une fibre musculaire activée par un motoneurone

Méthode

Comprendre le rôle de l'acétylcholine dans la synapse chimique

L'étude du document révèle l'aspect sombre et épais de la région postsynaptique de la jonction neuromusculaire.

À partir de l'analyse du document et de vos connaissances, montrer que le message électrique du neurone présynaptique est transmis à la fibre musculaire par l'intermédiaire d'un messager chimique.

Doc Observation en microscopie électronique de la jonction neuromusculaire

À gauche, on observe l'épaississement de la membrane postsynaptique de la fibre musculaire. Au centre et à droite, zoom sur l'espace synaptique avant (centre) et après (droite) une stimulation électrique du motoneurone.

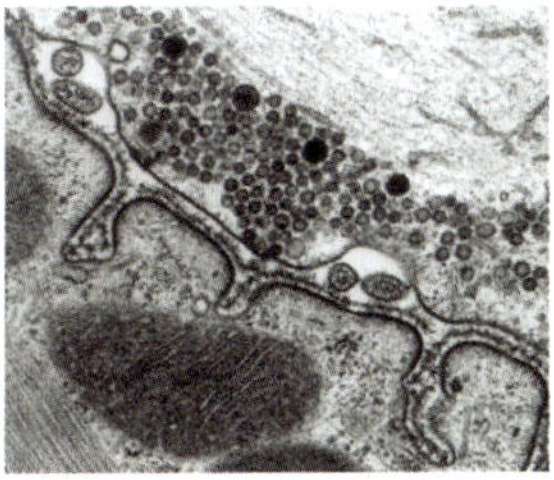

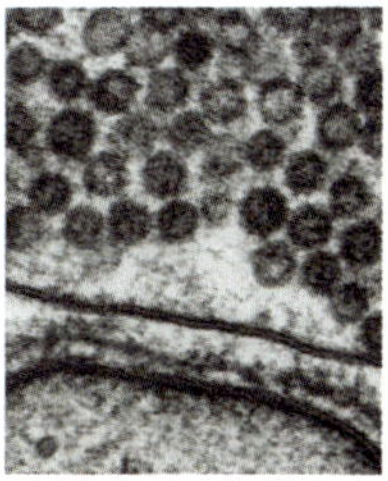

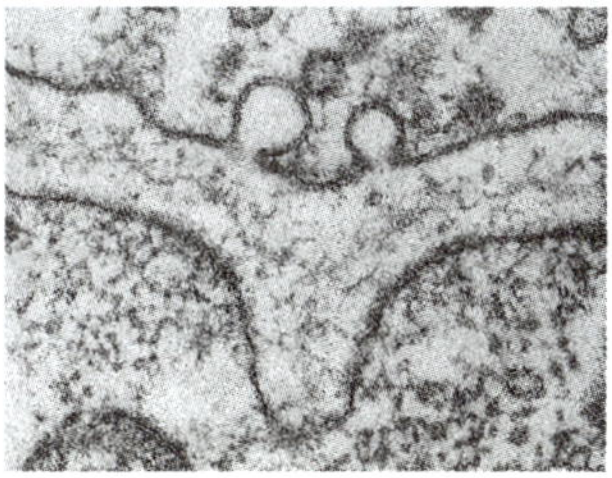

CONSEILS

Étape 1 Décrire la structure du neurone présynaptique avant et après sa stimulation.
Étape 2 Expliquer l'origine de l'expulsion des vésicules.
Étape 3 Expliquer comment le message électrique est restauré dans la région postsynaptique de la fibre musculaire.
Étape 4 Expliquer l'importance de modifier la nature du message.

SOLUTION

Étape 1 Avant la stimulation, le neurone contient de nombreuses vésicules. Après la stimulation, elles déversent leur contenu dans la synapse.

Étape 2 L'arrivée du potentiel d'action dans la terminaison neuronale active la fusion des vésicules avec la membrane du neurone par exocytose.

Étape 3 L'acétylcholine libérée dans l'espace synaptique se fixe sur les récepteurs de la membrane postsynaptique de la fibre musculaire. Ceci engendre un message électrique : le potentiel d'action musculaire.

Étape 4 Un message électrique ne peut être transmis qu'au sein d'une même cellule. Pour transmettre l'information entre deux cellules, il faut franchir un espace synaptique, ce qui est possible au moyen d'un messager de nature chimique.

28 Le contrôle du mouvement volontaire

En bref *Le cerveau centralise les messages sensoriels qui sont transmis aux motoneurones. Il contrôle ainsi les mouvements volontaires.*

I Le cerveau, récepteur des informations sensorielles

- Le cerveau, la moelle épinière et le cervelet forment le système nerveux central. On estime que le cerveau est composé d'environ 100 milliards de neurones, associés à près de 200 milliards de cellules gliales.
- Le cerveau reçoit des messages sensoriels provenant de tout l'organisme. Les neurones centraux du cortex cérébral intègrent ces informations et produisent en retour un message nerveux.
- La somme des informations apportées aux neurones centraux produit ou non un message nerveux. On parle de sommation.

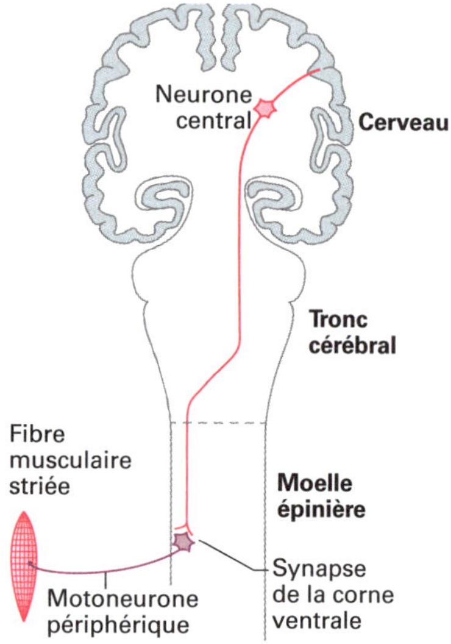

Doc **Schéma de la voie motrice volontaire**

II La voie motrice volontaire

- Les axones des neurones centraux localisés dans l'hémisphère gauche se croisent avec ceux provenant de l'hémisphère droit au niveau du tronc cérébral. Les neurones de l'hémisphère droit contrôlent les neurones moteurs des muscles localisés du côté gauche de l'organisme et vice versa.
- Les corps cellulaires des **motoneurones** sont dans la moelle épinière. Ils reçoivent les informations transmises par les faisceaux de neurones provenant du cerveau. Chaque neurone moteur est relié à une seule fibre musculaire.

MOT CLÉ
Motoneurone : neurone relié à un muscle et qui contrôle sa contraction.

III Cortex moteur ou aire motrice

- Dans le cerveau, les neurones centraux qui agissent sur les neurones moteurs sont localisés dans une zone spécifique nommée cortex moteur ou aire motrice, située dans la partie postérieure du lobe frontal.
- Chaque zone de l'aire motrice contrôle des muscles différents, l'aire motrice est donc spécialisée.

Méthode

Mettre en évidence la spécialisation des aires cérébrales

Des médecins demandent à un patient d'effectuer un mouvement de la main et mesurent en parallèle l'activité de son cerveau grâce à la technique de l'IRM fonctionnelle.

En vous appuyant sur le document, expliquer pourquoi les médecins affirment que les voies motrices volontaires se croisent et que le cortex moteur est spécialisé.

Doc Résultats d'un IRMf du lobe frontal (vue de dos) lors d'un mouvement de la main gauche

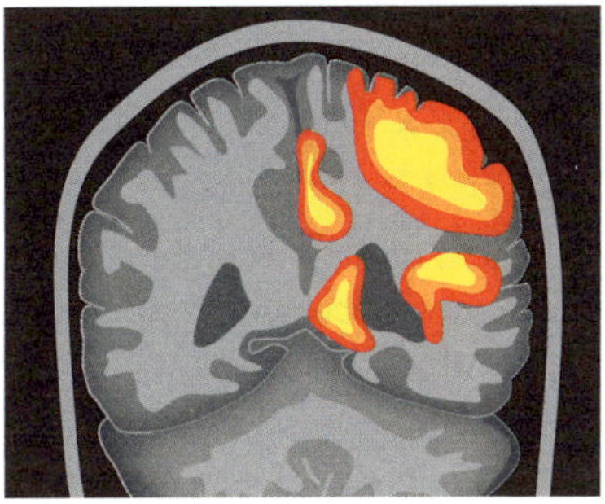

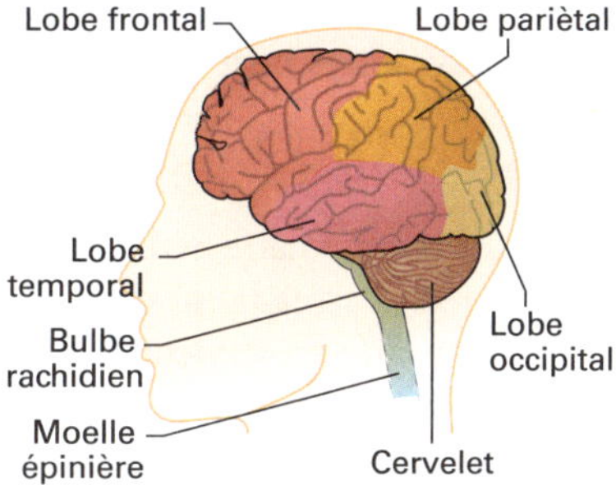

CONSEILS

Étape 1 Quelles sont les zones activées dans le cerveau lors du mouvement ?
Étape 2 Déterminer quels hémisphères contrôlent le mouvement de chaque main.
Étape 3 Pourquoi peut-on dire que l'aire motrice est spécialisée ?

SOLUTION

Étape 1 Le cortex moteur se situe à l'arrière du lobe frontal. C'est surtout le tiers supérieur du cortex moteur droit qui est activé lors du mouvement de la main gauche.

Étape 2 L'hémisphère droit est à l'origine du mouvement volontaire de la main gauche. Inversement, on suppose que l'hémisphère gauche contrôle la main droite.

Étape 3 Le mouvement de la main gauche ne mobilise pas tout le cortex moteur de l'hémisphère droit et le cortex moteur de l'hémisphère gauche n'est pas mobilisé. Il y a donc une spécialisation des aires motrices des deux hémisphères, car chaque zone du cortex contrôle un ensemble de muscles bien précis et chaque hémisphère contrôle les muscles localisés du côté opposé.

29 Perturbations de la motricité et apprentissage

En bref *La plasticité cérébrale, phénomène remaniant la structure et le fonctionnement du cerveau, est au cœur de son adaptation.*

I Plasticité cérébrale et fonctionnement du cerveau

- La plasticité cérébrale permet la modification de la structure du cerveau et de son fonctionnement en réponse à des stimulations volontaires (apprentissage) ou des modifications accidentelles (accident vasculaire cérébral).
- La plasticité cérébrale se traduit par une augmentation du nombre de connexions synaptiques entre certains neurones, par une augmentation du nombre de neurones ou par l'allongement de leurs axones, ce qui favorise le contact avec d'autres neurones.

II Les accidents vasculaires cérébraux

- Un accident vasculaire cérébral (AVC) résulte d'un problème de circulation du sang dans le cerveau, qui peut affecter des zones précises ou un hémisphère entier. La zone affectée devient inactive, ce qui peut pertuber la motricité.
- La plasticité cérébrale permet de restaurer les fonctions perdues à la suite d'un AVC par la mobilisation de nouvelles zones cérébrales. Le processus est facilité par des programmes de rééducation adaptés.

III La capacité d'apprentissage

- L'apprentissage est la capacité pour un individu de modifier son comportement lorsqu'il est face à un problème ou lorsqu'il répète des actions.

> **MOT CLÉ**
> **IRM fonctionnelle** : imagerie permettant de visualiser les zones cérébrales en activité.

- En imagerie (IRM fonctionnelle), les zones activées du cerveau sont celles du cortex cérébral les plus irriguées par le sang lors de l'action.
- L'étude par IRM fonctionnelle permet d'illustrer la plasticité cérébrale associée à l'apprentissage. En effet, lorsqu'il joue, un pianiste professionnel mobilise un plus grand nombre de zones du cortex cérébral qu'un amateur.

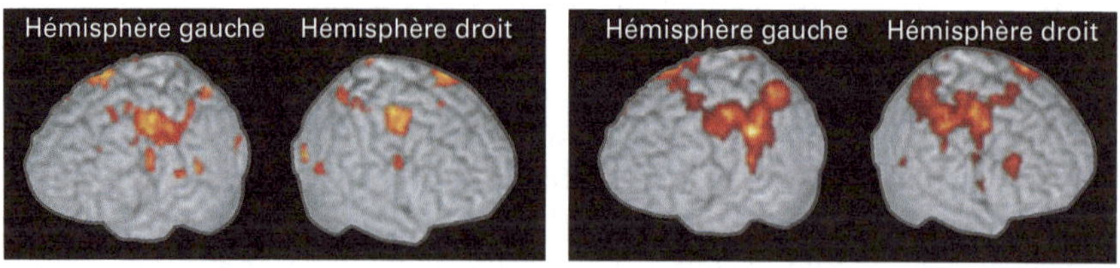

Doc IRMf des deux hémisphères d'un pianiste amateur (à gauche) et d'un pianiste professionnel (à droite)

Méthode

Observer une récupération après un AVC

Des patients victimes d'un AVC affectant le cortex moteur gauche présentent des troubles de la motricité de la main droite. On a mesuré par IRMf l'activité cérébrale de certains patients pendant un mouvement de fermeture du poing.

Expliquer comment la plasticité cérébrale permet la récupération de la fonction motrice de la main droite après un AVC.

Doc IRMf de patients atteints d'un AVC du cortex moteur gauche

Les images visualisent l'activité des deux hémisphères lors de la fermeture du poing droit 2 et 10 jours après l'accident, en comparaison d'un individu témoin.

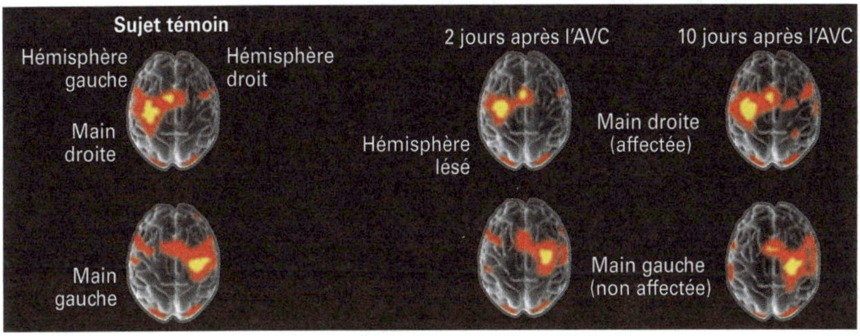

CONSEILS

Étape 1 Comparer les IRMf des patients deux jours après leur AVC et celui des sujets témoins.

Étape 2 Comparer les IRMf des patients au bout de 10 jours avec ceux du deuxième jour.

Étape 3 Expliquer comment la plasticité cérébrale permet la récupération de la fonction motrice de la main droite.

SOLUTION

Étape 1 La surface active du cortex moteur gauche des patients touchés par un AVC est légèrement plus réduite que celle des sujets témoins.

Étape 2 Au bout de 10 jours, l'activité des cortex moteurs droit et gauche des patients augmente lorsque la main droite est serrée.

Étape 3 L'activation de zones du cortex moteur droit après l'AVC lors du mouvement de la main droite montre que le cerveau a modifié son fonctionnement afin de compenser le déficit de motricité de la main droite. Il s'agit bien d'un mécanisme de plasticité cérébrale participant à la restauration de la motricité.

30 Fondements de la communication neuronale

En bref *La communication entre les neurones repose sur des échanges de neurotransmetteurs et sur la production de potentiels d'action.*

I Le message codé en fréquence de potentiel d'action

- Les neurones cérébraux reçoivent en permanence des informations d'autres neurones via des neurotransmetteurs comme la sérotonine, la dopamine ou le GABA. Tous ces messages sont intégrés par le neurone et s'additionnent : c'est la **sommation** spatiale ou temporelle.

- Le neurone est une cellule polarisée qui montre une forte **différence de potentiel** avec le milieu extérieur (–70 mV en moyenne).

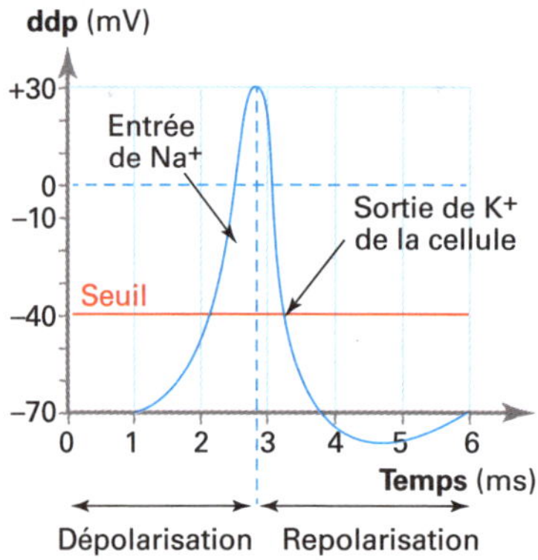

Doc Potentiel d'action d'un neurone à la suite de sa stimulation

- Le neurone produit un message nerveux sous forme de **potentiel d'action**. La fréquence des potentiels d'action code l'intensité du message.

> **MOT CLÉ**
> **Potentiel d'action** : différence de potentiel résultant d'une modification de répartition des ions entre l'intérieur et l'extérieur de la membrane du neurone, et correspondant à une dépolarisation (100 mV d'amplitude).

II Perturbations de la communication neuronale

- Les substances contenues dans les **drogues** (cannabis, cocaïne, alcool, cigarette…) agissent directement sur le cerveau en perturbant la communication entre les neurones.

- Les drogues agissent sur le **système de récompense** en perturbant le fonctionnement des neurones de ce système. C'est ce qui provoque les phénomènes d'addiction et de manque.

- Le plus souvent, les substances actives des drogues provoquent une forte libération de dopamine dans les neurones du système de récompense. On parle de molécules **psychoactives**. Elles peuvent soit imiter la dopamine, soit se substituer à d'autres neurotransmetteurs, soit empêcher la dégradation de la dopamine. Il en résulte toujours une augmentation du taux de dopamine dans le cerveau, créant une sensation de plaisir ou une sensation de manque lors des périodes de sevrage.

Méthode

Étudier l'action de la nicotine sur le cerveau

La cigarette contient de nombreuses substances cancérigènes, ses effets néfastes sur la santé ne sont plus à démontrer. On se propose de comprendre le rôle de l'une de ces substances, la nicotine.

À l'aide des documents et de vos connaissances, expliquer l'action de la nicotine et son rôle sur la dépendance à la cigarette.

Doc 1 Action de l'acétylcholine sur un neurone dopaminergique

Ces neurones sont très présents dans la zone de récompense du cerveau.

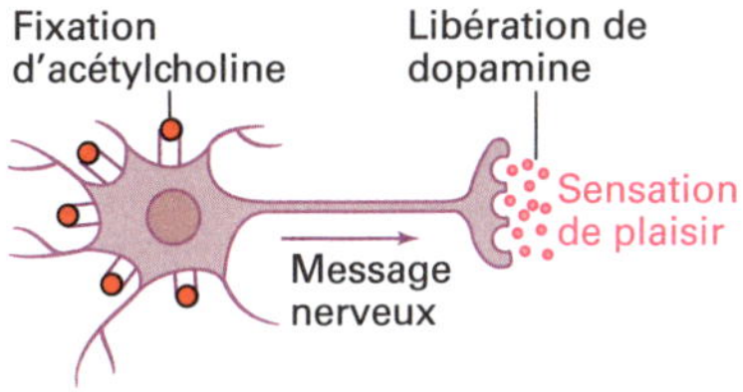

Doc 2 Comparaison des molécules d'acétylcholine et de nicotine

Le cercle indique la zone de fixation sur le récepteur à l'acétylcholine.

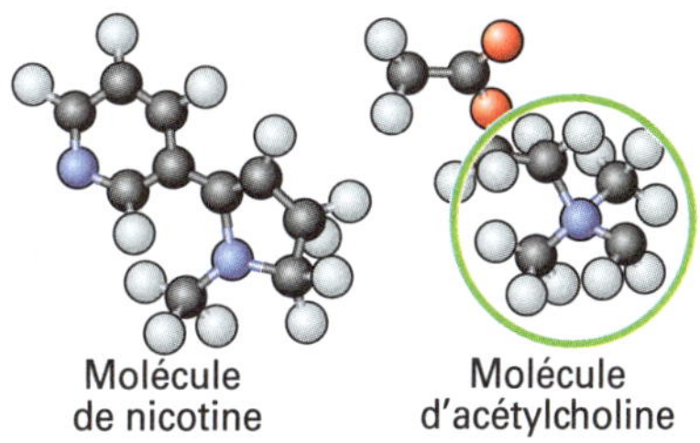

CONSEILS

Étape 1 Expliquer le fonctionnement des neurones dopaminergiques.
Étape 2 Rappeler le rôle de ces neurones dans le cerveau.
Étape 3 Comparer les molécules d'acétylcholine et de nicotine.
Étape 4 Expliquer comment la nicotine rend dépendant à la cigarette.

SOLUTION

Étape 1 La fixation de l'acétylcholine sur les récepteurs des neurones dopaminergiques provoque l'exocytose de vésicules contenant la dopamine. Cette libération entraîne la sensation de plaisir.

Étape 2 Les neurones dopaminergiques font partie du système de récompense.

Étape 3 La nicotine et l'acétylcholine présentent une région quasi identique.

Étape 4 La nicotine a un site moléculaire qui est identique au site de fixation de l'acétylcholine sur son récepteur. La nicotine peut donc se fixer sur les récepteurs à l'acétylcholine. Quand un individu fume, la nicotine se fixe sur les neurones dopaminergiques qui libèrent de la dopamine, provoquant une sensation de plaisir. La nicotine est donc la cause de la dépendance.

MÉMO VISUEL

Commande des mouvements volontaires et involontaires

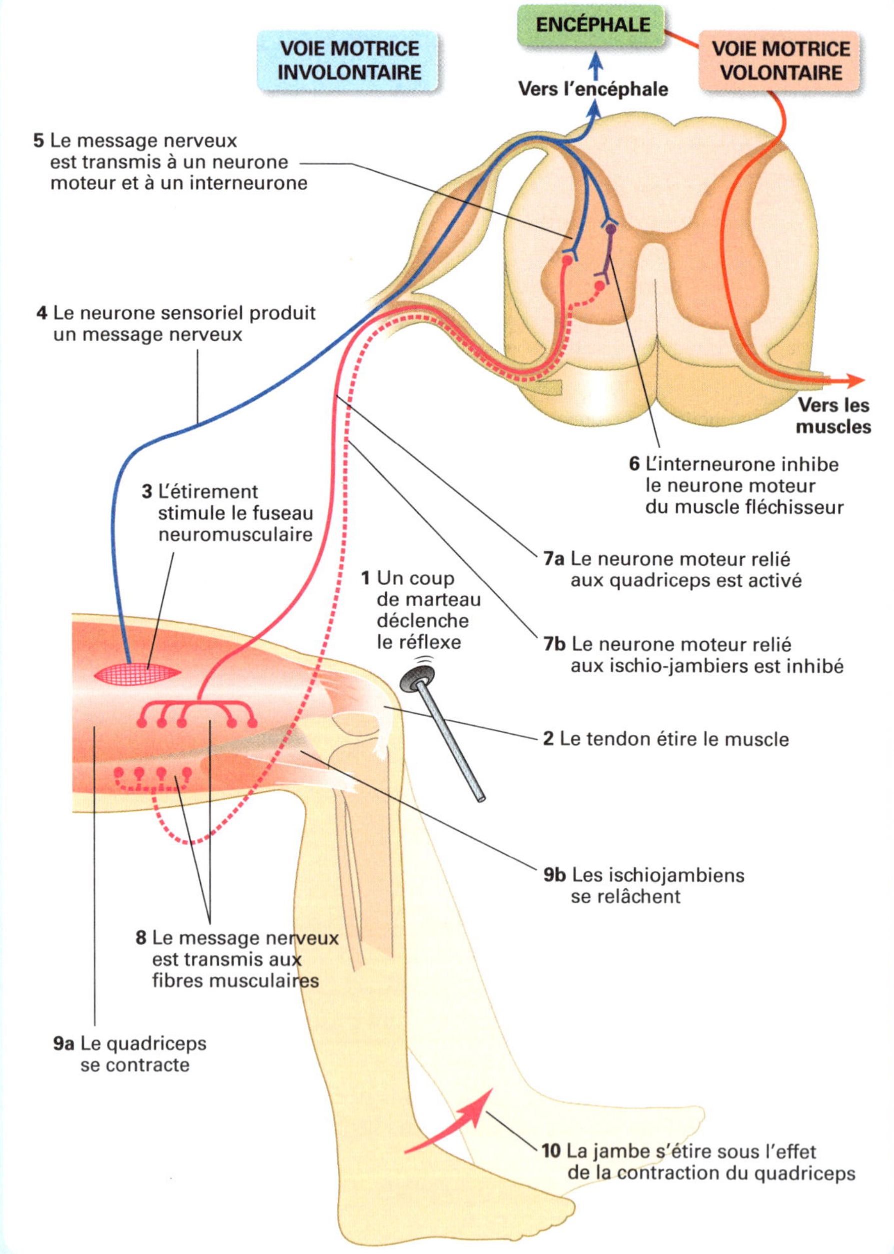

La sommation de messages sensoriels dans le cerveau au niveau du cortex moteur

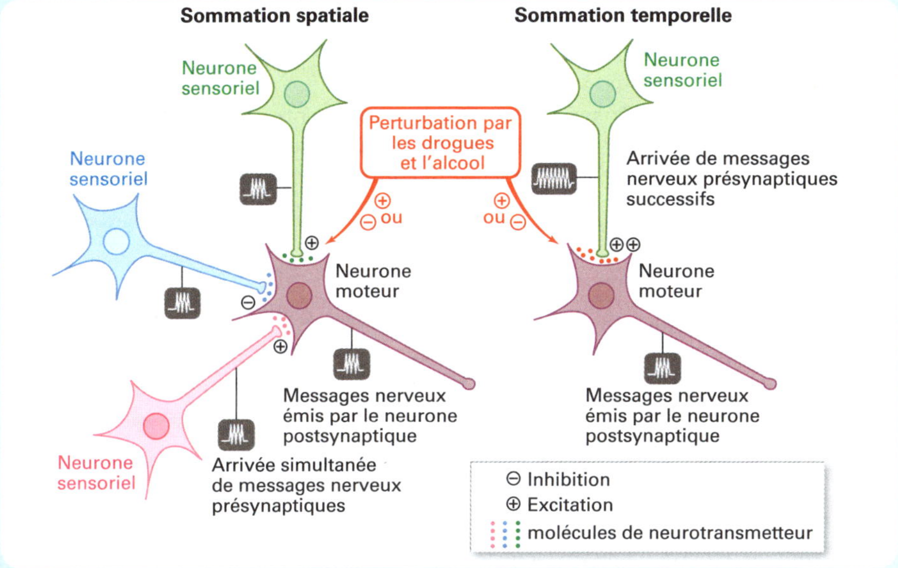

La plasticité cérébrale

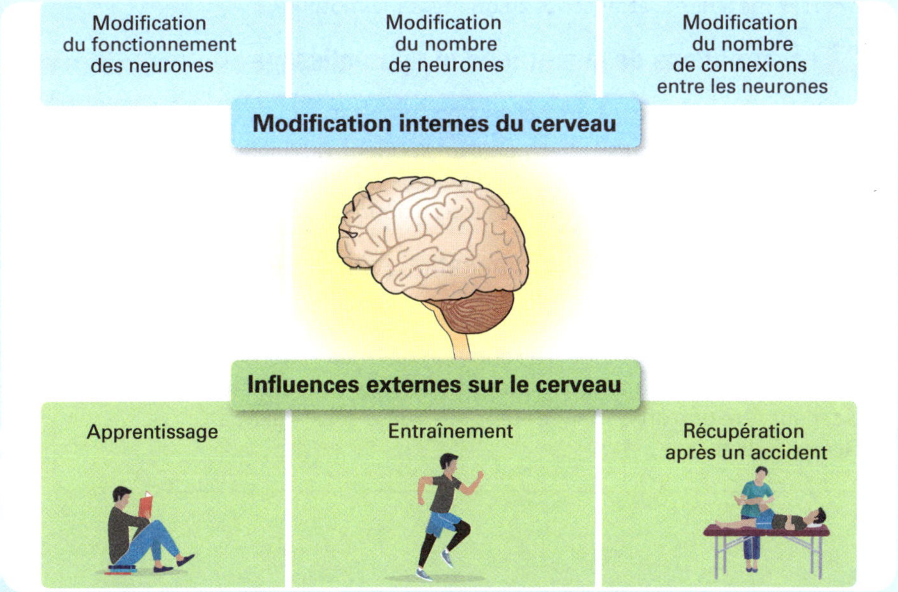

SE TESTER QUIZ

Vérifiez que vous avez bien compris les points clés des **fiches 26 à 30**.

1 Le réflexe myotatique, un mouvement involontaire

→ FICHE 26

Le réflexe myotatique fait intervenir :

☐ **a.** un muscle extenseur et un muscle fléchisseur
☐ **b.** le cerveau, qui fait partie du système nerveux central
☐ **c.** des messages nerveux moteurs partant des fuseaux neuromusculaires
☐ **d.** des messages nerveux sensoriels entrant dans la moelle épinière

2 Rôle des jonctions neuromusculaires

→ FICHE 27

Les jonctions neuromusculaires mettent en jeu :

☐ **a.** un messager chimique, l'acétylcholine, libéré dans une synapse
☐ **b.** des récepteurs présynaptiques localisés sur la fibre musculaire
☐ **c.** la conversion du message électrique en message chimique puis de nouveau en message électrique

3 Le contrôle du mouvement volontaire

→ FICHE 28

Le mouvement volontaire :

☐ **a.** met en jeu le cerveau qui envoie des messages sensoriels aux muscles
☐ **b.** résulte de l'activation de l'aire motrice située dans le cortex
☐ **c.** est le résultat de la sommation de messages sensoriels intégrés dans le cortex moteur et retranscrits en un message moteur

4 Perturbations de la motricité et apprentissage

→ FICHE 29

La plasticité cérébrale est un mécanisme complexe :

☐ **a.** qui permet la récupération après un accident vasculaire cérébral
☐ **b.** qui entraîne uniquement la modification du nombre de neurones
☐ **c.** qui permet d'expliquer les processus d'apprentissage

5 Fondements de la communication neuronale

→ FICHE 30

La transmission d'informations nerveuses :

☐ **a.** met en jeu des potentiels d'action circulant dans les synapses
☐ **b.** met en jeu la libération de neurotransmetteurs dans les axones
☐ **c.** peut être perturbée par des drogues qui se substituent à l'acétylcholine

S'ENTRAÎNER

6 Mobiliser ses connaissances sur le réflexe

→ FICHES 26 et 28

Lorsqu'on pose le pied nu sur un sol brûlant, la jambe se relève immédiatement pour entraîner le retrait du pied. Avec des électrodes, on a enregistré l'activité de deux muscles situés dans la cuisse, le biceps crural et le quadriceps fémoral, afin de mieux comprendre le phénomène observé.

1. À l'aide du document, identifier les moments où les deux muscles se contractent.

2. Mettre en relation vos observations pour montrer que ces deux muscles peuvent être qualifiés d'antagonistes.

3. Comment réagissent ces muscles lors du retrait du pied en contact avec le sol brûlant ?

4. Quel est l'organe du système nerveux central qui contrôle les mouvements dans l'exercice de flexions-extensions et dans le retrait du pied ?

Doc **Enregistrement de l'activité de deux muscles au cours d'un exercice de flexions-extensions volontaires de la jambe**

En haut : biceps crural. En bas : quadriceps fémoral.

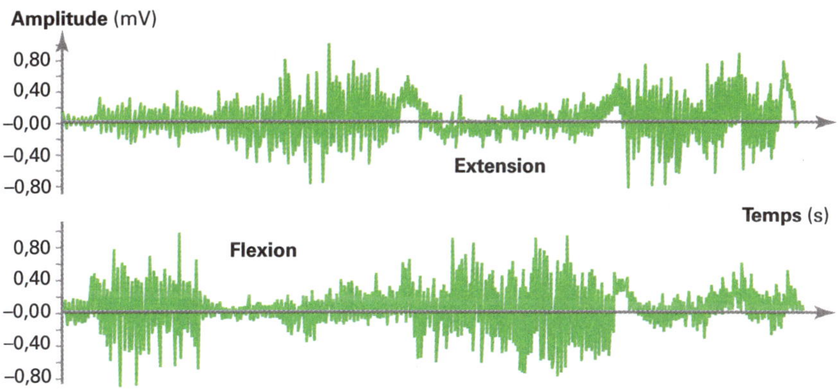

7 Comprendre la relation entre le nerf et le muscle

→ FICHE 27

En 1875, Claude Bernard prélève un nerf associé à un muscle, puis met en contact le muscle ou le nerf en contact d'un poison : le curare. Les résultats de son expérience sont présentés dans le document ci-après.

1. Les expériences 1 et 2 permettent-elle d'identifier la cible du poison ?

2. Qu'apporte l'expérience 3 quant à la compréhension de l'effet du poison ?

3. Pourquoi l'expérience 4 prouve-t-elle que la jonction neuromusculaire est la cible du poison ?

Doc **Résultats expérimentaux révélant les effets de la stimulation du muscle ou du nerf sur la contraction du muscle**

	Lieu de la stimulation	Contraction du muscle
Le nerf baigne dans la solution de curare	Expérience 1 Nerf	Contraction
	Expérience 2 Muscle	Contraction
Le muscle baigne dans la solution de curare	Expérience 3 Nerf	Pas de contraction
	Expérience 4 Muscle	Contraction

8 Comprendre l'Homonculus moteur

→ FICHE 28

Le médecin canadien Wilder Graves Penfield a notamment travaillé sur des patients montrant des traumatismes cérébraux et sur l'épilepsie. Dès 1937, il réalise des stimulations électriques dans le cerveau et identifie les parties du cortex liées à la motricité. En 1950, il publie avec Theodore Brown Rasmussen un ouvrage qui présente le célèbre homonculus moteur.

1. L'IRM fonctionnelle pourrait-elle être utilisée pour mettre en évidence l'homonculus moteur ?
2. En quoi l'homonculus moteur prouve-t-il la spécialisation du cortex moteur ?

Doc **L'homonculus moteur de W. G. Penfield**

À droite, schéma du cerveau localisant la coupe effectuée dans le cortex moteur.

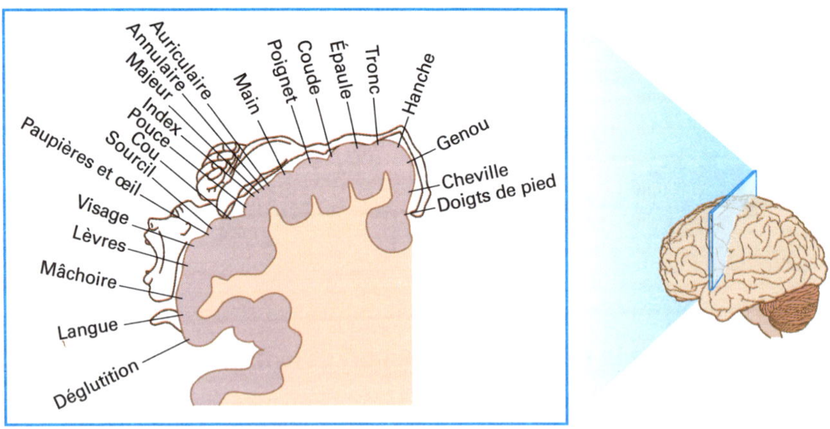

9 Comprendre l'action des drogues sur la communication entre les neurones

→ FICHES 28 et 29

L'alcool est une substance psychotrope qui agit directement sur les neurones. À faible dose, il provoque un effet euphorisant qui se traduit par une sensation de plaisir associée à un effet sédatif ou relaxant. Cependant, à forte dose, il engendre un ralentissement du système cérébral conduisant parfois au coma appelé coma éthylique. En avril 2018, des chercheurs ont diagnostiqué plusieurs types de coma éthylique chez des individus ayant consommé du GHB.

À partir du document, expliquer le mode d'action du GHB ou GBL et expliquer pourquoi l'augmentation de la consommation de cette drogue est inquiétante.

Doc Mode d'action du GBL, un dérivé du GHB, sur le cerveau

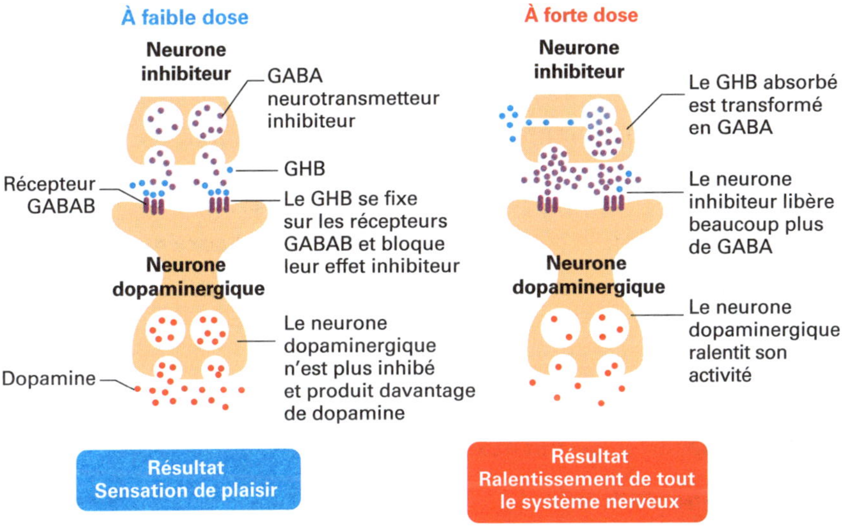

10 Expliquer l'effet de seuil

→ FICHE 30

Une expérience consiste à mesurer, grâce à une électrode, l'activité électrique d'un neurone également branché à une électrode de stimulation. Les résultats sont présentés dans le document suivant.

1. En utilisant vos connaissances, identifier les stimulations à l'origine de la production d'un potentiel d'action dans le neurone.
2. Quelle est la valeur minimale nécessaire à la production d'un potentiel d'action dans le neurone ?
3. Qu'appelle-t-on seuil de stimulation ? Le dessiner sur le document.

Doc Évolution de l'activité électrique d'un neurone stimulé par un courant électrique d'intensité variable

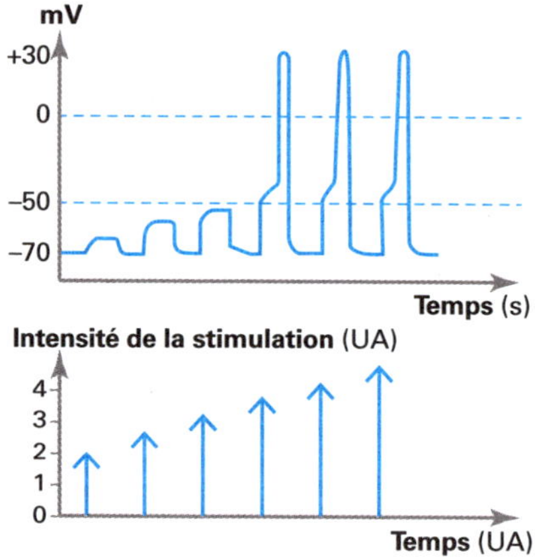

11 Identifier les caractéristiques des cellules excitables

→ FICHE 30

Un fragment de neurone géant d'un calamar est plongé dans une cuve contenant du liquide physiologique. Un dispositif constitué d'une électrode permet d'enregistrer l'activité électrique ou différence de potentiel (ddp) de ce neurone.

1. Que montre le document 1 quant à la différence de potentiel entre le neurone et le milieu extérieur ?

2. Que montre le document 2 ?

3. Pourquoi dit-on que la cellule nerveuse est une cellule excitable ?

Doc 1 Dispositif expérimental

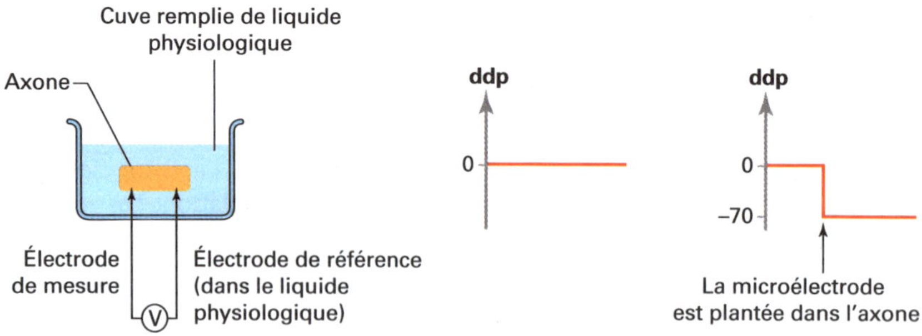

Doc 2 Enregistrement d'un potentiel d'action (en noir) dans une cellule nerveuse préalablement stimulée (bleu)

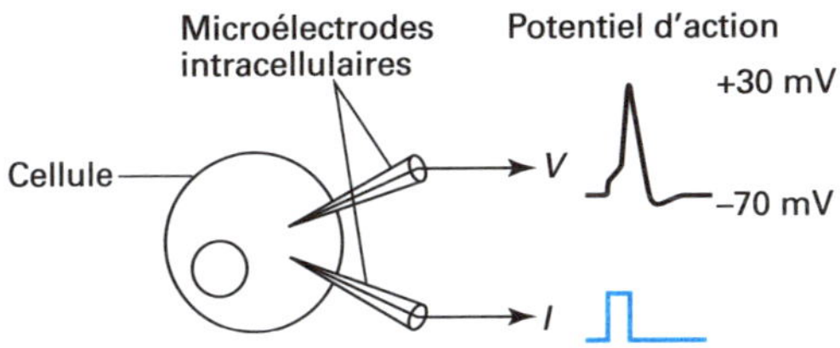

12 Prouver les mécanismes de sommation des neurones centraux

→ FICHE 30

Trois neurones sont étudiés selon la configuration présentée dans le document. Des électrodes permettent d'enregistrer l'activité électrique dans les neurones 1, 2 et 3. Les chercheurs ont stimulé les neurones 1 et 2, puis ont observé l'activité électrique du neurone 3.

1. Expliquer l'absence de potentiel d'action dans le neurone 3.

2. Pourquoi observe-t-on un potentiel d'action dans le neurone 3 lors des expériences 3 et 4 ?

3. Avec les résultats, expliquer ce que sont les sommations spatiale et temporelle.

Doc Étude de l'activité électrique de trois neurones

Les neurones 1 et 2 sont présynaptiques, le neurone 3 est postsynaptique.

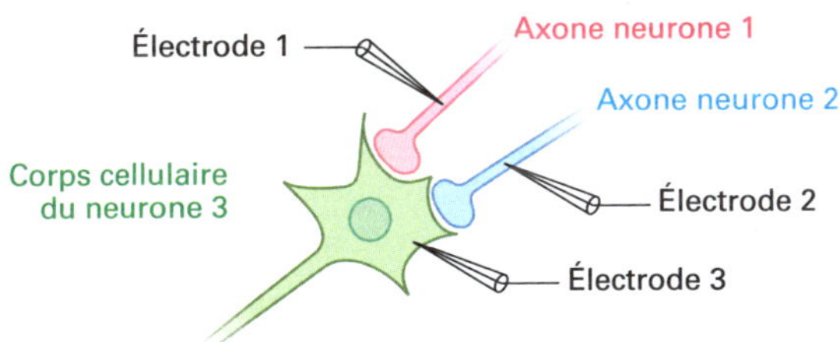

Exp.	Neurone 1	Neurone 2	Neurone 3
a			Pas de potentiel d'action
b			Pas de potentiel d'action
c			Un potentiel d'action produit
d			Un potentiel d'action produit

OBJECTIF BAC

13 Expliquer le mode d'action d'un poison paralysant

50 min

→ FICHES 27, 28 et 30

Grâce à une étude documentaire, ce sujet permet de s'exercer à l'argumentation pour expliquer l'effet d'un poison sur un animal chassé par des Indiens d'Amazonie.

LE SUJET

En 1743, Charles Marie de la Condamine décrit un poison, le curare, utilisé par les Indiens d'Amazonie pour chasser. Ils enduisent de poison les flèches de leurs sarbacanes pour paralyser leurs proies.

Expliquer le mode d'action du curare et pourquoi il est utilisé par les Indiens d'Amazonie.

Doc 1 Observation microscopique d'une jonction neuromusculaire

Les récepteurs à l'acétylcholine sont mis en évidence par des grains d'argent (points noirs).

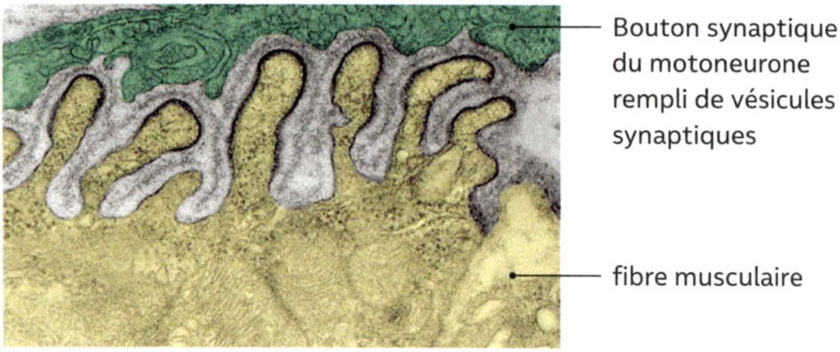

Doc 2 Intensité de la contraction musculaire en fonction du temps

Courbe 1 : contraction en présence d'une dose d'acétylcholine.

Courbes 2, 3 et 4 : contraction en présence d'une dose d'acétylcholine et de doses croissantes de curare.

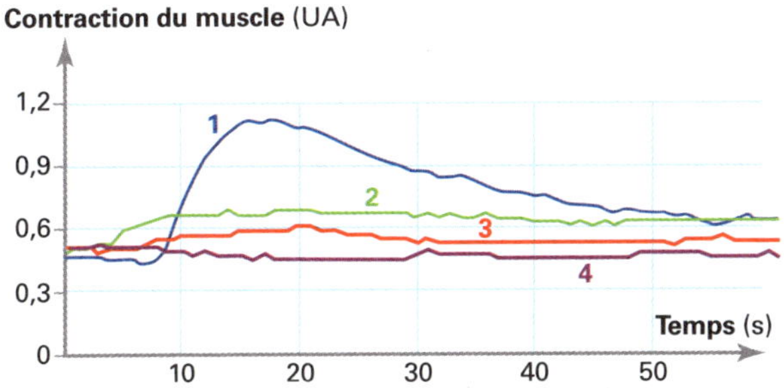

Doc 3 Modèles moléculaires du curare et de l'acétylcholine

À gauche, molécule d'acétylcholine, neuromédiateur de la jonction neuromusculaire. À droite, molécule de curare.

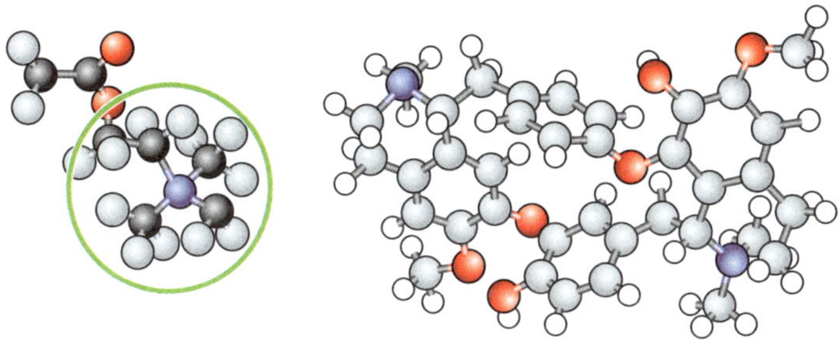

Doc 4 Visualisation 3D de l'association entre l'acétylcholine et son récepteur et entre le curare et le récepteur à l'acétylcholine

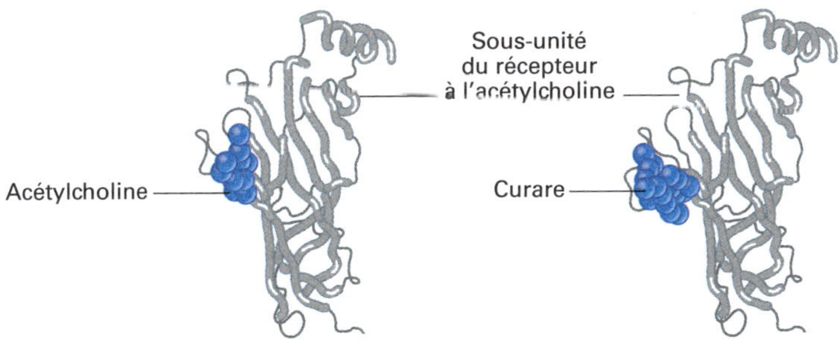

▶▶▶ LA FEUILLE DE ROUTE

Pour répondre au problème, nous vous proposons de construire un plan en trois parties qui correspondent aux étapes proposées ci-dessous.

Étape 1 Mettre en évidence les effets du curare et de l'acétylcholine

- Le document 2 permet d'observer les effets d'une dose croissante de curare sur la contraction musculaire.

Étape 2 Comparer la structure du curare et de l'acétylcholine

- Le document 3 permet de repérer des similitudes dans les structures moléculaires du curare et de l'acétylcholine.

Étape 3 Expliquer le mode d'action du curare

- Le document 1 montre la structure d'une jonction neuromusculaire et permet de situer les récepteurs à l'acétylcholine.
- Le document 4 montre l'interaction entre le récepteur de l'acétylcholine et le curare ou l'acétylcholine, ces deux molécules interagissent avec le même site du récepteur.
- Cette observation permet d'expliquer, grâce aux documents 2, 3 et 4, l'action du curare dans le blocage des muscles (paralysie).

Étape 4 Expliquer l'utilisation du curare par les Indiens d'Amazonie

- L'étude des documents permet de mettre en évidence l'action du curare à l'échelle moléculaire, d'en comprendre les effets sur les muscles et d'en déduire les applications lors de la chasse.

CORRIGÉS

SE TESTER QUIZ

1 Le réflexe myotatique, un mouvement involontaire

Réponses a et d. Le réflexe myotatique fait intervenir un muscle extenseur et un muscle fléchisseur, ainsi que des messages nerveux sensoriels entrant dans la moelle épinière.
Les réponses **b** et **c** sont incorrectes. Le cerveau contrôle les mouvements volontaires, le réflexe fait intervenir la moelle épinière. Les fuseaux neuromusculaires sont des structures sensibles à l'étirement et sont reliés à des neurones sensoriels.

2 Rôle des jonctions neuromusculaires

Réponses a et c. Les jonctions neuromusculaires mettent en jeu l'acétylcholine, qui est libérée dans une synapse, où s'effectue la conversion du message électrique en message chimique, puis de nouveau électrique.
La réponse **b** est incorrecte. Ce sont les récepteurs postsynaptiques qui sont localisés sur la fibre musculaire.

3 Le contrôle du mouvement volontaire

Réponses b et c. Le mouvement volontaire résulte de l'activation de l'aire motrice située dans le cortex. C'est le résultat de la sommation de messages sensoriels intégrés dans le cortex moteur et retranscris en un message moteur.
La réponse **a** est incorrecte. Le cerveau n'envoie pas de messages sensoriels aux muscles, il envoie des messages moteurs qui entraînent des contractions.

4 Perturbations de la motricité et apprentissage

Réponses a et c. La plasticité cérébrale est un mécanisme complexe qui permet la récupération après un accident vasculaire cérébral et qui permet d'expliquer les processus d'apprentissage.
La réponse **b** est incorrecte. La plasticité cérébrale modifie non seulement le nombre de neurones, mais aussi le nombre de connexions, la longueur des axones et par conséquent le fonctionnement du cerveau.

5 Fondements de la communication neuronale

Réponse c. La transmission d'informations nerveuses peut être perturbée par des drogues qui se substituent à l'acétylcholine.
Les réponses **a** et **b** sont incorrectes. Les potentiels d'action circulent dans les axones et non dans les synapses. À l'inverse, les neurotransmetteurs sont libérés dans les synapses et non dans les axones.

S'ENTRAÎNER

6 Mobiliser ses connaissances sur le réflexe

1. Sur le document, on remarque que durant l'extension de la jambe le quadriceps fémoral a une activité électrique très importante, alors que celle du biceps crural est très faible. On en déduit que le quadriceps fémoral est contracté et que le biceps crural est relâché.
À l'inverse, on remarque que durant la flexion de la jambe le quadriceps fémoral a une activité électrique faible, alors que celle du biceps crural est très forte. On en déduit que le quadriceps fémoral est relâché et que le biceps crural est contracté.

2. On remarque que lors d'un mouvement ces deux muscles ne sont jamais contractés en même temps : ils se contractent toujours dans des situations opposées. C'est pourquoi on peut dire que ces muscles sont antagonistes.

À NOTER

Le biceps crural est un muscle fléchisseur, car il se contracte lors de la flexion de la jambe ; le quadriceps est un muscle extenseur, car il se contracte lors de l'extension de la jambe.

3. Le retrait du pied est le résultat d'une flexion de la jambe, qui est produit par la contraction du biceps crural et l'extension du quadriceps fémoral.

4. Dans le cas de l'exercice flexions-extensions, le mouvement est volontaire. C'est le cerveau et plus précisément le cortex moteur qui contrôle les contractions des muscles. En revanche, le retrait du pied est un mouvement réflexe, involontaire. C'est donc la moelle épinière qui est à l'origine de ce mouvement de flexion, même si les muscles engagés sont les mêmes.

7 Comprendre la relation entre le nerf et le muscle

1. Dans les deux premières expériences, le nerf baigne dans une solution de curare. Que ce soit le nerf ou le muscle qui est stimulé, la contraction musculaire a lieu. Le curare n'a donc pas d'effet sur le nerf. La cible du poison est probablement musculaire, mais on ne sait pas si le poison agit directement sur le muscle ou sur la jonction neuromusculaire.

2. Dans l'expérience 3, le muscle baigne dans le curare, le nerf est stimulé, mais le muscle ne se contracte pas. De la même manière, on peut dire que la cible du poison est peut-être musculaire, mais on ne sait pas si le poison agit directement sur le muscle ou sur la jonction neuromusculaire.

3. L'expérience 4 consiste à stimuler le muscle baignant dans le curare. Le muscle se contracte, comme lorsqu'il n'était pas en contact avec le curare. Cette expérience est fondamentale, car elle montre que le curare n'agit pas sur la capacité de transport des informations par le nerf et qu'il n'agit pas sur la capacité du muscle à se contracter. On en déduit qu'il agit sur la synapse ou jonction neuromusculaire en bloquant le transfert du message du nerf au muscle.

8 Comprendre l'homonculus moteur

1. L'IRM fonctionnelle est une technique permettant d'observer l'activité des différentes régions du cerveau en mesurant le débit sanguin dans les zones étudiées. Ainsi, un débit sanguin élevé est interprété comme une forte activité de la zone concernée. Grâce à cette technique, on peut demander à un patient de bouger un membre et visualiser les zones du cerveau qui participent à ce mouvement. L'IRM fonctionnelle permettrait donc de construire l'homonculus moteur.

2. On sait que le cortex moteur est subdivisé en de nombreuses zones, chacune participant au contrôle des muscles d'une région du corps. C'est pourquoi on peut dire que le cortex moteur est spécialisé, car chacune de ses régions est dédiée au contrôle moteur d'une partie précise de l'organisme (main, jambe...).

9 Comprendre l'action des drogues sur la communication entre les neurones

- Sur le document, on remarque qu'à faible dose le GHB se fixe sur les récepteurs du GABA. En se fixant sur ces récepteurs, le GHB empêche le GABA de se fixer et l'empêche ainsi d'inhiber le neurone dopaminergique à l'origine de la sensation de plaisir.
- À faible dose, le GHB a donc les mêmes effets que l'alcool.
- À forte dose, le GHB est dégradé en un sous-produit servant à la production du GABA. Une très grande quantité de GABA est alors libérée, inhibant de façon très intense les neurones dopaminergiques, ce qui ralentit tout le fonctionnement du système nerveux.
- À forte dose, le GHB a donc aussi les mêmes effets que l'alcool, à savoir un fort ralentissement du système nerveux.
- GHB et alcool ont les mêmes effets et sont responsables de comas s'ils sont consommés à forte dose. La consommation à faible dose entraîne un effet euphorisant, qui peut être à l'origine de phénomènes addictifs. Pour ces deux raisons, cette drogue peut entraîner des dégâts aussi importants que ceux de l'alcool.

10 Expliquer la production du potentiel d'action soumise à l'effet de seuil

1. Le potentiel d'action est une dépolarisation d'un neurone dont l'amplitude est toujours la même. Seules les trois dernières stimulations engendrent un potentiel d'action dans le neurone.

2. Les stimulations dont l'intensité est strictement supérieure à 3,5 UA sont les seules à provoquer la production d'un potentiel d'action dans le neurone.

3. Le seuil de stimulation correspond à la valeur de la stimulation minimale nécessaire pour qu'un neurone produise un potentiel d'action.

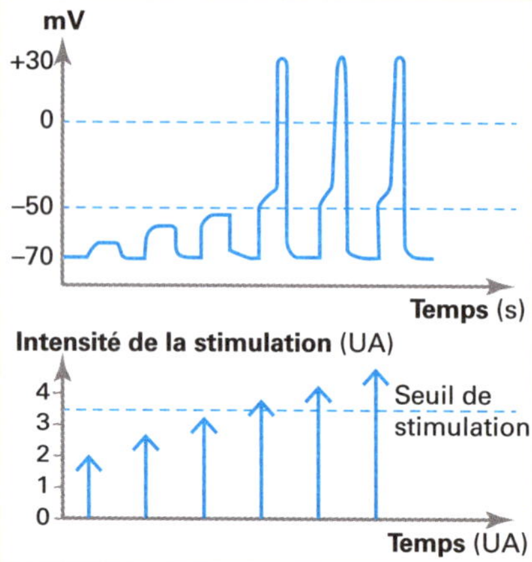

11 Identifier les caractéristiques des cellules excitables

1. Quand l'électrode de mesure est placée dans le même milieu que l'électrode de référence, on enregistre une différence de potentiel nulle. L'activité électrique mesurée est identique à celle du milieu de référence.
Quand l'électrode de mesure est placée dans le neurone géant de calamar, la différence de potentiel est de –70 mV. Cela signifie qu'il y a une différence de répartition des charges électriques entre le milieu extérieur et le neurone, le neurone accumulant davantage de charges négatives (ions négatifs).

À NOTER
Une cellule nerveuse est un environnement polarisé par rapport au milieu extérieur.

2. Quand le neurone est stimulé par un courant électrique (doc. 2), il subit une dépolarisation qui se traduit par la production d'un potentiel d'action. Ainsi, il passe d'un état polarisé (à –70 mV) à un état dépolarisé (+30 mV) : on parle de dépolarisation du neurone.

3. La cellule nerveuse, du fait de sa polarisation initiale, peut être dépolarisée et produire un potentiel d'action (qui est la base du message nerveux). Cette capacité à produire un potentiel d'action sous l'effet d'une stimulation électrique fait du neurone une cellule excitable.

12 Prouver les mécanismes de sommation des neurones centraux

1. Dans les deux premiers cas (a et b), seul un des deux neurones présynaptiques propage des dépolarisations. Ces dépolarisations ne sont pas suffisantes pour que le neurone 3 produise un potentiel d'action, car son seuil de stimulation n'est pas atteint.

2. Dans l'expérience c, les neurones 1 et 2 propagent chacun des dépolarisations qui sont transmises au neurone 3. Ces deux activités dépolarisantes semblent s'additionner, puisqu'elles produisent un potentiel d'action dans le neurone 3.

Dans l'expérience d, le neurone 1 propage trois séries de dépolarisations successives, qui semblent s'additionner puisqu'elles permettent au neurone 3 de produire un potentiel d'action.

3. L'expérience c illustre le phénomène de sommation spatiale. Quand plusieurs dépolarisations sont apportées par plusieurs neurones présynaptiques de façon simultanée, elles s'additionnent et stimulent le neurone postsynaptique qui produit alors un potentiel d'action.
L'expérience d illustre le phénomène de sommation temporelle. Quand plusieurs dépolarisations d'origine présynaptique, très rapprochées, s'additionnent, elles stimulent le neurone postsynaptique qui produit alors un potentiel d'action.

OBJECTIF BAC

13 Expliquer le mode d'action d'un poison paralysant

Introduction

Au XVIIIe siècle, au cours de l'un de ses voyages en Amérique du Sud, Charles de La Condamine remarque que les Indiens enduisent les flèches de leur sarbacane de curare. Comment celui-ci agit-il ? Nous montrerons tout d'abord les effets du curare sur l'organisme, puis nous étudierons sa structure chimique en comparaison de celle de l'acétylcholine. Nous verrons enfin comment il agit sur la jonction neuromusculaire et montrerons son intérêt pour la chasse.

Les effets du curare et de l'acétylcholine

- En présence d'acétylcholine, le muscle se contracte fortement. L'ajout d'acétylcholine mime l'activation du muscle via un neurotransmetteur libéré par un neurone moteur présynaptique (doc. 1).
- Le document 2 permet d'observer les effets d'une dose croissante de curare sur la contraction musculaire. Pour la dose 2 de curare, le pic de contraction passe de 1,1 UA à 0,7 UA ; pour la dose 3, le pic de contraction a une intensité de 0,6 UA et pour la dose 4 le pic de contraction passe de 1,1 UA à 0,45 UA. Donc, quand on ajoute des doses croissantes de curare en complément de l'acétylcholine la contraction musculaire est de plus en plus inhibée.

La structure du curare et de l'acétylcholine

- Le document 3 montre une similitude dans une partie des molécules de curare et d'acétylcholine (zone entourant l'atome d'azote, en bas à droite). Ce constat permet de proposer un mode d'action qui met en jeu cette similitude.
- Le document 4 montre l'interaction entre le récepteur de l'acétylcholine et le curare ou l'acétylcholine, ces deux molécules interagissent avec le récepteur sur le même site. C'est la similitude de forme des deux molécules qui permet leur fixation sur le même récepteur.

Le mode d'action du curare

■ La jonction neuromusculaire est formée d'un neurone moteur présynaptique qui contient un neurotransmetteur, l'acétylcholine. Celle-ci vient se fixer sur des récepteurs postsynaptiques afin de stimuler la contraction de la fibre musculaire.

■ Ainsi, la fixation de l'acétylcholine, messager chimique, provoque l'activation de la cellule musculaire, mais lorsque le curare se fixe il n'active pas la cellule musculaire et empêche son activation, car il occupe la place habituelle de l'acétylcholine.

L'intérêt du curare pour la chasse

Les Indiens d'Amazonie tirent des flèches imbibées de curare avec leurs sarbacanes. Lorsque le gibier est touché par une flèche, il reçoit une dose de curare suffisante qui inhibe la contraction de ses muscles. Cela le paralyse et empêche donc sa fuite, facilitant par la même occasion sa capture.

Conclusion

Le curare est une substance myotoxique qui agit de manière nocive sur les muscles. En effet, il bloque les récepteurs postsynaptiques localisés sur la fibre musculaire, empêche la transmission du message nerveux du neurone moteur vers la fibre musculaire, qui repose sur la libération d'acétylcholine et sa fixation sur ces mêmes récepteurs. C'est donc par l'injection de cette toxine que les Indiens chassent plus efficacement.

10 La cellule musculaire, une cellule spécialisée

Les mouvements nécessitent la contraction des muscles squelettiques. Pour cela, les fibres musculaires consomment de l'ATP qui doit être renouvelé en permanence.

31 Le muscle strié squelettique

En bref *Les mouvements des membres sont réalisés grâce aux muscles striés squelettiques qui actionnent les os et grâce aux articulations.*

I Les muscles dans les mouvements

- Par leur contraction, les muscles striés squelettiques assurent la motricité du corps en faisant bouger les os auxquels ils sont rattachés par des tendons.
- La plupart des mouvements font intervenir un couple de muscles antagonistes : l'un est relâché lorsque l'autre est contracté et inversement. Par exemple, le biceps est un muscle fléchisseur, alors que le triceps est un muscle extenseur.

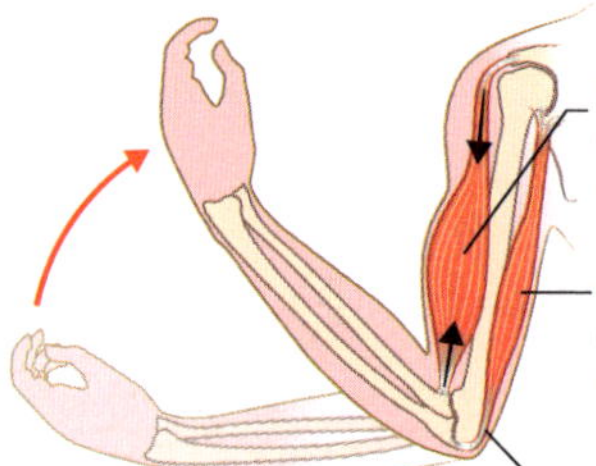

Doc 1 Réalisation d'un mouvement de flexion

- Un muscle strié squelettique est composé de plusieurs faisceaux musculaires constitués d'un ensemble de cellules appelées fibres musculaires.

II La fibre musculaire, une cellule spécialisée

- Le cytoplasme ou sarcoplasme d'une cellule musculaire contient un grand nombre de mitochondries et montre quelques spécificités : il possède plusieurs noyaux, un réseau très développé de réticulum sarcoplasmique, du glycogène (réserves de glucose) et surtout de nombreuses myofibrilles qui occupent la plus grande partie du sarcoplasme.
- Chaque myofibrille est constituée de myofilaments de nature protéique. Une myofibrille est organisée en une succession de sarcomères, qui sont les unités contractiles élémentaires du muscle.

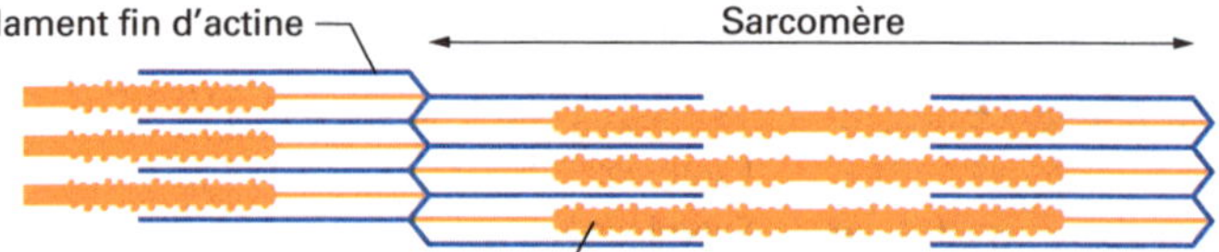

Doc 2 Organisation d'un sarcomère (3 µm de longueur au repos)

Méthode

Démontrer l'activité des muscles antagonistes

La marche nécessite la coordination des muscles du membre inférieur.

À partir du document, montrer comment l'activité antagoniste des muscles permet les mouvements de flexion et d'extension du pied.

Doc Activité électrique des muscles de la jambe

Un muscle qui se contracte est le siège d'une activité électrique d'autant plus grande que la contraction musculaire est intense.

a. Muscles de la jambe. **b.** Électromyogrammes : enregistrements de l'activité électrique des muscles de la jambe lors d'exercices alternés « pointe-talon » (extension-flexion du pied). A : pied à plat. B : pied sur pointe. C : pied sur talon.

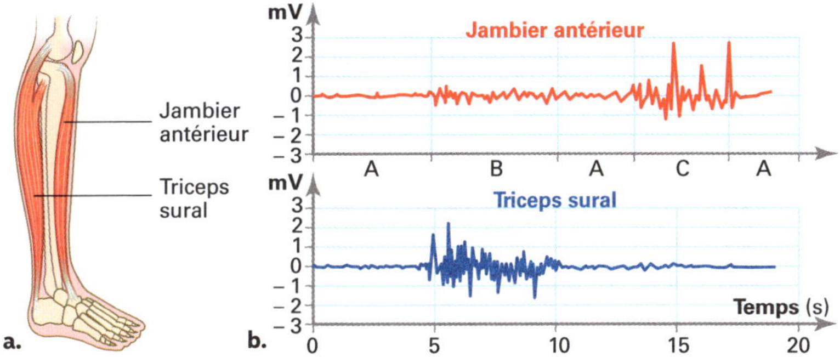

CONSEILS

Étape 1 Pour chaque position du pied, indiquer l'activité électrique d'un des deux muscles afin d'en déduire son état de contraction.
Étape 2 Faire de même avec le deuxième muscle.
Étape 3 Comparer l'état de contraction des deux muscles lors d'une flexion/extension.

SOLUTION

Étape 1 Le triceps sural présente une forte activité électrique (jusqu'à 2 mV) durant la période B, lorsque le pied est sur pointe. En revanche, lors des périodes A et C, son activité électrique est quasi nulle. Il est donc contracté lorsque le pied est en extension et relâché lorsque le pied est en flexion.

Étape 2 Le jambier antérieur présente une forte activité électrique durant la période C, lorsque le pied est sur talon. En revanche, lors des périodes A et B, son activité électrique est quasi nulle. Il est donc contracté lorsque le pied est en flexion et relâché lorsque le pied est en extension.

Étape 3 Lorsque le triceps sural est contracté, le jambier antérieur est globalement relâché et inversement : c'est l'activité antagoniste de ces muscles qui permet les mouvements de flexion et d'extension du pied.

32 Le fonctionnement de la cellule musculaire

En bref *La structure et l'organisation de la cellule musculaire permettent son raccourcissement lors de la contraction, en présence d'ions calcium et d'ATP.*

I La contraction musculaire

- Lors de la contraction musculaire, chaque sarcomère se raccourcit, de sorte que les myofibrilles, ainsi que l'ensemble de la fibre raccourcissent, par glissement des myofilaments d'actine entre les molécules de myosine.
- La molécule d'**ATP** est indispensable, car elle intervient à plusieurs moments du cycle de contraction.

MOT CLÉ
ATP : adénosine triphosphate, molécule fondamentale dans les réactions de transferts d'énergie se déroulant dans les cellules.

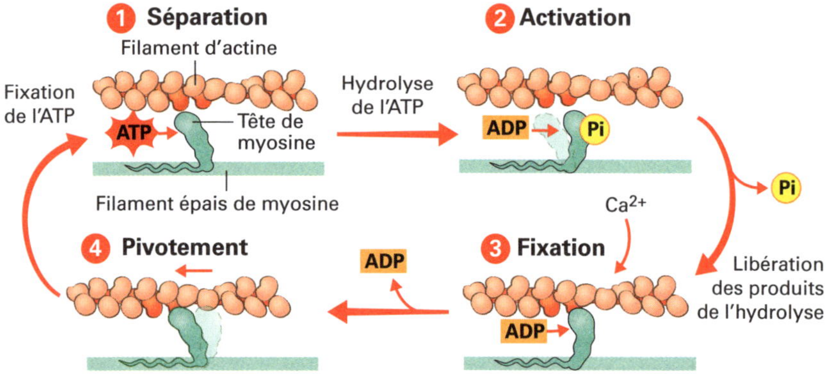

Doc **Mécanismes moléculaires de la contraction**

1. Séparation des complexes actine-têtes de myosine. **2.** Basculement des têtes de myosine. **3.** Liaison des têtes de myosine plus loin sur l'actine. **4.** Retour des têtes de myosine à leur position initiale (entraînant le glissement de l'actine).

II Le dysfonctionnement des cellules musculaires

- Les dystrophies musculaires sont des maladies musculaires (ou myopathies) caractérisées par une dégénérescence des fibres musculaires, entraînant progressivement l'atrophie des muscles : ils perdent leur volume et donc leur force de contraction. Cette dégénérescence est due à l'absence de certaines protéines (telle que la dystrophine) assurant les interactions entre les protéines intracellulaires et la matrice extracellulaire.
- Ces myopathies ont une origine génétique, liée à la mutation de gènes codant ces protéines.

Méthode

Déterminer les conditions de la contraction musculaire

Il est possible d'extraire des myofibrilles isolées à partir de cellules musculaires et de mesurer leur tension, proportionnelle à leur force de contraction dans différentes conditions expérimentales.

Par une exploitation rigoureuse du document, expliquer quelles sont les conditions indispensables à la contraction des myofibrilles.

Doc Mesure de la tension d'une myofibrille après l'ajout d'ATP, de calcium ou d'un chélateur dans le milieu

Le chélateur fixe les ions Ca^{2+}, bloquant ainsi leur action.

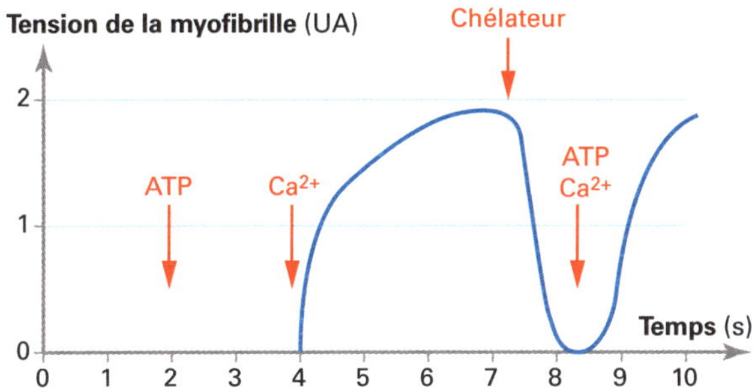

CONSEILS

Étape 1 Décrire les variations du paramètre mesuré en fonction des conditions expérimentales.
Étape 2 Indiquer les effets du chélateur sur la tension.
Étape 3 Mettre en avant l'importance du Ca^{2+} et de l'ATP dans la contraction des myofibrilles.

SOLUTION

Étape 1 La tension mesurée dans la myofibrille montre une contraction d'autant plus forte que la tension est grande.
Sans ATP ou après ajout d'ATP seul, il n'y a pas de modification de la tension de la myofibrille, donc pas de contraction. En revanche, si l'on ajoute du Ca^{2+} à l'ATP, on observe une augmentation de la tension, donc une contraction.

Étape 2 L'apport d'un chélateur bloquant l'action des Ca^{2+} entraîne une diminution de la tension, donc un arrêt de la contraction.

Étape 3 On en déduit que la présence simultanée d'ion Ca^{2+} et d'ATP est indispensable à la contraction des myofibrilles, donc du muscle.

33 La production d'ATP par métabolisme aérobie

En bref *Dans le cas d'un exercice physique modéré et long, la respiration cellulaire est la voie principale de production d'ATP dans les cellules musculaires en présence de dioxygène.*

I Les étapes de la respiration cellulaire

■ La glycolyse se déroule dans le hyaloplasme. Elle aboutit à une dégradation du glucose en deux molécules d'acide pyruvique ou pyruvate ($C_3H_4O_3$).

MOTS CLÉS

- **NAD^+ et FAD** : formes oxydées de transporteurs d'hydrogène et d'électrons, qui deviennent $NADH,H^+$ et $FADH_2$ quand elles sont réduites.
- **Phosphorylation de l'ADP** : fixation d'un phosphate inorganique (Pi) sur une molécule d'ADP conduisant à une molécule d'ATP.

$$C_6H_{12}O_6 + 2\ NAD^+ \xrightarrow[\text{2 Pi + 2 ADP} \rightarrow \text{2 ATP}]{} 2\ C_3H_4O_3 + 2\ NADH,H^+$$

■ Le cycle de Krebs se déroule dans la matrice des mitochondries. Cette série de réactions complexes permet la dégradation de chaque molécule (décarboxylation) de pyruvate en dioxyde de carbone.

$$2\ C_3H_4O_3 + 6\ NAD^+ + 2\ FAD \xrightarrow[\text{2 ADP + 2 Pi} \rightarrow \text{2 ATP}]{} 6\ CO_2 + 6\ NADH,H^+ + 2\ FADH_2$$

■ La phosphorylation oxydative se déroule dans les crêtes mitochondriales en présence de dioxygène. La régénération des transporteurs oxydés par la chaîne respiratoire entraîne la réduction du dioxygène (O_2) en eau (H_2O).
Cette série de réactions génère un gradient de protons qui active des ATPsynthases catalysant la synthèse d'une grande quantité d'ATP.

$$NADH,H^+ + ½\ O_2 + 2\ H^+ \xrightarrow[\text{3 ADP + 3 Pi} \rightarrow \text{3 ATP}]{} NAD^+ + H_2O$$

II Bilan de la voie métabolique aérobie

■ La dégradation complète d'une molécule de glucose en CO_2 et H_2O permet la synthèse de 36 molécules d'ATP.

$$C_6H_{12}O_6 + 6\ O_2 \xrightarrow[\text{36 ADP + 36 Pi} \rightarrow \text{36 ATP}]{} 6\ CO_2 + 6\ H_2O$$

■ Les cellules musculaires dégradent prioritairement le glycogène en réserve dans le hyaloplasme par glycogénolyse, ce qui produit une molécule d'ATP supplémentaire :

Glycogène → Glucose-1-phosphate → Glucose-6-phosphate → Glucose + 1 ATP

Méthode

Révéler une étape préalable à la phase mitochondriale

On étudie la respiration cellulaire en mesurant la concentration en dioxygène de deux milieux riches en dioxygène, ADP et Pi.

À partir des résultats obtenus, montrer qu'une partie des réactions de la respiration cellulaire se déroule dans le hyaloplasme.

Doc **Variations de concentration de dioxygène dans le milieu**

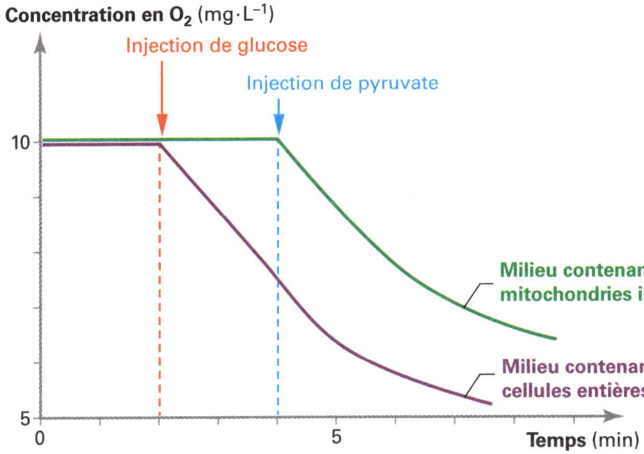

CONSEILS

Étape 1 Comparer la concentration en dioxygène dans les deux milieux après injection de glucose, puis après injection de pyruvate.
Étape 2 En déduire quelle molécule est utilisée par les mitochondries.
Étape 3 Conclure en indiquant la réaction se déroulant dans le hyaloplasme.

SOLUTION

Étape 1 Après l'injection de glucose, seule la concentration en dioxygène du milieu contenant les cellules entières diminue ; la concentration en dioxygène du milieu contenant les mitochondries reste stable. Après l'injection de pyruvate, la concentration en dioxygène diminue dans les deux milieux.

Étape 2 Les mitochondries ne sont pas capables de métaboliser le glucose, mais elles peuvent utiliser le pyruvate.

Étape 3 Une réaction préalable est donc nécessaire : il s'agit de la dégradation du glucose en pyruvate (glycolyse), qui se déroule dans le hyaloplasme.

34 La production d'ATP par métabolisme anaérobie

En bref *Dans le cas d'exercices physiques brefs et intenses, les cellules musculaires produisent de l'ATP en l'absence de dioxygène, par fermentation lactique ou par métabolisme anaérobie alactique.*

I Les voies anaérobies

- La **voie métabolique anaérobie alactique,** ou **voie créatine phosphate**, est mise en jeu dès les premiers instants d'un effort.

L'ATP est produit par hydrolyse de la phosphocréatine (stockée dans les cellules musculaires) en créatine grâce à une enzyme : la créatine kinase. Le stock de phosphocréatine est reconstitué après l'effort par consommation d'ATP.

$$\text{ADP} + \text{phosphocréatine} \leftrightarrow \text{ATP} + \text{créatine}$$

- La **voie métabolique anaérobie lactique**, ou **fermentation lactique** est mise en jeu dans les premières minutes d'un exercice physique. Le glycogène en réserve dans les cellules musculaires est hydrolysé en glucose (glycogénolyse), puis la **glycolyse** dans le hyaloplasme entraîne la formation de deux molécules de pyruvate et de 2 ATP. → FICHE 33

En **l'absence de dioxygène**, afin que la glycolyse puisse recommencer, le NAD^+ est régénéré grâce à la réduction de l'acide pyruvique en acide lactique.

$$\underset{\text{pyruvate}}{2\ C_3H_4O_3} + 2\ NADH,H^+ \longrightarrow \underset{\text{acide lactique}}{2\ C_3H_6O_3} + 2\ NAD^+$$

II Comparaison des voies métaboliques

Les voies métaboliques anaérobie et aérobie n'ont pas le même rendement et se mettent en place successivement lors d'un effort d'une durée croissante.

Voies métaboliques	Anaérobie alactique	Anaérobie lactique	Aérobie
Substrats utilisés	Créatine phosphate	Glycogène et glucose	Glucides, lipides...
Débit d'énergie ($kJ \cdot min^{-1}$)	60 à 120	200 à 500	400 à 800
Molécules d'ATP produites par molécule de substrat	1	2	36 (glucose) 129 (ac. gras)
Délai d'utilisation	Aucun	15 s	90 à 180 s
Type d'effort à fournir	Explosif, très courte durée	Moyenne durée	Longue durée

Méthode

Calculer et comparer des rendements énergétiques

Le calcul du rendement énergétique permet de déterminer l'efficacité d'une réaction chimique.

Calculer le rendement énergétique de la respiration cellulaire et de la fermentation lactique dans une cellule musculaire. Conclure sur l'efficacité de ces voies métaboliques.

Doc Le rendement énergétique

Le rendement correspond au rapport entre le nombre de molécules produites au cours d'une réaction chimique et le nombre de molécules théoriquement produites. Il est souvent exprimé en pourcentages.

On sait que l'énergie libérée par l'oxydation complète d'une molécule de glucose est égale à 2 870 kJ et que la synthèse d'une molécule d'ATP dans une cellule musculaire demande une énergie de 30,5 kJ.

CONSEILS

Étape 1 Calculer le nombre de molécules d'ATP théoriquement produites à partir d'une molécule de glucose.
Étape 2 Pour chaque voie métabolique, rappeler le nombre de molécules d'ATP produites.
Étape 3 Appliquer la formule du rendement (en pourcentages) donnée dans le document.
Étape 4 Comparer les résultats obtenus et conclure.

SOLUTION

Étape 1 Le nombre de molécules d'ATP théoriquement produites est obtenu en divisant l'énergie potentielle d'une molécule de glucose par l'énergie nécessaire pour produire une molécule d'ATP ; soit $\frac{2\,870}{30{,}5} = 94$ molécules d'ATP théoriques.

Étape 2 On sait que pour chaque molécule de glucose dégradée la voie aérobie produit 36 molécules d'ATP et la voie métabolique anaérobie lactique en produit 2.

Étape 3 Le rendement énergétique de la respiration est de : $\frac{36}{94} \times 100 = 38$ %.
Celui de la fermentation lactique est de : $\frac{2}{94} \times 100 = 2$ %.

Étape 4 Dans la cellule musculaire, le rendement énergétique de la voie aérobie est environ seize fois supérieur à celui de la voie anaérobie lactique : elle est donc plus efficace pour produire de l'ATP.

35 Performances sportives et dopage

En bref *Les performances sportives sont étroitement liées aux propriétés des muscles et à l'efficacité du métabolisme des cellules musculaires. Le dopage est un moyen de les améliorer.*

I Caractéristiques du muscle et performances

- La force et la vitesse de contraction des muscles dépendent du nombre, du volume et de la proportion des types de fibres musculaires (fibres I, IIa ou IIx).
- L'augmentation de l'activité métabolique des cellules musculaires lors d'un effort dépend d'un apport supplémentaire en substrats produits par l'organisme ou apportés par l'alimentation. Il dépend aussi de l'apport en dioxygène, fourni à court terme par l'augmentation des débits respiratoire et cardiaque et à long terme par une production accrue de globules rouges.
- Un temps de récupération physique est nécessaire à la régénération des molécules impliquées dans le métabolisme et à l'élimination des déchets.

II Amélioration des performances par le dopage

- La prise de substances exogènes, détournées de leur utilisation thérapeutique, permet d'améliorer les performances sportives au-delà des capacités physiologiques. Ces substances ont des structures moléculaires proches des molécules endogènes ; en se fixant sur leurs récepteurs, elles modulent le métabolisme cellulaire.

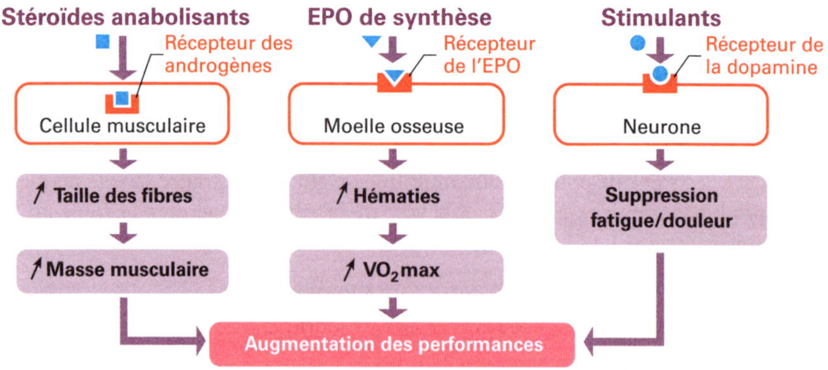

Doc **Mode d'action et effets dopants de substances exogènes**

- À long terme, le dopage, induit des effets néfastes sur la santé humaine.

> **MOT CLÉ**
> **Dopage :** procédé permettant d'améliorer artificiellement les performances physiques ou mentales.

Méthode

Détecter l'EPO de synthèse

Les molécules d'EPO exogènes utilisées comme produit dopant par les sportifs ne possèdent pas les mêmes charges électriques ni les mêmes masses molaires que l'EPO endogène. Il est donc possible de détecter l'EPO de synthèse dans l'urine de sportifs en réalisant une immunoélectrophorèse.

Par l'étude du document, déterminer si les sportifs A, B et C contrôlés se sont dopés à l'EPO.

Doc Résultats d'immunoélectrophorèses

L'immunoélectrophorèse permet la séparation des protéines d'une solution par électrophorèse, puis leur identification par immunofluorescence (reconnaissance spécifique des protéines par des anticorps marqués).

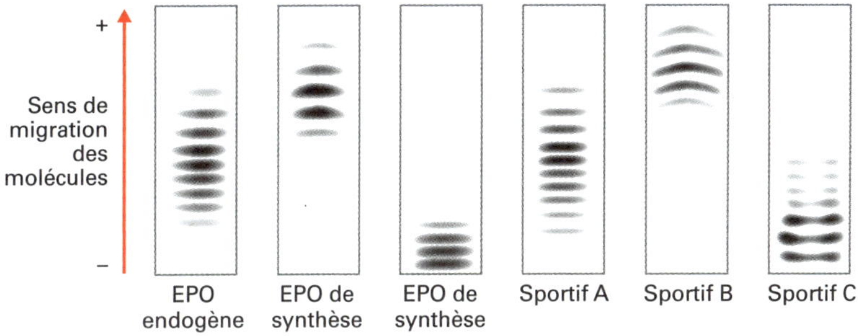

CONSEILS

Étape 1 Repérer la localisation de l'EPO endogène (naturelle) et des EPO de synthèse sur les trois profils témoins.
Étape 2 Comparer le profil de chaque sportif aux profils témoins et en déduire la nature de l'EPO détectée dans leur urine.
Étape 3 Conclure sur le dopage des sportifs contrôlés.

SOLUTION

Étape 1 Les molécules d'EPO de synthèse migrent soit moins loin, soit plus loin que l'EPO endogène. Il est donc possible de les distinguer.

Étape 2 En comparant le profil électrophorétique des sportifs aux profils témoins, on en déduit que le sportif A possède uniquement de l'EPO endogène, alors que les profils des sportifs B et C révèlent tous deux la présence d'EPO de synthèse.

Étape 3 Seul le sportif A ne se dope pas ; les sportifs B et C ont absorbé de l'EPO exogène afin d'améliorer leurs performances.

MÉMO VISUEL

Les voies du métabolisme énergétique d'une cellule musculaire

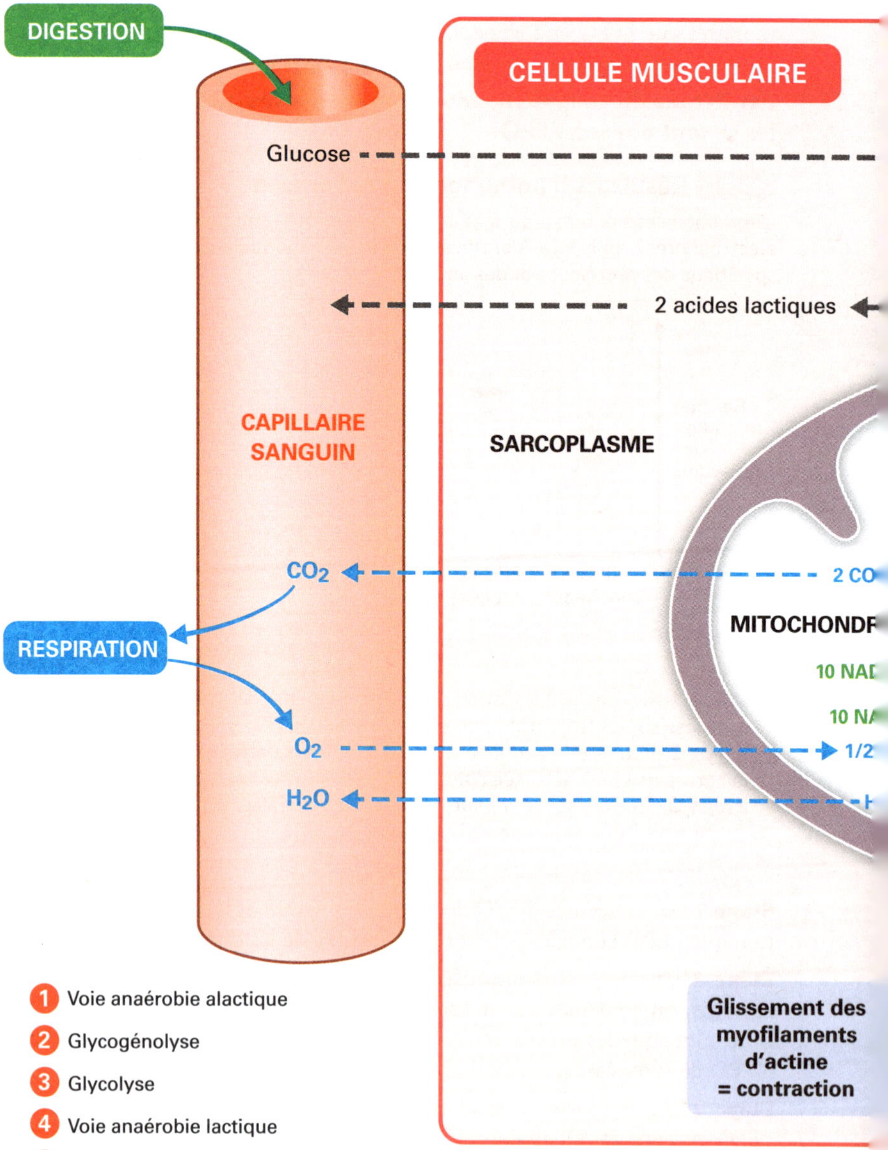

1. Voie anaérobie alactique
2. Glycogénolyse
3. Glycolyse
4. Voie anaérobie lactique
5. Voie aérobie

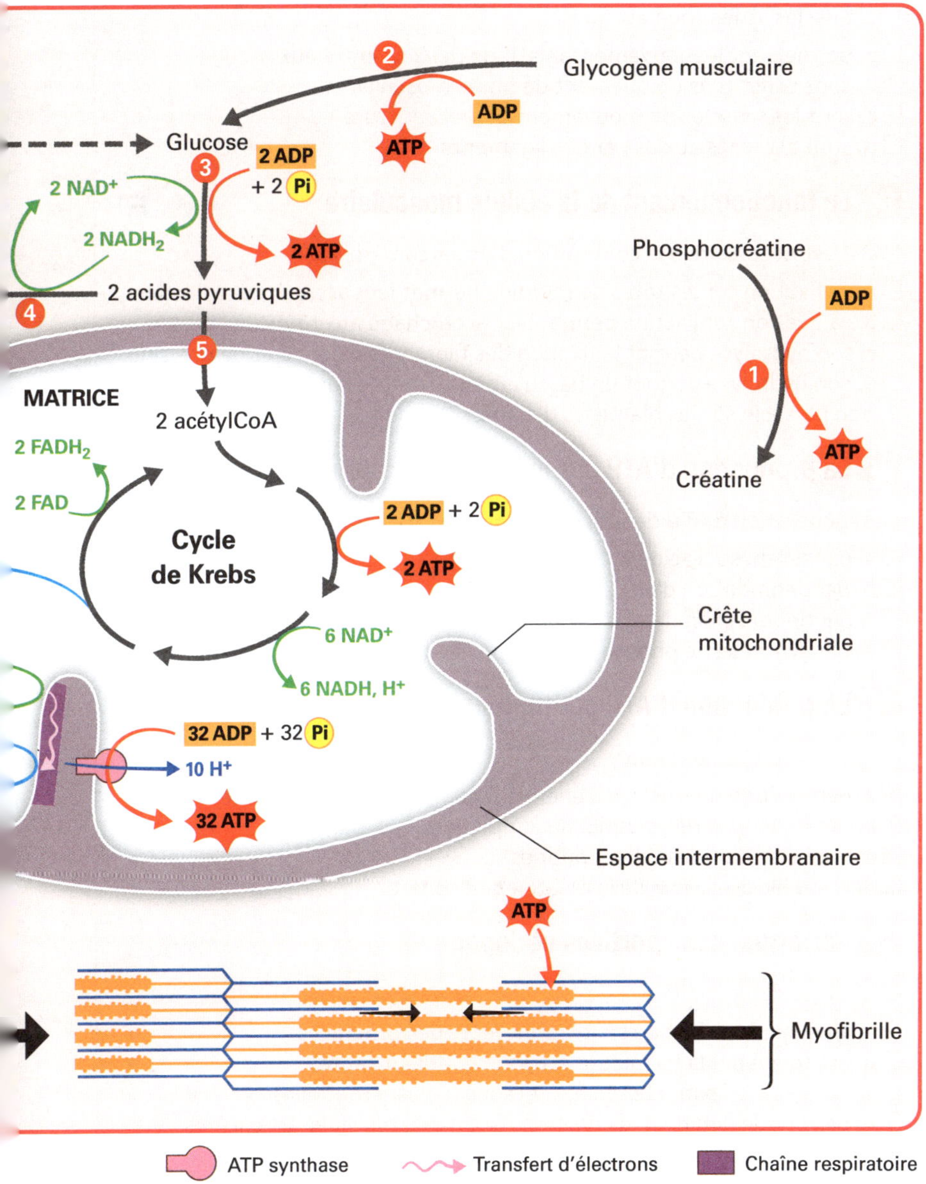
2
Glycogène musculaire
ADP
ATP
Glucose
3
2 ADP
+ 2 Pi
2 NAD+
2 NADH2
2 ATP
2 acides pyruviques
4
Phosphocréatine
ADP
1
ATP
Créatine
5
MATRICE
2 acétylCoA
2 FADH2
2 FAD
Cycle de Krebs
2 ADP + 2 Pi
2 ATP
6 NAD+
6 NADH, H+
Crête mitochondriale
32 ADP + 32 Pi
10 H+
32 ATP
Espace intermembranaire
ATP
Myofibrille
ATP synthase
Transfert d'électrons
Chaîne respiratoire

SE TESTER QUIZ

Vérifiez que vous avez bien compris les points clés des **fiches 31 à 35**.

1 Le muscle strié squelettique

→ FICHE 31

Les muscles striés squelettiques :

- ☐ **a.** permettent le mouvement relatif de deux os entre eux
- ☐ **b.** sont constitués uniquement de fibres musculaires
- ☐ **c.** sont les muscles du mouvement et de la posture
- ☐ **d.** sont attachés aux os par des ligaments

2 Le fonctionnement de la cellule musculaire

→ FICHE 32

L'ATP est nécessaire à la contraction d'un sarcomère, car :

- ☐ **a.** sa fixation sur les têtes de myosine permet leur accrochage à l'actine
- ☐ **b.** sa fixation sur l'actine permet leur accrochage aux têtes de myosine
- ☐ **c.** son hydrolyse permet la fixation des filaments d'actine et de myosine
- ☐ **d.** son hydrolyse permet un basculement des têtes de myosine et leur liaison plus loin sur les filaments d'actine

3 La production d'ATP par métabolisme aérobie

→ FICHE 33

La régénération d'ATP dans la cellule musculaire est possible :

- ☐ **a.** par synthèse d'acide lactique
- ☐ **b.** par dégradation d'acide lactique
- ☐ **c.** par dégradation de glucose ou de glycogène
- ☐ **d.** par synthèse de phosphocréatine

4 La production d'ATP par métabolisme anaérobie

→ FICHE 34

La voie anaérobie lactique :

- ☐ **a.** permet une production d'énergie lente sur une longue durée
- ☐ **b.** passe par une dégradation incomplète du glucose
- ☐ **c.** se réalise dans les mitochondries
- ☐ **d.** s'appelle aussi voie de la créatine phosphate

5 Performances sportives et dopage

→ FICHE 35

Le dopage des sportifs :

- ☐ **a.** améliore leur état de santé, donc leurs performances
- ☐ **b.** est toléré par la loi malgré le risque pour leur santé
- ☐ **c.** permet d'amplifier les voies métaboliques énergétiques
- ☐ **d.** permet de diminuer les risques d'accidents musculo-articulaires.

S'ENTRAÎNER

6 Déterminer les limites physiologiques

→ FICHE 35

Le $VO_{2\ max}$ est connu pour être le reflet de l'effort maximal qu'un individu peut fournir ; il correspond donc à la limite de ses capacités physiologiques.

À partir du document et de vos connaissances, justifier cette affirmation, puis indiquer comment cette limite physiologique peut être repoussée.

Doc Évolution de la consommation de dioxygène en fonction de la vitesse de course et du niveau d'entraînement de l'individu

La vitesse est augmentée toutes les minutes, sans interruption de l'effort, jusqu'à épuisement. La consommation de dioxygène est relevée à la fin de chaque minute.

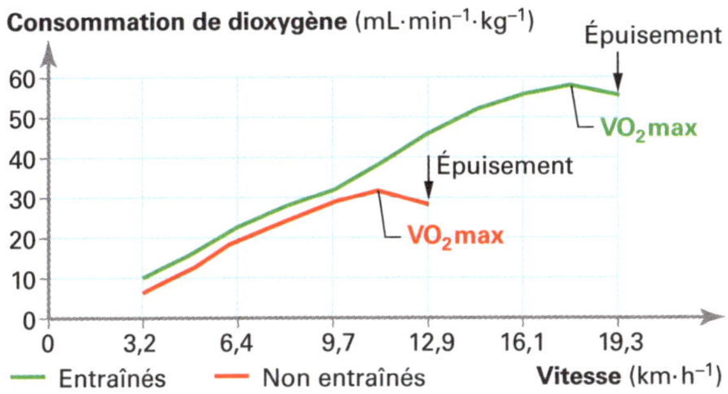

CONSEIL
Repérez le $VO_{2\ max}$ sur les courbes et utilisez les axes pour déterminer sa signification.

7 Étudier le métabolisme d'un muscle à l'effort

→ FICHE 35

Afin de couvrir leurs besoins énergétiques supplémentaires, les sportifs ont des régimes alimentaires différents en fonction de l'effort à fournir.

À partir des documents suivants, déterminer quels sont les substrats utilisés préférentiellement dans le métabolisme des cellules musculaires en fonction de l'effort.

Doc 1 Consommation énergétique musculaire et part des différents substrats en fonction de l'intensité de l'effort

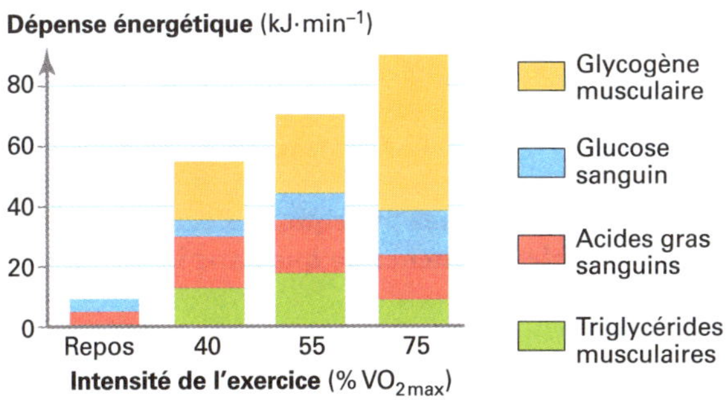

Doc 2 **Part des différents substrats dans l'apport énergétique au cours d'un exercice musculaire correspondant à 55 % du $VO_{2\,max}$**

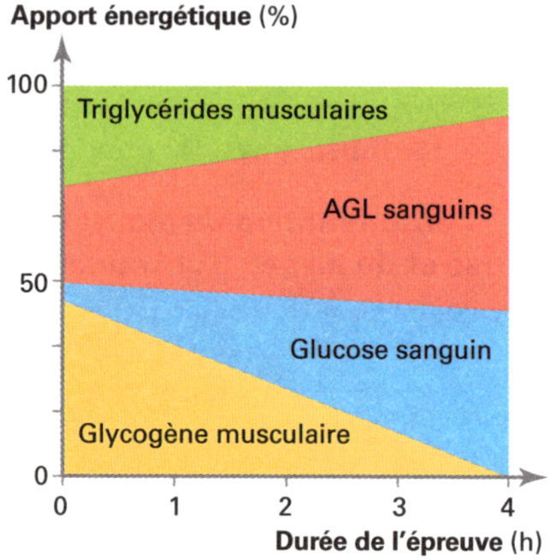

À NOTER

Un graphique en aire ou en histogrammes cumulatifs permet de représenter la contribution de différents facteurs au phénomène étudié. L'aire ou la hauteur de la colonne est proportionnelle à cette contribution.

8 Comparer les symptômes de deux dystrophies musculaires

→ FICHE 32

Les dystrophies musculaires de Duchenne (DMD) et de Becker (BMD) affectent essentiellement les garçons (1/3 300 pour DMD et 1/35 000 pour DMB, en France), très rarement les filles. Les symptômes sont les mêmes pour les deux myopathies (dégénérescence des fibres musculaires entraînant progressivement l'atrophie des muscles, donc des faiblesses musculaires des membres inférieurs, puis des membres supérieurs et du dos, des muscles respiratoires, des muscles du tube digestif et du muscle cardiaque), mais leur rapidité de mise en place et leur gravité sont différentes. Pour les individus atteints de la myopathie de Duchenne, l'évolution des symptômes est plus rapide et plus grave, car la marche devient impossible entre 6 et 13 ans, puis la cardiomyopathie et l'insuffisance respiratoire peuvent entraîner le décès pendant l'adolescence.

Ces maladies résultent de mutations du gène DMD porté par le chromosome X, codant pour une protéine du cytosquelette membranaire, la dystrophine.

À partir des documents, expliquer pourquoi les symptômes sont plus prononcés dans la myopathie de Duchenne que dans la myopathie de Becker.

Doc 1 Localisation de la dystrophine

La dystrophine est une protéine spécifique des fibres musculaires, qui fait partie d'un complexe protéique permettant à la membrane cellulaire de résister aux contraintes exercées sur elle lors de la contraction et ainsi de la garder intacte.

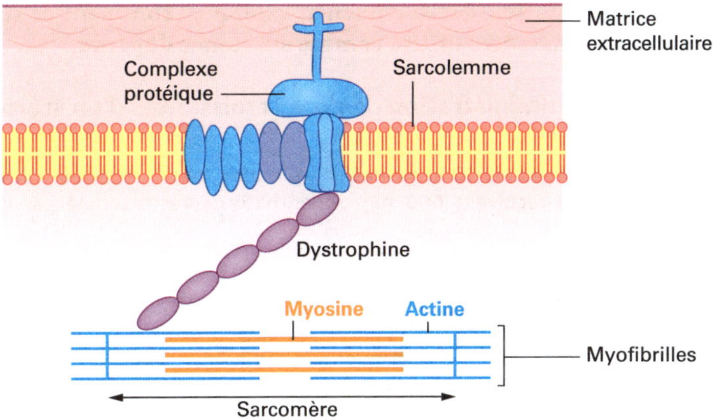

Doc 2 Mise en évidence de l'expression du gène DMD codant la dystrophine dans les cellules musculaires

En haut : expression membranaire de la dystrophine. Repérage par immunofluorescence sur des coupes transversales de muscles (marquage de la dystrophine avec un anticorps spécifique).
En bas : expression de protéines musculaires. Repérage par immunoélectrophorèse.
Remarque : la dystrophine fonctionnelle a un poids moléculaire de 400 kDa.

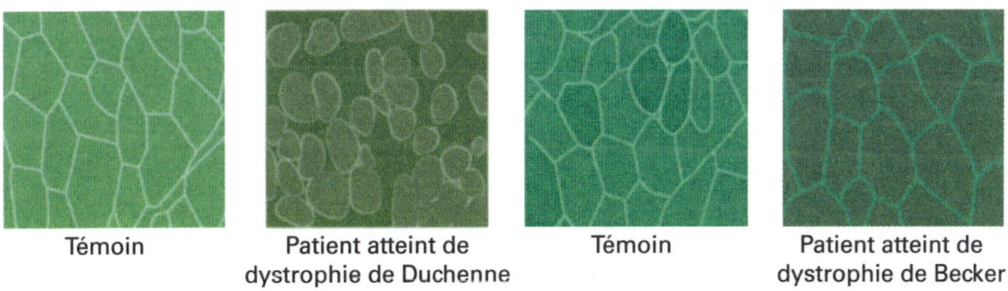

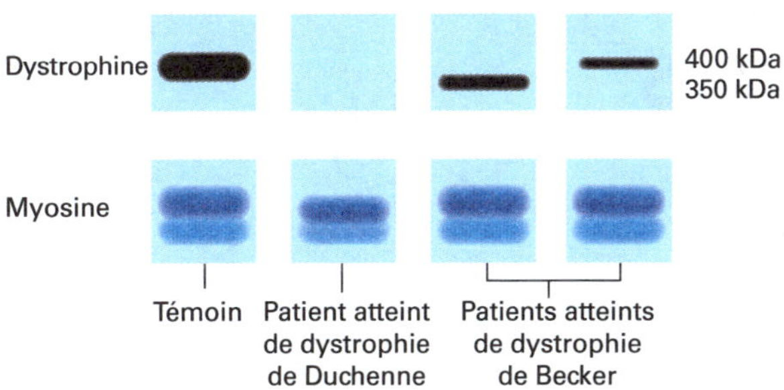

9 Détourner des molécules de leur objectif thérapeutique → FICHE 35

Depuis les années 1950, les médecins administrent des stéroïdes anabolisants à différentes fins thérapeutiques. L'un d'eux, l'énanthate de testostérone, est utilisé dans le traitement contre l'infertilité.

À partir de l'exploitation des documents, expliquer comment ce stéroïde anabolisant peut aussi être utilisé comme substance dopante.

Doc 1 Effet de l'administration de doses croissantes d'un stéroïde anabolisant

Toutes les semaines pendant 10 semaines, les groupes 1 et 3 reçoivent un placebo et les groupes 2 et 4 reçoivent 600 mg d'énanthate de testostérone par injection intramusculaire.

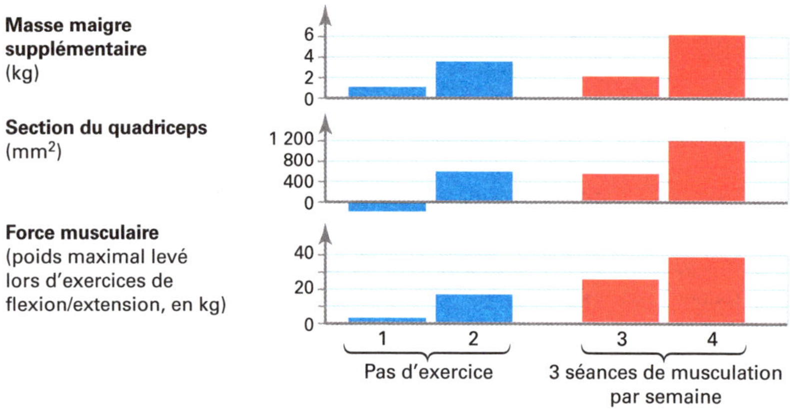

Doc 2 Modèles moléculaires de la testostérone et de l'énanthate de testostérone

Les récepteurs à la testostérone sont présents dans les cellules cibles de la testostérone, dont les cellules musculaires.

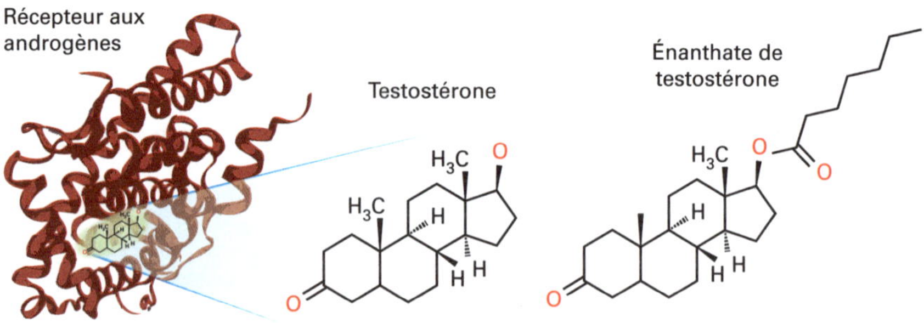

Doc 3 Coupes transversales de fibres musculaires du quadriceps, avant (à gauche) et après (à droite) injections de stéroïdes anabolisants

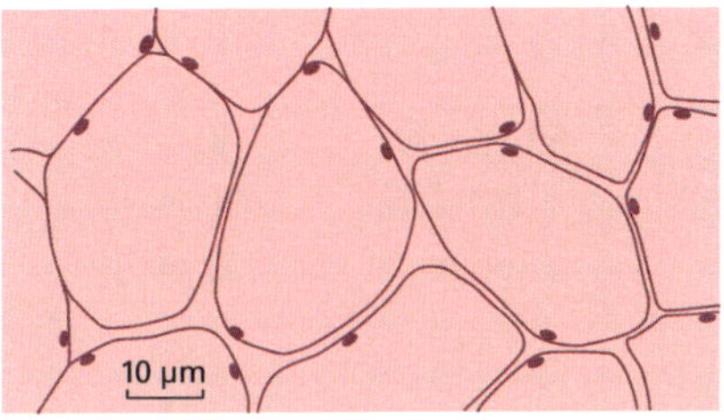

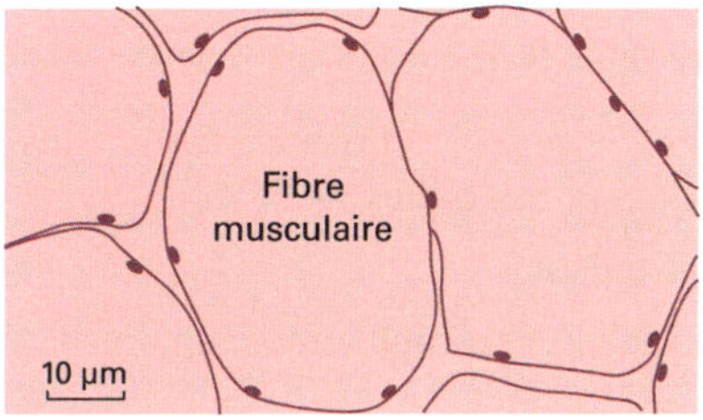

OBJECTIF BAC

10 Expliquer les performances mécaniques des fibres musculaires

75 min

→ FICHES 33 et 34

L'objectif de cet exercice est de réussir à identifier les différences de structure et de métabolisme de deux types de fibres musculaires afin de comprendre comment elles assurent le maintien de la contraction musculaire.

LE SUJET

Un muscle contient deux types de fibres en proportions différentes : les fibres musculaires de type I et celles de type II. Elles se distinguent par des performances mécaniques différentes.

À partir des documents et de vos connaissances, expliquer comment la structure et le métabolisme de chaque type de fibre permettent le maintien de la contraction sur une durée plus ou moins longue.

Doc 1 Fibre musculaire observée au microscope électronique

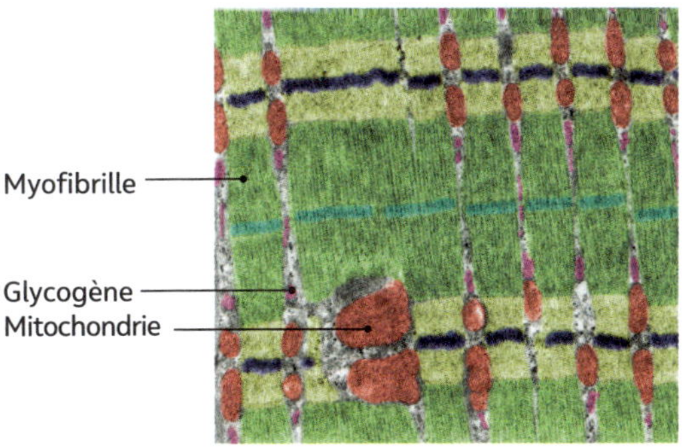

Doc 2 Caractéristiques métaboliques des deux types de fibres musculaires

La myoglobine est une protéine musculaire fixatrice de O_2, réservoir temporaire de dioxygène. Le glucose et le O_2 sont véhiculés par le sang.

(le nombre de + est proportionnel à la quantité)

Types de fibres musculaires / Caractéristiques	Fibres de type I	Fibres de type II
Couleur	Rouge	Blanche
Richesse en capillaires sanguins	+++	+
Myoglobine	+++	+
Enzymes de la glycolyse	+	+++
Enzymes du cycle de Krebs	+++	+
ATP synthase (phosphoryle l'ADP en ATP)	+++	+
ATPase (hydrolyse l'ATP en ADP)	+	+++

Doc 3 Étude expérimentale de la contraction de myofibrilles isolées

$t = 0$: début expérience ; à t_1, addition dans le milieu d'une forte dose d'ATP ; à t_2, addition d'une substance inhibant l'hydrolyse de l'ATP par l'enzyme ATPase.
La tension mesurée est proportionnelle à la contraction des myofibrilles isolées.

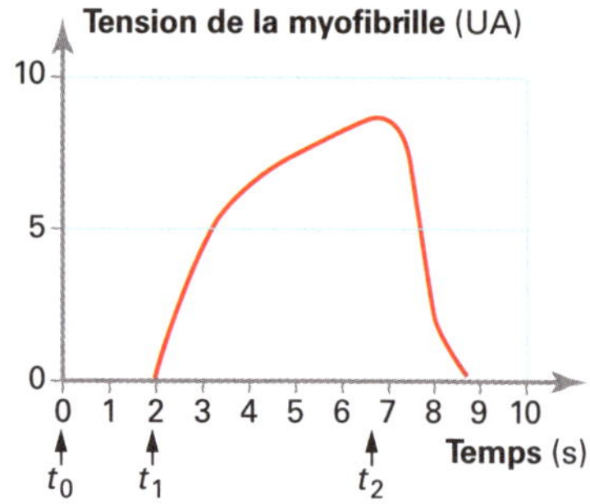

Doc 4 Caractéristiques fonctionnelles des fibres musculaires

Des fibres musculaires des deux types sont soumises à des stimulations qui provoquent leur contraction. Ces stimulations sont prolongées pendant une trentaine de secondes.

Type de fibres	Contraction	Quantité d'ATP dans la cellule en fin de stimulation
I	Se maintient toute la durée de la stimulation	Identique à celle de départ
II	Diminue rapidement	Très faible par rapport à celle de départ

LA FEUILLE DE ROUTE

Une exploitation rigoureuse des documents accompagnée d'une mise en relation pertinente des informations extraites avec des connaissances précises sont nécessaires pour construire une démarche cohérente. Après avoir posé la problématique, rédiger une démarche argumentée en utilisant des connecteurs logiques permettant un enchaînement logique des idées.

Étape 1 Faire le lien entre structure et métabolisme de chaque type fibre

Les **documents 1 et 2** doivent être utilisés simultanément afin de comparer les caractéristiques des fibres de type I à celles des fibres de type II. Ainsi, les fibres de type I ont des structures cellulaires et des molécules leur permettant d'assurer essentiellement un métabolisme aérobie, alors que les fibres de type II disposent des structures et molécules nécessaires au métabolisme anaérobie lactique.

Des connaissances précises sur certaines étapes des voies métaboliques doivent être apportées.

Étape 2 Faire le lien entre capacité de contraction et ATP

L'exploitation du **document 3** et sa mise en relation avec des connaissances sur le cycle de contraction des sarcomères doit montrer que l'ATP fabriqué par les fibres musculaires ainsi que son hydrolyse sont nécessaires à la contraction des myofibrilles.

Étape 3 Comprendre la relation entre durée de contraction et vitesse de régénération de l'ATP

L'étude du **document 4** et sa mise en relation avec le **document 2** doit permettre de montrer que la durée de contraction de chaque fibre dépend de la vitesse de régénération de leur ATP, donc du type de métabolisme et de l'abondance des enzymes.

Étape 4 Conclure en répondant à la problématique

Reprendre les informations importantes et les mettre en relation entre elles et avec les connaissances, afin d'expliquer comment les caractéristiques des fibres de type I leur permettent de se contracter sur une durée plus longue que les fibres de type II qui, elles, se contractent plus rapidement que les fibres de type I.

CORRIGÉS

SE TESTER QUIZ

1 Le muscle strié squelettique

Réponses a et c. Les muscles striés squelettiques permettent le mouvement relatif de deux os entre eux ; ce sont les muscles du mouvement et de la posture.
Les réponses b et d sont incorrectes. Les muscles sont aussi riches en vaisseaux sanguins. Ils sont attachés aux os non par des ligaments mais par des tendons.

2 Le fonctionnement de la cellule musculaire

Réponse d. L'ATP est nécessaire à la contraction d'un sarcomère, car son hydrolyse permet un basculement des têtes de myosine et leur accrochage plus loin sur les filaments d'actine.
Les réponses a, b et c sont incorrectes. L'ATP ne se fixe pas sur l'actine et sa fixation sur la tête de myosine entraîne le décrochage de cette dernière à l'actine.

3 La production d'ATP par métabolisme aérobie

Réponse c. La régénération d'ATP dans la cellule musculaire est possible par dégradation de glucose ou glycogène.
Les réponses a, b et d sont incorrectes. La dégradation de l'acide pyruvique en acide lactique permet seulement la régénération des transporteurs d'électrons et c'est la dégradation de phosphocréatine qui permet une régénération d'ATP.

4 La production d'ATP par métabolisme anaérobie

Réponse b. La voie anaérobie lactique passe par une dégradation incomplète du glucose.

Les réponses a, c et d sont incorrectes. La voie anaérobie lactique permet une production d'énergie rapide sur une courte durée. Elle se réalise hors des mitochondries et s'appelle aussi la fermentation lactique.

5 Performances sportives et dopage

Réponse c. Le dopage des sportifs permet d'amplifier les voies métaboliques énergétiques.
Les réponses a, b et d sont incorrectes. Les molécules utilisées à des fins de dopage sont dangereuses pour la santé ; elles sont donc interdites par la loi. Au contraire, certaines substances dopantes augmentent les risques d'accidents musculo-articulaires.

S'ENTRAÎNER

6 Déterminer les limites physiologiques

■ On constate sur le document que le $VO_{2\ max}$ correspond à la consommation maximale de dioxygène d'un individu lors d'un effort. Au-delà de cette valeur, la consommation diminue jusqu'à épuisement de l'individu. Le $VO_{2\ max}$ correspond donc au volume maximal de dioxygène qu'un individu peut consommer pour réaliser son métabolisme aérobie ; au-delà de ce seuil, seul le métabolisme anaérobie est possible, et ceci pendant environ 30 secondes, car l'énergie est alors fournie par la fermentation, génératrice de peu d'ATP.
Le $VO_{2\ max}$ correspond donc bien à une limite physiologique.
■ En comparant les valeurs du $VO_{2\ max}$ des deux sujets, on constate que celui du sujet entraîné (58 $mL \cdot min^{-1} \cdot kg^{-1}$) est bien supérieur à celui du sujet non entraîné (32 $mL \cdot min^{-1} \cdot kg^{-1}$). De plus, il est atteint pour un effort beaucoup plus intense (vitesse de 19,3 km/h) au bout de 5 min 30 de course, comparé au sujet non entraîné qui atteint son $VO_{2\ max}$ pour une vitesse de 12,9 km/h au bout de seulement 3 min 30 d'effort.
■ On en conclut que l'entraînement permet d'augmenter le $VO_{2\ max}$, donc de repousser les limites physiologiques d'un sportif, en améliorant les capacités de son métabolisme aérobie, qui lui fournira une plus grande quantité d'ATP (d'énergie).

7 Étudier le métabolisme d'un muscle à l'effort

■ Le document 1 présente la contribution de chaque substrat à la dépense énergétique en fonction de l'intensité de l'effort. Pour un effort de faible intensité (40 % du $VO_{2\ max}$), l'énergie est fournie pour moitié par les lipides et pour moitié par les glucides (environ 25 kJ/min chacun). Pour un effort très intense (75 % du $VO_{2\ max}$), la contribution des lipides diminue (20 kJ/min) et celle des glucides augmente (65 kJ/min), avec une part plus importante du glycogène (50 kJ/min) que de glucose sanguin.

Ainsi, à mesure que l'effort s'intensifie, l'énergie est de plus en plus fournie par la dégradation des glucides, notamment du glycogène.
■ Le document 2 présente la contribution de chaque substrat à la dépense énergétique, en fonction de la durée d'un effort d'intensité stable. Au repos, l'énergie est fournie dans les mêmes proportions par les lipides et les glucides, mais au cours de l'effort la part des lipides augmente légèrement au détriment des glucides.
On observe tout d'abord une mobilisation des réserves de glycogène et de triglycérides, car leur part diminue rapidement avec l'effort. Au bout de 4 heures, le glycogène musculaire est complètement consommé.
Plus la durée de l'effort est grande, plus les réserves s'épuisent et plus l'énergie doit être fournie par la dégradation de substrats contenus dans le sang.
Les cellules musculaires utilisent préférentiellement les glucides lors d'un effort, mais la part des glucides sanguins ou de réserve dépend de l'intensité et de la durée de l'exercice. Les lipides remplacent les glucides dans le métabolisme cellulaire lorsque l'exercice se prolonge.

8 Comparer les symptômes de deux dystrophies musculaires

■ On voit dans le **document 1** que la dystrophine permet de relier les filaments d'actine, à l'intérieur de la cellule musculaire, à la matrice extracellulaire par le biais d'un complexe protéique, ce qui permet aux membranes des cellules musculaires de résister aux contraintes de la contraction : elle est donc essentielle à la contraction correcte des muscles.

■ Sur le **document 2**, on remarque que les membranes cellulaires des patients atteints de la dystrophie de Duchenne ne présentent pas de dystrophine (pas de fluorescence visible), ce qui est confirmé par l'absence de bande correspondant à la dystrophine dans l'immunoélectrophorèse.

Ceci signifie que le gène DMD muté n'est pas exprimé.

■ Le **document 2** montre aussi que les membranes des cellules musculaires des patients atteints de la dystrophie de Becker présentent de la dystrophine, mais moins qu'un individu sain (la fluorescence est moins marquée). Chez ces patients, l'immunoélectrophorèse met en évidence la présence d'une dystrophine un peu plus légère (350 kDa) que la dystrophine fonctionnelle (400 kDa) ou moins abondante (bande à 400 kDa moins marquée).

Ceci signifie que soit le gène DMD muté permet la synthèse d'une protéine plus courte, donc moins fonctionnelle, soit qu'il peut moins s'exprimer.

■ Ainsi, ces dystrophies sont d'origine génétique et touchent l'expression du gène DMD codant la dystrophine, une protéine essentielle pour maintenir l'intégrité des cellules musculaires et assurer leur contraction.

Dans le cas des patients atteints de la dystrophie de Duchenne, en l'absence d'une dystrophine fonctionnelle, la cellule musculaire s'altère à chaque contraction jusqu'à ce qu'elle ne soit plus capable de se contracter.

Dans le cas des patients atteints de la dystrophie de Becker, la présence d'une protéine plus courte ou moins abondante n'entraîne qu'une fragilité membranaire : les cellules peuvent encore se contracter, mais l'individu présentera une faiblesse musculaire plus ou moins sévère selon la quantité de protéines présentes.

C'est pourquoi les symptômes des patients atteints de la dystrophie de Duchenne sont plus graves que ceux des patients atteints de la dystrophie de Becker.

À NOTER

Les patients atteints des dystrophies de Duchenne ou Becker possèdent la même myosine que le sujet sain ; elle ne peut donc pas expliquer leur faiblesse musculaire.

9 Détourner des molécules de leur objectif thérapeutique

■ Dans le document 1, on constate que dans le groupe ne faisant pas d'exercice physique comme dans le groupe réalisant trois séances de musculation par semaine, les sujets ayant reçu les injections d'énanthate de testostérone ont une force musculaire, une section du quadriceps et une masse maigre plus élevées que les sujets ayant reçu un placebo. Même en l'absence d'exercices de musculation, l'injection de la substance entraîne une augmentation de ces paramètres. On en déduit que ce stéroïde anabolisant est responsable de l'amélioration des caractéristiques physiques et sportives des individus testés.

■ Sur les coupes du document 3, les fibres musculaires soumises à un stéroïde anabolisant voient leur taille augmenter. Or le volume d'un muscle dépend du nombre et du volume des fibres qui le composent.

■ Enfin, dans le document 2, l'étude de la structure de l'énanthate de testostérone montre des similarités avec la molécule endogène de testostérone : elle possède une grande partie identique à la testostérone. La molécule exogène peut donc se fixer au récepteur des cellules cibles de la testostérone et mimer son action.

■ On en conclut que l'énanthate de testostérone agit sur les cellules cibles de la testostérone en prenant sa place sur ses récepteurs. Ce faisant, elle stimule la synthèse de protéines musculaires, favorisant l'augmentation de la taille des fibres musculaires et la diminution de la masse graisseuse, ce qui entraîne une augmentation du volume et donc de la force musculaire. Plus la dose est importante, plus son action est grande.

> **INFO**
> En se fixant sur les récepteurs intracellulaires des fibres musculaires, la testostérone stimule la synthèse des protéines musculaires.

L'énanthate de testostérone améliorant les performances physiques peut donc être considérée comme une substance dopante.

OBJECTIF BAC

10 Expliquer les performances mécaniques des fibres musculaires

Introduction

Les muscles squelettiques sont composés d'une proportion variable de fibres de type I et II, définissant leurs capacités de force et de maintien de la contraction.
On cherche à comprendre comment la structure et le métabolisme des fibres de type I et II leur permettent le maintien plus ou moins long de leur contraction.

> **À NOTER**
> Les muscles posturaux sont riches en fibres de type I, contrairement aux muscles de la motricité qui sont riches en fibres de type II.

Lien entre structure et métabolisme des fibres

■ On constate dans les documents 1 et 2 que, contrairement aux fibres de type II, les fibres de type I sont très irriguées par un réseau dense de capillaires, ce qui leur assure un apport important en dioxygène et glucose sanguin. Elles possèdent également une forte concentration de myoglobine fixatrice de dioxygène. Cela explique leur couleur rouge. De plus, elles sont bien plus riches en mitochondries, en enzymes du cycle de Krebs et en ATP synthase, ainsi qu'en glycogène.

■ Les fibres de type II disposent donc d'un apport moindre de dioxygène et de glucose ; elles possèdent essentiellement des enzymes de la glycolyse.

Or, on sait que le métabolisme aérobie (respiratoire) implique la glycolyse dans le cytoplasme, puis le cycle de Krebs et la phosphorylation oxydative dans les mitochondries (respectivement dans la matrice et les crêtes mitochondriales), alors que le métabolisme anaérobie lactique (fermentation) implique seulement la glycolyse.

■ On en déduit que les fibres de type I produisent leur énergie essentiellement grâce au métabolisme aérobie, alors que les fibres de type II réalisent essentiellement un métabolisme fermentaire.

Lien entre capacité de contraction et ATP

■ On mesure dans le document 3 la tension d'une myofibrille, sachant que la tension est révélatrice de la contraction. Ainsi, en l'absence d'ATP, la tension reste nulle, donc il n'y a pas de contraction, alors qu'en présence d'ATP on constate une augmentation de la tension, donc une contraction qui se maintient. En présence d'un inhibiteur de l'hydrolyse de l'ATP, la tension de la myofibrille diminue brusquement, ce qui signifie qu'il n'y a plus contraction de la myofibrille.

■ On sait que la contraction consiste en un raccourcissement des fibres résultant du glissement des myofilaments d'actine entre les myofilaments de myosine constituant les myofibrilles.

■ On en déduit que plus une fibre produit de l'ATP, plus elle peut se contracter, mais que le maintien de la contraction des myofibrilles nécessite l'hydrolyse de l'ATP.

Relation entre durée de contraction et vitesse de régénération de l'ATP

■ D'après le document 4, dans les fibres de type I, la quantité d'ATP est identique en début et fin de contraction, ce qui signifie que l'ATP a été rapidement régénéré, alors que dans les fibres de type II la quantité finale d'ATP est plus faible, donc l'ATP est utilisé plus vite qu'il n'est régénéré.

Ceci s'explique car les fibres de type I possèdent une grande quantité d'ATP synthases, qui sont des enzymes de la synthèse d'ATP, alors que les fibres de type II possèdent essentiellement des ATPases, enzymes de l'hydrolyse de l'ATP (doc. 2).

De plus, on sait que la respiration produit davantage d'ATP que la fermentation (36 molécules d'ATP contre 2 par molécule de glucose).

■ Ainsi, la synthèse d'ATP est plus importante pour les fibres de type I que pour les fibres de type II, ce qui leur permet de maintenir la contraction plus longtemps grâce au renouvellement de l'ATP. Mais l'hydrolyse est plus rapide pour les fibres de type II, ce qui leur permet de se contracter plus rapidement, mais moins longtemps.

Conclusion

L'hydrolyse de l'ATP est nécessaire à la contraction : plus l'hydrolyse est rapide, plus la contraction est rapide ; néanmoins, pour durer, cette contraction nécessite un renouvellement d'ATP. Les fibres de type I possèdent de grandes quantités de mitochondries et d'enzymes impliquées dans le métabolisme respiratoire, ainsi que d'abondantes réserves en dioxygène et glycogène leur permettant d'assurer ce métabolisme sur une longue durée, au contraire des fibres de type II qui réalisent préférentiellement la fermentation, sur des durées brèves. Les fibres de type I produisent donc davantage d'ATP que les fibres de type II, ce qui explique le renouvellement plus rapide de l'ATP, donc la contraction sur une plus longue durée des fibres de type I. Au contraire la présence d'ATPase des fibres de type II ainsi que le peu de réserves en substrats et leur métabolisme fermentaire produisant peu d'ATP expliquent leur contraction rapide mais brève.

À NOTER

Les fibres de type I, essentiellement oxydatives, sont appelées « fibres lentes », les fibres de type IIx, essentiellement glycolytiques, « fibres rapides » et les fibres de type IIa, au métabolisme mixte, « fibres intermédiaires ».

11 Le contrôle des flux de glucose, source essentielle d'énergie

Les diabètes résultent de défaillances dans le système de régulation de la glycémie. Le traitement du diabète de type 2 est accompagné d'un régime alimentaire adapté et de la pratique d'exercices physiques.

36 Les réserves et les flux de glucose

En bref *Le glucose est la source principale d'énergie des cellules musculaires. Il est stocké et libéré en permanence.*

I Les besoins des cellules musculaires

■ Les cellules musculaires en activité consomment davantage de glucose et de dioxygène qu'au repos, augmentant ainsi leur rejet de dioxyde de carbone.

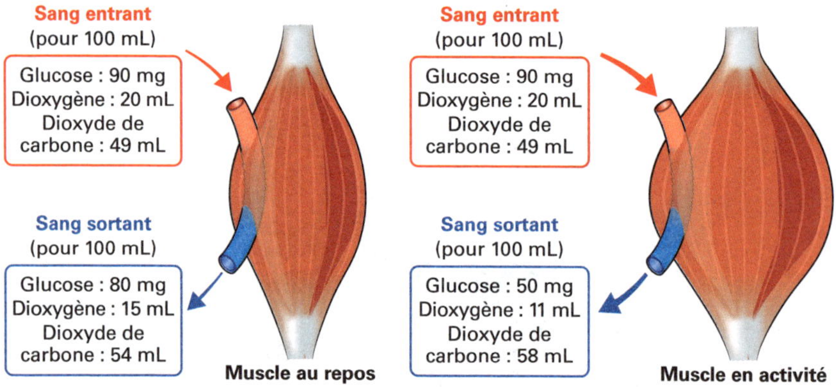

Doc 1 Composition du sang entrant et sortant du muscle

■ Le glucose et le dioxygène consommés permettent la production d'ATP, une molécule énergétique nécessaire au fonctionnement du muscle.

II Le glucose, consommé ou mis en réserve

■ Les réserves de glucose sont stockées sous forme de glycogène dans les cellules musculaires et les cellules hépatiques. Elles permettent à l'organisme d'entretenir les flux de glucose entre les organes sources (intestin et foie) et les organes consommateurs (dont les muscles) :
- lors de l'activité, pour répondre aux besoins des cellules musculaires ;
- au repos et à la suite d'un repas, pour être reconstituées dans les muscles et le foie.

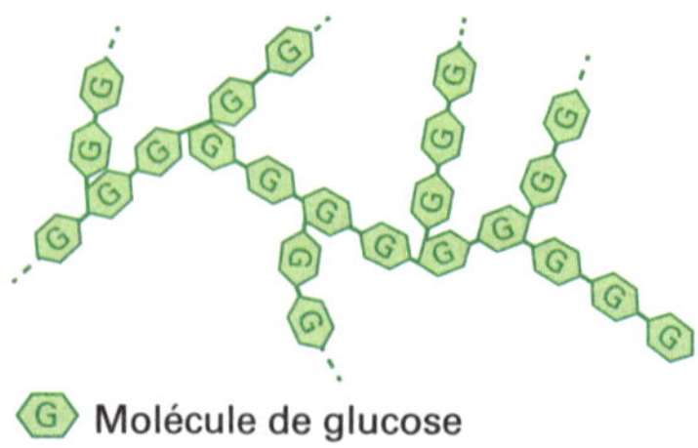

Doc 2 Structure du glycogène

Méthode

Comprendre l'expérience du foie lavé

Le célèbre physiologiste français, Claude Bernard, a proposé en 1855 l'expérience du foie lavé montrant le rôle du foie dans le stockage du glucose.

Doc Protocole et résultats de l'expérience du foie lavé

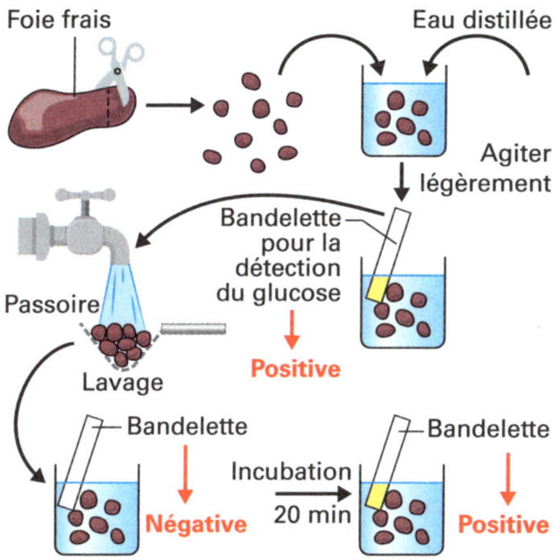

Le même protocole est appliqué à un muscle. Les bandelettes montrent un résultat négatif après lavage et après 20 minutes d'incubation.

Exploiter les résultats des expériences pour montrer quel organe peut être qualifié d'organe « source » de glucose au sein de l'organisme.

CONSEILS

Étape 1 Pour les deux organes, comparer les résultats des tests après lavage et après 20 minutes d'incubation.
Étape 2 Indiquer comment s'explique le test positif, 20 minutes après incubation, pour le foie.
Étape 3 Identifier l'organe « source » de glucose au sein de l'organisme.

SOLUTION

Étape 1 Après lavage, les bandelettes pour la détection du glucose montrent des résultats négatifs, donc l'absence de glucose, pour les deux organes. Après 20 minutes d'incubation, les bandelettes montrent un résultat négatif pour le muscle et positif pour le foie, donc la présence de glucose.

Étape 2 Pour l'expérience avec le foie, un test positif après 20 minutes d'incubation s'explique par une libération de glucose par cet organe.

Étape 3 On peut donc qualifier le foie d'organe « source » de glucose. Le muscle n'en est pas un, car il ne libère pas de glucose.

37 La régulation hormonale de la glycémie

En bref *La glycémie d'une personne en bonne santé est stable. Cette stabilité est assurée par des hormones pancréatiques.*

I La glycémie, une variable physiologique réglée

■ Le maintien de la glycémie autour d'une **valeur de consigne** (entre 0,75 et 1,1 g · L^{-1}) est indispensable au bon fonctionnement de l'organisme.

■ Chaque variation de la glycémie (liée à un repas, au sport...) s'accompagne d'un retour rapide à sa valeur de consigne, ce qui atteste de la mise en jeu de mécanismes de régulation reposant sur des échanges de glucose entre le sang et les organes.

MOT CLÉ
Valeur de consigne : valeur d'une grandeur maintenue constante.

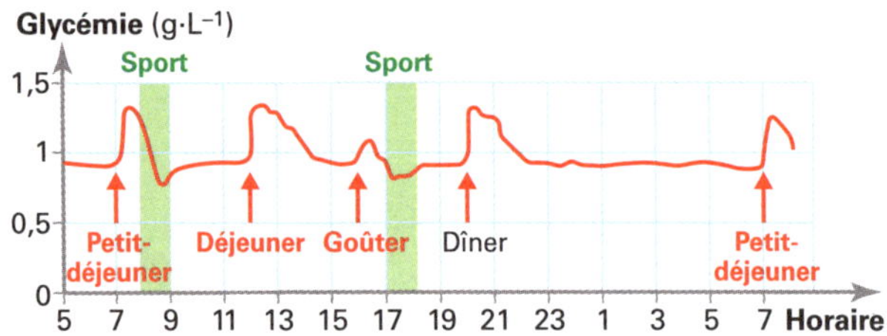

Doc **Évolution de la glycémie au cours d'une journée**

II Le contrôle hormonal de la glycémie

■ Le pancréas sécrète des hormones grâce à des amas cellulaires nommés îlots de Langerhans. Ils sont composés de cellules α et β produisant respectivement l'insuline et le glucagon.

■ L'insuline est sécrétée pour répondre à une hyperglycémie (hausse de la glycémie) et est donc une hormone hypoglycémiante. Elle exerce son action sur le foie en stimulant la **glycogénogenèse** et en inhibant la **glycogénolyse**. Elle agit également sur les muscles en stimulant la dégradation du glucose et la synthèse de glycogène et sur les tissus adipeux en inhibant l'hydrolyse des lipides qui seraient convertis en glucose.

MOTS CLÉS
- **Glycogénogenèse** : synthèse de glycogène à partir de glucose.
- **Glycogénolyse** : dégradation du glycogène libérant du glucose.

■ Le glucagon est sécrété pour répondre à une hypoglycémie (baisse de la glycémie) et est donc une hormone hyperglycémiante. Il exerce son action uniquement sur le foie de façon inverse à l'insuline.

Méthode

Montrer l'action de l'insuline sur le foie

On étudie la production de glucose par le foie d'animaux ayant subi une intervention chirurgicale, puis recevant une perfusion d'insuline.

Doc Modification chirurgicale de la circulation hépatique et glycémie mesurée dans deux vaisseaux

Une intervention chirurgicale a permis de relier la veine porte hépatique directement à la veine cave inférieure. La composition du sang dans les veines sus-hépatiques n'est ainsi plus influencée par le sang qui provenait de l'intestin.

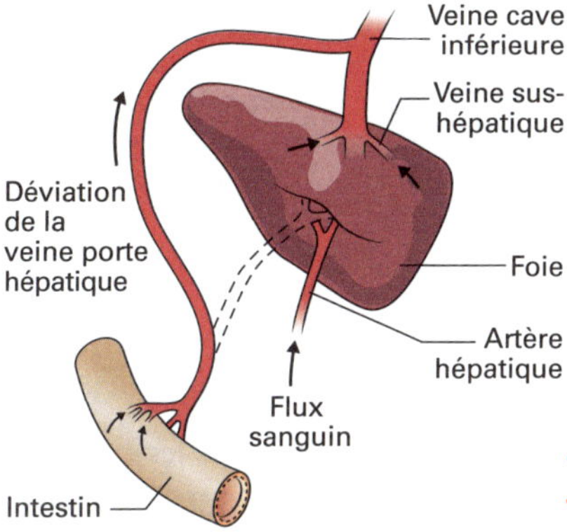

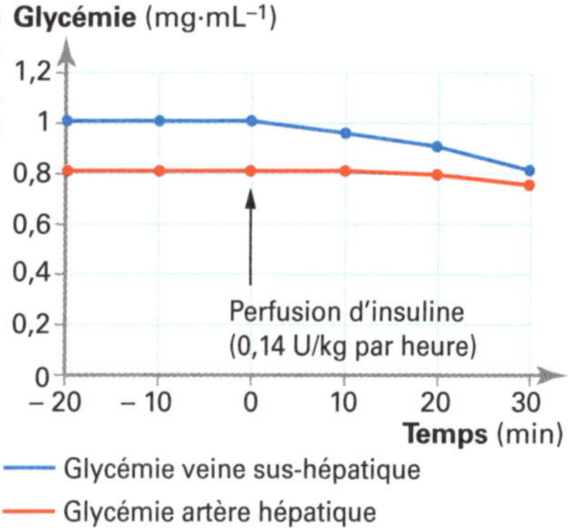

Montrer l'action de l'insuline sur le foie en comparant la production de glucose par le foie avant et après une perfusion d'insuline.

CONSEILS

Étape 1 Déterminer la différence de glycémie entre l'artère hépatique et la veine sus-hépatique (en mg/mL) avant et après la perfusion d'insuline. Calculer la production de glucose par le foie avant et après perfusion en utilisant la valeur du flux sanguin hépatique estimée à 250 mL/min.

Étape 2 Déterminer le facteur multiplicateur entre les deux résultats.

Étape 3 Indiquer l'action de l'insuline sur le foie.

SOLUTION

Étape 1 Avant perfusion, la différence de glycémie entre l'artère hépatique et la veine sus-hépatique est de 0,2 mg/ml. Après perfusion, elle est de 0,05 mg/ml. Le flux sanguin hépatique est estimé à 250 mL/min. La production de glucose par le foie est donc, avant perfusion, de 0,2 × 250 = 50 mg/min. Après perfusion, elle est de 0,05 × 250 = 12,5 mg/min.

Étape 2 La production de glucose est divisée par quatre après la perfusion.

Étape 3 La perfusion d'insuline fait chuter la production de glucose par le foie.

38 Les dysfonctionnements de la régulation de la glycémie

En bref *Un dysfonctionnement de la régulation de la glycémie entraîne des complications qui peuvent être à l'origine de diabètes.*

I Le diabète de type 1 insulinodépendant

- Le diabète de type 1 est dû à une destruction des cellules β des îlots de Langerhans ; il en résulte une absence totale de sécrétion d'insuline. Il s'agit d'une **maladie auto-immune**, car ce sont des lymphocytes qui détruisent les cellules β reconnues à tort comme étrangères.
- Ce diabète peut être corrigé par des injections d'insuline une à plusieurs fois par jour : il est qualifié d'**insulinodépendant**.

MOT CLÉ
Maladie auto-immune : dysfonctionnement du système immunitaire, par lequel les cellules de l'immunité s'attaquent aux propres cellules de l'organisme.

II Le diabète de type 2 insulinorésistant

- Le diabète de type 2 est dû à deux anomalies majeures :
  - une altération au fil du temps de la sécrétion d'insuline par les cellules β de Langerhans, qui finissent par ne plus reconnaître le glucose comme signal déclenchant la sécrétion ;
  - une résistance accrue des cellules cibles (des muscles, du foie et du tissu adipeux) à l'action de l'insuline, ce qui diminue le stockage et l'utilisation du glucose par ces cellules.
- Ce diabète est qualifié d'insulinorésistant, car dans les deux cas les cellules cibles deviennent moins sensibles à l'insuline.

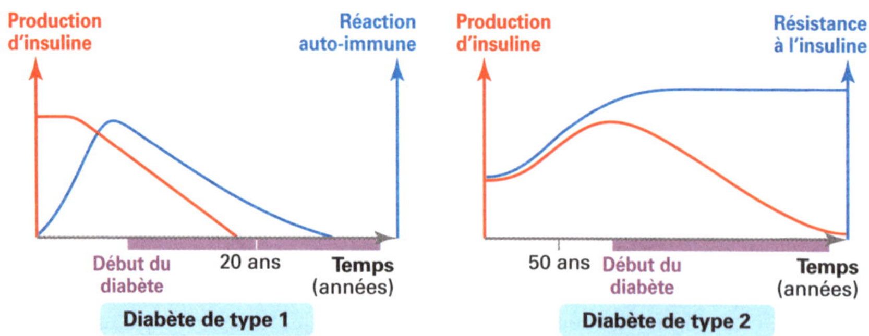

Doc **Origines des deux types de diabète**

Méthode

Étudier le diabète de type 2 chez des souris obèses modèles

Certaines souris mutantes présentent une obésité et une hyperglycémie chronique. Elles constituent un modèle pour l'étude du diabète de type 2.

À l'aide des documents et de vos connaissances, montrer ce qu'apportent ces souris modèles à la compréhension des origines du diabète de type 2.

Doc 1 L'insuline et son récepteur

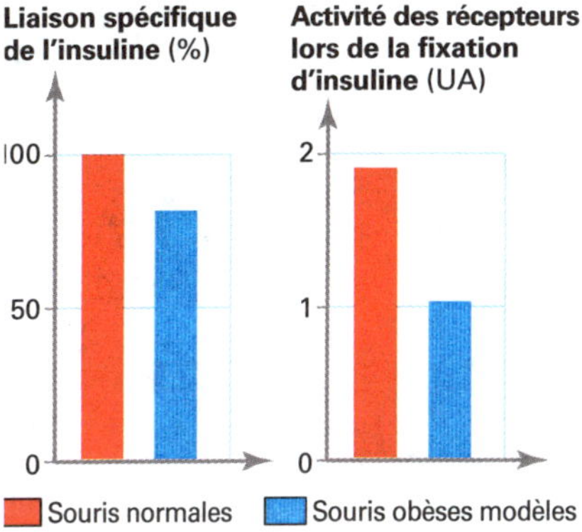

Doc 2 Le glucose dans le muscle

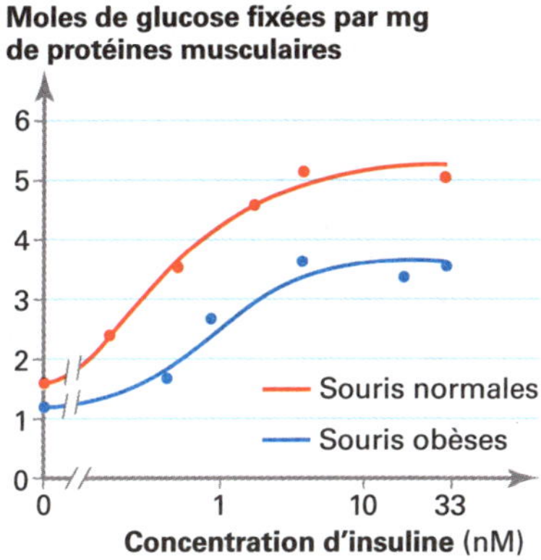

CONSEILS

Étape 1 Repérer sur le doc. 1 le paramètre modifié chez les souris modèles.
Étape 2 Rappeler les effets de l'insuline sur les cellules musculaires.
Étape 3 Repérer sur le doc. 2 le paramètre modifié chez les souris modèles. Déduire de vos observations l'une des origines du diabète de type 2.

SOLUTION

Étape 1 Les souris modèles ont des récepteurs fixant moins bien l'insuline : leur activité est donc plus faible après cette fixation et l'insuline aura une moindre efficacité sur les cellules.

Étape 2 La fixation d'insuline sur les cellules musculaires entraîne l'entrée de glucose et son utilisation par ces cellules.

Étape 3 La quantité de glucose entrant dans les cellules musculaires des souris modèles est plus faible que pour les souris normales, ce qui peut s'expliquer par la moindre efficacité de l'insuline.

Une insulinorésistance réduit donc l'entrée du glucose dans les cellules et provoque une hyperglycémie à l'origine du diabète de type 2.

MÉMO VISUEL

La glycémie, un paramètre régulé

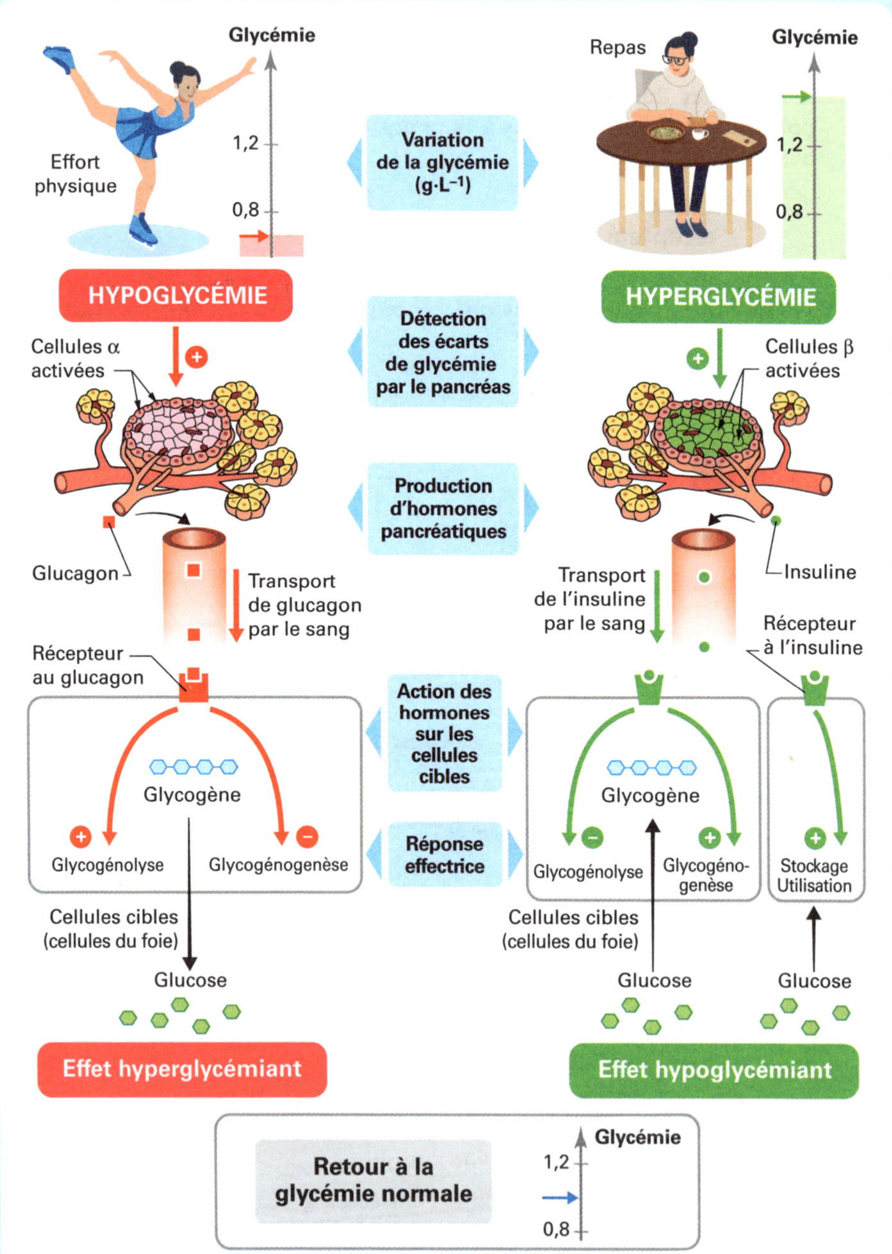

Fonctionnement de la boucle de régulation de la glycémie

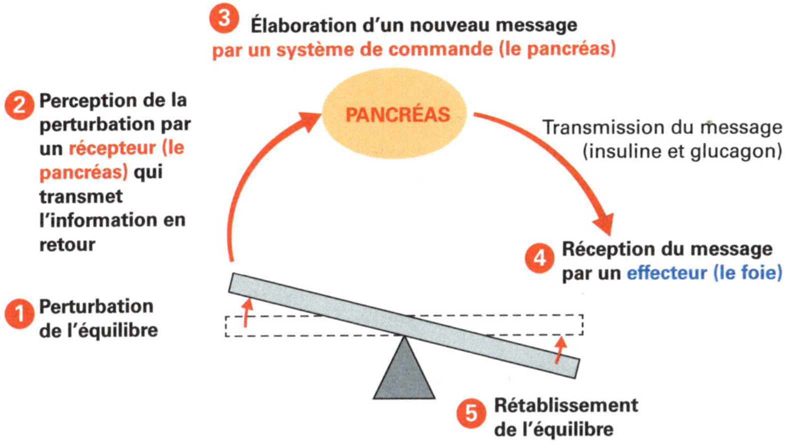

Des dysfonctionnements de la régulation de la glycémie

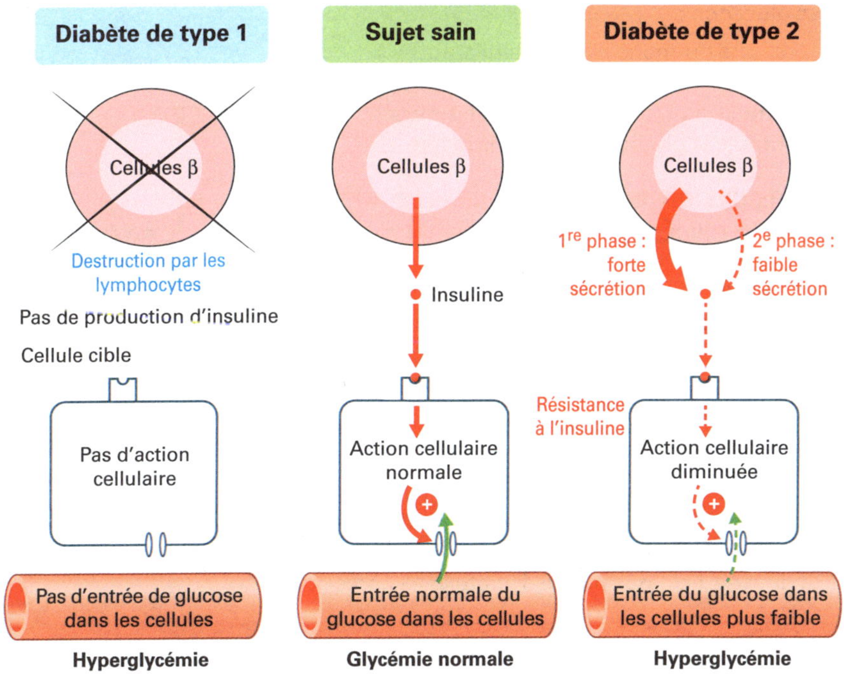

SE TESTER QUIZ

Vérifiez que vous avez bien compris les points clés des **fiches 32 à 34**.

1 Les réserves et les flux de glucose

→ FICHE 36

1. Le glycogène est :

☐ **a.** une molécule lipidique de réserve
☐ **b.** une molécule présente dans le muscle au repos
☐ **c.** dégradé en glucose dans le muscle en activité

2. Le foie et les muscles sont :

☐ **a.** des organes qui stockent le glucose sous forme de glycogène
☐ **b.** des organes qui stockent le glycogène sous forme de glucose
☐ **c.** considérés comme des organes « sources » de glucose

2 La régulation hormonale de la glycémie

→ FICHE 37

1. L'insuline :

☐ **a.** est une hormone hypoglycémiante
☐ **b.** est sécrétée par les cellules α des îlots de Langerhans
☐ **c.** stimule la glycogénolyse dans le foie
☐ **d.** stimule la glycogénogenèse dans le foie

2. Le glucagon :

☐ **a.** est une hormone hypoglycémiante
☐ **b.** est sécrétée par les cellules α des îlots de Langerhans
☐ **c.** stimule la glycogénolyse dans les muscles
☐ **d.** stimule la glycogénolyse dans le foie

3 Les dysfonctionnements de la régulation de la glycémie

→ FICHE 38

1. Un dysfonctionnement de la régulation de la glycémie :

☐ **a.** peut être dû à une maladie auto-immune
☐ **b.** peut être dû à une insulinodépendance
☐ **c.** peut être dû à une insulinorésistance
☐ **d.** est forcément lié à une hausse de la sécrétion d'insuline

2. Le diabète :

☐ **a.** de type 1 peut être soigné par des injections d'insuline
☐ **b.** de type 1 est qualifié de diabète insulinodépendant
☐ **c.** de type 2 est qualifié de diabète insulinodépendant
☐ **d.** de type 1 est qualifié de diabète insulinorésistant

S'ENTRAÎNER

4 Identifier le foie comme un organe source de glucose

→ FICHE 36

L'hydrolyse du glycogène conduit à la libération de glucose-6-phosphate qui, contrairement au glucose, ne peut pas traverser les membranes cellulaires et passer dans le sang.

À l'aide de l'étude des documents et de vos connaissances, indiquer pourquoi le foie peut être considéré comme un organe source de glucose et non le muscle.

Doc 1 Hydrolyse du glucose en glycogène

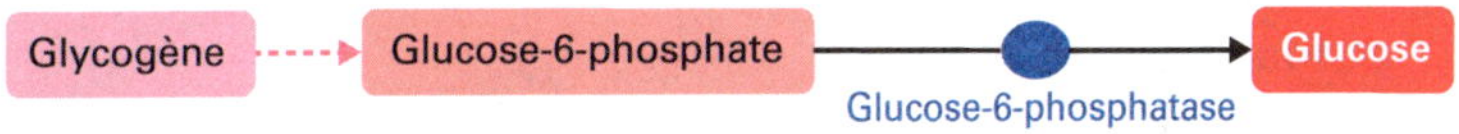

Doc 2 Activité de la glucose-6-phosphatase mesurée dans différents organes d'un jeune rat

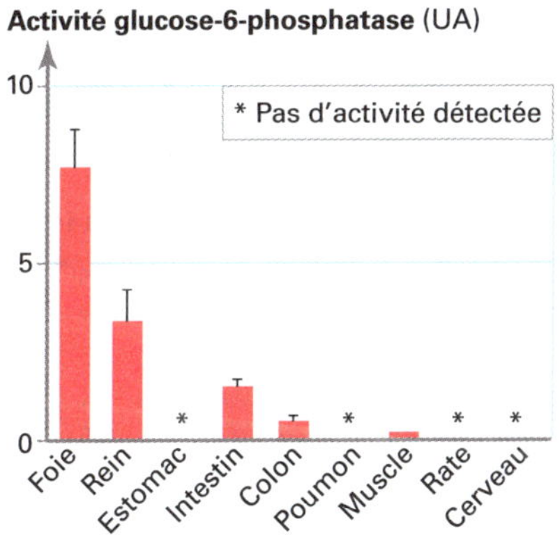

5 Découvrir des expériences historiques

→ FICHE 37

En 1889, Von Mehring et Minkowski ont observé que l'ablation du pancréas chez un chien entraîne rapidement une augmentation de sa glycémie.

Grâce à l'étude des trois expériences historiques, montrer selon quelles modalités le pancréas est considéré comme un acteur majeur de la régulation de la glycémie.

Doc 1 Expérience de Hedon (1893)

Quelques heures après l'ablation du pancréas, on réalise une greffe ectopique (à un emplacement non naturel), mais qui rétablit les communications sanguines du pancréas au niveau du cou. Quelques heures plus tard, on supprime la greffe.

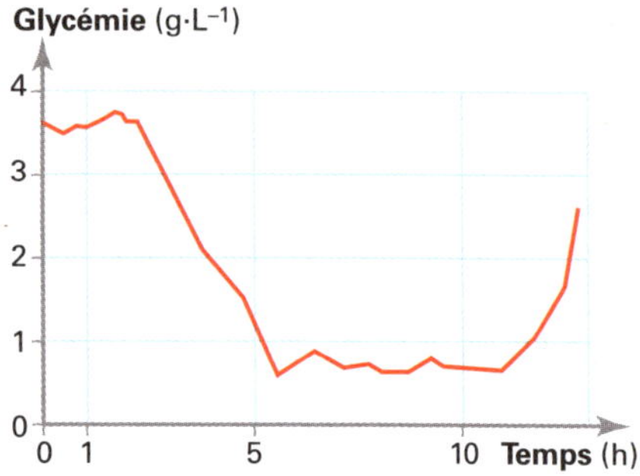

Doc 2 Expérience de Banting et Mac Leod (1921)

On réalise un extrait pancréatique contenant les substances produites par les îlots de Langerhans que l'on injecte à un chien ayant subi une ablation du pancréas. L'effet observé est attribué à une hormone nommée insuline.

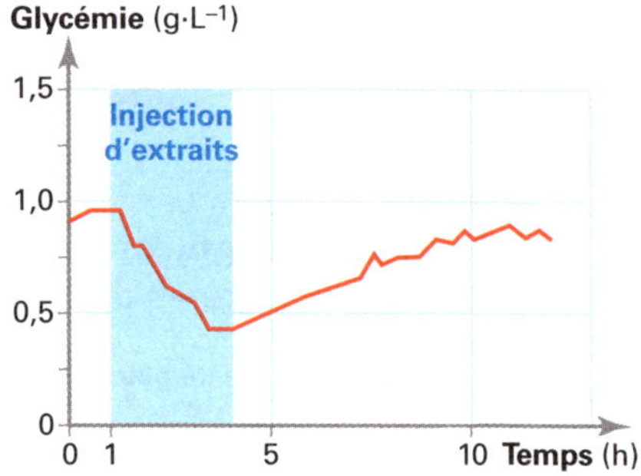

Doc 3 Expérience de Kimball et Murlin (1922)

En voulant purifier l'insuline, Kimball et Murlin ont obtenu deux extraits différents (fractions A et B). Ils ont été injectés à des chiens ayant subi une ablation du pancréas et chez lesquels on mesure l'évolution de la glycémie 3 heures après l'injection. La substance contenue dans la fraction A correspond à une hormone et a été nommée glucagon, celle contenue dans la fraction B correspond à l'insuline.

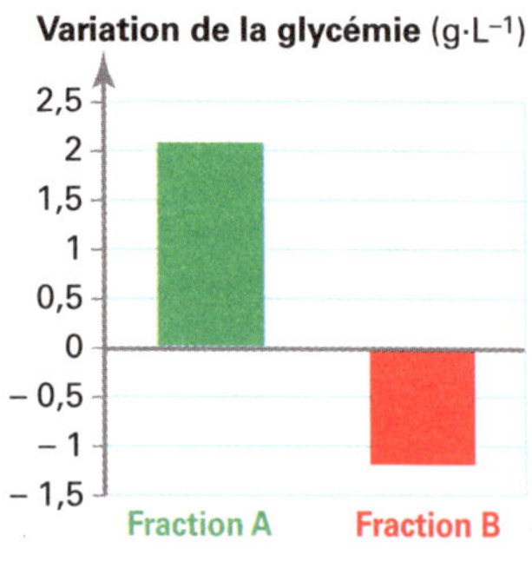

6 Comprendre le mode d'action de l'insuline sur une cellule

→ FICHE 37

L'insuline est une hormone hypoglycémiante, qui stimule l'entrée du glucose dans les cellules.

À l'aide de l'étude des documents, indiquer comment les scientifiques expliquent l'action de l'insuline pour stimuler l'entrée du glucose dans les cellules.

Doc 1 Observation d'une cellule avant (à gauche) et après (à droite) la fixation d'insuline sur son récepteur

La protéine GLUT4, visible grâce à une fluorescence rouge, est une protéine membranaire de transport du glucose, enchâssée soit dans la membrane plasmique, soit dans la membrane de vésicules intracellulaires.

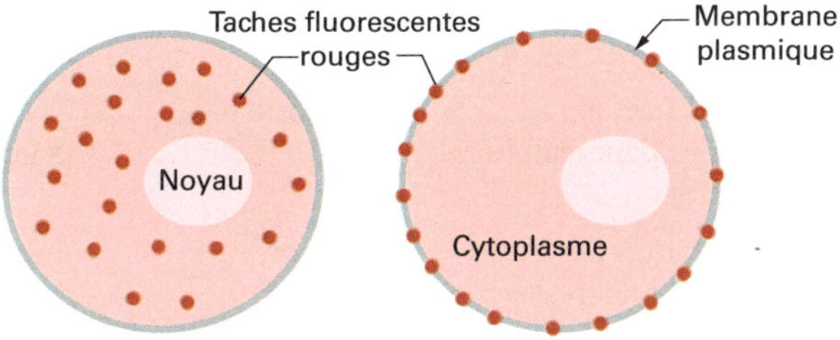

Doc 2 Conséquences de la fixation de l'insuline sur son récepteur

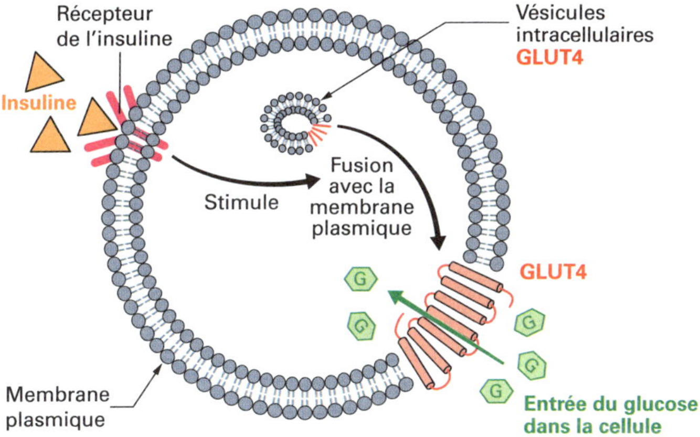

7 Comprendre les effets d'extraits pancréatiques

→ FICHE 37

On peut obtenir des extraits pancréatiques en faisant « macérer » des fragments de pancréas dans un liquide physiologique qui maintient en vie les cellules. Les extraits sont filtrés, puis leurs effets sont testés sur des animaux ayant subi une ablation du pancréas. Les enzymes pancréatiques sont inactivées ou non lors de la préparation des extraits. Elles peuvent correspondre à des protéases (qui dégradent donc les protéines).

Doc Résultats d'expériences sur des extraits pancréatiques

Expérience	Traitements effectués sur l'extrait	Mode d'utilisation de l'extrait	Résultats observés
1	Absence d'inactivation des enzymes pancréatiques digestives	Injection	Aucune correction de la glycémie
2	Inactivation des enzymes pancréatiques digestives	Injection	Correction de la glycémie
3	Inactivation des enzymes pancréatiques digestives	Ingestion	Aucune correction de la glycémie

1. À l'aide de vos connaissances, indiquer l'effet sur la glycémie de l'ablation du pancréas.

2. Comparer les résultats des expériences 1 et 2. En déduire la nature des substances permettant la régulation de la glycémie.

3. Comparer les résultats des expériences 2 et 3. En déduire la voie par laquelle agissent les substances régulant la glycémie.

8 Interpréter des résultats de tests de tolérance au glucose

→ FICHE 38

On a dosé chez trois personnes notées A, B et C la glycémie et l'insulinémie après une ingestion à $T = 0$ min de dix morceaux de sucre (équivalent au total à 50 g de glucose). Le document présente les résultats des dosages.

Après l'interprétation des résultats, proposer un diagnostic argumenté pour les personnes B et C, sachant que A ne souffre d'aucune pathologie.

Doc Résultats de tests de tolérance au glucose chez trois personnes

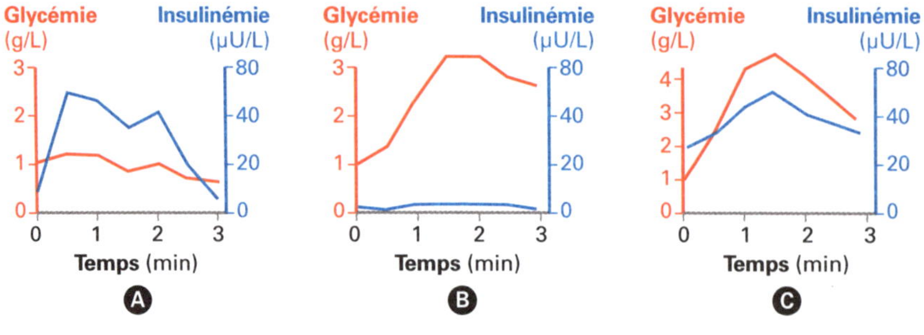

9 Découvrir comment soigner le diabète de type 1

→ FICHE 38

Le laboratoire de recherche médicale Defymed implanté à Strasbourg a développé un pancréas bioartificiel nommé Mailpan.

1. Après avoir rappelé comment fonctionne une boucle de régulation, montrer à l'aide de l'étude du document comment Mailpan peut remplacer un pancréas défectueux au sein de cette boucle.

2. Dégager les caractéristiques de Mailpan lui permettant d'être bien intégré et toléré dans l'organisme.

Doc Le pancréas bio-artificiel Mailpan

Mailpan (*Macroencapsulation d'îlots pancréatiques*) est un dispositif médical destiné à des patients atteints de diabète de type 1. Il se présente sous la forme d'une poche d'une dizaine de centimètres implantée dans l'abdomen du patient diabétique. Il sécrète automatiquement et de manière autonome l'insuline nécessaire à réguler le taux de glucose détecté dans le sang du patient. Cette sécrétion repose sur l'utilisation de cellules souches sécrétrices d'insuline intégrées au dispositif. Le schéma explicatif du dispositif est donné ci-dessous.

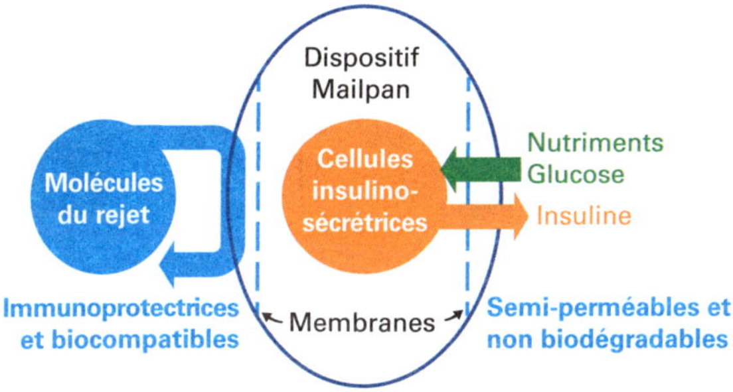

10 Comprendre comment soigner le diabète de type 2

→ FICHE 38

Plus de 75 % des diabétiques français sont traités par des médicaments comme la metformine, parfois pris en plus des injections d'insuline. Des chercheurs ont évalué l'impact respectif des médicaments et du mode de vie des patients dans le traitement du diabète de type 2.

1. À l'aide de l'étude du document 1, montrer comment agit la metformine. Comment peut-on qualifier ce médicament ?

2. À l'aide de l'étude du document 2, montrer que l'utilisation de ce type de médicament est discutable.

Doc 1 Prélèvement de glucose par des cellules cultivées en présence de différentes substances

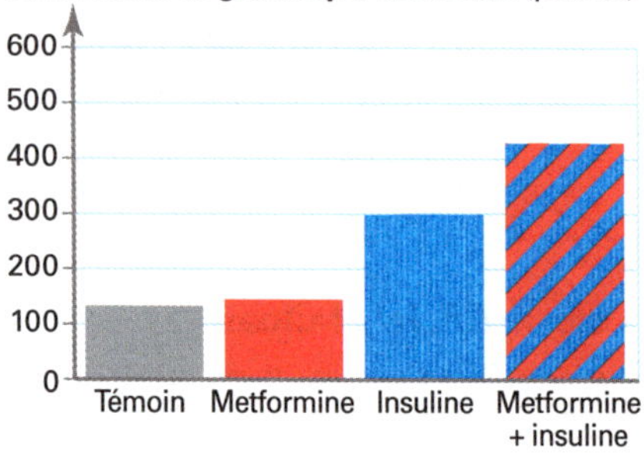

Doc 2 Nombre de cas annuel de diabète de type 2 selon le groupe d'étude

2 994 sujets possédant une anomalie génétique responsable d'un risque très élevé de développer un diabète de type 2 ont fait l'objet d'une étude. Ils ont été répartis en trois groupes : le premier reçoit de la metformine, le deuxième un placebo et le troisième doit suivre un régime et augmenter son activité physique.

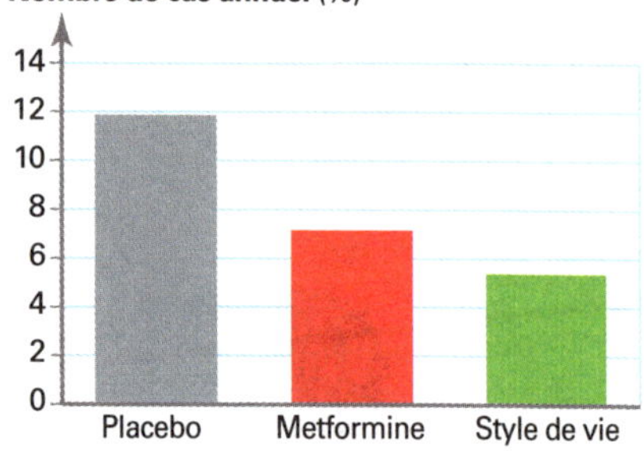

OBJECTIF BAC

11 Évaluer le GABA, une molécule prometteuse

75 min

→ FICHES 36 à 38

Cet exercice vise à évaluer la pratique d'une démarche scientifique. Il s'agit de résoudre un problème scientifique en exploitant un ensemble de documents et en mobilisant des connaissances.

LE SUJET

L'équipe de chercheurs dirigée par Patrick Collombat, de l'université de Nice, a récemment montré que l'injection de GABA, une molécule connue pour son rôle de neurotransmetteur, serait très prometteuse pour soigner le diabète de type 1, une maladie auto-immune détruisant les cellules β du pancréas.

À l'aide de l'exploitation des documents et de vos connaissances, montrer en quoi ces travaux permettraient la mise au point de traitements pour soigner le diabète de type 1.

Doc 1 Évolution de la glycémie d'un sujet sain à la suite d'une injection d'insuline

Pour déterminer le rôle de l'insuline, des mesures de glycémie ont été réalisées chez un sujet sain après une injection de cette hormone (5,56 mmol·L^{-1} équivaut à 1 g·L^{-1}).

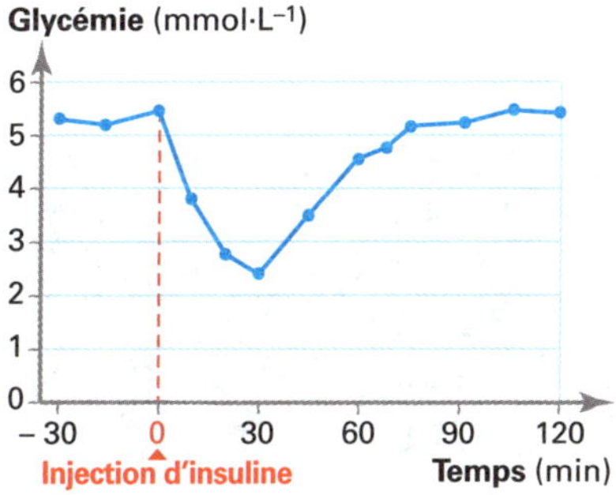

Doc 2 Traitements sur deux lots de souris

Deux lots de souris sauvages (WT, *wild type*) de deux mois sont traités avec des doses élevées de streptozotocine (STZ) pour détruire leurs cellules β, puis traités au GABA ou avec une solution saline. L'absence de mesures pour le lot WT + STZ + Saline à partir de $T = 16$ correspond à la mort des souris.

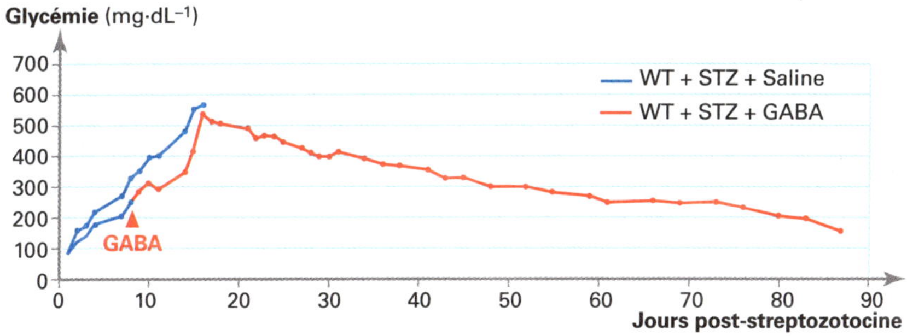

CONSEILS

L'insuline est une hormone également produite chez la souris. Elle a le même effet sur la glycémie de la souris que chez l'Homme.

Doc 3 Visualisation des cellules productrices d'insuline dans le pancréas

Les cellules β productrices d'insuline apparaissent en rouge au sein d'îlots de Langerhans (structures délimitées par des pointillés) chez trois lots de souris. L'image de droite correspond à un lot de souris diabétiques qui reçoivent des injections quotidiennes de GABA pendant 3 mois.

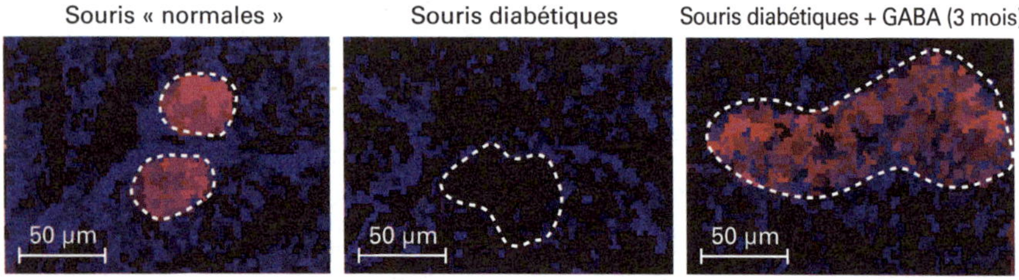

Doc 4 Pourcentage de cellules productrices de glucagon (cellules α) ou d'insuline (cellules β)

Les îlots de Langerhans de souris ont reçu, ou non (témoin), des injections de GABA à différentes concentrations.

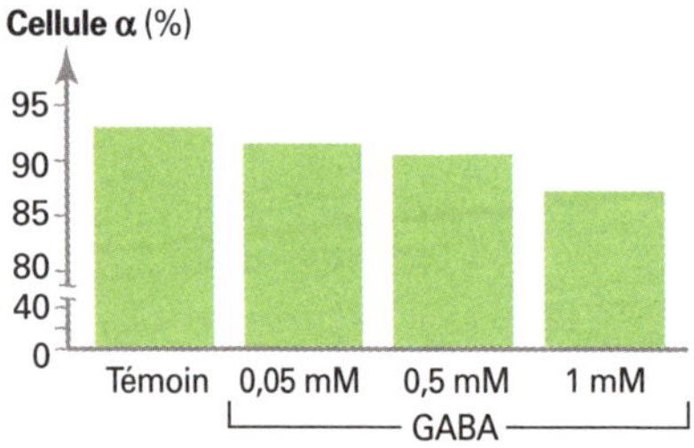

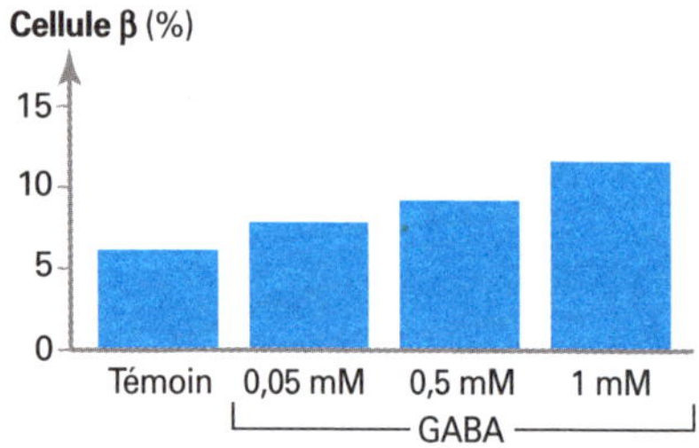

Doc 5 Conversion des cellules α des îlots de Langerhans en cellules β-similaires par le GABA

a Le maintien de l'identité cellulaire α est assuré par le facteur de transcription Arx qui réprime l'expression du gène *Pax4*.

b La fixation du GABA sur son récepteur active un signal par l'intermédiaire de différentes molécules. Ce signal permet la translocation du facteur Arx en dehors du noyau, l'empêchant de réprimer le gène *Pax4*.

c L'expression du gène *Pax4* induit la conversion des cellules α en cellules β-similaires.

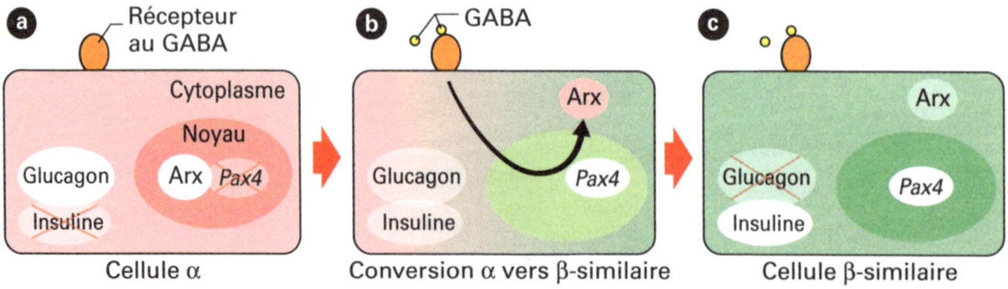

LA FEUILLE DE ROUTE

Étape 1 Identifier et comprendre le problème posé pour rédiger une petite introduction

- Repérer qu'il existe un lien entre le diabète de type I et l'injection de GABA.
- Rédiger une courte introduction qui montre que vous cherchez à comprendre comment cette molécule agirait sur les patients atteints de diabète de type 1.

Étape 2 Analyser, confronter chaque document et les associer à ses connaissances

- Étudier les **documents 1 et 2** dans une même partie qui présente l'insuline et le GABA comme des molécules abaissant la glycémie des patients diabétiques. Pour ceci, utiliser des données chiffrées issues du **document 1** pour montrer que l'insuline fait diminuer la glycémie et d'autres issues du **document 2** pour montrer que le GABA a permis de rétablir la glycémie à une valeur quasi normale.
- Étudier les **documents 3 et 4** dans une même partie montrant que des modifications cellulaires sont à l'origine de cette baisse de glycémie observée chez les souris ayant reçu les injections de GABA. Pour ceci, comparer les parties du **document 3** pour montrer que les cellules β sont réapparues chez les souris ayant reçu les injections de GABA. Utiliser ensuite des données chiffrées issues du **document 4** afin de proposer une hypothèse concernant l'origine de ces cellules β.
- Étudier le **document 5** dans une troisième partie pour montrer qu'un contrôle génétique est à l'origine des modifications cellulaires. Pour ceci, montrer que l'injection de GABA agit sur le facteur de transcription Arx et le gène *Pax4* responsable de la transformation des cellules α en cellules β-similaires.

Étape 3 Répondre clairement au problème posé en faisant un bilan

- Résumer chaque conclusion des documents et les présenter de façon ordonnée. L'objectif étant de montrer comment les travaux de l'équipe de Patrick Collombat permettraient la mise au point d'un traitement pour soigner le diabète de type 1.

CORRIGÉS

SE TESTER QUIZ

1 Les réserves et les flux de glucose

1. **Réponses b et c.** Le glycogène est une molécule glucidique de réserve présente dans le muscle au repos ; elle est dégradée en glucose dans le muscle en activité.
La réponse a est incorrecte. Le glycogène est un glucide et non un lipide.

2. **Réponse a.** Le foie et les muscles sont des organes qui stockent le glucose sous forme de glycogène.
Les réponses b et c sont incorrectes. Seul le foie est considéré comme un organe « source » de glucose.

2 La régulation hormonale de la glycémie

1. **Réponses a et d.** L'insuline est une hormone hypoglycémiante, qui stimule la glycogénogenèse.
Les réponses b et c sont incorrectes. L'insuline est sécrétée par les cellules β et non α des îlots de Langerhans et elle ne stimule pas la glycogénolyse au niveau du foie.

2. **Réponses b et d.** Le glucagon est une hormone sécrétée par les cellules α des îlots de Langerhans et stimule la glycogénolyse.
Les réponses a et c sont incorrectes. Le glucagon est une hormone hyperglycémiante et non hypoglycémiante ; elle n'agit qu'au niveau du foie.

3 Les dysfonctionnements de la régulation de la glycémie

1. **Réponses a et c.** Le dysfonctionnement de la régulation de la glycémie peut être dû à une maladie auto-immune ou à une insulinorésistance.
Les réponses b et d sont incorrectes. Le dysfonctionnement de la régulation de la glycémie peut amener à une insulinodépendance et n'est pas forcément lié à une hausse de la sécrétion d'insuline.

2. **Réponses a et b.** Le diabète de type 1 peut être soigné par des injections d'insuline. Il est donc qualifié de diabète insulinodépendant.
Les réponses c et d sont incorrectes. Le diabète de type 2 n'est pas insulinodépendant et le diabète de type 1 n'est pas insulinorésistant.

S'ENTRAÎNER

4 Identifier le foie comme un organe source de glucose

- Le foie et le muscle sont tous les deux des organes stockant le glycogène.
- Le document 1 montre que l'hydrolyse du glycogène libère du glucose-6-phosphate, molécule ne pouvant traverser les membranes des cellules. Cette molécule

peut cependant être convertie en glucose (qui lui traverse les membranes des cellules) par une enzyme : la glucose-6-phosphatase.

■ Le document 2 montre que le foie présente une forte activité glucose-6-phosphatasique, contrairement au muscle dans lequel l'activité de cette enzyme est quasiment nulle.

■ On peut donc dire que la forte activité glucose-6-phosphatasique du foie permet au glucose-6-phosphate d'être converti en glucose, ce qui n'est pas le cas dans le muscle. Ce glucose peut ensuite traverser les membranes des cellules du foie et passer dans le sang : le foie est donc un organe source de glucose mais pas le muscle.

5 Découvrir des expériences historiques

■ Le document 1 montre qu'après ablation du pancréas l'expérience de greffe ectopique permet de rétablir une glycémie normale à 1 $g{\cdot}L^{-1}$. Si la greffe est supprimée, la glycémie augmente à nouveau. Le pancréas régule donc la glycémie en agissant par voie sanguine.

■ Le document 2 montre qu'après ablation du pancréas l'injection d'extrait pancréatique contenant les substances produites par les îlots de Langerhans permet de rétablir une glycémie normale à 1 $g{\cdot}L^{-1}$. Ces cellules produisent donc une substance diminuant la glycémie, qui est véhiculée par voie sanguine. On parle d'hormone hypoglycémiante pour désigner cette substance nommée insuline.

■ Le document 3 montre que les extraits pancréatiques contiennent deux fractions dont l'une entraîne une diminution de la glycémie (fraction B) et l'autre une augmentation de la glycémie (fraction A). Les extraits pancréatiques produisent donc deux substances :
- une hormone hypoglycémiante : l'insuline ;
- une hormone hyperglycémiante : le glucagon.

■ Les trois expériences montrent donc que le pancréas est un organe majeur de la régulation de la glycémie, en libérant dans le sang une hormone hypoglycémiante, l'insuline, et une hormone hyperglycémiante, le glucagon. Ces hormones sont produites par les îlots de Langerhans du pancréas.

6 Comprendre le mode d'action de l'insuline sur une cellule

■ En l'absence d'insuline dans la cellule, on observe sur le document 1 que la fluorescence rouge permet de visualiser les protéines GLUT4 dans tout le cytoplasme de la cellule. De plus, on nous indique que ces protéines sont membranaires (soit dans la membrane de vésicules intracellulaires, soit dans la membrane plasmique). Les scientifiques ont donc schématisé sur le document 2 les protéines GLUT4 enchâssées dans la membrane de vésicules intracellulaires.

■ À la suite de la fixation de l'insuline sur son récepteur, on observe maintenant la fluorescence rouge à la périphérie de la cellule : les protéines GLUT4 se localisent probablement au niveau de la membrane plasmique. À l'aide des observations précédentes et en suivant les flèches du document 2, on peut comprendre que les scientifiques ont réalisé le schéma comportant les étapes suivantes :
- fixation de l'insuline sur son récepteur ;
- déplacement des vésicules contenant les protéines GLUT4 vers la membrane plasmique et intégration de cette molécule à cette dernière.

■ L'insuline, en induisant la localisation membranaire de la protéine GLUT4, permet l'entrée du glucose et réduit ainsi la glycémie.

7 Comprendre les effets d'extraits pancréatiques

1. Une ablation du pancréas induit une augmentation de la glycémie.

2. Une injection d'extrait pancréatique dont les enzymes digestives n'ont pas été inactivées ne corrige pas la glycémie, alors qu'elle est corrigée si l'extrait injecté a ses enzymes digestives inactivées. Il est indiqué que les enzymes digestives sont des protéases (elles dégradent les protéines). On peut donc en déduire que les substances qui permettent de corriger la glycémie sont des protéines.

3. Une injection d'extrait pancréatique dont les enzymes digestives ont été inactivées corrige la glycémie ; elle n'est pas corrigée si l'extrait pancréatique est ingéré. L'extrait pancréatique étant injecté dans le sang, on peut en déduire que les substances corrigeant la glycémie agissent par voie sanguine. Elles sont détruites dans l'estomac ou l'intestin.

8 Interpréter des résultats de tests de tolérance au glucose

■ L'ingestion de glucose provoque une hyperglycémie chez les trois personnes. Elle est cependant transitoire chez l'individu A qui ne présente pas de pathologie. Les individus B et C sont encore en hyperglycémie 2 heures après l'ingestion de glucose : ils sont donc diabétiques.

■ L'insulinémie du patient B est constamment nulle, il est donc incapable de sécréter de l'insuline qui permettrait d'abaisser sa glycémie. Il s'agit probablement d'une personne atteinte de diabète de type 1.

■ L'insulinémie du patient C est constamment élevée et pourtant il reste en hyperglycémie. On peut penser que ses cellules sont devenues résistantes à sa propre insuline. Il s'agit probablement d'une personne atteinte de diabète de type 2.

9 Découvrir comment soigner le diabète de type 1

1. Une boucle de régulation permet de corriger une perturbation d'un équilibre. Un capteur (ici le pancréas) détecte la perturbation, transmet l'information à un système de commande, qui produit en réponse un message (ici encore le pancréas). Le message est envoyé à un organe effecteur qui agit en corrigeant la perturbation. D'après le document, Mailpan pourrait remplacer un pancréas défectueux, car il est indiqué qu'il peut « détecter le taux de glucose dans le sang » : il fonctionne donc comme un capteur. Il est également indiqué qu'il « sécrète automatiquement et de manière autonome de l'insuline » en réponse à la détection du taux de glucose : il fonctionne donc comme un système de commande.

2. Mailpan peut être bien intégré dans l'organisme, car il possède des membranes semi-perméables permettant le passage de nutriments pour alimenter les cellules sécrétrices et le passage de l'insuline pour assurer son rôle régulateur.

Il est toléré par l'organisme, car il possède des membranes immunoprotectrices empêchant le passage des molécules de rejet, qui sont à la fois biocompatibles et non biodégradables.

10 Découvrir comment soigner le diabète de type 2

1. Les cellules cultivées dans un milieu ne contenant que de la metformine ont une consommation de glucose proche de celle du milieu témoin. La metformine n'a donc quasiment pas d'effet hypoglycémiant.
Les cellules cultivées dans un milieu contenant de la metformine et de l'insuline consomment davantage de glucose (420 picomoles par heure) que le milieu témoin (130 picomoles par heure) et que la culture avec insuline seule (300 picomoles par heure). La metformine utilisée de façon complémentaire à l'insuline augmente donc l'effet hypoglycémiant de l'insuline. C'est un médicament hypoglycémiant, mais qui doit être utilisé de façon complémentaire à l'insuline.

2. La comparaison de la prise d'un médicament hypoglycémiant, d'un placebo et de la pratique d'une activité sportive associée à un régime équilibré montre des résultats intéressants : le nombre de cas de diabète de type 2 est plus bas dans le groupe ayant un mode de vie sain (5 cas) que dans le groupe ayant été traité à la metformine (7 cas) et que dans le groupe ayant reçu le placebo (12 cas). Même si le nombre de cas apparus est plus bas chez les sujets traités à la metformine que chez les sujets traités avec le placebo, il semble qu'un mode de vie sain permette une meilleure protection que la prise d'un médicament. Ceci amène à discuter de l'intérêt d'un traitement à la metformine.

OBJECTIF BAC

11 Évaluer le GABA, une molécule prometteuse

CONSEILS
Les documents 1 et 2 peuvent être traités dans une première partie, les documents 3 et 4 dans une deuxième partie et le document 5 dans une troisième partie.

Introduction

Le diabète de type 1 est dû à une destruction des cellules β du pancréas. Des injections de GABA sembleraient prometteuses pour soigner cette maladie.
Nous allons chercher à comprendre comment cette molécule agirait sur les patients atteints de diabète de type 1 pour remédier à cette destruction et donc les soigner.

Insuline et GABA, des molécules abaissant la glycémie de patients diabétiques

■ D'après le document 1, à la suite d'une injection d'insuline, on observe que la glycémie chute immédiatement et pendant 30 minutes (minimum à 2,3 $mmol{\cdot}l^{-1}$), puis revient progressivement à son taux initial (5,5 $mmol{\cdot}l^{-1}$). On déduit que l'insuline fait diminuer le taux de glucose sanguin. Cette hormone est hypoglycémiante.
■ Dans le document 2, on utilise des doses élevées de STZ pour détruire les cellules β du pancréas productrices d'insuline. On observe immédiatement une augmentation de la glycémie au-dessus de la valeur normale (100 $mg{\cdot}dL^{-1}$ = 1 $g{\cdot}L^{-1}$). À partir de T = 8 jours, on injecte du GABA à un lot de

souris à la place de la solution saline, l'autre lot reçoit toujours des injections de solution saline. Pour le lot recevant les injections de GABA, on observe à partir de $T = 15$ jours une diminution progressive de la glycémie, qui revient à un taux quasi normal au bout des 80 jours de traitement. Les souris dont les cellules β ont été détruites, et qui sont traitées seulement par une solution saline, meurent environ 16 jours après le début de l'expérience. On en déduit que le GABA a permis la survie des souris, mais également de rétablir la glycémie à une valeur quasiment normale et donc de traiter leur diabète.

Des modifications cellulaires à l'origine de la baisse de la glycémie chez les patients diabétiques

- Chez une souris non diabétique, de nombreuses cellules β sont visibles dans les îlots de Langerhans (doc. 3). Chez une souris diabétique, les îlots de Langerhans contiennent très peu de cellules β. Chez une souris diabétique ayant reçu des injections quotidiennes de GABA pendant 3 mois, les îlots de Langerhans contiennent beaucoup de cellules β. On en déduit que des cellules β sont réapparues. La présence de ces cellules β chez les souris traitées au GABA explique que leur diabète soit soigné. En effet, elles peuvent sécréter de l'insuline abaissant la glycémie.
- Avant l'injection de GABA, on observe que les îlots de Langerhans des souris témoin présentent une proportion de 93 % de cellules α et 7 % de cellules β (doc. 4). Plus la concentration de GABA injecté augmente, plus le pourcentage de cellules α diminue pour atteindre 87 % (–6 %) et plus le pourcentage de cellules β augmente pour atteindre 13 % (+6 %). On pourrait proposer l'hypothèse que les cellules α sont converties en cellules β. Ainsi, la présence de ce nombre plus élevé de cellules β permet une meilleure production d'insuline abaissant la glycémie des sujets diabétiques.

Un contrôle génétique à l'origine des modifications cellulaires

D'après le document 5, on observe que l'injection de GABA induit une translocation du facteur de transcription Arx hors du noyau de la cellule, ce qui l'empêche d'inhiber l'expression du gène *Pax4* chez la souris. Ce dernier gène s'exprime alors et est responsable de la transformation des cellules α en cellules β-similaires. On en déduit que la conversion induite par le GABA augmente le nombre de cellule β produisant l'insuline nécessaire aux patients diabétiques.

Conclusion

Les travaux de l'équipe de Patrick Collombat pourraient permettre la mise au point de traitements pour soigner le diabète de type 1. En effet, si les observations effectuées sur la souris sont transposables à l'Homme, du GABA injecté chez des personnes diabétiques de type 1 abaisse la glycémie. Cet abaissement est lié à une augmentation du nombre de cellules β qui semblent se régénérer à partir des cellules α présentes dans le pancréas. Cette conversion des cellules est sous le contrôle de l'expression du gène *Pax4* dont l'expression est possible grâce au GABA. Ainsi, les patients diabétiques, ayant de nouvelles cellules β, produiraient à nouveau de l'insuline pour contrôler leur glycémie.

12 Comportements et stress de l'organisme

Même en ayant travaillé toute l'année pour le bac, il est parfois difficile de s'empêcher de ressentir du stress le jour J.

39 Adaptation de l'organisme et stress aigu

En bref *Notre organisme est capable de s'adapter aux perturbations de son environnement. Il s'agit d'une réponse normale de l'organisme nommée stress aigu.*

I Action des agents stressants sur le système nerveux

■ Les réponses adaptatives de notre organisme face aux perturbations de son environnement impliquent dans un premier temps le système nerveux.

■ Les agents stressants agissent sur le système nerveux en stimulant :
- dans un premier temps, le **système limbique**, en particulier les zones impliquées dans les émotions telles que l'amygdale ;
- dans un deuxième temps, l'**hypothalamus**, qui sécrète alors de la CRH (*corticotropin-releasing hormone*).

MOT CLÉ
- **Système limbique :** ensemble de structures cérébrales jouant un rôle important dans le comportement.
- **Hypothalamus :** région située à la base du cerveau contrôlant les grandes fonctions de l'organisme (faim, soif, éveil, température…).

II Rôle des glandes surrénales

■ Les glandes surrénales « coiffent » chaque rein. Elles se composent de deux parties, périphérique et centrale, nommées respectivement corticosurrénale et médullosurrénale :
- la médullosurrénale libère de l'adrénaline lorsqu'elle est stimulée par le système limbique ;
- la corticosurrénale libère du cortisol quand elle est stimulée par la CRH produite par l'hypothalamus.

■ Le cortisol exerce un rétrocontrôle négatif sur la libération de CRH par l'hypothalamus. Il favorise ainsi le rétablissement de conditions de fonctionnement stables.

■ La résilience désigne la capacité d'un organisme à surmonter les perturbations de son environnement.

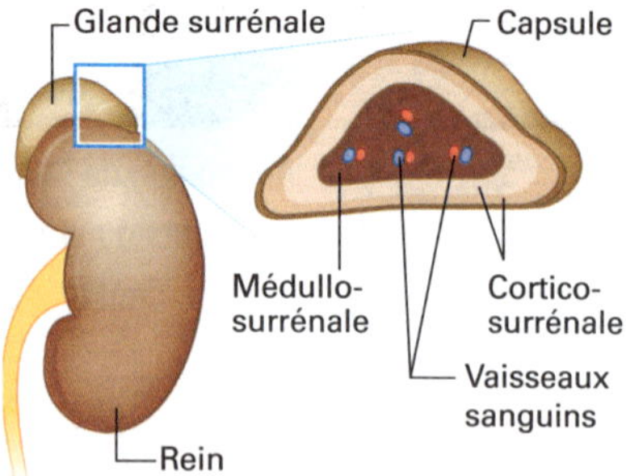

Doc **Anatomie de la glande surrénale**

Méthode

Préciser l'axe corticotrope

L'axe corticotrope, encore appelé axe hypothalamo-hypophyso-corticosurrénalien, est au cœur des réponses biologiques de stress et de résilience.

À l'aide de vos connaissances et du document, réaliser un schéma montrant les substances et structures impliquées dans l'axe corticotrope.

Doc L'hypophyse et ses organes cibles

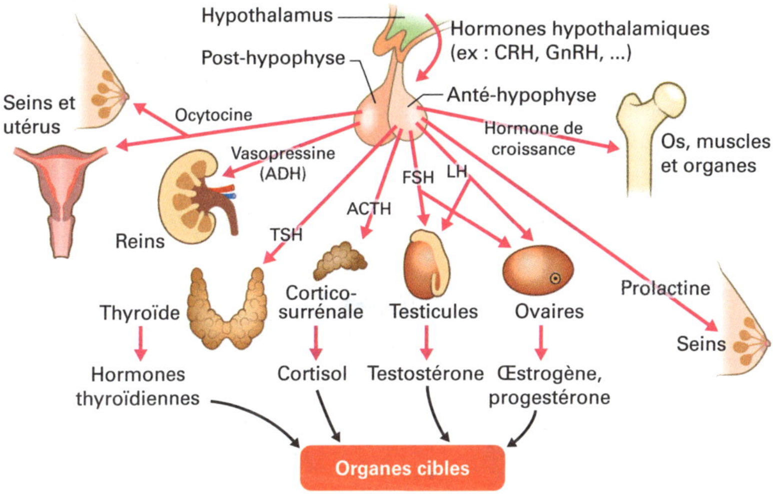

CONSEILS

Étape 1 Retrouver les structures intervenant dans la réponse au stress → FICHE 32.

Étape 2 Identifier les substances délivrées par les éléments de l'axe corticotrope.

Étape 3 Relier en un schéma les substances et structures de l'axe corticotrope.

SOLUTION

Étape 1 Les structures qui interviennent en réponse au stress sont l'hypothalamus, l'antéhypophyse et la glande corticosurrénale.

Étape 2 L'hypothalamus produit du CRH qui stimule l'antéhypophyse. Celui-ci produit alors de l'ACTH, qui agit la glande corticosurrénale. Cette dernière délivre du cortisol dans le sang.

Étape 3

Hypothalamus → (CRH) → **Antéhypophyse** → (ACTH) → **Corticosurrénale** → (Cortisol) → **Organes cibles**

40 Les effets du stress aigu

En bref *Le système nerveux, à l'origine du stress aigu, interagit avec les autres systèmes biologiques de l'organisme.*

I Les effets de l'adrénaline

- **L'adrénaline**, sécrétée en premier en réponse à un agent stressant, mobilise tout l'organisme afin d'affronter le danger.
- La libération d'adrénaline dans le sang déclenche des réactions dans tout le corps, en apportant notamment davantage d'oxygène et de nutriments au cerveau et aux muscles, afin d'accroître leur activité.

MOT CLÉ
Adrénaline : hormone naturellement sécrétée par la médullosurrénale en réponse au danger ou au stress.

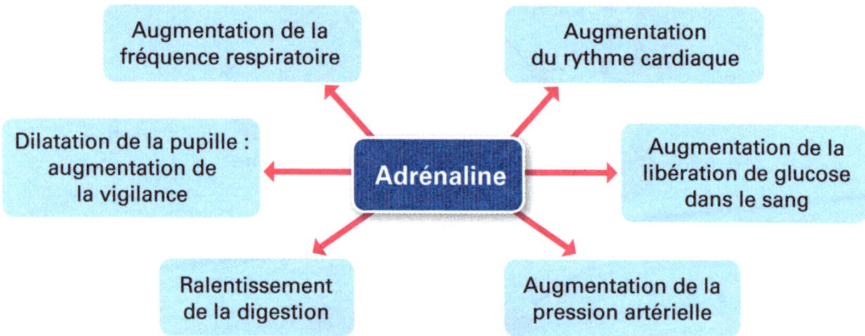

Doc **Les différents effets de l'adrénaline**

II Les effets du cortisol

- Le cortisol déclenche aussi, dans un deuxième temps, de nombreuses réactions dans le corps.

MOT CLÉ
Cortisol : hormone sécrétée par les corticosurrénales en réponse au stress.

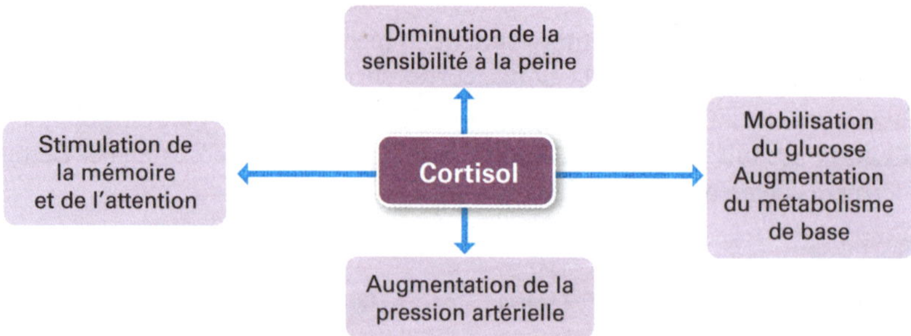

Doc **Les différents effets du cortisol à long terme**

Méthode

Associer stress et élévation de la glycémie

Une étude sur les effets du stress dû à un confinement a été produite sur une espèce de poisson, le tilapia du Mozambique.

À l'aide du document et de vos connaissances, montrer comment le stress influence la glycémie.

Doc Concentrations de cortisol, de glucose, de glycogène chez le tilapia soumis à différentes conditions de stress

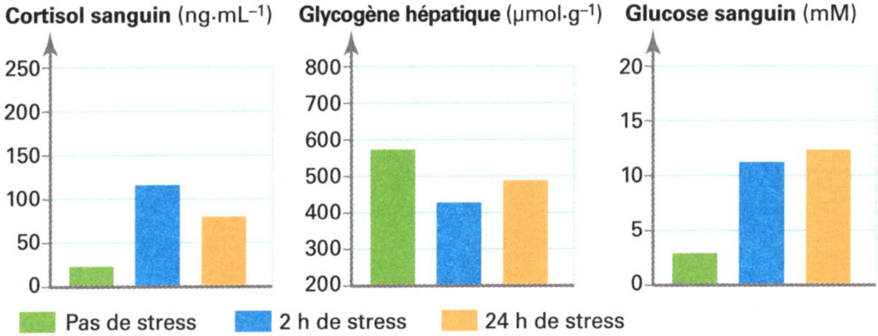

CONSEILS

Étape 1 Associer le confinement correspondant au stress à une modification plasmatique du cortisol.
Étape 2 Observer l'évolution des taux de glycogène hépatique et de glucose plasmatique lors du stress.
Étape 3 Relier la modification du taux plasmatique du cortisol à celle de glucose.

SOLUTION

Étape 1 Le confinement déclenche un stress amenant à une élévation plasmatique du taux de cortisol qui passe, en 2 heures, de 25 à 110 $ng{\cdot}mL^{-1}$. Ce taux descend à 75 $ng{\cdot}mL^{-1}$ si le stress persiste pendant 24 heures, mais reste toujours plus élevé que chez les témoins non stressés.

Étape 2 On observe que les sujets stressés présentent un taux de glycogène hépatique plus faible que les témoins non stressés (leur glycogène a donc été dégradé) et que leur taux de glucose plasmatique est plus élevé que celui des témoins non stressés (du glucose a donc été libéré dans leur sang).

Étape 3 L'élévation du taux de cortisol plasmatique lors du stress stimule la glycogénolyse hépatique. Elle conduit à une baisse du glycogène hépatique et à une augmentation du glucose plasmatique. Ainsi, on peut dire que le stress provoque une augmentation de la glycémie.

41 Dérèglement de l'organisme et stress chronique

En bref *À plus ou moins long terme, la structure et le fonctionnement du cerveau peuvent être perturbés par la répétition d'événements de stress, amenant à un stress chronique.*

I Stress chronique et plasticité cérébrale

- Si les agents stressants sont trop intenses ou si leur action dure, les mécanismes physiologiques sont débordés et l'organisme se dérègle. On parle alors de stress chronique.
- En cas de stress chronique, le cortisol ne freine plus la sécrétion de CRH par l'hypothalamus. L'activation de l'axe corticotrope tend à se pérenniser. Le taux de cortisol sanguin reste élevé, ce qui peut entraîner une dégradation de la mémoire et des capacités d'apprentissage.
- Le stress chronique peut altérer certaines structures du cerveau, notamment celles du système limbique (**amygdale** et **hippocampe**) et du **cortex préfrontal**.
- La plasticité du cerveau permet la modification de structures cérébrales. Mais dans le cas du stress chronique, elle est dite mal adaptative.

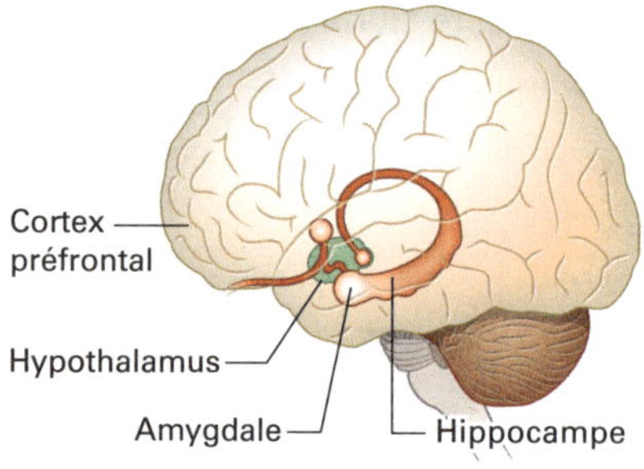

Doc Régions du cerveau impliquées dans la réponse à des agents stressants

MOTS CLÉS

- **Amygdale :** structure cérébrale impliquée dans le décodage des émotions, en particulier des stimuli menaçants pour l'organisme.
- **Hippocampe :** structure cérébrale jouant un rôle central dans la mémoire et le mouvement du corps dans l'espace.
- **Cortex préfrontal :** région du cerveau jouant un rôle dans l'adaptation comportementale.

II Le traitement du stress chronique

- Les dérèglements liés au stress chronique engendrent diverses pathologies.
- Certains médicaments, comme les benzodiazépines dans le cas de l'anxiété, visent à favoriser la résilience du système cérébral, mais leur indication doit suivre un protocole rigoureux.

Méthode

Diagnostiquer par imagerie cérébrale

Les études d'imagerie permettent d'observer le cerveau de sujets stressés.

À l'aide de vos connaissances et des documents, montrer l'un des effets du stress chronique sur le cerveau.

Doc Zones cérébrales (a) et imagerie médicale d'un sujet subissant un stress chronique (b) et d'un sujet sain (c)

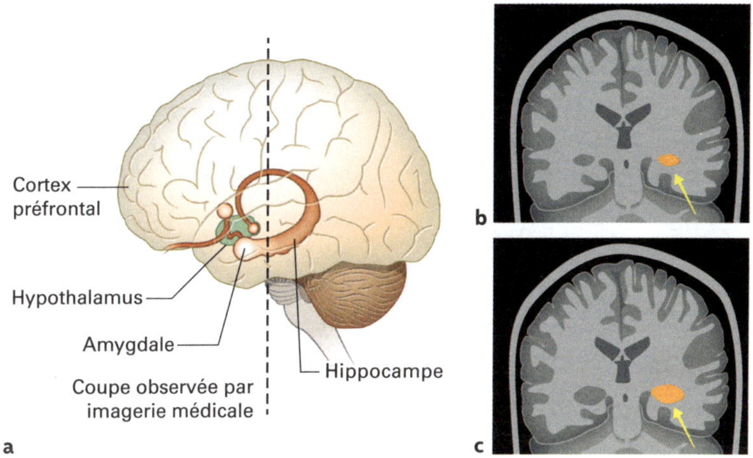

CONSEILS

Étape 1 Identifier la zone cérébrale pointée par les flèches sur les coupes obtenues par imagerie médicale.

Étape 2 Comparer ces deux régions dans les deux coupes.

Étape 3 Relier cette observation à vos connaissances afin de conclure sur les effets d'un stress chronique sur le cerveau.

SOLUTION

Étape 1 La zone cérébrale pointée par les flèches est l'hippocampe.

Étape 2 L'hippocampe semble être plus petit chez un sujet stressé (**b**) que chez un sujet sain (**c**).

Étape 3 L'hippocampe appartient au système limbique. Il est fortement sollicité en cas de stress. Le stress chronique peut donc modifier le volume de certaines structures cérébrales.

MÉMO VISUEL

Une boucle de régulation en réponse au stress aigu

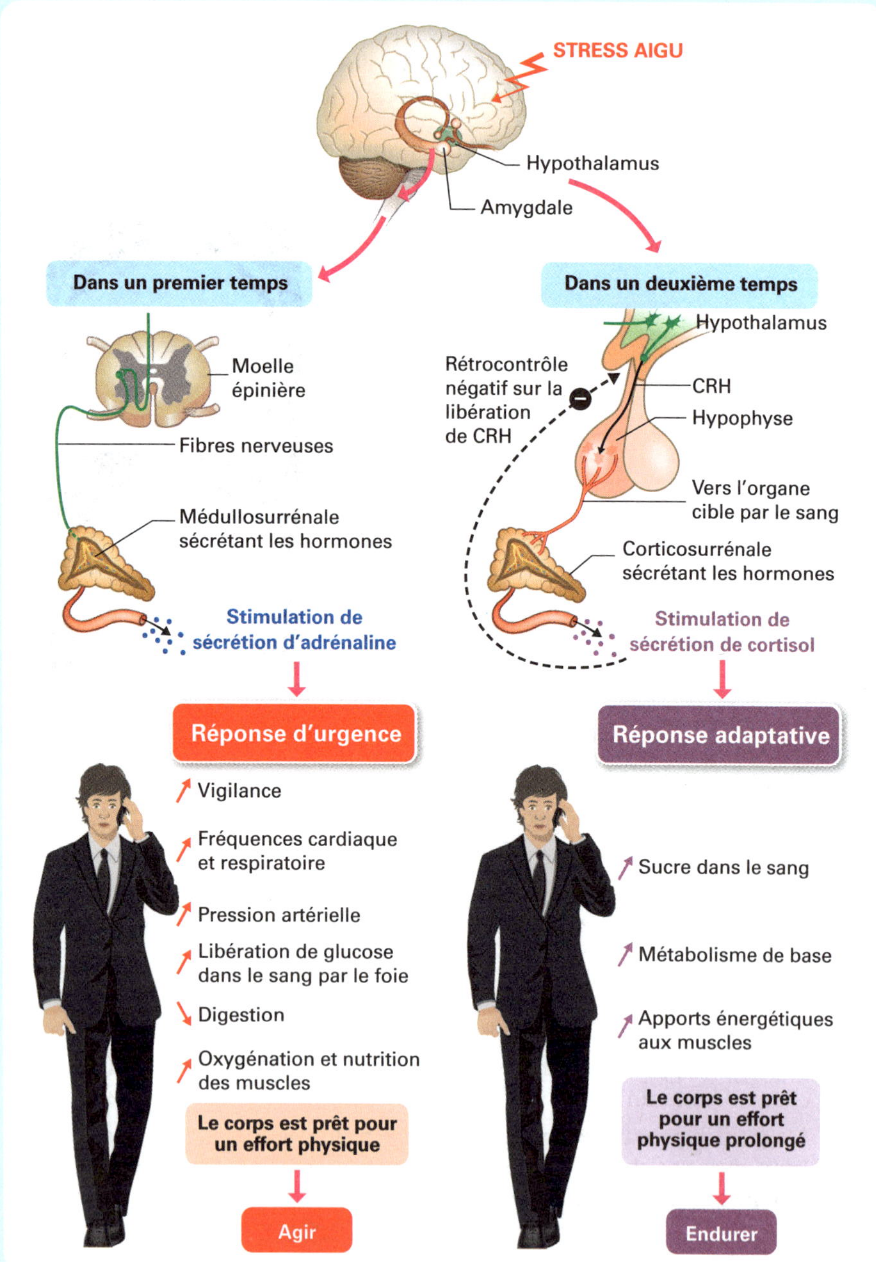

Dérèglement du système d'adaptation : le stress chronique

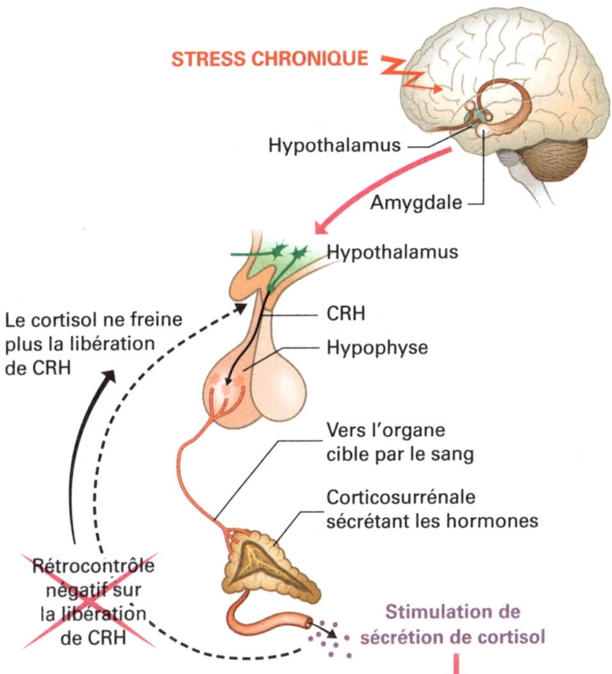

Réponse perturbée et mal adaptée

Troubles de la concentration, perte de mémoire, anxiété, insomnie

Palpitations, risques cardio-vasculaires

Augmentation de la glycémie

Troubles digestifs (brûlures d'estomac, constipation...)

Affaiblissement du système immunitaire

Tension musculaire, fatigue permanente généralisée

↓

Le corps s'épuise

SE TESTER QUIZ

Vérifiez que vous avez bien compris les points clés des **fiches 38 à 40**.

1 Adaptation de l'organisme et stress aigu

→ FICHE 39

1. Les agents stressants agissent sur le système nerveux en stimulant :

☐ **a.** dans un premier temps, le système limbique
☐ **b.** dans un deuxième temps, l'hypothalamus qui sécrète alors du CRH
☐ **c.** dans un premier temps, l'hypothalamus
☐ **d.** dans un deuxième temps, le système limbique produisant le cortisol

2. La CRH :

☐ **a.** est produite par l'hypothalamus
☐ **b.** signifie *corticotropin-releasing human*
☐ **c.** exerce un rétrocontrôle négatif sur la libération de cortisol
☐ **d.** entraîne la libération de cortisol par la médullosurrénale

2 Les effets du stress aigu

→ FICHE 40

L'adrénaline :

☐ **a.** mobilise l'organisme pour affronter le danger
☐ **b.** réduit l'apport d'oxygène au cerveau et aux muscles
☐ **c.** est sécrétée après le cortisol
☐ **d.** inhibe le système immunitaire

3 Dérèglement de l'organisme et stress chronique

→ FICHE 41

1. Le stress chronique peut :

☐ **a.** survenir quand les mécanismes physiologiques sont débordés
☐ **b.** entraîner des modifications du système limbique (amygdale et hypothalamus) et du cortex préfrontal
☐ **c.** entraîner une plasticité mal adaptative
☐ **d.** accélérer le rétrocontrôle exercé par le cortisol sur l'hypothalamus

2. Le traitement du stress chronique :

☐ **a.** repose uniquement sur la prise de benzodiazépines
☐ **b.** doit suivre un protocole rigoureux
☐ **c.** vise à favoriser la résilience du système cérébral
☐ **d.** est propre à chaque individu

S'ENTRAÎNER

4 Connaître l'origine d'un stress électromagnétique

→ FICHE 39

L'ACTH est sécrétée en réponse à la production de CRH par l'hypothalamus ; elle stimule la sécrétion de cortisol.

À l'aide de l'étude du document, montrer en quoi certains téléphones portables peuvent déclencher un stress qualifié d'électromagnétique.

Doc Production d'ACTH par différents lots de souris

Témoin : animaux non exposés.

GSM : animaux exposés pendant 15 semaines au rayonnement d'un téléphone mobile.

GSM/CMO : animaux exposés pendant 15 semaines au rayonnement d'un téléphone mobile disposant d'un oscillateur de compensation

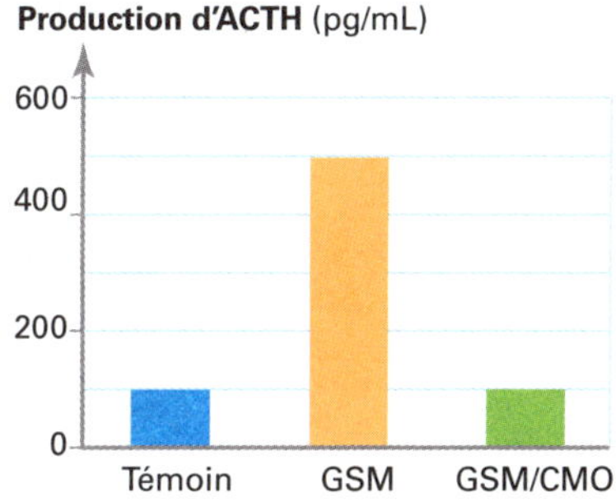

5 Décrire les différentes phases du stress

→ FICHE 39

La réaction de l'organisme au stress est appelée syndrome général d'adaptation. C'est une réponse ancestrale de survie, qui survient lorsqu'un organisme fait face à un danger.

À l'aide de l'étude des documents et de vos connaissances, construire un tableau qui récapitule selon les trois phases du stress (en colonne) : 1) les substances (en distinguant hormones et neurotransmetteurs) et leur variation (augmentation ou diminution), 2) les structures sécrétrices et 3) leurs effets.

Doc 1 Les trois phases du stress

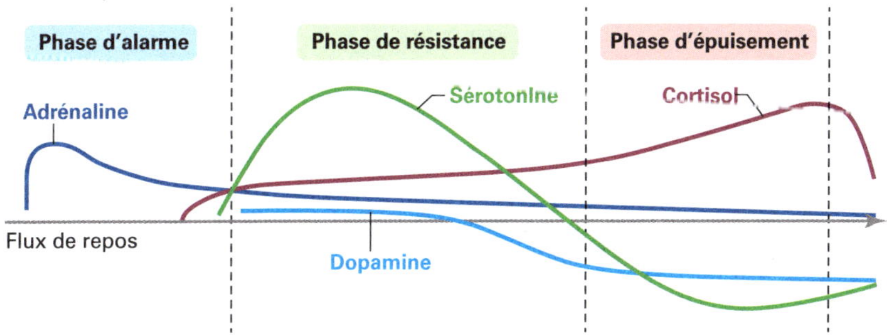

Doc 2 Neurotransmetteurs impliqués dans le stress

En bleu, effets positifs ; en rouge, effets en cas de déficit.

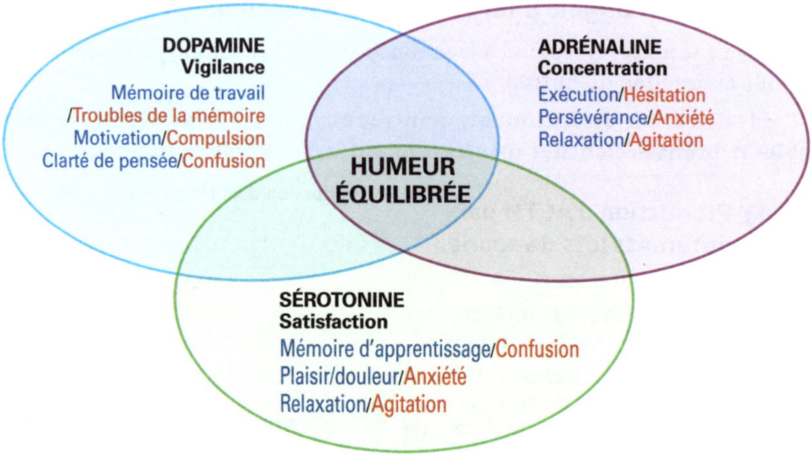

6 Montrer les rôles de différentes hormones

→ FICHE 40

La pratique physique ne nécessite pas seulement une bonne coordination des membres, elle met en œuvre de nombreuses hormones.

À l'aide des documents et de vos connaissances, montrer en quoi l'exercice physique implique la coordination de différents systèmes physiologiques.

Doc 1 Quelques hormones « périphériques » et leurs rôles lors de l'exercice physique

Le système endocrinien produit des hormones qui régulent l'activité cellulaire. À tout moment, une quarantaine d'hormones différentes circulent dans le sang :

– les catécholamines (adrénaline…) agissent sur le rythme cardiaque et la dilatation/contraction des vaisseaux ;

– les corticostéroïdes (cortisol…) agissent sur la gestion des réserves énergétiques ;

– les hormones pancréatiques (insuline, glucagon) régulent la concentration de glucose dans le sang ;

– l'hormone de croissance a un rôle important dans le métabolisme (elle favorise la synthèse des protéines, aide à brûler les graisses, diminue la fragilité des os…).

Doc 2 Productions hormonales lors d'un exercice physique

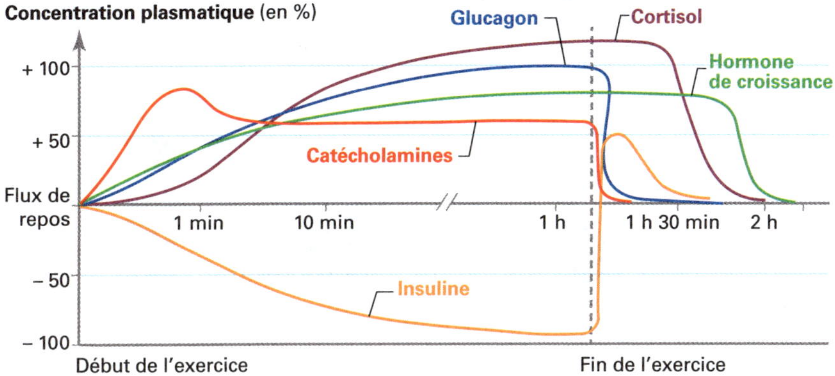

7 Tester ses performances cognitives avec le test de Stroop

→ FICHE 40

En psychologie, l'effet Stroop désigne l'interférence observée entre :

– une tâche principale : nommer une couleur avec laquelle est écrit un mot (tâche « couleur du mot ») ;

– un processus cognitif interférant : nommer le mot qui est le nom d'une autre couleur (tâche « mot coloré »).

À l'aide des documents et de vos connaissances, montrer les effets du stress chronique sur les performances cognitives des sujets.

Doc 1 Test de Stroop

JAUNE	BLEU	ORANGE
NOIR	ROUGE	VERT
VIOLET	JAUNE	ROUGE
ORANGE	VERT	NOIR
BLEU	ROUGE	VIOLET
VERT	BLEU	ORANGE

Doc 2 **Performances cognitives de sujets non stressés (NS) et stressés (S) au cours du test de Stroop**

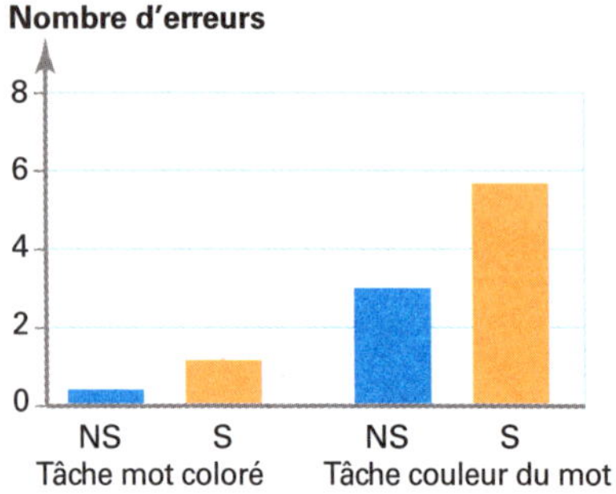

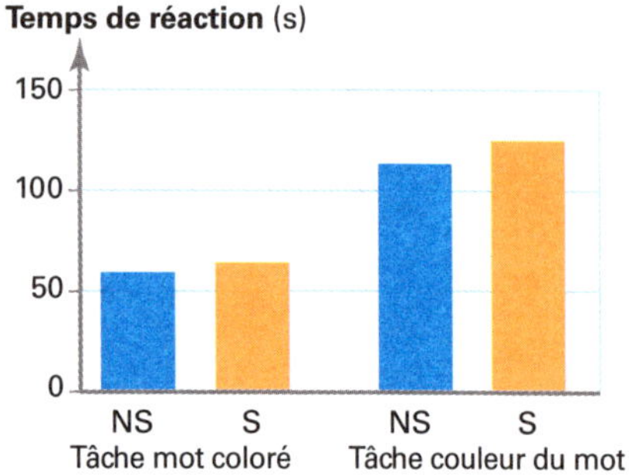

Doc 3 **Taux de cortisol sanguin chez des sujets non stressés (NS) et stressés (S)**

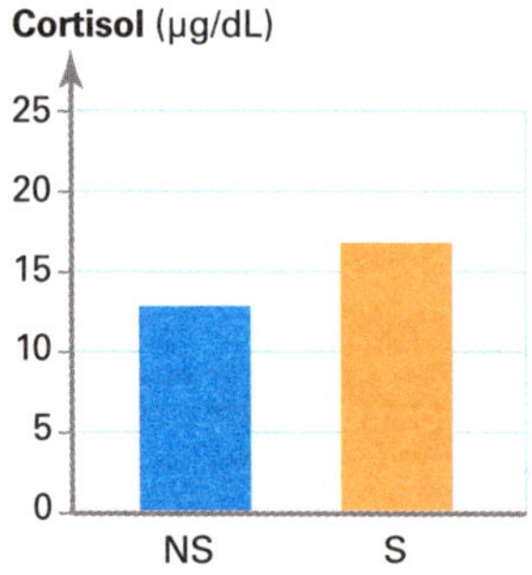

8 Observer les effets de la méditation

→ FICHE 40

Méditer, c'est chasser de son esprit pendant quelques minutes ce qu'on est au quotidien dans la société : un adolescent, une lycéenne à la veille du bac...

À l'aide du document et de vos connaissances, montrer les effets de la méditation sur le stress.

Doc **Taux de cortisol salivaire de deux groupes : l'un ayant pratiqué une séance de méditation, l'autre une séance de repos**

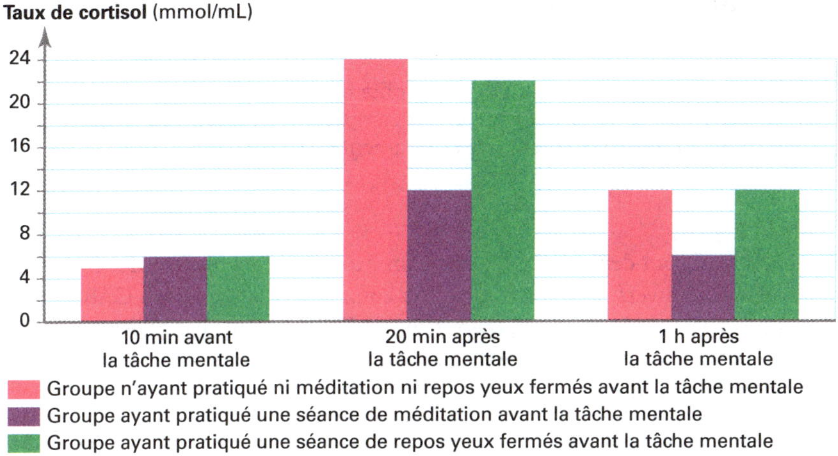

9 Comprendre le mode d'action d'un antidépresseur

→ FICHE 41

La tianeptine est une substance chimique aux propriétés antidépressives qui agit sur l'hippocampe.

À l'aide de vos connaissances, exploiter le document pour montrer comment la tianeptine agit en tant que médicament antidépresseur.

Doc **Efficacité synaptique dans l'hippocampe avec ou sans traitement à la tianeptine**

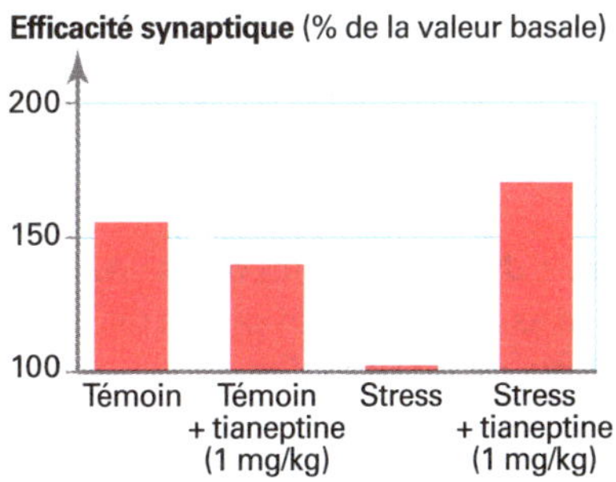

OBJECTIF BAC

10 Montrer comment agissent les benzodiazépines
75 min

→ FICHE 41

Ce sujet vous propose de résoudre un problème scientifique en exploitant un ensemble de documents. L'objectif est de comprendre les bases physiologiques du traitement du stress chronique, notamment de l'anxiété.

LE SUJET

Des chercheurs ont démontré qu'il existe un lien entre l'anxiété et une régulation défectueuse de divers neurotransmetteurs comme le GABA. Or, le GABA favorise la relaxation et le sommeil, il contribue à l'apaisement. Par ailleurs, on sait que l'anxiété chronique est souvent soignée par des médicaments antidépresseurs comme les benzodiazépines.

À partir des documents et de vos connaissances, montrer comment agissent les benzodiazépines pour soulager l'anxiété chronique.

Doc 1 Montage expérimental et localisation des expériences menées sur un neurone de la moelle épinière d'un mammifère

E1 : Enregistrement de la polarisation au niveau du corps cellulaire du neurone 3.

S1 : Électrodes de stimulation du neurone 1.

F1 : Fente synaptique entre le neurone 1 et le neurone 3.

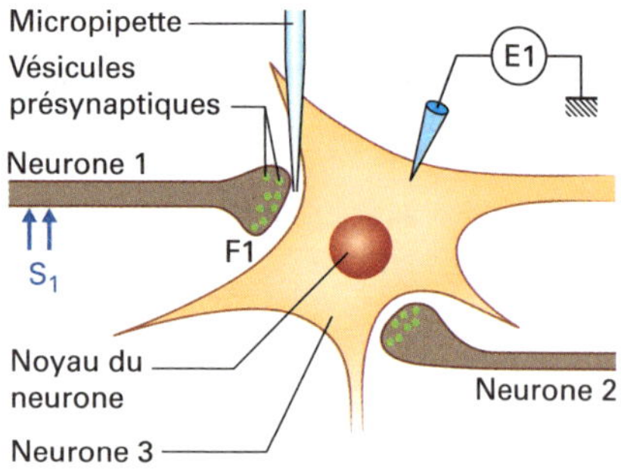

Doc 2 Enregistrement d'un potentiel de membrane, après stimulation, sans injection de picrotoxine (en bleu) et avec injection de picrotoxine (en rouge)

On reproduit expérimentalement l'état des synapses lors de l'anxiété en injectant de la picrotoxine dans la fente synaptique. La picrotoxine est capable de se fixer sur les récepteurs au GABA situés sur le neurone 3.

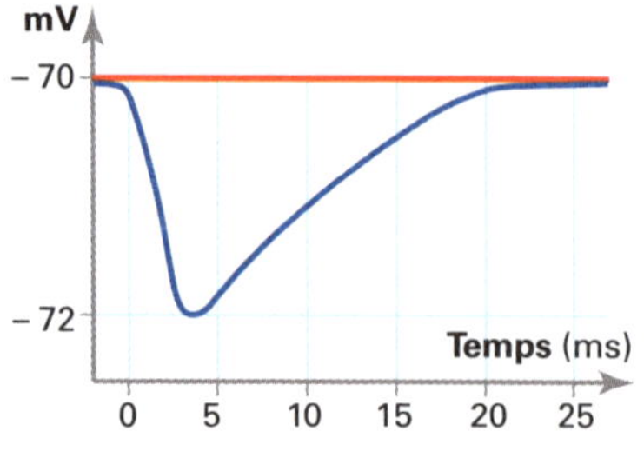

Doc 3 Enregistrement de la polarisation après injection dans la synapse de GABA seul (a) et avec des benzodiazépines (b)

Les benzodiazépines (comme le Valium®) sont des tranquillisants (utilisés contre l'anxiété) qui se fixent de manière spécifique aux récepteurs membranaires du GABA.
- - - : seuil de dépolarisation nécessaire au déclenchement du potentiel d'action.

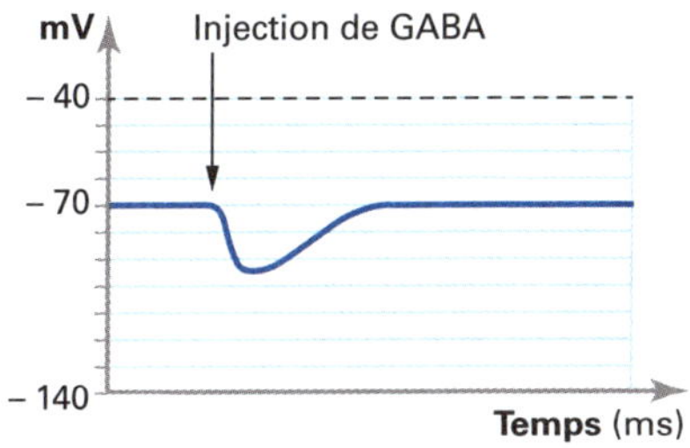

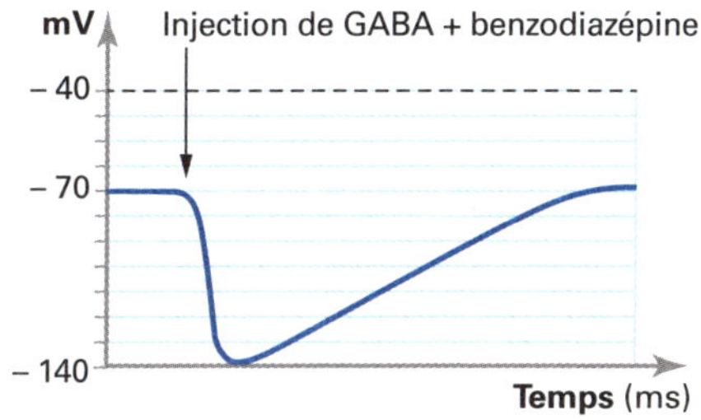

Doc 4 Mode d'action des benzodiazépines sur le récepteur au GABA

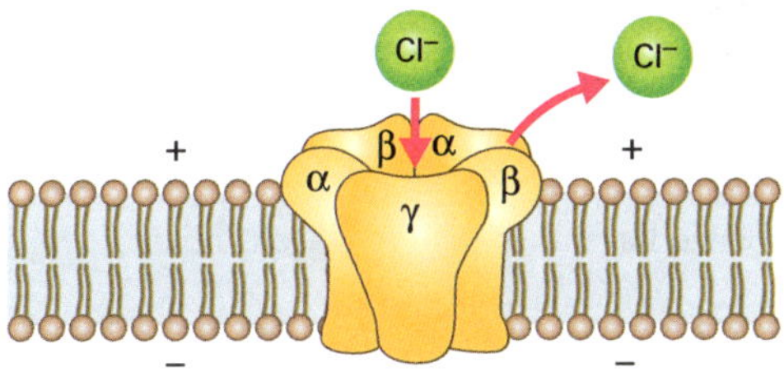

En l'absence de GABA, le récepteur est inactif, l'ion chlore n'entre pas dans la cellule : il n'y a pas de modification du potentiel de membrane.

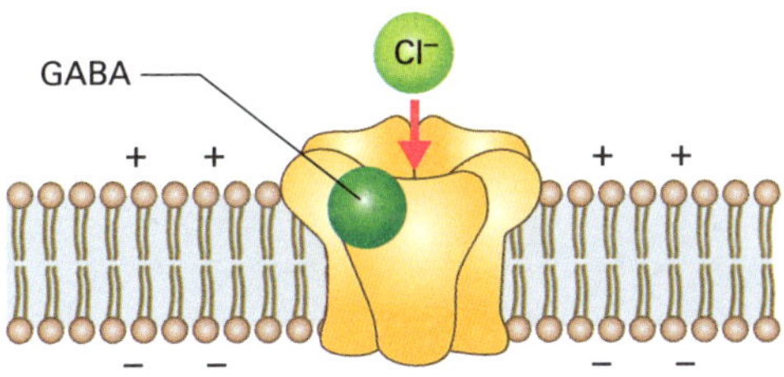

En présence de GABA, le récepteur est activé, le canal à ions chlore s'ouvre : il y a hyperpolarisation membranaire.

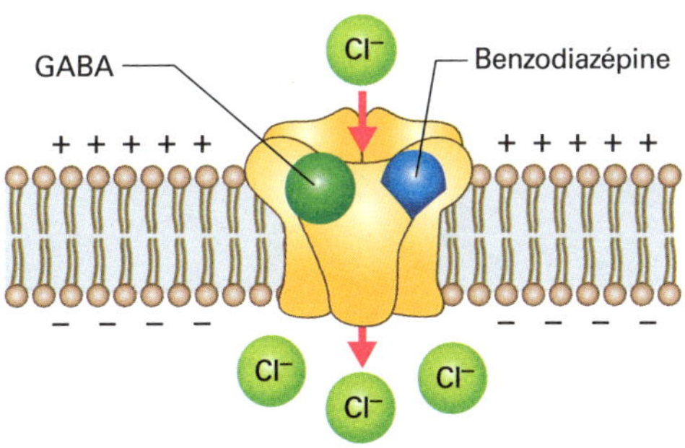

En présence de GABA et de benzodiazépine, la fixation du GABA sur son récepteur est facilitée.
Il en résulte une plus grande ouverture du canal à ions chlore : l'hyperpolarisation membranaire est accrue.

▶▶▶ LA FEUILLE DE ROUTE

Étape 1 Montrer que le GABA est un neurotransmetteur inhibiteur

- Rappeler le fonctionnement d'un neurone et de la transmission synaptique.
- À partir du document 2a, montrer les effets d'une injection de GABA sur le potentiel de membrane du neurone. Indiquer si cette injection favorise la naissance d'un message nerveux.
- Préciser la nature excitatrice ou inhibitrice du GABA.

Étape 2 Faire le lien entre le GABA et l'origine de l'anxiété

- À partir du document 1, indiquer l'intérêt d'utiliser la picrotoxine.
- Comparer les potentiels de membrane avec et sans picrotoxine.
- Déduire le potentiel de membrane des neurones de sujets anxieux.
- Proposer une hypothèse montrant un lien entre le GABA et l'anxiété.

Étape 3 Montrer l'effet des benzodiazépines

- À partir du document 2, montrer les effets de la prise de benzodiazépines sur le potentiel de membrane du neurone.
- Expliquer cet effet d'un point de vue moléculaire en étudiant le document 3.
- Montrer en quoi l'utilisation des benzodiazépines peut soulager l'anxiété.

CORRIGÉS

SE TESTER QUIZ

1 Adaptation de l'organisme et stress aigu

1. Réponses a et b. Les agents stressants agissent sur le système nerveux en stimulant dans un premier temps le système limbique et dans un deuxième temps l'hypothalamus, qui sécrète alors du CRH.
Les réponses c et d sont incorrectes. L'hypothalamus est stimulé en deuxième et sécrète du CRH.

2. Réponse a. La CRH est produite par l'hypothalamus
Les réponses b, c et d sont incorrectes. CRH signifie *corticotropin-releasing hormone*, elle entraîne la libération du cortisol par la corticosurrénale et c'est le cortisol qui exerce en retour un rétrocontrôle négatif sur la libération de CRH.

2 Les effets du stress aigu

Réponse a. L'adrénaline mobilise l'organisme pour affronter le danger.
Les réponses b, c et d sont incorrectes. L'adrénaline augmente l'apport d'oxygène au cerveau et aux muscles et est sécrétée avant le cortisol. C'est ce dernier qui inhibe certaines fonctions dont le système immunitaire.

3 Dérèglement de l'organisme et stress chronique

1. Réponses a et c. Le stress chronique peut survenir quand les mécanismes physiologiques sont débordés et peut entraîner une plasticité mal adaptative.
Les réponses b et d sont incorrectes. Le stress chronique peut entraîner des modifications du système limbique (amygdale et hippocampe et non de l'hypothalamus) et du cortex préfrontal. Il freine le rétrocontrôle exercé par le cortisol sur l'hypothalamus.

2. Réponses b, c et d. Le traitement du stress chronique doit suivre un protocole rigoureux ; il vise à favoriser la résilience et est propre à chaque individu.
La réponse a est incorrecte. La prise de benzodiazépines ne constitue pas le seul traitement possible.

S'ENTRAÎNER

4 Connaître l'origine d'un stress électromagnétique

■ Le **document** montre une augmentation du taux d'ACTH chez les animaux exposés au rayonnement d'un téléphone portable. En effet, ce taux est de 100 pg/ml chez les animaux témoins et de 500 pg/ml chez ceux soumis au rayonnement. Le taux est similaire au taux témoin lorsque le téléphone dispose d'un oscillateur de compensation.

■ Il est indiqué que l'ACTH stimule la sécrétion du cortisol. Or, on sait que cette molécule déclenche un stress. On peut donc dire que le rayonnement électromagnétique émis par un téléphone portable peut déclencher un stress. Celui-ci peut être qualifié d'« électromagnétique », car il est provoqué par des ondes électromagnétiques.

5 Décrire les différentes phases du stress

	Phase d'alarme		Phase de résistance		Phase d'épuisement	
	Hormone	**Neuro-transmetteur**	**Hormone**	**Neuro-transmetteur**	**Hormone**	**Neuro-transmetteur**
Variations du taux des substances sécrétées	• Adrénaline ↗	• Adrénaline ↗	• Cortisol ↗	• Sérotonine ↗ • Dopamine ↗ • Adrénaline ↘	• Cortisol ↗	• Sérotonine ↘ • Dopamine ↘ • Adrénaline ↘
Structures sécrétrices	Médullo-surrénale	Neurones	Cortico-surrénale	Neurones	Cortico-surrénale	Neurones
Effets des substances secrétées	Préparation de l'organisme à l'action physique rapide : oxygénation du cerveau pour penser vite et bien, oxygénation des muscles pour courir vite et loin…		Préparation de l'organisme pour qu'il endure le stress : apport énergétique important, motivation, persévérance, plaisir, mémoire d'apprentissage…		Mécanismes physiologiques débordés, d'où dérèglement du système : confusion, hésitation, anxiété, agitation…	

6 Montrer les rôles de différentes hormones

■ Le **document 2** montre l'évolution de taux des différentes hormones lors de l'exercice physique. En le confrontant aux indications du **document 1**, on peut montrer une coordination des différents systèmes physiologiques pour une bonne mise en œuvre de l'exercice physique :

- l'augmentation du taux de catécholamines favorise l'augmentation du rythme cardiaque et la dilatation des vaisseaux sanguins pour un meilleur apport en oxygène et en nutriments des muscles ;
- l'augmentation du taux de corticostéroïdes favorise une libération du glucose dans le sang et assure un bon apport énergétique aux muscles ;

– les taux des hormones pancréatiques (insuline, glucagon) sont aussi modifiés. Le taux de glucagon (hormone hyperglycémiante) augmente afin de favoriser la libération de glucose (par le foie) dans le sang et d'assurer une bonne nutrition des muscles. Le taux d'insuline (hormone hypoglycémiante) diminue afin d'éviter le stockage du glucose (par le foie), ce qui priverait les muscles ;
– l'augmentation du taux d'hormone de croissance favorise la synthèse des protéines (molécules constituant les muscles), aide à brûler les graisses (constituant un autre apport énergétique), diminue la fragilité des os (fortement sollicités lors de l'effort).

■ L'exercice physique implique donc différents systèmes physiologiques qui agissent parfois sur les mêmes paramètres. La coordination de ces systèmes permet ainsi la réalisation de l'exercice physique dans de bonnes conditions.

7 Tester ses performances cognitives avec le test de Stroop

■ Lors des deux tâches du test de Stroop (doc. 1), le temps de réaction et le nombre d'erreurs ont été évalués (doc. 2). Au cours de la tâche « mot coloré », le groupe de sujets stressés a commis plus d'erreurs que le groupe de sujets non stressés. Les sujets non stressés ont fait 0,3 erreur contre 1,1 erreur chez les sujets stressés.

■ D'après le **document 3**, les sujets souffrant de stress chronique présentent des taux plus élevés de cortisol par rapport aux sujets non stressés. Les sujets non stressés ont un taux de cortisol d'environ 13 µg/dL, alors qu'il est d'environ 16 µg/dL chez les sujets stressés.

■ Les sujets stressés, donc présentant des concentrations plus élevées de cortisol, ont aussi des scores plus faibles au test de Stroop. Le cortisol produit en réponse au stress peut donc être à l'origine d'une baisse des performances cognitives.

8 Observer les effets de la méditation

■ Le groupe pratiquant une séance de méditation préalablement à une tâche mentale présente un taux de cortisol salivaire plus faible (d'environ 10 mmol/L vingt minutes après la réalisation de cette tâche) que le groupe qui effectue une séance de repos les yeux fermés.

En revanche, le groupe pratiquant une simple séance de repos avant la réalisation de la tâche mentale présente un taux de cortisol salivaire plus faible de seulement 2 mmol/L que le groupe n'ayant rien pratiqué.

■ Le cortisol étant l'hormone du stress, on peut dire que la méditation réduit le taux de cette hormone et donc réduit le stress des individus la pratiquant.

9 Comprendre le mode d'action d'un antidépresseur

CONSEILS

On sait que le stress chronique peut entraîner des modifications de la structure du cerveau et notamment celle de l'hippocampe. Ces modifications sont possibles grâce à la plasticité cérébrale.

■ Le **document 1** montre que l'hippocampe de sujets stressés présente une faible efficacité synaptique.

■ Selon le document 1, la tianeptine rétablit l'efficacité synaptique des sujets stressés au moins autant que celle des témoins non stressés sans tianeptine.
■ On peut donc penser que la tianeptine annule les effets des modifications induites par le stress. Elle permet de rétablir une efficacité synaptique de l'hippocampe quasi normale. Ce médicament antidépresseur agit probablement en potentialisant la plasticité neuronale.

OBJECTIF BAC

10 Montrer comment agissent les benzodiazépines

Le GABA est un neurotransmetteur inhibiteur

■ Un neurone est une cellule nerveuse comportant des dendrites, un corps cellulaire et un axone. Les dendrites et le corps cellulaires peuvent recevoir des messages nerveux d'autres neurones. Le neurone les intègre et un message nerveux peut ou non prendre naissance et être conduit le long de l'axone. Lorsque le message arrive à l'extrémité de l'axone, il peut être transmis à un autre neurone en franchissant un espace intercellulaire appelé synapse (entre deux neurones) grâce à des neurotransmetteurs.
■ Le document 3 montre qu'une injection de GABA dans la fente synaptique F1 induit une baisse du potentiel de membrane du neurone 3 (on parle d'hyperpolarisation). Cette baisse l'éloigne du seuil de dépolarisation nécessaire au déclenchement d'un potentiel d'action. La naissance d'un message nerveux n'est donc pas favorisée par une injection de GABA, mais au contraire inhibée.
■ Le GABA est donc un neurotransmetteur de nature inhibitrice.

Lien entre GABA et anxiété

■ Le document 2 montre l'intérêt d'utiliser la picrotoxine dans cette expérience. Son injection dans la fente synaptique F1 reproduit expérimentalement l'état des synapses en situation d'anxiété.
■ Le potentiel de membrane du neurone 3 en présence de picrotoxine correspond à celui d'un neurone non stimulé, alors qu'en présence de GABA, on observe une hyperpolarisation de la membrane.
On en déduit que la picrotoxine augmente le potentiel de membrane des neurones, alors que le GABA l'abaisse.
■ On en conclut que l'anxiété pourrait être due à une baisse de la quantité de GABA dans les fentes synaptiques. L'augmentation du potentiel de membrane du neurone (tout comme la picrotoxine) pourrait donc induire l'anxiété.

L'effet des benzodiazépines

■ Le document 3 permet de montrer que l'injection de GABA et de benzodiazépine dans la fente synaptique induit une hyperpolarisation bien plus importante (jusqu'à –140 mV) que si le GABA est injecté seul (hyperpolarisation de –90 mV seulement).

■ Le **document 4** présente le mécanisme moléculaire à l'origine de cette hyperpolarisation. La fixation du GABA sur son récepteur permet l'entrée d'ions chlorure dans la cellule, qui est responsable de l'hyperpolarisation. On remarque également que les benzodiazépines peuvent se fixer sur les récepteurs au GABA, tout en améliorant leur affinité pour le GABA. Cette meilleure fixation du GABA sur son récepteur amplifie l'ouverture du canal et favorise l'entrée des ions chlorure dans la cellule. Il en résulte une plus grande hyperpolarisation.

■ En cas d'anxiété, le GABA semble ne pas agir correctement et n'induit pas une baisse suffisante du potentiel de membrane des neurones. L'utilisation de benzodiazépine permet donc d'abaisser ce potentiel de membrane et ainsi de rétablir l'hyperpolarisation de la membrane des neurones des sujets anxieux. Les benzodiazépines tout comme le GABA favorisent la relaxation et le sommeil. Mais l'utilisation de benzodiazépines est beaucoup plus puissante et permet de soulager l'anxiété.

Annexes

INDEX

CRÉDITS PHOTOGRAPHIQUES

4	ph ©	enzozo/Shutterstock
5-h	ph ©	Gabbro/Alamy/Photo12
5-b	ph ©	Julien - stock.adobe.com
6-h	ph ©	DLeonis - stock.adobe.com
6-b	ph ©	Keitma/Alamy/Photo12
7-h	ph ©	Ernesto Benavides/AFP Photo
7-b	ph ©	Steve Gschmeissner/Science Photo Library
8	ph ©	ÊCastelli/Andia.fr
9	©	Nasa
11	ph ©	enzozo/Shutterstock
35	ph ©	Arterra/Universal Images Group Editorial/Getty-Images
37-g	©	National Institute of Mental Health
37-d	ph ©	Chakib Djediat
42	ph ©	S.Muller/Wildlife
48-g	ph ©	Tui De Roy/NaturePL.fr
48-d	ph ©	Minden Pictures/Tui De Roy/Biosphoto
52	ph ©	Larry Peterson
53-g, d	©	Lallemand SAS
61	ph ©	Gabbro/Alamy/Photo12
62	©	Association Paléontologique de Mennecy/apmfossile@gmail.com
65	© 2012	Antoine et al./https://journals.plos.org/plosone/article?id=10.1371
85	ph ©	Francois Roux/Alamy/Photo12
87	ph ©	Julien - stock.adobe.com
94	©	Cécile Bassaglia https://www2.ac-lyon.fr/enseigne/biologie/photossql/photos.php?
115	ph ©	DLeonis - stock.adobe.com
127	ph ©	Francisco Herrera/Getty-Images/iStockphoto
129	ph ©	Kimie Shimabukuro/Getty-Images
139	ph ©	Mari Tefre/Global Crop Diversity Trust Art project Dyveke Sanne
161	ph ©	Keitma/Alamy/Photo12
185	ph ©	Munir Uz Zaman/AFP Photo
196	©	UNEP - https://www.unenvironment.org/fr
207	ph ©	mRGB - stock.adobe.com
209	ph ©	Ernesto Benavides/AFP Photo
213-g	ph ©	Visuals Unlimited/Bsip
213-m	ph ©	Visuals Unlimited/Bsip
213-d	ph ©	Don W. Fawcett/Bsip
228	©	National Institute of Mental Health
237	ph ©	Steve Gschmeissner/Science Photo Library
255	ph ©	Jose Calvo/Science Photo Library
265	ph ©	ratmaner - stock.adobe.com
289	ph ©	ÊCastelli/Andia.fr
313	ph ©	jotily - stock.adobe.com

Iconographie : Sophie Suberbère/Hatier Illustration

IMPRIM'VERT
Votre imprimeur agit pour l'environnement

PAPIER À BASE DE FIBRES CERTIFIÉES

Hatier s'engage pour l'environnement en réduisant l'empreinte carbone de ses livres. Celle de cet exemplaire est de :
1.1 kg éq. CO_2
Rendez-vous sur www.hatier-durable.fr

Achevé d'imprimer en Italie par L.E.G.O. S.p.A. - Lavis (TN)

Dépôt légal n° 06464-5/01 - Juillet 2020